동산도서관 소장 고문헌 번역총서 09

『효순사실』 역주 및 연구 2

동산도서관 소장 고문헌 번역총서 09

『효순사실』 역주 및 연구 2

초판 1쇄 인쇄 2025년 12월 29일
초판 1쇄 발행 2026년 1월 15일

옮 긴 이 구슬아
펴 낸 이 신일희
펴 낸 곳 계명대학교 출판부
출판등록 제347-1998-1호(1970. 9. 1)
주 소 대구광역시 달서구 달구벌대로 1095
대표전화 053-580-6233
팩 스 053-580-6235
홈페이지 www.kmupress.com

ISBN 979-11-6516-262-7 93810 정가 32,000원

이 저서는 2023년 대한민국 교육부와 한국연구재단의 인문사회분야 신진연구자지원사업의 지원을 받아 수행된 연구임(NRF-2023S1A5A8082318)

동산도서관 소장 고문헌 번역총서 09

『효순사실』 역주 및 연구 2

구슬아 옮김

계명대학교 출판부

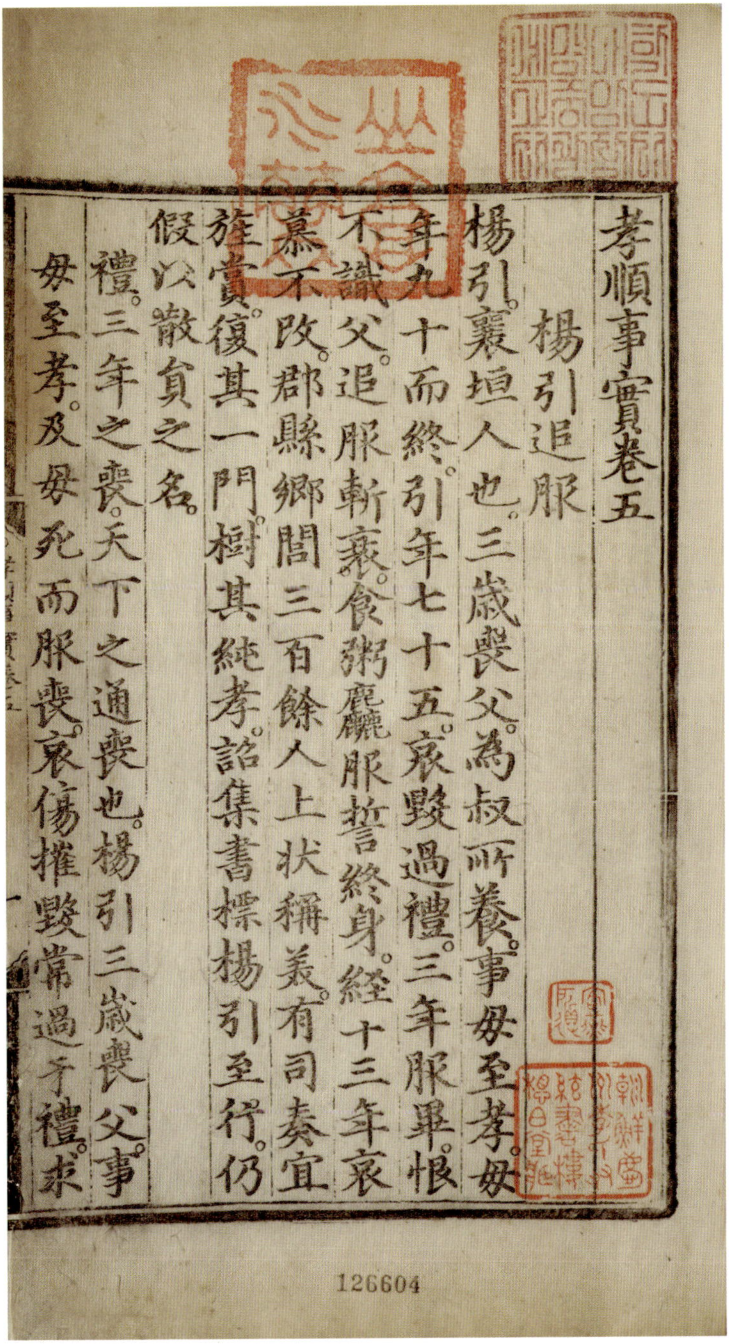
孝順事實卷五

楊引追服

楊引襄垣人也。三歲喪父。爲叔所養。事母至孝。母年九十而終。引年七十五。哀毁過禮。三年服畢。恨不識父。追服斬衰。食粥麤服誓終身。經十三年哀慕不改。郡縣鄉閭三百餘人上狀稱義。有司奏宜旌賞。復其一門。樹其純孝。詔集書標楊引至行。仍假以散貟之名。

禮。三年之喪。天下之通喪也。楊引三歲喪父。事母至孝。及母死而服喪。哀傷摧毁。常過于禮。求

『효순사실』
계명대학교 동산도서관 소장

역자 서문

이 책은 『삼강행실도』 효자도(孝子圖)의 편찬에 큰 영향을 미친 15세기의 중국본 도서 『효순사실』의 원문과 상세한 주석, 현대어 역을 제공하는 두 번째 결과물이다. 앞선 1권에 이어 2권에서는 권4부터 권7까지 82명의 효행담을 번역하였다.

동아시아 사람들이 보편적으로 공유하는 비슷한 도덕 감정이 있다면, 필자는 그것이 '효'라고 말할 것이다. 『효순사실』은 상고 시대부터 명나라 초기에 이르기까지 눈부시게 빛나는 모범적인 효자와 효녀 207명의 효행이 담긴 10권의 책이다. 15세기 명나라의 황제 영락제가 효의 구체적 사례를 통해 효자의 마음이나 효의 가치와 같은 시대적 화두를 독자들에게 묻고 생각하며 찬미하게 하는 방식으로 구성되어 있다. 이를 중국 내는 물론 조선 및 베트남 등의 인접국으로 전파하였는데, 그 결과 조선에서는 『삼강행실도』가 만들어진 것이다.

이 책에는 상식적이지 않거나 기적에 가까운 신이한 사건이 포함되어 있어, 그 자체로 문학적인 감동과 흥미가 있다. 그렇지만 무엇보다도 논단부에 제시된 크고 작은 화두를 거쳐, 독자들이 스스로를 이야기 속 상황에 대입해보며 그 화두에 답을 찾아가게 만든다는 것이 『효순사실』이 지닌 매력이 아닌가 한다. '이러한 상황에서 당신은 무엇을 할 것인가? 왜 그렇게 하는가? 그래서 당신이 생각하는 효란 무엇인가?' 이러한 질문에 오늘날의 독자들도 각자 이러저러한 결론을 내려 보고 생각해보게 하는 것, 그것은 필자가 이 책을 번역하고 연구하려는 이유이기도 하다.

특히 2권에 해당하는 일화들은 중국 남북조 시대, 당나라와 송나라 등 1권에 비해 사회구조가 복잡해지면서 개개인의 삶의 조건이 다양해지고, 그에 따라 사회가 구성원들에게 요구하는 보편적 삶의 기준도 점차 확고해지는 시대적 배경을 바탕으로 하고 있다. 1권의 일화가 효를 실천하는 사람의 진심어린 마음가짐, 외적 환경의 변화에도 변하지 않는 굳은 의지를 강조하였다면, 2권에서는 개인적 차원의 효를 확장하여 효의 사회적 영향력이나 효자를 바라보는 사회적 시선과 평가, 그에 대한 보상 등을 논단에서 반복적으로 다루는 것이 특징이다. 가정에서 제대로 효를 실천할 줄 아는 사람이라면 정계에 나아가서도 자기 몫의 직분을 진심을 다해 수행할 것이라는 믿음이 전편에 걸쳐 담기고, 그를 향한 존경과 칭송의 의도 역시 한층 선명하게 드러냈다. 효란 삶의 과정에서 거의 대부분의 사람들이 겪고 느끼는 자연스러운 감정이기도 하지만 그것을 미루어 사회적으로 발현하는 것 역시 효행의 일부이자 완성이라는 것이다.

사실 필자도 일상에서, 사회에서 그러한 마음가짐을 제대로 실천하지는 못하는 것 같다. 그래서인지 『효순사실』을 읽고 번역하면서 때로는 눈물이 핑 돌기도 하고, 반성하는 마음과 용기를 얻는 마음이 번갈아 들기도 했다. 효의 위상이 너무나 떨어진 시대일지라도 우리는 누구나 마음속에 부모를 향한 사랑을 품고, 그 사랑을 여러 방식으로 저마다 표현하며 살아간다. 그렇다면 이 책의 내용이 그다지 고리타분하다고 느끼지는 않을 것이다.

『효순사실』은 현재 계명대학교 동산도서관 벽오고문헌실에 소장된 것이 국내 유일본이다. 그만큼 접근성이 떨어져 널리 알려지지 못했기에 이번 역주와 연구를 통해 이 책의 구체적 내용과 가치를 공유하고자 한다. 앞으로 출간할 3권에서는 권8부터 권10까지 61명의 효행담과 관련 연구 성과를 제시할 계획이다.

지면을 빌어 전체 원문을 열람하며 연구할 수 있게 해주신 이종한 전 동산도서관장님과 최경훈 선생님께 감사 인사를 드린다. 특히 이종한 관장님은 1권에서 이 책의 번역 방향성과 수준을 제시해 주심은 물론, 상세한 감수를 통해 내용의 정확성을 대폭 높여 주셨다. 그에 따라 2권의 작업은 그 기준을 충실히 따르며 수행할 수 있었다. 오역과 오독은 과문한 필자의 탓이다. 마지막으로, 이 책을 번역하는 매 순간마다 생각났던 나의 부모님께 죄송하고도 감사한 마음을 담아 이 책을 바친다.

2025년 10월

구슬아

일러두기

1 이 책은 계명대학교 동산도서관 벽오고문헌실 소장 『효순사실(孝順事實)』을 저본으로 삼아 우리말 번역과 주석을 한 것이다. 원서는 1420년에 명(明)나라에서 간행한 초간 목판본의 후쇄본으로, 국내 유일본이다. 또한 이 책은 세계적으로도 초간본이 드물게 남아있는 희귀한 자료이자, 15세기 한-중 문화교류사의 일면을 잘 보여주는 매우 귀중한 자료이다.

2 이 책은 상고시대부터 원(元)나라에 이르기까지 효자들의 일화를 우리말로 옮긴 번역문으로, 원서의 체제의 의거하여 각각 본문-논단-찬시의 순서로 배치하였다. 원문은 같은 방식으로 번역문 뒤에 수록하되, 찬시는 번역문 옆에 병기하였다.

3 번역을 위해서 『삼강행실효자도(三綱行實孝子圖)』 한문본인 고려대 만송문고본(1432년 후쇄본, 청구기호: 만송 貴 296B), 『삼강행실도』 언해본인 세종한글고전DB본(영국국립도서관(The British Library) 소장본, 청구기호: 15113.e.2)을 대조하여 글자 출입을 비교하였다. 또한 권부의 『효행록(孝行錄)』은 같은 일화 수록 여부를 대조하기 위해 참고하였다. 이 책의 각주에서는 시각적 편의를 위해 각각 『한』, 『언』, 『효』로 약칭하였다.

4 주석은 처음부터 끝까지 일련번호를 붙여 각주로 달았다. 인명, 지명, 기관명, 주요 용어 및 어구에 대한 설명, 작품에 활용된 배경지식, 『삼강행실도』 및 『효행록』과 같은 다른 서적과의 기록 비교 및 글자 출입 등을 주석에 담았다. 서기 연도나 단어의 짤막한 뜻풀이 등 간단한 내용은 본문의 ( ) 속에 넣었다.

5 번역에서 한자는 가급적 노출하지 않되, 각주에서는 내용의 정확도를 높이기 위해 처음 나온 어휘를 기준으로 괄호 속에 병기하였다. 다만, 본문에서도 문맥상으로 정확히 구별되지 않는 경우에 한해, 의미 전달의 명확성을 높이기 위해 병기하였다.

6 맞춤법과 띄어쓰기는 한글 맞춤법과 표준어 규정을 따랐다.

7 이 책에서 사용한 주요 문장 부호는 다음과 같다.
( ) 번역문과 음이 같은 한자를 묶는다.
[ ] 번역문과 뜻은 같으나 음이 다른 한자, 원문에 빠져 있어 첨입한 글자를 묶는다.
“ ” 대화, 경전 구절 등의 인용문을 묶는다.
‘ ’ 중요한 의미를 지닌 어구나 용어를 강조하거나, “ ” 안의 대화 등을 묶는다.
『 』 책이름을 표기할 때
「 」 책의 편명이나 단편 작품명 등을 표기할 때
【 】 원문에 병기된 세주 등을 표기할 때

목차

권4

권5

권6

권7

孝順事實卷四

65. 등담공이 수박을 드리다[01]　　曇恭饋瓜(1a)

【본문】

등담공(滕曇恭)[02]은 남창(南昌)[03] 사람이다. 5세에 어머니 양 씨(楊氏)가 열병을 앓아 수박[04]을 먹고 싶어 했는데, 예장(豫章) 땅에서는 나지 않는 것이었다. 등담공은 일일이 찾아다녔지만 구할 수 없자 마음이 슬프고도

---

01 등담공이 수박을 드리다: 『삼강행실효자도(三綱行實孝子圖)』 한문본(고려대학교 소장본, 청구기호: 만송 貴 296B 1, 이하 『한』이라고 표기한다.), 『삼강행실효자도』 언해본(세종한글고전DB 수록 원문 영국국립도서관(The British Library) 소장본, 청구기호: 15113.e.2, 이하 『언』이라고 표기한다.), 『효행록(孝行錄)』(이하 『효』라고 표기한다.)에 수록되지 않았다. 이 편은 『남사(南史)』 권74 효의열전 하(孝義列傳 下) 「등담공전(滕曇恭傳)」에서 인용한 것이다. 비슷한 일화가 『통지』, 『책부원구』, 『태평어람』 권654 「봉불(奉佛)」 등에도 수록되어 있다.

02 등담공: 생몰년 미상. 양나라의 효자이다. 지극한 효행 덕분에 한겨울에 그의 집에 나무 두 그루가 자라나고 그 아래에서 불상이 나타나 빛을 발하는 감응이 일어났다고 전한다.[其門外, 有冬生樹二株. 時忽有神光, 自樹而起, 俄見佛像及夾侍之儀容光顯著, 自門而入. 曇恭家人, 大小咸共禮拜, 久之乃滅, 遠近道俗咸傳之.] 예장태수 왕승건(王僧虔)이 그를 공조(功曹)로 천거하였으나 고사하고 나아가지 않았다. 등담공의 세 아들도 모두 행실과 학업이 뛰어났다. 『남사』 「등담공전」.

03 남창: 예장군(豫章郡)에 속한 지명으로, 오늘날 중국 강서성(江西省) 남창시이다.

04 수박: 원문의 '한과(寒瓜)'는 '서과(西瓜)'라고도 한다. 서역에서 유래한 덩굴식물이라 그렇게 이름 하였다. 맛이 달고 찬 성질이 있어, 갈증이나 열을 제거하고 인후(咽喉)의 병이나 구창(口瘡) 등을 낫게 하고 숙취를 해소하는 데 도움을 준다. 『어정패문재광군방보(御定佩文齋廣羣芳譜)』 권67 「과보(果譜)」.

애가 탔다. 우연히 만나게 된 한 승려[桑門]가 왜 그러는지 이유를 묻기에 등담공이 사연을 자세히 말하니, 승려가 이렇게 말했다.

"내게 수박 두 덩이가 있으니 하나 나누어 주마."

가지고 와 어머니께 드리니 온 집안이 깜짝 놀라며 그 승려를 찾아보았지만 어디로 갔는지 알 수 없었다. 부모가 돌아가시자 등담공은 열흘 동안 마실 것조차 받아들이지 못하였고, 애통해하며 피를 토하다 기절하고는 겨우 깨어났다. 한겨울에도 솜옷을 입지 않고 나물 같은 거친 음식만 먹으며 평생을 보냈다. 부모의 기일이 다가올 때마다 그리워하는 마음을 견디지 못하여 밤낮으로 슬피 통곡하니 당시 사람들이 그를 '등증자(滕曾子)'[05]라고 불렀다. 양 무제(梁武帝) 천감(天監)[06] 연간에 그의 효행을 표창하였다.[07]

滕曇恭, 南昌人. 年五歲, 母楊氏患熱, 思食寒瓜, 土俗所不產. 曇恭歷訪不能得, 銜悲哀切. 俄遇一桑門, 問其故, 曇恭具以告, 桑門曰: "我有兩瓜, 分一相遺." 還以與母, 擧室驚異, 尋訪桑門, 莫知所在. 及親沒, 曇恭水漿不入口者旬日, 感慟嘔血, 絶而復蘇. 隆冬不著蘭絮, 蔬食終身. 每至忌日, 思慕不自堪, 晝夜哀慟, 時號爲滕曾子. 梁武帝天監中, 表其行.

---

05 등증자: 등담공의 성품과 효행을 지극정성으로 아버지를 섬긴 증자(曾子)에 비긴 것이다. 증자에 대해서는 본서 1권 「7.증삼이 아버지의 뜻을 받들다[曾參養志]」 참조. 한편, 『남사』에는 태수 왕승건의 조카 왕검(王儉)이 숙부를 따라 예장군에 와 있다가 등담공에 대해 듣고 그를 '등증자'라고 불렀다고 되어 있다.

06 천감: 양나라 무제의 연호로, 502년부터 519년까지 쓰였다.

07 양 무제……알렸다: 천감 원년(502년)에 육련(陸璉)이 순행하며 풍속을 관찰하다 등담공의 효행을 조정에 보고하였다. 『남사』 「등담공전」 참고.

【논단】

『효경』에 "효도하고 공경하는 마음이 지극하면 신명에게 통한다."[08]라는 말이 있다. 사람이 능히 부모께 효도하면 반드시 신명의 도움을 받는다는 것은 등담공의 일을 보면 잘 알 수 있다. 등담공의 어머니가 수박을 먹고 싶어 했는데 그것은 토산물이 아니었으니, 다른 사람이라면 어쩔 수 없는 일이라고 여겼을 것이다. (그러나) 등담공은 나이가 한창 어린데도 기필코 그것을 구해다가 드시고 싶어 하는 어머니의 마음을 달래드리려 하였으니 참으로 어질고도 효성스러운 사람의 마음가짐이라고 할 수 있다. 저 승려는 평소 일면식도 없는 사람인데, 갑자기 그를 만나게 되어 수박을 나누어 받고 어머니께 드릴 수 있었으니, 이는 바로 신명이 은근히 도와준 것이다. 부모의 상을 치를 때에도 슬픔이 지극하고 평생토록 그리워하는 마음을 잊지 못했으니, 그 얼마나 효성스러운가! 당시 조야에 이름이 알려지고 증자로 칭해지기까지 한 것은 참으로 그럴 만한 이유가 있도다! 찬시는 다음과 같다.[09]

經曰: "孝弟之至, 通于神明." 人能孝於親, 必獲神明之佑, 觀滕曇恭之事, 可見矣. 曇恭母思寒瓜, 旣非土産所有, 在他人, 以爲無如之何矣. 曇恭年方嬰孩, 必欲求之以慰母思, 眞仁人孝子之用心也. 彼桑門者, 非素知識, 卒然遇之, 遂分瓜相遺, 得以奉母, 是蓋神明默相之也. 及觀執親之喪, 極

---

08 효도하고 공경하는……신명에게 통한다: 『효경』「응감(應感)」에 "공자께서 이렇게 말씀하셨다.(…) '효도하고 공경하는 마음이 지극하면 신명에게 통하여 온 세상에 빛나 미치지 않는 곳이 없다.'[子曰:(…) '孝悌之至, 通于神明, 光於四海, 亡所不暨.']"라고 한 구절에서 인용한 것이다.

09 찬시는 다음과 같다: 해당 구절은 모든 논단의 말미에 붙은 '詩曰'을 번역한 것으로, 이후에는 번역을 생략한다.

其哀戚, 至於終身思慕不忘, 何其孝哉! 當時朝野知名, 至以曾子目之, 良有以夫! 詩曰:

【찬시】

수박을 구하지 못해 슬픔 이기지 못했는데	求瓜未得不勝悲
홀연 승려를 만나 드시고픈 마음을 달래드렸다오	忽遇桑門慰所思
이는 분명 등담공이 몹시도 효성스러워	自是曇恭行至孝
신명께서 어린아이에게 밝게 보답해주신 것	神明昭報在嬰兒

또[又]

피눈물 뿌리며 부모님 상에 통곡하니	血淚淋漓哭二親
죽을 때까지 그리워하며 고초를 거듭하였네	終身思慕重酸辛[10]
당시 모두들 등증자라 칭송하니	當時共道滕曾子
효행은 참으로 세상 사람들을 감동시키는 법	孝行眞能動世人

10 酸辛: '산신'은 신맛과 매운맛으로, 슬픔과 고통을 비유한 것이다.

66. 순장이 초췌해지다[11]　荀匠枯悴(2a)

【본문】

순장(荀匠, 486~506)[12]은 자가 문사(文師)이며 영음(潁陰)[13] 사람으로, 진나라 태보 순욱(荀勗, ?~289)[14]의 9대손이다. 아버지 순법초(荀法超)는 제나라 때 벼슬하여 안복현령을 지내다 관사에서 죽었다. (그 소식을 듣고) 순장은 통곡하다 기절하여 몸이 온통 차가워졌는데, 밤이 되어 겨우 깨어나서는 곧바로 달려가 상을 치렀다. 양 천감 원년(502)에 형 순비(荀斐)가 울림태수가 되었는데 산적[15]을 토벌하다 유시(流矢)에 맞아 전사하고 말았다. 부친상을 마치고 돌아온 순장이 예장에서 (형의 영구를) 맞이하고는,[16] 애통

---

11 순장이 초췌해지다: 『한』, 『언』, 『효』에 수록되지 않았다. 이 편은 『남사』 권74 효의열전 하 「순장전(荀匠傳)」에서 인용한 것이다. 비슷한 일화가 『통지』, 『태평어람』 「효 상(孝 上)」, 『책부원구』 등에도 수록되어 있다.

12 순장: 양나라의 효자이다. 부친상을 치르고 연달아 형의 장례까지 정성을 다해 치르느라 몸을 훼손시켰는데, 조정의 천거를 받아 벼슬길에 나아갔다가 결국 그로 인해 건강을 잃어 21세를 일기로 죽었다.

13 영음: 중국 하남성 허창(許昌) 일대의 지명이다.

14 순욱: 자 공증(公曾). 서진의 문인이자 정치인이다. 음률에도 조예가 깊었다. 위나라 사마염에게 중용되어 상서(尙書) 등의 벼슬을 지냈으나, 동료들에 대한 참언과 오만한 태도 등으로 인해 결국 배척되었다. 『진서(晉書)』 권39 「순욱전(荀勗傳)」 참고.

15 산적: 원문은 '동적(洞賊)'인데, 『남사』 등에는 모두 '이적(俚賊)'으로 되어 있다. '이'는 중국 남방부에 있던 소수민족으로, 주로 광주(廣州), 울림 등지를 점거하고 있었다. 본서에서는 '이'로 바로잡아 번역하였다.

16 예장에서 맞이하고는: 순비는 부친상이 다 끝나기 전 기복(起服)하여 울림태수가 되었기에 순장이 혼자 부친상을 치르고 있었다. 순장은 부친상을 마친 뒤, 순비가 전사한 줄 모르고 고향 예장에서 형을 맞이하고자 하였는데, 형의 영구가 실린 배를 보고는 애통한 나머지 강에 몸을 던져 자살을 기도하였으나 주변 사람들이 구조하여 목숨을 건졌다. 『남사』 「순장전」 및 『양서』 「순장전」 참고. "服未闋, 兄斐起家爲鬱林太守, 征俚賊, 爲流矢所中, 死於陣. 喪還, 匠迎於豫章, 望舟投水, 傍人赴救, 僅而得全."

해하다 거의 죽을 뻔하였다. 집에 도착하여 있는 힘껏 장례를 치렀다.[17] 앞서 부친상을 치를 때부터 (형의 장례까지) 4년 동안 여막을 떠나지 않았는데, 괄발(括髮)[18] 한 뒤로 다시 빗질하거나 머리를 감지 않아 머리카락이 모두 빠져버렸다. 수시로 통곡하였는데,[19] 곡소리가 다한 뒤에도 계속해서 눈물을 흘리니 눈가가 온통 짓물렀다. 몰골이 초췌해지고 피골이 상접하여 집안사람들조차 그를 알아보지 못할 정도였다. 고을에서 이러한 사실을 아뢰자, 무제가 중서사인을 보내 상복을 벗게 하고 예장왕국 좌상시로 발탁하였다. 순장은 관직에 나아가고자 해도 슬픔으로 인해 바짝 야위었다. 그러자 외조부 손겸(孫謙, 425~516)[20]이 이렇게 타일렀다.

"주상께서는 효로써 천하를 다스리고 계시는데, 너의 행실이 옛사람보다 뛰어나므로 발탁하여 이 직책을 맡기신 것이다. 군부(君父: 임금)의 명이란 거역하기 어려운 것은 말할 것도 없고, 그로 인해 또한 후세에 이름을 드날린다면 현달하는 것이 어찌 네 한 몸에 그칠 뿐이겠느냐?"

순장이 이에 관직을 받았고 그의 자손들도 관직[21]이 끊이지 않았으니, 당시 사람들이 대대로 충효[22]를 쌓은 가문이라고 일컬었다.[23]

---

17 있는 힘껏 장례를 치렀다: 순비의 집안은 당시 가난하여 제때 장례를 치를 비용을 마련할 수 없었다.[家貧不得時葬]『남사』「순장전」 참고.

18 괄발: 상주가 성복(成服) 전에 풀고 있던 머리를 소렴(小斂) 때 삼끈으로 상투 트는 것을 가리킨다. 이는 슬픔으로 인해 몸의 꾸밈을 없앤다는 의미이다.『예기』「단궁 상」, "상주는 소렴을 하면 어깨를 드러내고 상투를 튼다.[主人, 既小斂, 袒括髮.]";「단궁 하」, "어깨를 드러내고 상투를 트는 것은 장식을 제거하는 것 중에 가장 심한 것이다.[袒括髮, 去飾之甚也.]"

19 수시로 통곡하였는데:『예기』「단궁 상」에 따르면 부모상에는 정해진 때 없이 수시로 통곡[父母之喪, 哭無時]하는데, 이는 그립고 슬픈 생각이 수시로 든다는 의미이다.

20 손겸: 자 장손(長遜). 양나라의 문인이자 정치인이다. 책임감이 깊고, 청렴하면서도 신중한 성품으로 오래도록 관직에 있었다. 제나라 때는 장사태수, 강하태수 등을 역임하였고 양나라 때는 보국장군, 영릉태수 등을 역임하였다.『남사』 권70 순리열전(循吏列傳)「손겸전(孫謙傳)」 참고.

21 관직: 원문의 '잠조(簪組)'는 벼슬아치의 관모(官帽)에 꽂는 비녀와 관인(官印)을 묶는 끈이다. 전하여 '관리' 혹은 '고관'을 가리키게 되었다. '선련(蟬聯)'은 끊임없이 이어진다는 뜻이다.

22 대대로 충효: 순장의 할아버지 순경(荀瓊) 역시 15세에 성도(成都)에서 아버지의 원수를 갚아 당시 효성으로 이름났다.『남사』「순장전」 참고.

23 그의 자손들도……일컬어졌다: 원문의 해당 내용은『남사』 등에는 없는 것이다.

荀匠, 字文師, 潁陰人, 晉太保勗九世孫也. 父法超, 仕齊爲安復令, 卒官. 匠號慟幾絶,[24] 身體皆冷, 至夜乃蘇, 旣而奔喪. 梁天監元年, 兄裴爲鬱林太守, 征洞賊, 中流矢死. 喪還, 匠迎于豫章, 哀痛幾絶. 及至家, 極力營葬. 先居父憂, 歷四年, 不出廬戶, 自括髮, 不復櫛沐, 髮皆禿落. 號哭無時, 聲盡繼之以泣, 目眥皆爛. 形體枯悴, 皮骨裁連, 雖家人不復識. 郡縣以言, 武帝遣中書舍人, 爲其除服, 擢爲豫章王國左常侍. 匠雖即官, 而毁瘁逾甚. 外祖孫謙戒之曰: "主上以孝臨天下, 汝行過古人, 故擢汝爲此職. 非唯君父之命難拒, 故亦揚名後世, 所顯豈獨汝身哉?" 匠乃拜, 子孫簪組蟬聯, 時以爲世代忠孝所積云.

【논단】

효란 모든 행실의 으뜸이요 모든 선행의 근원으로, 자식이 마땅히 마음을 다해야 하는 것이다. 순장은 부친상을 치르면서 여막을 나가지 않고, 피눈물을 흘리며 너무 슬퍼하다 건강을 해쳤으며 구슬피 통곡해 마지않았으니, 모두 마음속에서 슬퍼하며 그리워하는 진심이 우러나온 것이다. 이뿐만 아니다. 형의 초상을 치를 때조차 애통함을 지극히 하였으니, 이는 자연스러운 천성이 발현된 것이지 감정을 거짓으로 꾸며낸 것이 아님을 알 수 있다. 『논어』에서 "효성과 우애는 아마도 인(仁)을 행하는 근본이리라!"[25]라고 하였다. 그러한즉, 순장은 아마도 어진 사람이리라! 어진

24 幾絶: 『남사』, 『양서』 등에는 모두 '氣絶'이라고 되어 있다. 이에 본고에서도 '氣絶'의 의미도 번역하였다.

25 효성과 우애는……근본이리라: 『논어』 「학이」 제2장에서 유자[有子: 공자의 제자 유약(有若)]

사람에게는 반드시 훌륭한 후손이 있는 법[26]이라고 하였으니, 그의 자손들에게 높은 관직이 끊임없이 이어짐은 유래가 있는 것이로다!

夫孝爲百行之首, 萬善之原, 人子所當盡心也. 荀匠居父之憂, 不出廬戶, 泣血哀毁, 悲號不勝, 一出於中誠哀慕之至. 非特此也. 雖居其兄之喪, 亦極其哀痛, 有以見其天性自然之發, 非有所矯情飾僞也. 傳曰: "孝弟也者, 其爲仁之本歟!" 然則匠其仁乎哉! 所謂仁者必有後, 其子孫簪纓蟬聯, 有由來也夫! 詩曰:

【찬시】

평생의 지극한 효성은 진심에서 우러나온 것	平生純孝出中情
슬픔이 깊어 건강마저 해쳤네	哀戚惟深已毁形
초췌한 몰골 집안사람조차 못 알아볼 정도였지만	顦悴家人不相識
조서로 상복을 벗게 하는 은총을 내려주셨다오	詔令除服錫恩榮

또

효도와 우애를 겸비한 사람 세상에 드무니	能全孝弟世尤稀

가 한 말을 인용한 것이다.

26 어진 사람에게는……후손이 있는 법: 소식(蘇軾), 『동파전집(東坡全集)』 권97 「삼괴당명(三槐堂銘)」, "하늘의 뜻이 공정하다고 확언할 수 없는가? 어진 사람에게는 반드시 훌륭한 후손이 있다.[天不可必乎? 仁者必有後.]"라고 한 말을 인용한 것이다.

일찍이 그 명성 도성까지 이르렀다네	早有聲名達帝畿
상시에 임명되어 나라의 중신되고	常侍拜官王國重
자손들도 높은 벼슬에 올라 거듭 빛을 발하였다오	子孫簪組更聯輝

67. 길분이 아버지 대신 죽으려 하다[27] 吉翂代父(3a)

【본문】

길분(吉翂, 488~504)[28]은 자가 언소(彦霄)이며 풍익군(馮翊郡) 연작현(蓮勺縣)[29] 사람인데, 그의 집안은 대대로 양양(襄陽)에 살았다. 길분은 어려서부터 효성스러운 성품을 지녔다. 양나라 천감 초에 아버지가 오흥군(吳興郡)[30] 원향현령을 지냈는데, 아전에게 무고를 당해 체포되어 정위[31]에게 나아갔다. 당시 15세였던 길분은 큰길에서 통곡하며 공경들에게 하소연하니 지나가는 자들이 보고 모두 눈물을 흘렸다. 아버지는 비록 결백하다고

27 길분을 아버지 대신 죽으려 하다: 『한』, 『언』에 같은 제목으로 수록되어 있다. 『효』에는 수록되지 않았다. 이 편은 『남사』 권74 효의열전 하 「길분전(吉翂傳)」에서 인용한 것이다. 비슷한 일화가 『자치통감』 권145 「양기(梁紀)」, 『통지』, 『책부원구』, 『가범』 등에도 수록되어 있다.

28 길분: 양나라의 문인이자 정치인이다. 11세에 어머니를 잃었는데, 장례를 치르는 동안 마실 것조차 받아들이지 못할 정도로 애통해하니 집안사람들이 기특하게 여겼다. 17세에 천거 받아 상주주부(湘州主簿) 등을 역임하였는데, 그가 다스리는 고을에는 교화가 크게 행해졌다. 아버지가 무고 당한 일을 처리하면서 심장병[悸疾]을 얻었는데 훗날 그로 인해 죽었다. 『남사』 「길분전」 및 『책부원구』 참고.

29 연작현: 중국 호북성(湖北省) 의성시(宜城市)와 형문시(荊門市) 일대의 지명이다.

30 오흥군: 중국 절강성(浙江省) 호주시(湖州市) 일대의 지명이다.

31 정위: 정위는 형옥(刑獄)을 관장하는 벼슬이며, 대리시(大理寺)에 속해 있어 '대리(大理)'라고도 한다.

항변[32]하기는 하였으나, 옥리에게 신문(訊問) 받는 것이 치욕스럽다고 여겨 끝내 거짓으로 죄를 자백하여 사형[33] 판결을 받았다. 그러자 길분이 등문고(登聞鼓)[34]를 두드리며 아버지 대신 죽게 해달라고 빌었다. 양 무제는 그가 가상하고 기특하다 여기면서도 아직 나이가 어리기 때문에 다른 사람에게 가르침을 받았으리라 의심하여, 정위 채법도(蔡法度)[35]에게 명을 내려 엄히 으름장을 놓기도 하고 달래기도 하면서 진상[36]을 밝히게 하였다. 채법도는 관청[大理寺]으로 돌아와 포승줄[37]을 펼쳐 놓고 무서운 얼굴로 물었다.

"너는 아비를 대신해 죽겠다고 찾아왔고 칙명도 이미 허락하였으니 순순히 사형[38]을 받아들여야 한다. 그러나 칼과 톱[39]은 매우 혹독한 형벌인데 과연 정말로 죽을 수 있겠느냐? 또 너는 어린아이라 아직 이러한 지조를 (스스로) 품지는 못했을 터, 반드시 누군가에게 가르침을 받았을 것이니 그 사람의 성명이 무엇이냐? 만약 후회하거나 다른 생각이 든다면 역시 들어줄 것이다."

그러자 이렇게 대답하였다.

---

32 항변: 원문의 '理'는 변호하다, 항변하다, 고하다 등의 뜻이다.
33 사형: 원문의 '대벽(大辟)'은 고대의 형벌 중 묵형(墨刑), 의형(劓刑), 월형(刖刑), 궁형(宮刑) 등에 이어 가장 무거운 형벌로서, 사형을 가리킨다.
34 등문고: 고대에 조당(朝堂) 밖에 걸어둔 북으로, 신민들이 간언할 일이나 억울한 일이 있을 때 두드리며 호소하는 것이다.
35 채법도: 남조 양나라의 정치인이다. 집안 대대로 율학(律學)에 능하여 『양률(梁律)』을 편찬하는 데 기여하였다.
36 진상: 원문의 '관실(款實)'은 '실정(實情)'이라는 뜻이다.
37 포승줄: 원문의 '휘묵(徽纆)'은 죄인을 결박하는 밧줄을 가리킨다.
38 순순히 사형: 원문의 '복법(伏法)'은 법에 따라 사형을 당한다는 뜻이다. '복주(伏誅)'라고도 한다.
39 칼과 톱: 원문의 '도거(刀鋸)'는 중형을 가할 때 쓰는 형구(刑具)이다. 칼은 코를 벨 때 쓰고, 톱은 궁형(宮刑) 등을 시행하며 절단할 때 쓴다. 『국어』, "중형에는 칼과 톱을 쓴다.[中刑用刀鋸]"라는 구절에 대한 위소(韋昭)의 주석 "割劓用刀, 斷截用鋸."

"죄인이 비록 어리더라도 어찌 죽음이 무서운 것임을 모르겠나이까? 다만 아우들은 어리고 약하고 저는 맏이이므로 차마 아비가 극형을 당하는 것을 볼 수 없어 제 미천한 목숨을 내놓은 것이니, 이는 가슴 속에서 결단한 것입니다. 불측한 지경으로 몸을 던지고 황천에 뼈가 버려지는 것은 작은 일이 아닙니다. 어찌 남에게 가르침을 받았겠습니까?"

채법도는 그를 굴복시킬 수 없음을 알고는 온화한 표정으로 바꾸며 이렇게 말했다.

"주상께서 네 아비가 죄 없음을 알고 계시니 응당 석방하여 주실 것이다. 네 기특하고 우수한 모습을 보니, 훌륭한 아이라고 할 만하다. 지금이라도 말을 바꾼다면 다행히 부자가 함께 살아남을 수 있을 것인데 어찌 이처럼 어린 나이에 괴롭게 솥에 삶기는 극형[40]을 받으려 하느냐?"

그러자 길분이 말하였다.

"잔챙이[鯤鮞]나 땅강아지[螻蟻] 같은 미물들도 오히려 자기 목숨을 아까워하는데, 하물며 저는 사람으로서 어찌 가루[41]가 되기를 바라겠는지요? 다만 아비가 심한 탄핵에 걸려 반드시 법률에 따라 사형[42]을 당하실 것이므로, 생각 끝에 제가 죽어 아비의 목숨을 연장하기를 바라는 것입니다."

길분이 처음 갇혔을 때 옥리[獄掾]가 법에 의거하여 차꼬[큰 칼]와 수갑을 갖추어 채웠는데, 채법도가 불쌍하게 여겨 두 형구를 벗기고 작은 것 한 개만 채울 것을 명하였다. 그러나 길분은 그 명에 따르지 않으며 이렇게 말했다.

---

40 솥에 삶기는 극형: 원문의 '탕확(湯鑊)'은 큰 가마솥에서 죄인을 끓는 물에 삶아 죽이는 극형 혹은 그 형구(刑具)이다.

41 가루: 원문의 '제분(虀粉)'은 가루라는 뜻으로, 분골쇄신함을 지칭할 때 널리 쓰인다.

42 법률에 따라 사형: 원문의 '정형(正刑)'은 법에 따라 사형을 집행하는 것을 가리킨다.

"제가 아비 대신 죽기를 청하였는데, 사형수가 어찌 형구를 줄일 수 있겠나이까?"

그리고 끝내 형구를 벗지 않았다. 채법도가 이러한 사실을 황제께 아뢰니, 황제가 마침내 아버지를 사면하였다. 단양윤 왕지(王志)가 정위로 있을 때 이 일을 찾아내어 여러 향거[43]들과 함께 연초에 그를 순효로 천거하고자 하였다. 길분이

"이상합니다! 왕윤이시여! 어찌 저를 이토록 얕보시는지요? 아비가 욕을 당하면 자식이 죽는 것은 당연한 이치입니다. 만약 제가 뻔뻔스럽게 얼굴을 들고[44] 이 천거에 응한다면 이는 아버지 일을 내세워 명예를 얻는 꼴이니, 그 얼마나 치욕스러운 일이겠습니까?"

라고 하며 사양하니 그만두었다. 훗날, 말릉(秣陵)의 향인 배검(裵儉), 단양군수 장순(臧盾), 양주중정 장측(張仄)이 연명하여 길분을 천거하면서 효행이 지극하고 『역경』과 『노자』에도 밝게 통달하였다고 말하니, 조서를 내려 태상(太常)에 임명[45]하였다.

吉翂, 字彦霄,[46] 馮翊蓮勺人也,[47] 家居襄陽. 翂幼有孝性.[48] 梁天監初, 父爲吳興原鄕令[49], 爲吏所誣, 逮詣廷尉. 翂年十五, 號泣衢路, 祈請公卿,

43 향거: 관리를 지내다 은퇴하여 향리에 거주하고 있던 사람들을 가리키는 듯하다. '이거(里居)'라는 표현도 보인다.

44 뻔뻔스럽게 얼굴을 들고: 원문의 '유전면목(有靦面目)'은 『시경』 소아 「하인사(何人斯)」, "귀신이나 여우는 볼 수 없는데, 뻔뻔스럽게 얼굴을 들고 수많은 사람을 보는구나.[爲鬼爲蜮, 則不可得, 有靦面目, 視人罔極]"라고 한 구절에서 인용한 것이다.

45 임명: 원문의 '정거(旌擧)'는 표창하여 천거하다는 뜻이다.

46 字彦霄: 『한』, 『언』 없음.

47 馮翊蓮勺人也: 『한』, 『언』 馮翊人.

48 家居襄陽, 翂幼有孝性: 『한』, 『언』 없음.

49 梁天監初, 父爲吳興原鄕令: 『한』, 『언』 父爲原鄕令.

行人見者, 皆爲隕涕.[50] 其父理雖淸白, 而恥爲吏訊, 乃[51]虛自引咎, 罪[52]當大辟. 紛乃[53]撾登聞鼓, 乞代父[54]命. 武帝嘉異[55]之, 尙以其童幼,[56] 疑受教於人, 勅廷尉蔡法度嚴加脅誘, 取其款實.[57] 法度乃還寺,[58] 盛陳徽纆, 厲色問曰: "爾來代父死, 勅已相許, 便應伏法.[59] 然刀鋸[60]至劇, 審[61]能死不? 且爾童孺, 志不及此, 必爲人所教, 姓名是誰?[62] 若有悔異, 亦相聽許." 對曰: "囚雖蒙弱, 豈不知死可畏憚?[63] 顧諸弟幼藐, 惟囚爲長,[64] 不忍見父極刑, 自延視息,[65] 所以內斷胸臆. 殉身不測,[66] 委骨泉壤,[67] 此非細故. 奈何受人教耶?" 法度知不可屈撓, 乃更和顏語之曰: "主上知爾父無罪, 行當釋亮. 觀爾神儀明秀, 足稱佳兒. 今若轉辭, 幸父子同濟, 奚以此妙年苦求湯鑊?" 紛曰: "凡鯤鮞螻蟻, 尙惜其命, 況在人斯, 豈願虀粉? 但父挂深劾, 必正刑書, 故思隕仆, 冀延父命."[68] 紛初見囚, 獄掾依法, 備加[69]桎梏, 法度矜之,[70] 命

50 行人見者, 皆爲隕涕: 『한』, 『언』 見者隕涕.
51 乃: 『한』, 『언』 없음.
52 罪: 『한』, 『언』 없음.
53 乃: 『한』, 『언』 없음.
54 父: 『한』, 『언』 없음.
55 異: 『한』, 『언』 없음.
56 尙以其童幼: 『한』, 『언』 以其幼.
57 嚴加脅誘, 取其款實: 『한』, 『언』 脅誘取款.
58 乃還寺: 『한』, 『언』 없음.
59 便應伏法: 『한』, 『언』 없음.
60 鋸: 『한』, 『언』 鉅
61 審: 확실히, 과연 진실로[果眞].
62 且爾童孺……姓名是誰: 『한』, 『언』 없음.
63 憚: 『한』, 『언』 없음.
64 顧諸弟幼藐, 惟囚爲長: 『한』, 『언』 없음.
65 自延視息: 『한』, 『언』 없음. '시식(視息)'은 겨우 목숨을 부지하는 것을 비유한 것이다.
66 所以內斷胸臆, 殉身不測: 『한』, 『언』 所以殉身不測.
67 泉壤: 구천(九泉), 무덤 등을 가리킨다.
68 委骨泉壤……冀延父命: 『한』, 『언』 없음.
69 備加: 『한』, 『언』 없음.
70 矜之: 『한』, 『언』 없음.

脫二械, 更令着一小者.[71] 犸弗聽曰: "犸求代父死,[72] 死囚豈可減乎?" 竟不脫械.[73] 法度以聞, 帝乃宥其父. 丹陽尹王志求其在廷尉故事, 並諸鄉居, 欲於歲首擧充純孝. 犸曰: "異哉! 王尹! 何量犸之薄? 夫父辱子死, 斯道固然. 若犸有靦面目, 當其此擧, 則是因父買名, 一何甚辱?" 拒之而止. 後, 秣陵鄉人裴儉, 丹陽郡守臧盾[74], 揚州中正張仄, 連名薦犸, 以爲孝行純至, 明通易老,[75] 勅太常旌擧.

【논단】

효란 자연스러운 천성[76]이다. 그러나 평상시에 이를 잘 행하는 사람이라도 예측하지 못한 화를 당하여 어찌할 바를 모르는 상황이 되었을 때 그 누가 길분이 한 것처럼 잘 해낼 수 있겠는가? 길분의 아버지가 극형에 처할 뻔한 상황을 보면, 스스로는 변호할 수 없어 목숨이 경각에 달려 있었다. 그러나 길분은 어린 나이에도 자기 목숨으로써 아버지 대신 죽으려 하였다. 이후 나이가 어리다는 이유로 저의를 의심 받았지만 결국 지극한 정성으로 감동시키면서 끝내 굴복하는 말을 하지 않았으니, 그 효성의 지극함을 충분히 알 수 있다. 그리고 마침내 아버지의 원통함을 풀고 부자가 함께 사형을 면할 수 있었으니, 어찌 효행에 감응한 결과가 아니겠는

71 更令着一小者: 『한』, 『언』 없음.
72 犸求代父死: 『한』, 『언』 없음.
73 竟不脫械: 『한』, 『언』 없음.
74 丹陽尹王志求其在廷尉故事……丹陽郡守臧盾: 『한』, 『언』 없음.
75 連名薦犸, 以爲孝行純至, 明通易老: 『한』, 『언』 薦犸孝行.
76 자연스러운 천성: 『효경대의』 「효경대의서문[孝經大義序]」에 "(효란) 자연스러운 천성이자 고유한 인심이다.[壹是以孝爲本, 則斯道也, 固天性之自然, 人心之固有.]"라고 하였다.

가? 효가 사람을 감동시키는 것이 이와 같다. 그러나 요즘 세상에는 이를 제대로 행하지 못하는 사람들도 있으니, 일단 작은 이해에 부딪히면 부모를 헌신짝처럼 버리고 눈길조차 주지 않는데 하물며 자기가 대신 죽으려 하는 자를 찾을 수나 있겠는가? 이처럼 길분은 남들이 하기 어려운 일을 한 것이니, 특별히 기특한 행실을 발탁[77]하여 세상의 교화를 창도한 것은 당연하다.

夫孝乃天性之自然. 然人能行之於平居之時, 至於臨不測之禍, 則莫知所措, 孰有能爲吉翂之所爲哉? 觀翂父陷極刑, 不能自理, 命在旦夕. 而翂以髫稚之年, 能以身代死. 既而以年少見疑, 乃以至誠感動, 終無撓辭, 足見其孝之至. 卒之得直其寃, 父子同免於刑, 豈非孝行之所感歟? 夫孝之足以感動人者如此. 而世之人有不能行者, 一遇小利害, 則棄其親如敝屣, 曾不留顧, 矧望其能以身代死歟? 此翂之所以爲難能, 宜特甄異之, 以昌世教. 詩曰:

【찬시】

무고 당한 아비가 극형에 처하였기에	父爲遭誣陷極刑
대신 죽을 것을 맹세하며 진정으로 호소하였네	誓將身代愬中情
누가 알았으랴, 하늘의 보살핌이 아득히 멀지 않음을	誰知天鑑非玄遠
부자의 목숨을 보전하시어 효성 드러내셨네	父子俱全表孝誠

77 기특한 행실을 발탁: 원문의 '견이(甄異)'는 우수하고 뛰어난 인재를 발탁한다는 뜻이다.

또

대단하도다! 어린아이인데도 효성 지극하니	堪羨兒童有至情
아비 대신 죽겠다고 슬피 울어 조정을 감동시켰네	哀號代父感朝廷
당시에 효행으로 천거되니	當年孝行蒙旌擧
마침내 천추토록 아름다운 이름 전해진다오	遂使千秋有令名

68. 유자여가 강물 수위를 낮추다[78] 子輿退水(5a)

【본문】

유자여(庾子輿)[79]는 자가 효경(孝卿)이며 신야(新野)[80] 사람이다. 성품이 매우 효성스러웠으며, 양나라 때 벼슬하여 상서랑을 지냈다. 모친상을 당하자 애통함이 북받쳐 올 때마다 피를 토하듯 우니, 아버지[81]가 자식이

78 유자여가 강물 수위를 낮추다: 『한』에 같은 제목으로 수록되어 있다. 『언』과 『효』에는 수록되지 않았다. 이 편은 『남사』 권56 「유역전(庾域傳)」에 부록된 「아들 유자여전[子子輿傳]」에서 인용한 것이다. 비슷한 일화가 『하남통지(河南通志)』 권64 孝義 「유자여전」, 『통지』, 『태평어람』, 『책부원구』 등에도 수록되어 있다.

79 유자여: 생몰년 미상. 양나라의 효자이다. 5세에 『효경』을 읽는 등 어려서부터 총명하였고 손에서 책을 놓지 않았다. 제주주부(除州主簿), 중랑사마(中郎司馬), 파릉내사(巴陵內史) 등을 역임하였다. 『남사』 참고.

80 신야: 중국 하남성(河南城) 남양시(南陽市)에 속한 지명이다.

81 아버지: 유역(庾域)은 자가 사대(司大)이다. 진중하고도 효성스러운 성품으로 향곡에서 이름났다. 어머니가 학 울음소리를 좋아하였기에 유역이 학 구하기를 게을리 하지 않으니 어느 날 학 두 마리에 날아왔기에 당시 사람들이 그의 효성을 칭찬하였다. 영주주부(郢州主簿), 화양태수(華陽太守), 영삭장군(寧朔將軍), 서중랑사마(西中郎司馬) 등을 역임하였으며, 영촉의 관사에

죽을까 염려하여 통곡하지 못하게 하였다. 유역은 공을 세워[82] 광목백(廣牧伯)에 봉해졌는데, 이에 앞서 파서태수로 나가게 되었다. 유자여는 촉으로 가는 길이 험난하다고 여겨 아버지를 따라가 봉양할 수 있도록 해달라고 간청하여 허락을 받았다. 후에 아버지가 영촉(寧蜀)으로 옮기던 중 심장병에 걸려 소리 지르며 아파할 때마다, 유자여도 답답해하다 기절하곤 하였다. 아버지가 돌아가시자, 애통해하다 거의 죽을 뻔한 것이 여러 번이었다. 아버지의 영구를 받들어 고향으로 돌아오는 길이었는데, 험하기로 파동(巴東)의 음여석(淫預石)[83]이 으뜸이고 그 다음으로는 구당(瞿塘)이니, 여행객들이 그곳을 꺼렸다. 유자여가 이곳에 이르렀을 때 마침 가을철 강물이 한창 무섭게 불어났다. 이에 가슴을 어루만지며 길게 호소하니 그날 밤 협곡의 수위(水位)가 갑자기 낮아졌다. 다음 날 아침 편안히 남쪽 하류로 내려갔는데 이윽고 물이 다시 예전처럼 불어났다. 행인들이 이를 보고는

"음여석이 두건만큼만 보이면 절대 건널 수 없는데, 구당의 수위가 낮아졌으니 이는 유 공 덕분이다."

라고 하였다. 막 촉 땅을 떠날 때 비둘기 두 마리가 배 안에 둥지를 틀더니, 고향에 도착해서는 다시 여막 옆에 둥지를 틀고 유자여가 통곡하는 소리를 들을 때마다 처마를 빙빙 돌면서 격렬하게 슬피 울었다. (유자여는)

서 죽었다. 『남사』「유역전」 참고.

82 공을 세워: 하후도천(夏侯道遷, 449~517)이 북위에 투항한 뒤 파서(巴西)를 습격하였는데, 당시 유역이 성을 굳게 지키며 응전하였다. 성안에 군량이 다 떨어져 장수와 군사들이 모두 풀을 씹어 먹으면서도 배반하는 마음이 없을 정도였고, 결국 북위 군대가 퇴각하였다. 이에 유역의 전공을 인정하여 광목백으로 승진시켰다. 『남사』「유역전」 참고.

83 음여석: 장강(長江; 양쯔강) 구당협(瞿塘峽) 입구에 있는 험한 협곡의 절벽으로 보인다. 높이가 20여 길인데 물이 불어나는 가을이면 절벽의 끝부분만 겨우 보일 정도라고 되어 있다. 『남사』 참고. 『하남통지(河南通志)』 등에는 '염여석(灩澦石)'이라고 표기되어 있다.

묘역에 머물며 삼년상[84]을 치렀는데, 복상을 마친 뒤 손발이 마르고 떨려서 다른 사람에게 기대어 일어날 지경이었다. 그래도 여전히 베옷을 입고 나물 같은 거친 음식만 먹으며 묘역을 굳게 지켰다. 숙부 유해(庾該)가 타이르며 권면하자 벼슬길에 나아갔다. 적장자로서 작위는 계승하였으나 녹봉[國秩]은 아우들에게 양보하였다.

庾子輿, 字孝卿,[85] 新野人. 性至孝, 仕梁爲尙書郎.[86] 丁母憂, 哀至輒嘔血, 父戒以滅性, 乃禁其哭泣. 父域, 有功封廣牧伯, 先是, 出守巴西.[87] 子輿以蜀道艱險, 乞求[88]從行以奉養, 獲許.[89] 後父遷寧蜀, 道中感心疾, 每至必叫呼, 子輿亦悶絶. 及父卒, 哀慟將絶者再. 奉喪還鄕, 巴東有淫預石最險, 其次則瞿塘, 行旅忌之. 子輿至此, 時[90]秋水猶壯甚恐.[91] 乃撫心長號, 其夕, 水驟退. 明旦, 安流南下, 已而水復如故. 行人爲之語曰: "淫預如幞, 本不通, 瞿塘水退, 爲庾公."[92] 初發蜀, 有雙鳩巢舟中, 及至又棲廬側, 每聞哭泣之聲, 必飛翔簷宇, 悲鳴激切.[93] 居墓所以終喪, 服闋, 手足枯攣, 待人而起. 仍布衣蔬食, 志守墳墓. 叔該諭勉之, 於是始仕. 雖以嫡長襲爵, 國秩盡推諸弟.[94]

---

84 삼년상: 원문의 '종상(終喪)'은 부모가 돌아가신 뒤 삼년상기를 마치는 것을 가리킨다.
85 字孝卿: 『한』 없음.
86 性至孝, 仕梁爲尙書郎: 『한』 없음.
87 有功封廣牧伯, 先是, 出守巴西: 『한』 守巴西.
88 求: 『한』 없음.
89 獲許: 『한』 없음.
90 時: 『한』 없음.
91 甚恐: 『한』 없음.
92 行人爲之語曰……爲庾公: 『한』 없음.
93 必飛翔簷宇, 悲鳴激切: 『한』 必飛翔悲鳴.
94 仍布衣蔬食……國秩盡推諸弟: 『한』 없음.

【논단】

삼협(三峽)[95]의 물살은 매우 험하니, 아득히 불어 넘치고 솟을[96] 때를 만나면 그 누가 심장이 두근거리고 다리가 떨리지 않을 수 있겠는가? 그런데 세차게 솟은 물살을 잠재워 물결을 따라 건넌 자가 있으니, 만약 효성이 지극하여 신명이 도운 것이 아니라면 가능했겠는가? 유자여는 지극히 효성스러운 인사이다. 당초 모친상을 당했을 때에는 피를 토할 정도로 통곡하였고, 아버지가 험하고도 먼 곳으로 가심을 염려하여 관직을 버리고 곁에서 모셨다. 아버지의 병환으로 인해 매번 답답해하다 기절하기도 하였으며, 부친상을 당하자 몇 차례 죽을 뻔하다 다시 깨어났으니, 이는 모두 부모를 사랑하는 마음이 깊어 자기도 모르게 애통하고 절박한 마음이 북받쳐 오른 것이다. 아버지의 영구를 받들어 돌아오는 길에 음여석과 구당이라는 험지를 지나야 했는데, 거세게 흐르던 강물의 수위가 낮아지고 물살이 잠잠해져 편안히 남쪽 하류로 내려가면서 끝내 전복되는 사고가 없었으니, 이것이 어찌 사람의 힘만으로 할 수 있는 일이겠는가? 그의 효성이 신명과 통한 것으로 말미암아 산천의 귀신이 진실로 은근히 도와주었기 때문이다. 그렇지 않다면 어떻게 험한 곳을 건너자마자 물이 다시 예전처럼 불어났겠는가? 당시 사람들이 수위가 내려간 것은 유 공 덕분이라고 한 말이 맞도다. 비둘기 두 마리가 배와 여막에 둥지를 틀고 오가며 떠나지 않았던 일[97] 같은 것도 역시 효성에 대한 감응의 소치이다.

---

95 삼협: 사천성(四川省)과 호북성(湖北省)의 경내 장강(長江) 상류의 세 협곡 구당협, 무협(巫峽), 서릉협(西陵峽; 巴峽이라고도 함)의 합칭이다.

96 아득히 불어 넘치고 솟을: 원문의 '한만(汗漫)'은 광대하고 끝없는 모양을 형용한 것이며, '용비(湧沸)'는 솟아오르는 모습[翻騰]을 형용한 것이다.

97 떠나지 않았던 일: 원문의 '의의(依依)'는 연연해하며 떠나거나 버리지 않는 모습, 그리워하며 마

그 후, 여막에서 복상을 마친 뒤 깊은 병에 걸렸음에도 맛있는 음식을 먹지 않고 좋은 옷을 입지 않았으며, 자신은 작위로서만 영예를 누리고 녹봉은 모두 아우들에게 양보하였으니, 유자여의 어진 성품은 보통 사람보다 훨씬 뛰어나도다. 옛사람 중에 효성으로 이름난 사람으로 증자여(曾子輿)[98]가 있다. 그러한즉 유자여가 효도를 잘 하고 이름도 자여인 것은 아마도 증삼을 사모하여 흥기한 결과가 아니겠는가!

夫三峽之水至險也, 當汗漫湧沸之時, 孰不爲之心掉股慄? 有能息其洶湧, 而得順流以濟者, 非孝誠之至, 神明之相, 其克爾乎? 庾子輿, 純孝士也. 初丁母憂, 哭泣至於嘔血, 念父行險遠, 則去官侍養. 因父疾而輒至悶絶, 遭父喪而再絶復蘇, 是皆愛親之心深, 而不自知其哀痛迫切之全也. 及其奉父柩歸, 歷淫預瞿塘之險, 浩汗之勢, 爲之頓殺, 安流南下, 訖無顚覆之患, 是豈人力之所能爲哉? 由其孝通神明, 而山川鬼神固有以黙相扶持之. 不然, 何其纔越險阻, 而水復如舊也耶? 當時人謂水退爲庾公, 信矣. 若夫雙鳩之巢舟棲廬, 往來依依者, 亦孝感之所致也. 其後廬墓終喪, 雖罹篤疾, 而服食未嘗甘美, 身榮爵位, 而國秩盡推諸弟, 則子輿之賢, 過人遠矣. 古人以孝聞者, 獨曾子輿. 然則庾氏能孝, 且名子輿, 其亦慕曾而興起者歟! 詩曰:

음에 품고 잊지 않는 모습 등을 형용한 것이다.

98 증자여: 노나라의 효자 증삼(曾參)을 가리킨다. 증삼의 자가 자여이다.

【찬시】

멀리서 아버지 영구 받들어 고향에 반장하려는데　遠奉親喪返故鄕
구당과 음여가 돌아오는 배를 막누나　瞿塘淫預阻歸航
한순간에 수위가 낮아진 것은 인력이 아니니　一時水退非人力
분명 효성이 하늘까지 감격시킨 것이로다　孝感分明格上蒼

또

어머니 돌아가신 뒤 오래도록 울음을 삼켰는데　慈親長逝久呑聲
아버지마저 돌아가시니 통곡으로 죽다 살아났다오　父歿哀號死復生
어쩐 일인지 비둘기 두 마리도 그 마음 알아　何事雙鳩知感應
항상 빙빙 맴돌며 함께 슬피 울어주었다지　飛翔時復[99]共悲鳴

99 時復: 항상.

69. 유사미가 소나무를 감응시키다[100] 沙彌感松(7a)

【본문】

유사미(庾沙彌, 478~?)[101]는 영천군(潁川郡) 언릉(鄢陵)[102] 사람이다. 아버지 유패옥(庾珮玉, ?~478)은 남조 송나라 때 벼슬하여 장사내사를 지내다 어떤 사건에 연루[103]되어 처형당했는데, 그때 유사미가 막 태어났다. 다섯 살이 되었을 때 생모가 색동옷을 만들어 주었는데 번번이 입지 않으려고 했다. 어머니가 왜 그러는지 물으니 눈물을 흘리며 이렇게 대답했다.

"집안이 참혹한 화를 입었는데 이 옷을 입어 무엇하겠습니까?"

장성한 뒤에도 평생토록 베옷을 입고 나물 같은 거친 음식만 먹었다. 남조 제(齊)나라 때 벼슬하여 참군으로 있었다. 적모(嫡母)[104] 유 씨(劉氏)가 병에 걸리자 유사미는 아침저녁으로 곁에서 수발들며 옷도 제대로 벗지

---

100 유사미가 소나무를 감응시키다: 『한』, 『언』, 『효』에 수록되지 않았다. 이 편은 『남사』 권73 효의열전 상 「유도민전(庾道愍傳)」에 부록되어 있는 「족손 유사미전[族孫沙彌傳]」에서 인용한 것이다. 비슷한 일화가 『통지』, 『책부원구』, 『태평어람』, 『가범』 등에도 수록되어 있다.

101 유사미: 양나라의 효자이다. 『효순사실』 권3 「56. 유도민이 어머니를 찾다[道愍求母]」의 주인공 유도민의 족손(族孫)이다. 제나라 때 장성령(長城令) 등을 역임하였다.

102 언릉: 중국 하남성(河南省) 서북쪽의 지명이다.

103 어떤 사건에 연루: 소도성(蕭道成)이 남조 송나라의 제8대 황제 유욱(劉郁, 463~477, 재위 472~477)을 시해하고 제9대 황제 순제(順帝) 유준(劉準, 467~479, 재위 477~479)을 옹립하였다. 이에 형주자사(荊州刺史) 심유지(沈攸之, ?~478) 등이 이 사태에 반발하며 소도성을 타도하기 위해 군대를 일으켰으나 곧바로 제압되었다. 심유지가 군사를 일으켜 동쪽 상주(湘州)로 내려왔기에 당시 장사(長沙: 상주부 소속)내사를 역임하고 있던 유패옥이 심유지의 군대를 저지하였는데 이 과정에서 죽었다. 유준은 479년에 소도성에 의해 시해되었으며, 소도성은 남조 제나라를 건립하였다. 『남사』 참고.

104 적모: 아버지의 정실부인을 가리킨다. 유사미의 생모는 정실부인이 아닌 첩실이었던 것으로 보인다.

못한 채 병간호하였다. 간혹 침과 뜸을 맞으셔야 할 때마다 번번이 자기 몸에 먼저 시험하였다. 그러다 적모가 돌아가시자 여러 날 마실 것조차 받아들이지 못하였고 장례를 치르는 동안 간 한 음식은 먹지 않았으며, 겨울에도 솜옷을 입지 않고 여름에도 상복을 벗지 않았다. 집 밖으로 나가지 않은 채 밤낮으로 통곡만 하니 이웃 사람들도 차마 듣지 못할 정도였고, 앉아 있던 삿자리는 눈물이 스며들어 썩어 문드러질 정도였다. 묘소는 신림(新林)에 있었는데, 갑자기 소나무 백여 그루가 저절로[105] 생겨나 가지와 잎이 울창해지니, 보통의 소나무와는 달랐다. 적모 유 씨가 (생전에) 감자[甘蔗]를 즐겨 먹었기에 유사미는 끝내 그것을 먹지 않았다.[106] 양 무제(梁武帝)가 불러 보고는 가상히 여겨 특별히 포상하고 그의 두 아들에게도 관직을 주었다. 훗날 소릉왕(邵陵王, 519~551)[107]의 참군사(參軍事)로 임명되어 회계(會稽) 지역으로 수행하게 되었다. 그때 다시 생모상을 당하여 영구와 함께 도성으로 돌아가는 길이었는데, 절강(浙江)을 건너던 중 강 한가운데에서 풍랑을 만나 배가 뒤집히려 하였다. 이에 유사미가 관을 부여안고는 통곡하자 갑자기 바람이 잠잠해지니, 모두들 그의 효성에 대한 감응의 소치라고 여겼다.

庾沙彌, 潁川鄢陵人. 父珮玉, 仕宋爲長沙內史, 坐事誅, 時沙彌始生. 及年五歲, 所生母爲製綵衣, 輒不肯服. 母問其故, 流涕對曰: "家門禍酷, 用是何爲?" 及長, 終身布衣蔬食. 仕齊爲參軍. 嫡母劉氏寢疾, 沙彌晨夕侍

105 저절로: 원문의 '여(旅)'는 심지 않았는데 자라났다는 뜻이다.
106 먹지 않았다: 어머니가 즐기시던 것을 보면 어머니가 그리워져 슬픈 마음을 이길 수 없으므로 자식 된 마음에 차마 먹지 못하였다는 의미이다.
107 소릉왕: 양 무제 소연의 아들 소륜(蕭綸, 507~551)이다. 자 세조(世調).

側, 衣不解帶. 或應鍼灸, 輒以身先試. 及母亡, 水漿不入口累日, 終喪不食鹽味; 冬日不衣綿纊, 夏日不解衰絰. 不出庭戶, 晝夜號慟, 隣人不忍聞, 所坐薦, 淚霑爲爛. 墓在新林, 忽生旅松百許株, 枝葉鬱茂, 有異常松. 劉好噉甘蔗, 沙彌遂不食焉. 梁武帝召見嘉之, 特加褒寵, 及官其二子. 後除邵陵王參軍事, 隨府會稽. 復丁所生憂, 喪還都, 濟浙江, 中流遇風, 舫將覆沒. 沙彌抱柩號哭, 俄而風靜, 咸以爲孝感所致.

【논단】

효자는 부모에 대해, (평상시에) 기거[108]를 살피고 봉양함에 진실로 온 마음을 다해야 한다. 심지어 병들거나 돌아가시는 것[109]은 역시 중한 상황이니 더더욱 공경을 다하지 않을 수 없는 것이다. 저 새와 짐승도 제 짝이 죽으면 반드시 슬피 울부짖거나 빙빙 돌거나 머뭇거리며 종일토록 떠나지 못하는데, 하물며 사람이라면 오죽하겠는가?[110] 유사미는 어린아이 때도 이미 효도할 줄 알았고, 장성해서는 더욱 독실하였다. 그런 일은 모두 보통 사람이 하기 어려운 것이었는데 유사미는 잘 해냈으니, 어찌 어진

108 기거: 음식을 드시고 잠자리를 살피는 등 일상생활의 여러 거동을 가리킨다.
109 돌아가시는 것: 원문의 '상망(喪亡)'은 사망한다는 뜻이다.
110 저 새와 짐승도……오죽하겠는가: 이 구절은 『예기』 「삼년문(三年問)」, "천지 사이에 살아가며 혈기가 있는 것은 반드시 지각이 있고, 지각이 있는 것은 모두 자기의 동류를 사랑할 줄 안다. 예컨대 큰 새와 짐승이 자기 무리나 짝을 잃고 한 달이나 한 계절이 지나면 반드시 고향으로 돌아와 빙빙 돌고 슬피 울부짖으며 머뭇거리고 서성인 뒤에야 비로소 떠난다. (…) 혈기가 있는 것 중에 사람보다 더 지혜로운 것이 없다. 그러므로 사람은 부모에 대해 (슬퍼하는 마음이) 돌아가신 뒤에도 다하지 않는 것이다.[凡生天地之間者有血氣之屬, 必有知, 有知之屬, 莫不知愛其類. 今是大鳥獸, 則失喪其群匹, 越月踰時焉, 則必反巡過其故鄉, 翔回焉, 鳴號焉, 蹢躅焉, 踟蹰焉, 然後乃能去之(…)有血氣之屬者, 莫知於人. 故人於其親也, 至死不窮.]"라는 구절을 변용한 것이다.

사람과 효자의 마음 씀씀이가 아니겠는가? 또 효성이 천지에 통하고 신명을 감동시켰으니, 소나무가 무덤가에서 저절로 생겨나 가지와 잎이 울창해지고, 어머니의 영구를 모시고 강을 건널 때 풍랑이 갑자기 잠잠해진 것, 이름이 조정에 알려져 자신은 포상의 은총을 받고 두 아들까지 작록을 누리며 아름다운 명성이 백세에 전해진 것이 당연하도다. 그러나 요즘 세상의 자식 된 자들 중에는 혹 부모를 봉양하는 일은 생각지도 않고, 부모가 돌아가셔도 슬픔은 잊고 음악을 연주하며 평소와 다름없이 지내는 자들도 있다. 그들을 유사미와 비교해 보면 어짊과 불초함의 차이가 너무나도 크다. 아! 하늘의 도는 밝고 밝으니 선과 악은 이에 명확히 분별된다. 식견이 있는 선비는 마땅히 어진 사람을 본받아 힘쓰고 불초한 자들은 경계로 삼아야 할 것이다.

孝子之於父母, 起居奉養, 固當無所不用其心. 至於疾病喪亡, 又其重者, 尤不可不致其謹也. 彼鳥獸, 死其儔類, 猶必哀號叫咷, 彷徨躑躅, 終日而不去, 而況於人乎? 庾沙彌, 以童稚之年, 卽知孝道, 及長而益篤. 其事皆常人之所難者, 而沙彌能行之, 豈非爲仁人孝子之用心哉? 且孝通乎天地, 感于神明, 宜其旅松生墓, 枝葉鬱茂; 母櫬度江, 風濤頓息; 名聞於朝, 身膺褒寵, 延及二子, 享有爵祿, 流芳百世. 世之爲人子者, 或有不顧父母之養, 及其親喪, 忘哀作樂, 無異平日. 其視庾沙彌, 賢不肖相去遠矣. 嗟夫! 天道昭昭, 善惡斯鑑. 有識之士, 當以賢者爲勉, 而以不肖者爲戒. 詩曰:

【찬시】

부모님 은혜는 하늘만큼 깊으니	父母恩深比昊天
애처롭게 울며 그리워하는 모습 너무나도 가련타	哀哀泣慕實堪憐
평생토록 효를 실천하는 모습에 모두들 감탄하니	終身孝行人皆羨
응당 아름다운 이름이 만고에 전해지겠지	應有佳名萬古傳

또

한결같은 효심이 신명께 이르니	孝心一念達神明
밝고 밝은 보응을 참으로 믿을 수 있도다	報施[111]昭昭信可徵
포상의 은총이 당시에도 성대하였는데	褒寵已看當世盛
높은 벼슬로 자손의 영화로움까지 더하셨다오	簪纓還見子孫榮

111 報施: 보답, 보응.

70. 완효서가 인삼을 얻다[112] 孝緒獲蓡(8b)

【본문】

완효서(阮孝緖, 479~536)[113]는 자가 사종(士宗)이며 진류군(陳留郡) 위씨(尉氏)[114] 사람이다. 양 무제 때에 종산(鍾山)에서 수업을 듣고 있었는데, 어머니 왕 씨(王氏)가 갑자기 병이 들어 형제들이 그를 부르려 하니 그녀가 이렇게 말했다.

"효서는 성품이 매우 효성스러워 신명에 통해 있으니,[115] 반드시 알아서 올 것이다."

과연 심장이 두근거려 돌아왔으니 이웃 사람들이 신기하다며 감탄하였다. 약을 조제[116]하려면 반드시 생인삼이 필요했는데, 옛날부터 전하기를 그것은 종산에서 나온다고 하였다. 완효서는 몸소 (종산의) 깊고 험한 곳을 두루 다녀 보았지만 며칠 동안 찾지 못하였다. 그런데 갑자기 앞에

---

112 완효서가 인삼을 얻다: 『한』, 『언』, 『효』에 수록되지 않았다. 이 편은 『남사』 권76 은일열전 하(隱逸列傳 下) 「완효서전(阮孝緖傳)」에서 인용한 것이다. 비슷한 일화가 『통지』, 『책부원구』, 『태평어람』 등에도 수록되어 있다.

113 완효서: 양나라의 문인이자 처사이다. 남조 송나라에서 태위종사중랑(太尉從事中郎) 등을 역임한 완언지(阮彦之)의 아들로, 7세에 종백(從伯) 완윤지(阮允之)에게 입적되었다. 어려서부터 진중한 성품이었으며, 13세에 오경(五經)에 두루 통달하였다. 16세에 부친상을 당하자 솜옷을 입지 않고 나물 같은 거친 음식만 먹었다. 외사촌 왕안(王晏)은 지위가 높았는데 그와 교유하기를 적극적으로 거부하였으며, 천감 원년의 천거에도 나아가지 않을 정도로 속세에 참여하기를 꺼렸다. 『칠록(七錄)』 등의 저서를 지었으며, 58세로 죽었다. 시호는 문정(文貞)이다. 『효순사실』 권4 「71. 사린이 꿈에서 감응하다[謝藺感夢]」의 주인공 사린의 외조부이다.

114 위씨: 중국 하남성에 속한 지명이다.

115 신명에 통해 있으니: 원문의 '명통(冥通)'은 신명이 감통하다는 뜻이다.

116 약을 조제: 원문의 '합약(合藥)'은 약물을 조제하고 배합한다는 뜻이다.

웬 사슴 한 마리가 가는 것을 보고 완효서가 느끼는 바가 있어 뒤따라갔는데, 어떤 곳에 이르자 갑자기 사라졌다. 다가가 살펴보니 과연 인삼이 있었다. 어머니가 그것을 복용하자 마침내 병이 다 나으니, 당시 사람들이 모두 그 효성에 대한 감응의 소치라고 하였다.

阮孝緖, 字士宗, 陳留尉氏人也. 梁武帝時, 嘗於鍾山聽講, 母王氏忽有疾, 兄弟欲召之, 母曰: "孝緖至性冥通, 必當自到." 果心驚而返, 隣里嗟異之. 合藥須得生人蔘, 舊傳鍾山所出. 孝緖躬歷幽險, 累日不逢. 忽見一鹿前行, 孝緖感而隨後, 至一所遂滅. 就視, 果獲此草. 母得服之, 遂愈, 時皆言其孝感所致.

【논단】

자식과 부모는 같은 기운이 다른 몸에 나뉜 관계[117]이기에, 멀리 부모 곁을 떠나 있어도 부모가 질병을 앓으면 마음으로 문득 그것을 알게 되는 것이다. 또 얻기 어려운 약을 구해 그것으로 부모의 병을 낫게 할 수

117 자식은……관계: 원문의 '同氣而異體'는 보통 형제자매를 가리키는 표현으로 쓰이지만, 『여씨춘추(呂氏春秋)』 권9 「정통(精通)」에 "그러므로 부모는 자식에 대해, 자식은 부모에 대해 한 몸이 둘로 나뉜 것이요 같은 기운이 두 숨결로 나뉜 것이다. 비유하자면 풀에 꽃과 열매가 있고 나무에 뿌리가 있는 것과 같으니, 비록 다른 곳에 있더라도 서로 통하고 속마음도 서로 알며 통증이 생기면 구조하고 근심이 있으면 서로 느끼는 것이다.[故父母之於子也, 子之於父母也, 一體而兩分, 同氣而異息. 若草莽之有華實也, 若樹木之有根心也, 雖異處而相通, 隱志相及, 痛疾相救, 憂思相感.]"; 송나라 문인 장구성(張九成), 『횡포집(橫浦集)』 권9 서전통론(書傳統論) 「여오론(旅獒論)」, "자식과 부모는 같은 기운에 숨이 다르고 같은 마음에 몸이 다른 존재이다. 그러므로 자식의 마음은 간절하게 부모의 마음을 체득하여, 부모의 희로애락 등을 아는 것이다.[子于父母, 同氣而異息, 同心而異體. 故人子之心, 拳拳體父母之心, 知其喜怒哀樂]." 등과 같이 부모-자식의 관계에 활용한 예가 보인다.

도 있으니, 이는 모두 극진한 효성에 대해 은근히 감통이 일어난 것이다. 완효서가 바로 이러한 사례이다. 완효서가 어머니를 떠나 종산에서 수업을 듣던 중 심장이 두근거려 돌아왔는데 과연 어머니가 병에 걸리셨으니, 어떻게 그럴 수 있었겠는가? 대개 지극히 효성스러운 성품의 사람이라면 부모의 질병이 모두 자신에게 절박하게 느껴지는 법[118]이요, 마음이란 허령하고 어둡지 않아서[119] 본래 묵묵히 통하여 미리 알 수 있기 때문이다. 또한 완효서의 효성은 평소 그의 어머니가 잘 알고 있는 것이었으니 어찌 다른 자식 된 자들에 비할 바이겠는가? 급기야 어머니의 병이 낫지 않자 생인삼은 구하기 어려운 것임에도 바로 종산으로 가서 찾아다녔는데, 온갖 험한 곳을 지나면서도 포기하지 않아 사슴의 인도를 받고 약을 찾아 돌아와 어머니의 병을 낫게 하였으니, 그 효성에 대한 감통이 이와 같았던 것이다! 아아! 저 병에 걸린 부모를 보고도 모르는 체 하는 자들이나, 약을 찾다 못 구하면 어쩔 수 없다며 내버려 두는 자들이 완효서가 실천한 효행을 들으면 역시 조금이라도 부끄러워해야 할 것이로다.

子之於親, 同氣而異體也. 至若遠違親側, 而親有疾病, 心輒知之. 且又能致難得之藥, 以愈親疾, 是皆至孝之誠, 黙有以感通之焉. 以阮孝緖觀之是已. 孝緖別母, 聽講鍾山, 心驚而返, 母果有疾, 何哉? 蓋人有至孝之性, 則於親之疾痛, 擧切乎身, 而心之虛靈不昧, 固有以潛通預知之矣. 且

118 모두 자신에게 절박하게 느껴지는 법: 송나라 학자 여대림(呂大臨)의 「극기명(克己銘)」, “누가 천하가 나의 어짊에 귀의하지 않는다고 말하는가? (다른 사람의) 고통과 아픔이 모두 나의 몸에 간절하다.[孰曰天下不歸吾仁? 癢痾疾痛, 擧切吾身?]”라고 한 구절을 활용한 것이다.

119 허령하고 어둡지 않아서: 원문의 ‘허령불매(虛靈不昧)’는 마음을 형용한 표현으로, 텅 비고 신령스러워 모든 것을 환히 안다는 뜻이다. 하늘로부터 타고난 마음[明德]은 밝기 때문에 이와 같이 표현한 것이다. 『대학장구』 경1장 주희 집주 참고.

孝緖之孝, 素爲其母所知, 又豈他人之爲子者比耶? 及以母疾未愈, 生人葠之難得, 乃詣鍾山求之, 備嘗艱險而不輟, 至遇鹿導引, 獲藥以歸, 而母疾得瘳, 其孝誠之所感, 有如是耶! 嗚呼! 彼有視親之疾, 若罔聞知, 與夫求藥未得, 而委之無可奈何者, 聞孝緖之所爲, 亦可以少愧矣. 詩曰:

【찬시】

멀리 종산에서 수업 들을 제	遠在鍾山聽講時
어머니가 병드셨음을 마음으로 벌써 알았네	母身有疾已心知
오직 지극한 효성이라야 감통하는 법	秖緣至孝能通感
골육간의 깊은 정은 참으로 속일 수 없다오	骨肉情親[120]信不欺

또

종산에서 우연히 사슴을 만나	鍾山偶値鹿前行
이곳에서만 자라는 인삼을 찾았다오	因見人葠此地生
캐어다 집으로 돌아와 약을 달이니	採得歸家供藥餌
어머니 병 나은 것은 신명이 감응한 덕이라오	療痊母疾感神明

120 情親: 가까운 사람 혹은 감정이 친함을 가리킨다.

71. 사린이 꿈으로 감응하다[121] 謝藺感夢(10a)

【본문】

사린(謝藺, 510~547)[122]은 자가 희여(希如)이며 진군(陳郡) 양하(陽夏)[123] 사람으로, 동진(東晉)의 태부(太傅) 사안(謝安, 320~385)[124]의 8대손이다. 어려서부터 성품이 훌륭했다. 아버지 사경(謝經)은 북중랑자의참군을 지냈다. 사린이 다섯 살 때 아버지가 아직 식사하지 않았는데 유모가 먼저 밥을 먹이려 하자 사린이 끝내 먹지 않으니[125] 외조부 완효서가 그 말을 듣고 감탄하며 이렇게 말하였다.

"이 아이는 집에 있을 때는 증자 같은 부류요, 군주를 섬길 때는 인상여(藺相如)[126] 에 필적할 것이다."

---

121 사린이 꿈으로 감응하다: 『한』, 『언』, 『효』에 수록되지 않았다. 이 편은 『남사』 권74 효의열전 하 「사린전(謝藺傳)」에서 인용한 것이다. 비슷한 일화가 『통지』, 『책부원구』, 『태평어람』 등에도 수록되어 있다.

122 사린: 양나라의 문인이다. 경사(經史)에 통달하였으며, 효행으로 천거되었다. 황제의 명을 받아 「북연주자사소해덕정비(北兗州刺史蕭楷德政碑)」, 「선성왕봉술중용송(宣城王奉述中庸頌)」 등을 지어 올렸다.

123 양하: 중국 하남성 주구시(周口市) 태강현(太康縣) 일대의 지명이다.

124 사안: 자 안석(安石). 동진의 정치가이자 무인이다. 환온(桓溫)의 반란 등을 저지하며 동진에 큰 공을 세웠다. 오흥태수(吳興太守), 상서좌복야, 양주자사 등을 역임하였으며, 사후에 태부로 추증되고 여릉군공(廬陵郡公)에 봉해졌다.

125 먹지 않으니: 원문의 '不進'은 먹거나 마시지[進食] 않는다는 뜻이다. 『양서(梁書)』 「사린전」에는 유모가 억지로 밥을 먹이려 하자 사린이 "아직 배가 고프지 않습니다.[旣不覺飢]"라며 거절하고, 끝내 먼저 먹지 않았다고 한다.

126 인상여: 조(趙)나라의 명신이다. 국가의 일을 최우선시하고 사사로운 일을 하지 않았다. 진(秦)나라의 요구에 따라 화씨벽(和氏璧)을 가지고 갔다가 다시 조나라로 무사히 귀환할 정도로 외교술이 뛰어나 혜문왕(惠文王)을 잘 보필하였다. 『사기』 「염파인상여열전(廉頗藺相如列傳)」 참고.

그래서 이름을 '린(藺)'이라고 하였다. 조금씩 경서와 사서를 가르쳐 주었는데 눈으로 읽기만 해도 곧바로 암송하기에 완효서가 매번 "우리 집안의 양원(陽元)[127]이로다."라고 하였다. 부친상을 당하자, 밤낮으로 통곡하다 슬픔으로 바짝 야위어 뼈가 앙상하게 드러나니[128] 어머니 완 씨(阮氏)가 항상 직접 지켜보며 자제하라고 타일렀다.[129] 복상을 마친 뒤, 여러 차례 승진하여 외병기실참군이 되었고 후에 산기상시를 겸하였다. 위나라에 사신 갔을 때, 마침 후경(侯景, ?~552)[130]이 (양나라에) 귀순해 들어오다 국경에서 교전이 일어났다. 사린의 어머니는 그가 돌아오지 못할 것을 염려하다 병에 걸려 죽었다. 사린이 양나라로 돌아왔는데 그날 밤 불길한 꿈을 꾸어 아침에 곧장 대열에 합류하여 달려 돌아왔다. 집에 도착하여 (어머니가 이미 돌아가심을 알고는) 피를 토할 듯 통곡하다 한참 동안 기절해 있었다. 마실 것조차 받아들이지 못하여 곡을 할 때마다 눈, 귀, 코, 입에서 온통 피가 흘러나왔는데, 달포가 지나 밤을 틈타 어머니 무덤 앞에 가서 통곡하다[131] 죽었다.

謝藺, 字希如, 陳郡陽夏人, 太傅安之八世孫也. 幼有至性. 父經, 北中郎諮議參軍. 藺五歲時, 父未食, 乳媼欲令先飯, 藺終不進. 舅阮孝緖聞

127 양원: 진 무제(晉武帝) 때의 재상 위서(魏舒, 209~290)의 자이다. 위서는 어려서 고아가 되어 외가 영 씨(甯氏) 가문에서 양육되었으며 훗날 외조부의 가르침을 받아 상서랑이 되었다. 사린 역시 외가에서 양육되었기에 위서에 비견한 것이다.
128 슬픔으로……드러나니: 원문의 '훼척골립(毁瘠骨立)'은 상을 치르며 지나치게 슬퍼하다 극도로 수척해지고 뼈가 앙상하게 드러나는 것을 가리킨다.
129 자제하라고 타일렀다: 원문의 '비억(譬抑)'은 그만둘 것을 권한다는 뜻이다.
130 후경: 양나라의 무인이다. 위나라 출신으로 자는 만경(萬景)이다. 동위(東魏)에서 반란을 일으켜 서위(西魏)의 우문태(宇文泰)에게 의지하려 하였으나, 반란이 제압되자 547년에 양 무제에게 귀순하였다. 훗날 양나라에서도 반란을 일으켰다.
131 통곡하다: 원문의 '臨'은 장례를 치르는 동안 영구 앞에서 슬퍼하며 곡하는 것을 가리킨다.

之, 歎曰: “此兒, 在家則曾子之流, 事君則藺生之匹.” 因名曰藺. 稍授以經史, 過目便能諷誦, 孝緒每曰: “吾家陽元也.” 及丁父憂, 晝夜號慟, 毁瘠骨立, 母阮氏常自守視譬抑之. 服闋, 累遷外兵記室參軍, 後兼散騎常侍. 使魏, 會侯景入附, 境上交兵. 藺母慮其不得還, 感疾而卒. 藺還入境, 夜夢不祥, 旦便投列馳歸. 及至, 號慟嘔血, 氣絶久之. 水漿不入口, 每哭, 眼耳鼻口, 皆血流, 經月餘, 因夜, 臨而卒.

【논단】

효란 사람의 지극한 품행이다.[132] 양지와 양능은 천성에 뿌리를 두고 있는 것이니, 비록 어린아이라도 이미 자기 부모를 사랑하고 공경할 줄 아는데,[133] 장성하였다고 어찌 조금이라도 쇠해지겠는가? 사린의 일을 살펴보면 이러한 점을 잘 알 수 있다. 사린은 겨우 다섯 살 때, 아버지가 아직 식사하지 않으면 감히 먼저 먹지 않았으며, 유모가 억지로 먹이려 해도 끝내 밥을 먹지 않았다. 이는 오직 마음에서 우러나온 행동으로 가르침을 받아야만 알 수 있는 일이 아니었으니, 외조부가 칭찬하며 그에게 기대한 것도 당연하다. 부친상을 당하자 슬픔으로 비쩍 말라 뼈가 앙상하게 드러났으니, 현명한 어머니가 지켜보며 자제하라고 타이르지 않았다

132 효란……품행이다: 『금사(金史)』「효우열전서(孝友列傳序)」, “효와 우애는 사람의 지극한 품행이다.[孝友者, 人之至行也.]”에서 차용한 것이다.

133 양지와……공경할 줄 아는데: 『맹자』「진심 상」 제15장, “맹자께서 말씀하셨다. ‘사람이 배우지 않고도 잘하는 것이 양능(良能)이고, 생각하지 않고도 아는 것이 양지(良知)이다. 어린아이라도 자기 부모를 사랑할 줄 모르는 경우는 없고, 자라서 자기 형을 공경할 줄 모르는 경우는 없다.’[人之所不學而能者, 其良能也; 所不慮而知者, 其良知也. 孩提之童, 無不知愛其親也; 及其長也, 無不知敬其兄也.]”에서 차용한 것이다.

면 다시 살아날 수 없었을 것이다. 벼슬길에 나아가 다른 나라에 사신으로 갔을 때 어머니가 그를 걱정하다 병에 걸려 일어나지 못하였다. 그런데 사린은 효성이 간절하고 지극하였기에 정신이 감통하여 이미 꿈에서 조짐을 보았다. 사린의 마음은 아마도 어머니의 죽음이 진실로 자기 때문에 초래되었다고 여긴 듯하다. 그러므로 간장이 찢어져 마실 것조차 받아들이지 못하였을 뿐만 아니라 여러 구멍에서 피가 흘러나와 끝내 목숨을 잃고 만 것이다. 아! 만일 하늘이 그에게 수명을 빌려주었다면 재능을 펼치고 지조를 지키며[134] 외조부의 기대와 인정을 저버리지 않았을 텐데, 여기에서 끝나고 말았으니 안타깝기 그지없도다!

孝者, 人之至行也. 其良知良能, 根於天性, 雖在孩孺之時, 旣已能愛敬其親, 況於長大而肯[135]少衰乎? 觀於謝藺可見矣. 藺生甫五歲, 父未食, 不敢先食, 乳母强之, 終於不進. 此乃因心之行, 不待於敎而知者, 宜其舅氏稱許而期待之也. 及遭父喪, 哀毁骨立, 非有賢母守視抑譬之, 則不能復生矣. 及從宦而出使他國, 其母憂之, 遘疾不起. 而藺孝誠切至, 精神感通, 已兆於夢寐之間. 藺之意, 蓋謂其母之亡, 實由己以致之. 故其肝腸裂, 非惟水漿不入口, 抑且諸竅[136]血流, 卒以殞生. 噫! 使天假之年, 其設施操守, 將不負舅氏之期許矣, 而止於此, 可勝惜哉! 詩曰:

---

134 재능을……지키며: 원문의 '설시(設施)'는 재능을 널리 펴는 것, '조수(操守)'는 착한 행실을 견지하며 지조를 지키는 것을 가리킨다.

135 肯: 어찌[豈].

136 竅: 구멍[空].

【찬시】

어린아이의 효성은 타고난 천성에서 비롯된 것	孩提孝性出天然
밥 먹을 때에도 항상 아버지 먼저 드시길 기다렸네	飮食常時待父先
아버지 돌아가시자 슬피 울어 뼈만 앙상하였으나	父歿哀號惟骨立
애써 어머니 말씀 따라 목숨은 보전하였다오	勉遵母命保生全

또

이웃 나라로 사신 가 어머니께 근심 끼쳤는데	遠使隣邦致母憂
어찌 알았으랴, 병이 되어 끝내 낫지 못하실 줄을	寧知成疾竟難瘳
집으로 돌아와 간절히 통곡하다 이윽고 운명하니	還家慟切俄摧殞
아름다운 명성 대대로 남았도다	贏得佳名奕世[137]留

137 奕世: 대대로[累代].

72. 소방이 까마귀를 불러 모으다[138] 蕭放致烏(11b)

【본문】

소방(蕭放)[139]은 자가 희일(希逸)이며 양나라 종실의 후손이다. 아버지 소지(蕭祗)[140]를 따라 업(鄴)에 갔다가 아버지가 돌아가셨는데 상을 치르는 동안 효행으로 이름났다. 그가 머물던 여막 앞에 까마귀 두 마리가 날아와서는 각각 나무 한 그루씩을 차지하고 둥지를 틀었다. 정오 이전에는 뜰에 모여 먹이를 쪼아 먹다가 오후가 되면 다시 나무에서 내려오지 않았다. 매번 무덤 앞에서 통곡할 마다 천천히 날며 슬피 우니 흡사 애통하게 곡하는 듯했다. 집안사람들이 그런 까마귀를 본받아 해이해지지 않았으니, 당시 사람들이 지극한 효성에 대한 감응이라고 여겼다. 아버지의 작위를 계승하여 청하군공이 되었고, 여러 차례 승진하여 태자중서자, 산기상시 등을 지냈다.

蕭放, 字希逸, 梁宗室子也. 隨父祗至鄴, 祗卒, 居喪以孝聞. 所居廬室

---

138 소방이 까마귀를 불러 모으다: 『한』, 『언』, 『효』에 수록되지 않았다. 이 편은 『북제서(北齊書)』 권33 「소방전(蕭放傳)」에서 인용한 것이다. 비슷한 일화가 『통지』, 『책부원구』 권757 효감(孝感), 『태평어람』 등에도 수록되어 있다.

139 소방: 생몰년 미상. 추존왕 양 문제(梁文帝) 소순지(蘇順之)의 증손이다. 문학에 뛰어났고 그림에도 조예가 깊었는데, 단청을 잘하여 궁중의 모든 회화를 감독하였다. 『태평어람』에는 이름이 '방(倣)', 자가 '희연(希然)'이라고 되어 있다.

140 소지: 생몰년 미상. 자 경식(敬式). 어려서부터 총명하였고 용모가 뛰어났다. 549년에 후경이 건업(建業)을 포위하였을 때 소지가 대성(臺城)이 이미 함락되었다는 소문을 듣고 동위로 달아났다가 훗날 업성(鄴城)으로 돌아와 죽었다. 『북제서』 권33 「소지전(蕭祗傳)」 참고.

前, 有二烏來集, 各據一樹爲巢. 自午以前馴庭飮啄, 午後更不下樹. 每臨時, 舒翅悲鳴, 全似哀泣. 家人則之, 未嘗有缺, 時以爲至孝之感. 襲父爵淸河郡公, 累遷太子中庶子, 散騎常侍.

【논단】

부모상에는 진실로 최선을 다해야 하는 것이다.[141] 그러나 슬픔이 극에 달하면 반드시 기이한 감응이 일어나게 마련이니, 오직 사람으로서 해야 할 도리에 최선을 다하면, 만물의 이치 또한 필연적으로 이르는 것이다. 소방은 차마 아버지가 돌아가셨다고 여길 수 없어 상을 치르는 동안 슬픔을 극진히 하였는데, 마침내 까마귀[142] 같은 이물이 길들어서 놀라지 않았다. 때에 맞춰 먹고 쉬면서, (소방이) 슬피 통곡하면 따라서 슬피 우니, 어쩌면 이리도 기이한가! 이는 다름이 아니라 믿음은 돼지나 물고기에게도 통하고, 정성은 금석도 꿰뚫을 수 있기 때문이다.[143] 까마귀는 어미에게 먹이를 물어다 주는 효성을 갖추고 있으니 우매하고 완고하여 교화시킬

141 부모상에는……하는 것이다: 『맹자』 「등문공 상」 제2장에서 인용한 것이다. 해당 구절에 대한 주희의 주석에 "부모상을 당하면 진실로 자식의 마음에 최선을 다해야 할 것이니, 슬픈 마음과 애통한 생각은 밖에서부터 이르는 것이 아니기 때문이다.[父母之喪, 固人子之心, 所自盡者, 蓋悲哀之情、痛疾之意, 非自外至.]"라고 하였다.

142 까마귀: 원문의 '자오(慈烏)'는 까마귀를 가리킨다. 까마귀는 늙은 어미새에게 먹이를 물어다 나르는 반포지효의 짐승이기에 이렇게 칭하였다.

143 믿음은……때문이다: 원문의 '信可以孚於豚魚'는 『주역』 제61괘 「중부(中孚)」의 단사(彖辭), "괘사에 '돼지와 물고기에까지 미치면 길하다'고 한 것은 믿음이 돼지와 물고기에게까지 미치게 되기 때문이다.[豚魚吉, 信及豚魚也.]"라고 한 구절을 활용한 것이다. 정이(程頤)는 "돼지는 조급하고 물고기는 어두워 감동시키기 어려운 것이니, 신의가 돼지와 물고기까지 감동시킨다면 지극하지 않음이 없는 것이다.[豚躁魚冥, 物之難感者也. 孚信能感於豚魚, 則无不至矣.]"라고 하였다. '誠可以貫於金石'은 『주역』 제29괘 「감(坎)」에 대한 정이의 주석, "지극한 정성은 금석을 관통하고 물과 불도 헤쳐 나갈 수 있으니, 그 어떤 험난함이라도 형통하지 못하겠는가.[至誠, 可以通金石、蹈水火, 何險難之不可亨也.]"라고 한 구절을 활용한 것이다.

수 없는[144] 짐승이 아니다. 그러니 누가 지극한 효성에 끼리끼리 감응하지 않는다고 말하겠는가? 만일 상을 치를 때 슬픔을 다하지 않고 예를 극진히 하지 않으면 사람들에게 칭찬받고자 해도 당연히 그럴 수 없을 것인데, 하물며 짐승은 오죽하겠는가? 소방의 효행은 단지 사람들에게 알려졌을 뿐만 아니라 짐승도 감동시켰으니, 어찌 쉽게 일어난 일이겠는가? 그가 높은 관직에 오른 것은 요행이 아니라 당연한 것이로다.

親喪, 固所自盡矣. 然極其哀戚之情, 必有感召之異, 是惟盡人事之當然, 而物理有所必致也. 蕭放不忍其父之死, 居喪盡哀, 遂致慈烏異類, 馴擾不驚. 食息以時, 哀臨則悲鳴, 何其異哉! 此無他, 信可以孚於豚魚, 誠可以貫於金石. 烏具反哺之性, 而非冥頑不靈之物. 孰謂孝道之至, 而不以類應之哉? 使喪不能極其哀而盡其禮, 欲見稱於人, 尙不可得, 況於物乎? 放之孝, 不獨有聞於人, 而且感於物, 豈易得哉? 身致通顯, 非倖也, 宜也. 詩曰:

【찬시】

아버지가 타향[145]에서 돌아가시자 통곡을 거듭하며　　父亡客土重號呼

---

144 우매하고……교화시킬 수 없는: 원문의 '冥頑不靈'은 사리에 어둡고 무지하며, 완고하여 변화시킬 수 없는 모습을 형용한 것으로, 당나라 문인 한유(韓愈)의 「제악어문(祭鰐魚文)」에서 인용한 것이다.

145 타향: 소 씨는 동해군(東海郡) 난릉(蘭陵)이 본향인데, 소지가 업성에서 사망하였기에 타향이라고 표현한 것이다.

아침저녁 수척한 모습으로 여막을 향하였네	日夕癯然向倚廬[146]
길이 들어 놀라지도 않고 때 맞춰 먹고 마시며	馴擾不驚時飮啄
나무에 둥지를 튼 것은 감동한 까마귀들이로다	來巢庭樹感慈烏

또

통곡할 때마다 까마귀도 따라 슬피 우니	慈烏逢臨輒悲鳴
집안사람마저 짐승의 마음에 감동하였다네	能遣家人感物情
당시에 영예롭고 높은 작위에 올랐을 뿐 아니라	不獨當時榮顯爵
지금까지도 지극한 효자라는 아름다운 명성 전한다오	到今至孝播芳聲

146 倚廬: 부모상을 당했을 때 상주가 기거하는 누추한 여막을 가리킨다.

73. 견염이 아버지를 기억하다[147] 甄恬識父(12b)

【본문】

견염(甄恬)[148]은 자가 언약(彦約)이며 중산군(中山郡) 무극(無極)[149] 사람으로, 대대로 강릉(江陵)에 살았다. 몇 살 되지 않았을 때 아버지를 여의었는데 애통해하는 것이 어른과 같았다. 집안사람들이 그가 어린 것을 가엾게 여겨 고깃국에 밥을 말아 먹이려 했지만 먹으려 들지 않았다. 여덟 살 때, 하루는 어머니께 아버지를 세내로 기억하지 못하며 사는 것이 한스럽다고 말씀드렸다. 마침내 며칠간을 슬피 울며 보냈는데, 갑자기 (아버지를 뵌 듯) 어떤 모습을 설명하자 아버지와 똑같았으니, 당시 사람들이 효성에 대한 감응이라고 여겼다. 집이 가난했지만 어머니를 봉양할 때에는 언제나 맛있는 음식을 올렸다. 모친상을 치를 때에는 무덤 곁에 여막을 치고 살았다. 항상 특이한 새가 무덤가 나무에 모여들었는데, 견염이 곡을 하면 새도 울고, 곡을 그치면 새도 울음을 그쳤다. 또 흰 비둘기와 흰 참새가 그

147 견염이 아버지를 기억하다: 『한』, 『언』, 『효』에 수록되지 않았다. 이 편은 『남사』 권74 효의열전 하 「견염전(甄恬傳)」에서 인용한 것이다. 비슷한 일화가 『통지』, 『책부원구』, 『태평어람』 등에도 수록되어 있다.

148 견염: 생몰년 미상. 양나라의 효자이다. 자세한 행적은 전하지 않는다. 『양서』 및 『책부원구』에는 천거된 견염에 대해 양 무제가 내린 조서가 수록되어 있다. "짐이 겸허하게 어진 사람을 흠모하여, 밤낮으로 생각에 가득하여 여러 지방에 조서를 내려 힘써 어진 사람을 모두 찾아내어 천거하도록 하였다. 견염은 효행이 뛰어나 명성이 고을에 알려졌고 풍속을 돈독히 권면하니 이로움을 펼친 점이 이토록 많다. 주장이 이를 조정에 알리니 뜻이 마치 직접 본 것과 같도다. 그의 집에 정표하고 작위를 더해줌이 마땅하다.[朕虛已欽賢, 寤寐盈想, 詔彼群岳, 務盡搜揚. 恬既孝行殊異, 聲著邦壤, 敦風厲俗, 弘益茲多. 牧守騰聞, 義同親覽. 可旌表室呂, 加以爵位.]"

149 무극: 중국 호북성 석가장시(石家莊市) 일대의 지명이다.

의 여막에 깃들어 살았다. 주장(州將)[150]이 이러한 행적을 조정에 알리니, 조서를 내려 마을에 정려문을 세워 표창하고 그에게 작위를 더해주었다. 관직은 안남행참군에 이르렀다.

甄恬, 字彥約, 中山無極人也, 世居江陵. 年數歲, 喪父, 哀感有若成人. 家人矜其小, 以肉汁和飯飼之, 不肯食. 年八歲, 嘗問其母, 恨生不識父. 遂悲泣累日, 忽若有見, 言其形貌則父也, 時以爲孝感. 家貧, 養母常得珍羞. 及居喪, 廬於墓側. 常有異鳥集於冢樹, 恬哭則鳴, 哭止則止. 又有白鳩白雀, 棲宿其廬. 州將表其行狀, 詔旌表門閭, 加以爵位. 官至安南行參軍.

【논단】

효자가 부모를 그리워하고 사모하는 마음이 지극하고 간절하면 반드시 부모의 신명과 교감하게 되니 이 어찌 자연스러운 감응이 아니겠는가? 견염은 어릴 적 아버지를 여의었는데, 여덟 살 때 어머니께 아버지를 기억하지 못하는 것이 한스럽다고 말씀드렸다. 그리고 한동안 슬피 울다가 갑자기 아버지를 뵌 듯 생김새를 설명하자 그의 아버지와 꼭 닮았다. 생각이 부모를 떠나지 않아 마음에 맺히고 얼굴빛에 드러나므로[151] 황홀

150 주장: 『남사』에는 당시 시흥왕(始興王) 소담(蕭憺, 478~522)이 강릉주(江陵州)의 장관으로 있다가 견염의 행실을 아뢰었다고 되어있다. 소담은 양 무제의 11번째 아들이며, 자는 승달(僧達)이다. 『남사』 권52 양종실열전 하(梁宗室列傳 下) 「시흥충무왕담전(始興忠武王憺傳)」 참고.

151 생각이 부모를……얼굴빛에 드러나므로: 『예기』 「제의(祭義)」, "제사를 지낸 뒤에는 서로 따라서 마치 부모님이 다시 사당에 들어가는 것을 보는 듯하다. 이 때문에 진실하고 선량함이 자기 몸에서 떠나지 않고 보고 듣는 것이 마음과 어긋나지 않으며, 생각이 부모님에게서 떠나지 않

한 가운데 간혹 모습을 보고 소리도 듣는 것이니,[152] 이는 모두 한결같은 마음에 감응된 것이다. 또한 어머니를 매우 효성스럽게 섬겼으니, 살아 계실 때 잘 섬기고 돌아가셨을 때 장례를 치름에[153] 예법에 조금도 어긋남이 없었다. 그러므로 여막에 살며 애통해할 때 그 슬픔이 다른 짐승들을 감화시켜 깃들어 잠을 자고 날아다니면서 울어 비통함을 북돋웠으니, 어찌 효성에 대한 감응이 아닌 것이 있겠는가! 마을에 정려문을 세워 그의 효덕을 드러낸 것이 당연하도다.

孝子思親之至, 慕親之切, 則必與親之神明交焉, 豈非自然之感應哉? 甄恬幼喪父, 八歲問其母, 以不識父爲恨. 悲泣之久, 忽若有見, 言其形貌, 則肖其父也. 夫思慮不違於親, 結於心, 形於色. 故恍惚之際, 或見其體而聞其容聲者, 皆其精神一念之所感也. 且事母至孝, 生事死葬, 禮無有違. 故廬墓悲傷, 哀感異類, 棲息翔鳴, 助其悲慟, 何莫非孝感歟! 表異宅里以彰孝德, 宜矣. 詩曰:

아, 마음에 맺히고 얼굴빛에 드러나 매사를 잘 살피게 되는 것이다. 이것이 바로 효자의 마음이다.[及祭之後, 陶陶遂遂, 如將復入然. 是故慤善不違身, 耳目不違心, 思慮不違親, 結諸心, 形諸色, 而術省之. 孝子之志也.]"라고 한 구절을 인용한 것이다. 효자는 부모가 돌아가셔도 그리워하는 마음이 깊어 차마 돌아가신 것으로 여기지 못하니, 제사를 지낼 때에도 부모를 사모하는 마음이 안과 밖으로 드러난다. 그래서 때로는 제사를 지낼 때에도 마치 부모를 다시 뵙는 듯할 정도로 그리워한다는 의미이다. 공영달(孔穎達) 주소 "孝子思念親深, 及至祭後, 想像親來形貌, 陶陶遂遂如, 似親將復反更入然." 참고.

152 모습을 보고……듣는 것: 『예기』 「제의」, "제사 지내는 날 사당에 들어가면, 어렴풋이 부모의 모습이 그 신위에 반드시 나타나 보이고, 제례를 행하며 문을 나서면 숙연히 부모의 움직임이 반드시 들린다.[祭之日入室, 僾然必有見乎其位, 周還出戶, 肅然必有聞乎其容聲.]"라고 한 것을 인용한 것이다.

153 살아 계실 때……장례를 치름: 원문의 '生事死葬'은 『논어』 「위정」 제5장, "맹의자가 효에 대해 묻자 공자께서 '어김이 없는 것이니 (…) 부모가 살아 계실 때는 예로 섬기고, 돌아가셨을 때는 예로 장례 치르며 예로 제사 지내는 것이다.'라고 하셨다.[孟懿子問孝, 子曰: '無違, (…) 生事之以禮, 死葬之以禮, 祭之以禮.']"라고 한 데서 인용한 것이다.

【찬시】

아버지 모습 기억 안 나는 것이 괴로워	父容未識苦心思
어머니께 말씀드리고는 슬퍼하다 갑자기 뵈었다오	問母興哀忽見之
불행히도 자애로운 어머니까지 돌아가시어	不幸慈顏[154]違色養[155]
무덤 곁에 여막 치고 살며 슬픔을 못 이겼다오	結廬墓側不勝悲

또

여막에서 통곡하는 소리 참으로 구슬프니	廬墓哀音實愴情
숲속의 새들도 울며 슬픔을 북돋누나	林間禽鳥助悲鳴
오직 효덕이 대궐에 알려진 덕분에	只緣孝德聞天闕[156]
작위와 정려문 받고 마침내 이름을 드날렸다오	授爵旌門遂顯名

154 慈顔: 자상하고 온화한 (웃어른의) 얼굴과 음성을 가리킨다. 주로 어머니를 지칭한다.
155 違色養: '색양(色養)'은 부모의 안색을 잘 살피며 봉양하는 것을 가리킨다. 그러므로 이 구절은 부모가 돌아가셨다는 의미이다.
156 天闕: 천자의 궁궐. 조정.

74. 한회명이 별에게 기도하다[157] 懷明禱星(13b)

【본문】

한회명(韓懷明)[158]은 상당(上黨)[159] 사람인데 형주에서 타향살이하였다. 열 살 때 어머니가 폐결핵[160]을 앓았는데 발작할 때마다 위독해지니, 한회명은 밤에 별 아래에서 무릎을 꿇고 머리를 조아리며 기도하였다. 매우 추운 날씨였는데, 갑자기 향기가 나더니 공중에서 어떤 사람이 이렇게 말하였다.

"동자야, 네 어미는 잠시 후 병이 나을 것이니 너무 괴로워하지 말거라."

날이 밝기 전에 어머니가 회복되니, 마을 사람들이 모두 이를 기이하게 여겼다. 열다섯 살에 부친상을 치르다 거의 죽을 뻔하였다. (직접) 흙을 져 날라 무덤을 만들었고, 부의금을 한 푼도 받지 않았다. 집이 가난하였지만, 어머니를 모실 적에 힘껏 맛있는 음식을 드리고 슬하에서 즐겁게 해

---

157 한회명이 별에게 기도하다: 『한』, 『언』, 『효』에 수록되지 않았다. 이 편은 『남사』 권74 효의열전 하 「한회명전(韓懷明傳)」에서 인용한 것이다. 비슷한 일화가 『통지』, 『책부원구』, 『태평어람』 등에도 수록되어 있다.

158 한회명: 생몰년 미상. 양나라의 효자로, 자세한 행적은 전하지 않는다. 부친상을 마친 뒤 어머니 곁을 떠나 남양(南陽)의 유규(劉虯)에게서 수학하였는데, 어느 날 모친상을 당한 유규가 외조부의 기일에 강의를 폐하고 눈물을 흘리자 곧바로 학업을 그만두고 집으로 돌아와 어머니를 봉양하였다. 이에 유규가 "한생은 우구(虞丘: 공자의 부친 숙량흘의 무덤이 있는 곳)의 한이 없겠도다."라며 찬탄하였다. '우구의 한'은 공자가 아버지의 무덤을 돌보지 못한 것을 평생의 한으로 여긴 일을 가리킨다. 『남사』 참고.

159 상당: 중국 산서성(山西省) 장치시(長治市) 일대의 지명이다.

160 병: 원문의 '시주(尸疰)'는 폐결핵이다. '시주(尸注)', '노채(勞瘵)'라고 하기도 한다.

드리며 아침저녁으로 어머니 곁을 떠나지 않았다. 어머니가 아흔 살[161]에 돌아가시자 한회명은 열흘 동안 마실 것조차 받아들이지 못하였으며 통곡 소리가 끊이지 않았다. 그때 흰 비둘기 한 쌍이 여막 위에 둥지를 틀고는 알을 낳고 마치 집에서 키우는 새처럼 길들었다가 상복을 벗자 떠나갔다. 복상을 마친 뒤에도 평생토록 나물 같은 거친 음식만 먹고 옷과 이불도 바꾸지 않았다. 양 무제 천감 연간에 형주자사 시흥왕 소담이 이 일을 조정에 아뢰었는데, 형주에서 여러 차례 천거하였지만 나아가지 않다가 집에서 죽었다.

韓懷明, 上黨人也, 客居荊州. 十歲, 母患尸疰, 每發輒危殆, 懷明夜於星下稽顙禱祈. 時寒甚, 忽聞香氣, 空中有人曰: "童子, 母須臾疾[162]差, 無勞自苦." 未曉而母平復, 鄕里以此異之. 十五, 喪父, 幾至毀性. 負土成墳, 賻助無所受. 家貧事母, 肆力以供甘脆, 嬉怡膝下, 朝夕不離側. 母年九十終, 懷明水漿不入口者一旬, 號哭不絶聲. 有雙白鳩, 巢其廬上, 字乳馴狎, 若家禽焉, 服釋乃去. 及除喪, 蔬食終身, 衣衾無所改. 梁武帝天監中, 刺史始興王憺表言之, 州累辟不就, 卒于家.

【논단】

뛰어나도다! 부모에 대한 한회명의 효심이여! 그윽하게 신명을 감격시

161 아흔 살: 『양서』, 『책부원구』에는 91세로 되어 있다.
162 疾: 『남사』 등에는 모두 '永'으로 되어 있다.

키고 은미하게 다른 짐승을 감응시켰으니, 그 위대함과 걸출함이 어떠한가! 그가 열 살 때 어머니가 병들어 위독해지자 별에게 기도하였는데, 신이 그를 위로하여 어머니가 마침내 나았으니, 지극한 효행이 이미 어린 시절부터 드러났다고 하겠다. 조금 장성한 뒤 아버지가 돌아가시자 슬픔으로 인해 바짝 야위었지만 흙을 져 날라 무덤을 만들었고, 어머니를 봉양할 때에도 최선을 다해 즐겁게 해드렸다. 어머니가 돌아가시자 너무 애통해하자, 흰 비둘기가 여막에 둥지를 틀고 알을 낳아 기르며 길들었으니, 그의 효행이 더욱 드러났다. 복상을 마친 뒤에도 평생토록 허름한 옷을 입고 거친 음식을 먹기를 상을 치를 때와 다름없이 하였으니, 이른바 "위대한 효는 평생토록 부모를 사모하는 것"[163]에 가까운 경지라 하겠다. 어려서도 효도할 줄 알고 늙어서는 더욱 독실해져 시종일관 이처럼 게을러지지 않았으니, 보통 사람들보다 훨씬 뛰어나다. 저 아내와 자식에게는 사랑이 넘치면서도 부모께는 점점 불효하는 자들이 한회명을 본다면 어찌 부끄럽지 않겠는가!

卓哉! 韓懷明之孝於其親也! 幽而有以格神明, 微而有以感異類, 其奇偉傑特爲何如哉! 方十歲時, 母病且殆, 禱于星辰, 而神勞之, 其母遂瘳, 誠孝之行, 已見於幼稚之日矣. 稍長父亡, 毁瘠特甚, 負土成墳, 養母而致其樂. 及母喪而極其哀, 於是有白鳩巢廬, 乳育馴狎, 而其孝行益顯. 雖已除服, 而惡衣菲食終其身, 不異居喪時, 又庶幾所謂'大孝終身, 慕父母者.' 夫幼而能孝, 老而彌篤, 始終不怠如此, 其過人遠矣. 彼愛洽於妻孥, 而孝

163 위대한 효는……사모하는 것: 『맹자』「만장 상」 제1장에서 인용한 것이다. 해당 구절은 50세가 넘도록 부모를 사모한 순임금의 효성을 칭송한 것이다.

衰於父母者, 視懷明, 豈不愧哉! 詩曰:

【찬시】

병든 어머니 걱정에 누울 겨를조차 없어　慈母嬰痾[164]寢弗遑
밤중에 별 보며 기도하니 하늘의 향기 이르렀네　瞻星夜禱致天香
공중에서 갑자기 신인의 대답 들리니　空中忽有神人報
날이 밝자 기쁘게도 병이 다 나으셨음을 알았다오　比曉忻知病已康

또

슬피 통곡하며 흙 져 날라 아버지 무덤 쌓았고　負土哀號築父墳
어머니 여윈 뒤엔 흰 비둘기도 감응하여 길들었다오　母亡還感白鳩馴
전처럼 즐겁게 모실 수 없어 마음 아프니　傷心娛養難如舊
거친 음식 허름한 옷으로 삶을 마쳤다오　糲食麤裳畢此身

164 嬰痾: 병에 걸려 오래도록 낫지 않다.

75. 은불해가 어머니의 시신을 붙들다[165] 不害捧屍(15a)

【본문】

은불해(殷不害, 505~589)[166]는 자가 장경(長卿)이며 진군 장평(長平)[167] 사람이다. 성품이 매우 효성스러웠으며, 부친상을 치를 때 예법에 정한 것보다 슬퍼하였으니 이로부터 이름이 알려졌다. 집안이 대대로 검소하여 매우 궁색하게 살았다. 아우 다섯이 있었는데 모두 어렸기에, 은불해가 늙은 어머니를 섬기고 어린 아우들을 양육하며 안 하는 일이 없을 정도로 부지런히 일하였으니, 사대부들이 그의 순정한 효행을 칭찬하였다. 그러자 양 간문제(梁簡文帝)[168]는 은불해가 부모를 잘 섬긴다며 그 어미 채 씨(蔡氏)에게 비단 치마와 저고리, 전석[氈席: 털로 만든 깔개], 이부자리와 요, 홑옷과 겹옷 등을 갖추어 하사하였다.

위나라가 강릉을 평정[169]하였을 때 어머니가 행방불명되었다. 당시, 날

---

165 은불해가 어머니의 시신을 붙들다: 『한』, 『언』에 같은 제목으로 수록되어 있다. 『효』에는 수록되지 않았다. 이 편은 『남사』 권74 효의열전 하 「은불해전(殷不害傳)」에서 인용한 것이다. 비슷한 일화가 『통지』, 『책부원구』, 『태평어람』 등에도 수록되어 있다.

166 은불해: 진(陳)나라의 효자이자 정치인이다. 양나라에서 정위평(廷尉平), 상서중병랑 등을 역임하였다. 진나라 때는 사농경(司農卿), 명위장군(明威將軍), 진릉태수(晉陵太守), 급사중 등을 역임하였다. 수나라의 침공으로 진나라가 멸망하자 아들이 있는 관중으로 가는 도중 길에서 죽었다.

167 장평: 중국 하남성 서화(西華) 일대의 지명이다.

168 간문제: 양나라의 제2대 황제 소강(蕭綱, 503~551, 재위 549~551)이다. 양 무제 소연의 셋째 아들이다. 자 세찬(世讚).

169 위나라가 강릉을 평정: 554년 음력 9월에 서위(西魏)의 군대가 강릉을 침공하여 같은 해 음력 11월 함락시킨 일을 가리킨다. 이 전투로 양나라의 제4대 황제 원제(元帝) 소역(蕭繹, 514~552, 재위 552~554)이 시해되었다. 한편 서위는 555년 정월, 강릉에서 소찰(蕭詧)을 옹립하여 후량(後梁, 西梁)을 세웠다. 『양서』 「원제기(元帝紀)」 참고.

씨가 몹시 춥고 눈이 얼어붙어 죽은 사람들이 구덩이에 가득하였다. 은불해는 통곡[170]하면서 시신을 찾아다녔는데 울음소리가 잠시도 그치지 않았다. 구덩이에서 죽은 사람을 보면 즉시 (구덩이에) 몸을 던져 (시신을) 붙들고 살펴보다 온몸이 얼어붙어 뻣뻣해졌다. 마실 것조차 받아들이지 않은 지 7일 만에 비로소 어머니의 시신을 찾았다. 시신에 기대어 통곡할 때마다 번번이 기절하였으니, 길을 가던 사람들도 모두 그를 위해 눈물을 흘렸다. 곧바로 강릉에 임시로 매장해 두고는 거친 음식을 먹고 베옷을 입고 지내다 비쩍 말라 뼈가 앙상하게 드러났으니 보는 사람마다 그를 애처롭게 여겼다.

그의 아우 은불녕(殷不佞)도 지극한 효성으로 일컬어졌다. 어머니가 강릉에서 돌아가셨을 때 길이 끊겨 달려가 조문하지 못한 지 4년이나 되었는데, 한밤중에도 통곡하고 거처와 음식은 늘 상중의 예법대로 하였다. 어머니의 영구를 모시고 고향으로 돌아와 장례를 치른 뒤에도 거처의 예절을 처음 어머니의 부음을 들었을 때처럼 하기를 3년간 하였다. 직접 흙을 져 나르고 손수 소나무와 측백나무를 심었으며 매년 명절과 복일과 납일[171]이면 반드시 3일 동안 음식을 먹지 않았다.

殷不害, 字長卿,[172] 陳郡長平人也.[173] 性至孝,[174] 居父憂過禮, 由是知名. 家世儉約, 居甚貧窶.[175] 有弟五人, 皆幼弱,[176] 不害事老母, 養小弟, 勤劇無

---

170 통곡: 원문의 '행곡(行哭)'은 목 놓아 울다, 가면서 울다 등의 의미이다.
171 복일과 납일: 복일은 여름의 삼복(三伏)이고, 납일은 농력(農曆) 12월이다. 고대에는 복일과 납일에 제사를 올렸다.
172 字長卿: 『한』, 『언』 없음.
173 陳郡長平人也: 『한』, 『언』 陳郡人.
174 性至孝: 『한』, 『언』 없음.
175 由是知名. 家世儉約, 居甚貧窶: 『한』, 『언』 없음.
176 弱: 『한』, 『언』 없음.

所不至, 士大夫以篤行稱之.[177] 梁簡文帝以不害善事親,[178] 賜其母蔡氏錦裙襦氈席被褥, 單複畢備.[179] 魏平江陵, 失母所在.[180] 時甚寒雪凍, 死者塡滿溝壑. 不害行哭求屍, 聲不暫輟.[181] 見死人溝中,[182] 卽投身捧視, 擧體凍僵. 水漿不入口者七日, 始得母屍. 憑屍而哭, 每輒氣絶,[183] 行路皆爲[184]流涕. 卽江陵權殯,[185] 乃[186]疏食布衣, 枯槁骨立, 見者莫不哀之.[187] 弟不佞, 亦以至孝稱.[188] 方母死江陵[189]時, 道路隔絶, 不得奔赴者四載,[190] 中夜號泣, 居處飮食, 常爲居喪之禮. 及母喪柩歸葬,[191] 居處之節, 如始聞問, 若此者又三年.[192] 身自負土, 手植松栢, 每歲時伏臘, 必三日不食.

【논단】

아! 사람의 행실 중에 효보다 더 중요한 것은 없다.[193] 효란 인심과 천

177 士大夫以篤行稱之: 『한』, 『언』 없음.
178 梁簡文帝以不害善事親: 『한』, 『언』 簡文帝.
179 單複畢備: 『한』, 『언』 없음.
180 所在: 『한』, 『언』 없음.
181 聲不暫輟: 『한』, 『언』 없음.
182 溝中: 『한』, 『언』 없음.
183 憑屍而哭, 每輒氣絶: 『한』, 『언』 哭輒氣絶.
184 皆爲: 『한』, 『언』 없음.
185 卽江陵權殯: 『한』, 『언』 없음.
186 乃: 『한』, 『언』 없음.
187 見者莫不哀之: 『한』, 『언』 없음.
188 稱: 『한』, 『언』 없음.
189 江陵: 『한』, 『언』 없음.
190 道路隔絶, 不得奔赴者四載: 『한』, 『언』 道路隔絶者四載.
191 葬: 『한』, 『언』 없음.
192 居處之節, 如始聞問. 若此者又三年: 『한』, 『언』 없음.
193 사람의 행실……중요한 것은 없다: 『효경』 「성치(聖治)」, "공자께서 말씀하셨다. '천지에서 본성을 품부받은 것 중에 사람이 가장 귀하고, 사람의 행실 중에 효도보다 더 중요한 것은 없다.'[子曰: '天地之性, 人爲貴. 人之行, 莫大於孝.']"라고 한 데서 인용하였다.

리의 자연스러움에서 비롯된 것이니, 억지로 힘써 행하는 것이 아니다. 은불해는 부친상을 치를 때 예법에 정한 것보다 슬퍼하였고, 난리 통에 어머니를 잃어버렸을 때에는 마음이 애통하여 통곡하면서 시신을 찾아다니며 추위와 눈보라는 고통으로 여기지 않고 그저 어머니의 시신[體魄]만 중요하게 여겼다. 마침내 구덩이 속에서 찾아내어 돌아왔으니, 애통하고도 아픈 마음에 비쩍 말라 뼈가 앙상하게 드러날 정도였다. 이런 행동이 마음속 효성에서 우러나온 것이 아닐 수 있겠는가? 그의 아우 은불녕도 형처럼 효성이 깊고 지극하였으니, 한 집안에서 두 아름다운 행실이 이어지기란 더더욱 어려운 일이다. 아! 세상의 자식 된 자로서 효성을 다하고자 하는 자는 은 씨 형제를 보고 본받아야 할 것이다.

嗟夫! 人之行, 莫大於孝. 蓋孝者, 出於人心天理之自然, 非有勉强而爲之也. 殷不害居父憂過禮, 迨喪亂失母, 哀慟於心, 行哭求屍, 不以寒雪爲苦, 而以母之體魄爲重. 卒得於溝壑之中以歸, 其哀痛惻怛之情, 至於枯槁骨立. 如此者, 非出於中誠而能然乎? 其弟不佞, 孝情篤至有如其兄, 一家之間, 二美相繼, 此其尤難也. 於乎! 世之爲人子, 而欲盡其孝者, 觀於殷氏兄弟, 足以爲法. 詩曰:

【찬시】

모든 행실 중에 효가 최우선이요	百行由來孝最先
사람된 마음에 효성 다하는 것은 당연한 도리	人心盡孝理當然
불행히도 어머니께서 구덩이에 계시니	慈親不幸塡溝壑

7일간 애처롭게 찾아다니던 모습 너무나 가련토다　七日哀求重可憐

또

부모님이 낳아 길러주신 은혜 끝내 갚을 길 없으니　父母劬勞[194]竟莫酬
하늘처럼 한량없는 은혜, 생각만 길고 기네　昊天罔極[195]思悠悠[196]
은 씨 형제가 효를 잘 행하였으니　殷家兄弟能行孝
만고에 영원히 명성을 떨쳤도다　萬古揚名永不休

76. 위정이 우연히 관을 얻다[197]　韋鼎遇棺(16b)

【본문】

위정(韋鼎, 515~593)[198]은 자가 초성(超盛)이다. 부모를 효성으로 잘 섬긴

194 劬勞: '구로'는 부모가 힘들게 자녀를 양육하는 노고와 은혜를 뜻한다. 『시경』 소아 「육아(蓼莪)」, "애달프다 우리 부모님, 나를 낳고 기르시느라 얼마나 고생하셨던가[哀哀父母, 生我劬勞.]"에서 유래한 표현이다.

195 昊天罔極: 『시경』 「육아」, "아버지 나를 낳으시고, 어머니 나를 기르시니 (…) 은혜 갚으려 해도 하늘처럼 한량없네.[父兮生我, 母兮鞠我, (…) 欲報之德, 昊天罔極.]"라는 구절에서 인용한 것이다. 낳고 길러주신 부모의 은혜가 깊고도 넓어 보답하려 해도 미처 다 갚을 수 없다는 뜻이다.

196 悠悠: '유유'는 그립고 근심하는 모양, 끝없는 모양, 길이 이어지는 모양 등을 형용한 것이다.

197 위정이 우연히 관을 얻다: 『한』, 『언』, 『효』에 수록되지 않았다. 이 편은 『남사』 권58 「위정전(韋鼎傳)」에서 발췌 인용한 것이다. 비슷한 일화가 『수서(隋書)』, 『책부원구』에도 수록되어 있다.

198 위정: 양나라와 수나라의 정치인. 경조군(京兆郡) 두릉(杜陵: 현재 중국 陝西省 西安市 일대의 지명) 출신이다. 어려서부터 대범하여 작은 예절에 얽매이지 않았다. 경서와 역사서를 두루

다고 칭송받았다. 부친상[199]을 당하자 닷새 동안 마실 것조차 받아들이지 못하였으며, 너무 슬퍼하다 건강을 해쳐서 상을 치르는 것이 예법에 정한 것보다 지나칠 정도였다. 복상을 마친 뒤, 소릉왕(邵陵王)의 주부(主簿)가 되었다. 후경의 난[200] 때, 형 위앙(韋昻)이 경구(京口)에서 전사하였다. 위정이 시신을 지고 나와 중흥사(中興寺)에 의탁해두고 관을 구하려 하였지만 끝내 얻지 못하였다. 애통해하며 울부짖던 중 홀연 강에 어떤 물건이 천천히[201] 떠내려 오는 것을 보고, 속으로 이상하게 여기며 다가가 살펴보니 바로 새 관이었기에 가져다 염(殮)을 행하였다. 양 원제가 이 일을 듣고 정성에 감동한 결과라고 여겼다.

韋鼎, 字超盛. 事親以孝行稱. 遭父喪, 水漿不入口者五日, 哀毁過禮. 服闋, 爲邵陵王主簿. 侯景之亂, 兄昻戰死京口. 鼎負屍出, 寄中興寺, 求棺無所得. 哀憤慟哭, 忽見江中有物冉冉流至, 心竊異之, 往視, 乃新棺也, 因以充歛. 梁元帝聞之, 以爲精誠所感.

섭렵하였는데, 특히 음양술과 관상술에 능하여 화복(禍福)을 예측할 수 있었으며, 시문에도 능했다. 양나라 때에는 법조참군(法曹參軍)을 지냈다. 수나라가 건국된 뒤, 수 문제(隋文帝)가 그를 초빙하여 상의동삼사(上儀同三司)에 제수하고 후대하였다. 이후 광주자사(光州刺史) 등을 지내며 인의와 덕, 예의로 고을을 교화시켰다. 장안(長安)에서 79세로 죽었다. 『남사』 및 『수서』 참고.

199 부친상: 위정의 아버지 위정(韋正)은 자가 경직(敬直)이다. 양나라에서 양양태수(襄陽太守), 급사중, 황문시랑(黃門侍郞) 등을 역임하였다.

200 후경의 난: 양나라와 동위(東魏)의 국교가 호전되자, 이에 불만을 품은 후경이 548년에 거병하여 양나라의 수도인 건강(建康)을 침공한 것을 가리킨다.

201 천천히: '염염(冉冉)'은 사물이 천천히 바뀌거나 점차 나아가는 모양을 형용한 것이다.

【논단】

부모를 사랑하고 형을 공경하는 것[202]은 사람이라면 누구나 가지고 있는 마음이다. 살아 계실 때 공경할 줄 안다면 돌아가셨을 때 슬프고 애통한 마음에 어찌 끝이 있겠는가! 위정을 보면 (이러한 점을) 알 수 있다. 위정은 부모께 효도하고 형과 우애 있게 지냈다. 형은 사직을 지키다가 전장에서 죽었으니, 진실로 죽어야 할 곳에서 죽은 것이다. 위정은 전쟁의 혼란 속에서 그의 시신을 찾아냈지만, 빈렴(殯斂)[203]을 행할 도구가 없자 슬피 통곡하고 분노하여 거의 살고 싶은 마음이 없을 정도였다. 그런데 홀연 장강의 큰 물결에서 관을 얻어 장례를 치렀으니, 이 어찌 우연히[適然] 일어난 일이겠는가? 모두 천지와 귀신이 그의 절박하고 간절한 마음을 가엾게 여겨 그 다급함을 덜어 준 것이다. 『시경』에 "언덕과 습지에 쌓인 시신을 형제가 찾아 나서네."[204]라고 하였으니, 위정이 바로 그러한 경우로다. 공자께서는 "효도하고 공경하는 마음이 지극하면 신명에게 통한다."[205]라고 하셨는데, 이 일을 보면 참으로 믿을 만한 말이다. 세상의 자식 된 자, 아우 된 자가 어찌 위정을 본받지 않을 수 있겠는가?

夫愛其親而敬其兄, 人莫不有是心也. 於其生也, 旣知所敬之, 則於其

---

202 부모를 사랑하고……공경하는 것: 주희, 「소학제사(小學題辭)」 3장, "부모를 사랑하고 형을 공경하며, 군주께 충성하고 어른에게 공손한 것을 가리켜 떳떳한 천성이라고 하니, 이는 자연스럽게 하는 것이지 억지로 힘써서 하는 것이 아니다.[愛親敬兄, 忠君弟長, 是曰秉彝, 有順無彊.]"라고 한 구절을 활용한 것이다.

203 빈렴: 상례의 한 절차로, 망자를 염습한 뒤 초빈(草殯)하는 것이다.

204 언덕과 습지에……찾아 나서네: 『시경』 소아 「상체(常棣)」, "죽음의 두려움에 처하면 형제간에 몹시 걱정해주며, 언덕과 습지에 쌓인 시신을 형제가 찾아 나서네.[死喪之威, 兄弟孔懷. 原隰裒矣, 兄弟求矣.]"이다.

205 효도하고 공경하는……통한다: 『효경』 「응감」에서 인용한 것이다.

歿也, 悲傷之情, 容有已乎! 觀之韋鼎, 可見矣. 鼎孝於親而弟於兄. 兄衛社稷, 歿於戰地, 固已得死所矣. 鼎能於兵革擾攘之中, 求得其屍, 殯斂無具, 哀號憤切, 幾欲無生. 忽於長江洪流, 得棺以葬, 是豈適然而相遭哉? 莫非天地鬼神哀其迫切之情, 畀之以紓其急也. 詩曰: "原隰裒矣, 兄弟求矣." 鼎其有之. 孔子云: "孝弟之至, 通于神明." 觀於此爲尤信. 世之爲人子爲人弟者, 其可不以鼎爲法乎? 詩曰:

【찬시】

어버이께 효도하고 형과도 우애로운데	致孝雙親更愛兄
어찌 끝내 형이 전장에서 목숨 버릴 줄 알았으랴	豈期兄戰竟捐生
시신 찾아 장사 지내려 해도 관이 없어	得屍欲葬無棺槨
푸른 하늘 향해 통곡한 그 마음은 지극한 품성에서 비롯된 것	哭向蒼天出至誠

또

넓디넓은 장강, 큰 물결이 용솟음치는데	長江浩浩湧洪流
어떻게 물에 떠내려 온 관을 얻었는고	那得棺從水面浮
이는 바로 하늘이 급박함을 덜어 주신 것이니	直是天心紓急難
마침내 형의 유골 거두어 언덕에 장사 지냈다오	遂收兄骨葬山丘

77. 소수가 익사를 면하다[206] 蕭脩免溺(17b)

【본문】

소수(蕭脩, 505~556)[207]는 자가 세화(世和)이며 양나라 종실의 아들로, 의풍후(宜豐侯)에 봉해졌다. 성품이 매우 효성스러웠는데, 열두 살 때 생모 서 씨(徐氏)의 상을 당하여 형주(荊州)에서 고향으로 반장(返葬)[208]하러 가는 중이었다. 장강 가운데에서 풍랑을 만나 앞뒤의 대원들이 대부분 물에 빠져 죽었다. 소수가 (어머니의) 관을 부여안고 대성통곡[209] 하자 두 눈에서 피눈물이 흘러내리니, 파도에 따라 이리저리 요동치기는 하였지만 끝내 무사하였다. 장례를 마친 뒤에는 무덤[墓次] 곁에 여막을 치고 살았다. 전부터 산속에 맹수가 많았는데 이때에는 자취를 감추었고, 야생의 새들도 길들어 처마에 둥지를 틀고 살았다. 무제가 이러한 점을 가상히 여겨 종실에 알리고[210] 위위경(衛尉卿)을 겸하게 하였다. 종리(鍾離)로 나가 장관(長官)[211]이 되었다가, 양주(梁州)와 진주(秦州) 두 주의 자사로 옮겼는데, 가

---

206 소수가 익사를 면하다: 『한』, 『언』, 『효』에 수록되지 않았다. 이 편은 『남사』 권52 양종실열전 하(梁宗室列傳 下) 「파양충렬왕회전(鄱陽忠烈王恢傳)」에 부록된 「소자의 아우 소수전[諮弟脩傳]」에서 발췌 인용한 것이다. 비슷한 일화가 『통지』, 『책부원구』 등에도 수록되어 있다.

207 소수: 파양왕 소회의 아들이다. 곧고 바른 도량과 단정한 태도를 지녔으며, 9세에 『논어』를 통달하고 11세에 문장을 짓는 등 학식이 풍부했다. 양주자사(梁州刺史), 진주자사(秦州刺史) 등을 지냈다. 양 원제가 여러 종실 가운데 만년까지 그를 가장 예우하였다. 52세에 죽었다.

208 반장: 원문의 '반장(反葬)'은 타향이나 외지에서 죽은 사람의 영구를 고향으로 모셔와 장례 치르는 것이다. 귀장(歸葬)이라고도 한다.

209 대성통곡: 원문의 '장호(長號)'는 큰 소리로 통곡한다는 뜻이다.

210 알리고: 원문의 '반고(班告)'는 널리 알린다[布告]는 뜻이다.

211 장관: 당시 양나라 종실의 왕자나 제후들이 대부분 근기(近畿)에 머물렀는데, 시험을 거쳐 공

는 곳마다 선정을 펼쳐 백성들이 아버지[212]라고 불렀다. 원제 때에는 상주자사(湘州刺史)에 임명되어 유민 삼천여 가구를 불러 모았다.[213] 서위의 군대가 강릉을 포위하였다는 소식을 듣자마자 그날로 배를 타고 구원하러 달려갔지만, 파릉 서쪽에 이르렀을 때 강릉이 함락되었다. 경제(敬帝)[214]가 즉위하자 멀리서 소수를 태위에 제수[215]하고 태보로 승진시켰다. 그러나 당시 양나라 황실이 점차 미약해져 소수가 비록 의로운 거사[216]를 도모하였으나 힘이 약하여 스스로 떨쳐 일어나지 못하고 결국 등에 종기가 나서 죽었다.

蕭脩, 字世和, 梁宗室子, 封宜豐侯. 性至孝, 年十二, 丁所生徐氏艱, 自荊州反葬. 中流遇風, 前後部伍, 多致沉溺. 脩抱柩長號, 血淚俱下, 隨波搖蕩, 終得無虞. 葬訖, 因廬墓次. 先時, 山中多猛獸, 至是絶迹, 野鳥馴狎, 棲息簷宇. 武帝嘉之, 班告宗室, 兼衛尉卿. 出鎭鍾離, 徙梁秦二州刺史, 所至多善政, 人號慈父. 元帝時, 拜湘州刺史, 招集流人三千餘家. 及西魏軍圍江陵問至, 卽日登舟赴救, 至巴陵西而江陵陷. 敬帝立, 遙授脩太尉, 遷太保. 時梁室浸微, 脩雖圖義擧, 力弱不能自振, 遂發背而卒.

적을 쌓으면 변방으로 내보냈다. 소수 역시 황제가 그의 식견과 도량을 높이 평가하여 위위(衛尉)에서 변방인 종리로 내보내 장관으로 삼았다. 원문의 '출진(出鎭)'은 지방의 장관에 임명됨을 뜻한다. 『남사』 참고.

212 아버지: 원문의 '자부(慈父)'는 아버지에 대한 경칭이다.

213 유민……불러 모았다: 당시 상주의 장사(長沙)는 잦은 병란으로 인해 인구가 매우 줄었는데, 소수가 농사를 권면하고 일을 분담시키자 유민 삼천여 가구가 상주로 귀부하였다. 『남사』 참고.

214 경제: 양나라의 마지막인 제6대 황제 소방지(蘇方智, 543~558, 재위 555~557)이다.

215 멀리서……제수: 원문의 '요수(遙授)'는 타지에 있는 관원에게 관함을 수여하되, 실제 그 자리에 부임하지는 않게 하여 예우하는 특혜이다.

216 의로운 거사: 554년, 강릉이 함락되며 원제가 죽고 그의 아들 소방지가 임시로 옹립되었다. 그러나 555년에 동위를 멸망시킨 북제(北齊)가 군대를 보내어 소연명(蕭淵明)을 옹립하게 하자, 양나라에서 소방지를 옹립하는 부류와 소연명을 옹립하는 부류가 대립하였다. 소연명이 즉위하자 북제의 군대가 퇴각하였는데, 이때 소방지를 옹립하는 부류에 의해 소연명이 폐위되었다. 소수의 의로운 거사란 이 과정에서 일어난 일로 추정된다.

【논단】

사람의 한결같은 효성은 진실로 천지와 귀신을 감동시키기에 충분한 법이다. 하물며 효는 모든 행실의 근원이니 어찌 감통하지 않는 경우가 있겠는가? 소수는 어머니의 관을 부여안고 통곡하여 마침내 익사하는 것을 면하고, 어머니의 시신도 무사히 안장할 수 있었다. 여막을 치고 살 때는 맹수가 자취를 감추고 야생의 새가 길들었으니, 모두 효성에 감응한 결과가 아니겠는가? 아마도 소수의 천성이 훌륭하여 다른 사람이 미칠 수 없는 부분이 있었기 때문일 것이다. 그 뒤, 여러 주군(州郡)의 장관을 지내면서 백성들에게 선정을 베풀었고, 흩어져 떠돌던 사람들을 불러 와 안정시켰으며, 나라가 위험에 처하자 구원하러 가는 것을 급선무로 하였다. 비록 공을 이루지는 못하고 한스럽게 끝났지만, 충효를 다 하였다는 명성이 역사책에 길이 전해지니 이 어찌 우연이겠는가?

凡人一念之誠, 固足以動天地感鬼神. 矧孝爲百行之源, 又豈有不感通者乎? 此蕭脩抱柩號慟, 遂免於沉溺, 而母之體魄, 得就窀穸. 迨夫廬墓, 猛獸絶跡, 野鳥馴狎, 何莫非孝誠所感哉? 蓋脩天性之善, 有非他人所能及者. 其後, 歷職州郡, 善政及人, 招來流散, 使得安輯, 及國步艱難, 急於赴援. 功雖不就, 憤惋以終, 忠孝之名, 流芳史冊, 豈偶然哉? 詩曰:

【찬시】

어머니 영구를 모셔다 선영에 장사 지내려 하였는데　　欲扶親柩葬先塋

이토록 풍랑이 셀 줄 어찌 짐작했으랴	豈料風濤倏忽生
효성에 하늘에 감격한 덕분에	自是孝誠天感格
어머니 시신이 마침내 편안히 안장되셨네	慈親體魄竟安寧

또

여막 치고 무덤을 지키며 홀로 슬퍼하노라니	結廬守塚獨悲辛
맹수는 자취를 감추고 새도 길들었다오	猛獸潛蹤野鳥馴
어릴 적부터 지극한 효행을 돈독히 하였거니와	幼日已能敦至行
만년의 충의에 그 누가 필적하랴	暮年忠義更誰倫

78. 소려의 지극한 애통함[217] 蕭勵至哀(18b)

【본문】

소려(蕭勵)[218]는 자가 문약(文約)이며 양나라 종실의 아들이다. 태자선마

217 소려의 지극한 애통함: 『한』, 『언』, 『효』에 수록되지 않았다. 이 편은 『남사』 권51 양종실열전 상 「오평후경전(吳平侯景傳)」에 부록된 「아들 소려전[子勵傳]」에서 발췌 인용한 것이다. 비슷한 일화가 『통지』, 『책부원구』 등에도 수록되어 있다.

218 소려: 생몰년 미상. 양나라의 효자이자 정치인이다. 어려서부터 장난치는 것을 좋아하지 않았으며, 화를 안색에 드러내지 않을 정도로 진중하면서도 너른 도량의 소유자였다. 검소한 성품이었지만 삼만 권의 도서를 소장할 정도로 독서를 즐겼으며, 『동관한기(東觀漢記)』를 모두 외웠다고 전한다. 부임하는 곳마다 선정을 펼쳤고, 장자로서 아버지의 작위를 계승하여 오평후

로 있을 때 어머니가 돌아가시자 관직을 떠났는데, 거의 상을 치르지 못할 정도로 슬퍼하였다.[219] 그리움이 북받칠 때면 꼭 걸어서 무덤에 갔는데, 비바람이 치는 날이면 도중에 쓰러져 땅에 주저앉아 통곡하다가 일어나서 다시 앞으로 나아갔으니, 집안사람들이 말릴 수 없었다. 아버지 소경(蕭景, 477~523)[220]이 특별히 총애하여,

"내가 죽은 뒤에,[221] 이 애마저 없다면 어떠하겠는가?"

라며 좌우 사람들에게 통곡을 절제[222]시키도록 하였다. 복상을 마친 뒤, 태자중사인에 제수되었다. 그런데 아버지가 영주(郢州)의 관아에서 사망[223]하자, 소려가 부음을 듣고 분주히 강하(江夏)로 달려가서는 7일 동안 마실 것조차 받아들이지 못했다. 무덤 곁에 여막을 치고 지내면서 친구들과의 연락도 끊고 슬피 통곡하며 오열하니 곁에 있는 사람들도 눈물을 흘렸다. 장례를 마친 뒤, 선성내사에 제수되었다. 선성군에는 맹수가 많아 항상 사람들에게 근심거리였는데 소려가 부임하자 맹수들도 포악한 짓을 하지 않았다. 예장내사로 옮겼는데, 길에 떨어진 물건을 줍는 사람이 없

(吳平侯)에 봉해졌다. 시호는 광후(光侯)이다. 『남사』 참고.

219 거의 상을……슬퍼하였다: 원문의 '불승상(不勝喪)'은 상을 치르며 지나치게 슬퍼하다 몸이 수척해져 죽을 뻔하거나 죽는 것을 가리킨다. 『예기』 「곡례 상」에 "상을 치르는 예절은 다음과 같다. 지나치게 슬퍼하다 건강을 해쳐서 뼈가 앙상해져서도 안 되고, 시력과 청력이 쇠해져서도 안 된다.(…) (지나치게 슬퍼하다) 상을 견뎌내지 못하면 자식을 사랑하지 않고 부모께 효도하지 않는 것이나 다름없다.[居喪之禮, 毁瘠不形, 視聽不衰.(…)不勝喪, 乃比於不慈不孝.]"라고 하였다.

220 소경: 자 자조(子照). 양 무제의 사촌 동생이다. 초명은 '병(昺)'이다. 정치적 재능이 뛰어났고, 특히 505년부터 509년까지 양나라가 북위(北魏)와 전투할 때 큰 공을 세웠다. 영삭장군(寧朔將軍), 안서장군(安西將軍), 영주자사(郢州刺史), 남연주자사(行南兗州刺史) 등을 역임하였다. 『남사』 참고.

221 죽은 뒤에: 원문의 '백년후(百年後)'는 죽은 이후를 완곡하게 가리키는 표현이다.

222 통곡을 절제: 원문의 '절곡(節哭)'은 '절애(節哀)'와 같은 말로, 슬픔을 절제하여 몸을 보호한다는 뜻이다. 상가에서 상주를 위로하는 방식이기도 하다. 『예기』 「단궁 하」, "(부모의) 상례는 슬픔 가운데 가장 애통한 것이지만, 슬픔을 자제하는 것은 변화에 순응하기 위해서이다.[喪禮哀戚之至也, 節哀順變也.]"라고 하였다.

223 영주의 관아에서 사망: 소경은 523년, 영주자사로 재직 중 영주 강하군(江夏郡) 여남현(汝南縣) 하구(夏口)에서 47세로 죽었다.

고 남녀가 길을 달리하여 다녔다.[224] 광주자사로 옮기게 되어 군을 떠나는 날, 아전과 백성들이 슬피 울며 수백 리에 걸쳐 배와 수레가 가득 찰 정도였고, 각자 술과 안주를 준비하여 소려를 전송하였다. 소려는 그것을 모두 받고는 돈과 비단 등으로 돌려주었다.

蕭勵, 字文約, 梁宗室子也. 爲太子洗馬, 母憂去職, 殆不勝喪. 每一思至, 必徒步之墓所, 或遇風雨, 仆卧中路, 坐地號慟, 起而復前, 家人不能禁. 父景特鍾愛曰: "吾百年後, 其無此子乎?" 使左右節哭. 服闋, 除太子中舍人. 景薨于郢鎭, 勵聞喪奔赴江夏, 不進水漿者七日. 廬於墓所, 親友隔絶, 悲慟嗚咽, 傍人亦爲隕涕. 旣免喪, 拜宣城内史. 郡多猛獸, 常爲人患, 及勵在任, 獸爲之斂暴. 遷豫章内史, 道不拾遺, 男女異路. 徙廣州刺史, 去郡之日, 吏人悲泣, 數百里中, 舟乘塡塞, 各齎酒肴以送勵. 勵爲納受, 隨以錢帛與之.

【논단】

효에는 근본과 형식이 있다. 상복을 입고 통곡하며 발을 구르는 등의 예절은 형식이고, 애통해하고 슬퍼하는 정성은 근본이다.[225] 군자는 차

---

224 길에 떨어진……달리하여 다녔다: 원문의 '도불습유(道不拾遺)'는 백성들의 성품이나 풍속이 순후한 것을 형용한 것이고, '남녀이로(男女異路)'는 교화가 잘 이루어져 좋은 풍속이 이루어졌음을 형용한 것이다. 『자치통감강목』, 『사기』 등에 자주 등장하는 표현이다.

225 효에는 근본과……정성은 근본이다: 주희, 「가례 서문[家禮序]」, "예에는 근본이 있고 형식이 있다. 집에서 시행하는 것으로 말하자면, 명분을 지키고 사랑하고 공경하는 내면은 근본이고, 관혼상제의 의장(儀章)이나 도수(度數)는 형식이다.[凡禮有本有文. 自其施于家者言之, 則名分之守, 愛敬之實, 其本也; 冠昏喪祭儀章度數者, 其文也.]"라고 한 것을 활용한 것이다.

라리 슬픔이 지나칠지언정, 예의 형식을 넉넉하게 하는 것을 귀하게 여기지 않으니, 형식이 넉넉해도 근본이 부족하면 효라고 말할 수 없다. 그러므로 "상례는 형식을 잘 치르기보다는 차라리 마음으로 애통해하는 것이 낫다."[226]라고 한 것이다. 그러니 소려와 같은 사람은 지극한 효자라고 할 수 있지 않겠는가? 그가 모친상을 당했을 때 거의 상을 치르지 못할 정도로 슬퍼하였고, 그리움이 북받칠 때마다 통곡하며 무덤에 갔는데 설령 비바람에 꺾여 넘어지더라도 그만두지 않았다. 부친상을 당했을 때에는 마실 것조차 받아들이지 못하였고 무덤 곁에 여막을 치고 살면서 평생 친구들과의 왕래도 끊었으며, 그가 통곡하는 소리는 차마 사람들이 들을 수 없을 정도였으니, 그 애통함이 얼마나 간절한 것인가! 이 어찌 지극한 효심의 발로가 아니겠는가? 그러나 저 예의 형식에만 익숙하고 애통해하는 정성이 없는 사람들은 비록 효를 행한다고 말하지만 정성이 지극하지 않은 것이니, 소려와 비교하면 어떠한가? 소려의 효덕이 이와 같았으므로 관직에 있을 때 호랑이도 난폭하게 굴지 않고, 길에 떨어진 물건을 줍는 사람이 없었으며 남녀가 길을 달리하여 다니게 되었고, 아전과 백성들이 그가 떠나는 것을 애석하게 여겼던 것은 당연하다. 증자는 "군주를 섬기면서 충성하지 않는 것은 효가 아니며, 관직에 나아가 신중하게 행동하지 않는 것은 효가 아니다."[227]라고 하였다. 소려가 관직에 나아갔을 때의

226 상례는……낫다: 『논어』 「팔일」 제4장, "예는 사치스러운 것보다는 차라리 검소한 것이 낫고, 상례는 형식을 잘 치르기보다는 차라리 마음으로 애통해 하는 것이 낫다.[禮與其奢也寧儉, 喪與其易也寧戚.]"라고 한 데서 인용한 것이다. '이(易)'는 형식적인 절차에 치중한 것, '척(戚)'은 슬픈 마음과 같은 본질에 치중한 것을 가리킨다.

227 군주를 섬기면서……효가 아니다: 『예기』 「제의」에서 증자가 제자 공명의(公明儀)에게 효에 대해 가르친 구절에서 인용한 것이다. "몸이란 부모님이 남겨주신 것이니, 부모님이 남겨주신 몸을 움직임에 감히 신중하지 않을 수 있겠는가? 행동거지를 장중하게 하지 않는 것은 효가 아니며, 군주를 섬기면서 충성하지 않는 것은 효가 아니며, 관직에 나아가 신중하게 행동하지 않는 것은 효가 아니며, 붕우 사이에 신의를 지키지 않는 것은 효가 아니며, 싸움터에 나아가 용맹하지 않는 것은 효가 아니다. 이 다섯 가지를 실천하지 못하면 그 비난이 부모께 미칠 것이니,

행적이 이와 같았으므로 그가 충성스러우면서도 신중하였음이 분명하다. 이것이 그가 어질다고 평가받는 이유이다!

夫孝有本有文. 衰麻哭踊之節, 其文也; 哀痛惻怛之實, 其本也. 君子寧哀戚之過, 不貴禮文之有餘, 文有餘而本不足, 非所謂孝也. 故曰: "喪與其易也寧戚." 若蕭勵者, 其可謂至孝者乎? 方其居母憂, 而殆不勝喪, 每一思至, 輒哭而往墓所, 雖爲風雨摧仆不已也. 及奔父喪, 而水漿不入口, 廬於墓側, 平生親友, 至不通往來, 號慟之聲, 人所不忍聞, 何其哀傷之切至也! 豈非誠孝之發哉? 彼習熟於禮文, 而無哀痛之實, 雖曰行孝, 而誠有不至者, 其視勵爲何如也? 勵之孝德如此, 宜其居官而虎不爲暴, 道不拾遺, 男女別於途, 吏人愛惜於其去也. 曾子曰: "事君不忠, 非孝也; 涖官不敬, 非孝也." 勵之宦蹟如此, 其能忠與敬也, 明矣. 此其所以爲賢也! 詩曰:

【찬시】

어머니가 너무나도 그리워 무덤에 가는 길	痛憶慈親省墓田
몇 번이나 길에 쓰러져 잠들었던가	幾回摧仆道中眠
차가운 바람과 궂은비가 수심을 더하니	凄風苦雨添愁戚
두 줄기 눈물이 구천까지 스며들겠지	雙淚淋浪[228]徹九泉

어찌 신중하지 않겠는가.[身也者, 父母之遺體也, 行父母之遺體, 敢不敬乎? 居處不莊, 非孝也; 事君不忠, 非孝也; 莅官不敬, 非孝也; 朋友不信, 非孝也; 戰陳無勇, 非孝也. 五者不遂, 灾及其親. 敢不敬乎?]"

228 淋浪: '임랑'은 눈물 등이 그치지 않는 모양, 스며드는 모양이다.

또

무덤 곁에 여막 치고 외로이 지내며	結廬墓上獨伶俜[229]
통곡하는 소리 남들이 차마 듣기 어려웠다오	痛哭令人不忍聽
효를 옮겨 충성하여 아름다운 교화 이루었으니	移孝爲忠成美化
지금까지 역사서에 그 이름 찬란히 빛난다오	至今史傳煥丹靑

79. 완탁이 풍랑을 잠재우다[230] 阮卓息風(20a)

【본문】

완탁(阮卓, 531~589)[231]은 진류군 위씨 사람으로, 성품이 매우 효성스러웠다. 아버지 완문도(阮問道)는 양나라에서 악양왕부(岳陽王府)[232]의 기실참

229 伶俜: '영빙'은 홀로 외로이 있는 모양, 떠도는 모양, 영락한 모양이다.

230 완탁이 풍랑을 잠재우다: 『한』, 『언』, 『효』에 수록되지 않았다. 이 편은 『남사』 권72 문학열전(文學列傳) 「완탁전(阮卓傳)」에서 인용한 것이다. 비슷한 일화가 『통지』, 『책부원구』 등에도 수록되어 있다.

231 완탁: 진(陳)나라의 정치인이자 문학가. 어려서부터 총명하였으며 경전 학습에 전심하여 담론을 잘하였다. 특히 오언시를 잘 지었다. 신안왕부(新安王府)의 기실참군 등을 역임하였다. 오나라, 위나라 등과 교지(交阯)를 두고 다툴 때, 완탁이 사신으로 가서 위로하고 그곳에서 나는 금은보화 등을 사양하는 등 청렴함으로 사람들을 감복시켰다. 이후 덕교전학사(德敎殿學士)를 지냈고, 수나라에 사신 갔다. 수 문제(隋文帝)가 일찍이 그의 명성을 듣고 여러 문인들을 보내어 술과 시를 하사하며 예우하였다. 귀국 후 남해왕부(南海王府) 자의참군(諮議參軍) 등에 임명하였으나 나아가지 않고 고향에 은거하며 산수와 화훼를 즐기고, 친우들을 초청하여 시주로 소일하였다. 진나라가 멸망하자 수나라에 들어갔는데, 아버지가 돌아가셨던 강주(江州)에 이르러 아버지를 그리워하다 병이 들어 59세로 죽었다. 『남사』 및 『진서』 참고.

232 악양왕부: 후량의 초대황제 소찰(蕭詧, 519~562, 재위 555~562)의 왕부를 가리킨다. 소명

군으로 있었는데, 악양왕을 따라 강주(江州)로 출진하였다가 죽었다. 완탁은 당시 열다섯 살이었는데, 도성(都城: 建康)에서 상을 치르러 달려가며 며칠 동안 마실 것조차 받아들이지 않았다. 영구를 싣고 도성으로 돌아오며 강[彭蠡湖]을 건너던 중 거센 풍랑을 만나 배가 거의 침몰할 뻔한 것이 서너 차례나 되었다. 완탁이 하늘을 우러러보며 슬피 울부짖자 갑자기 바람이 그쳤으니, 사람들은 그의 효성에 대한 감응의 소치라고 여겼다.

阮卓, 陳留尉氏人也, 性至孝. 父問道, 梁岳陽王府記室參軍, 隨岳陽王出鎭江州卒. 卓年十五, 自都奔赴, 水漿不入口者累日. 載柩還都, 中流遇疾風, 船幾沒者數四. 卓仰天悲號, 俄而風息, 人以爲孝感所致.

【논단】

자식 된 자로서 불행히도 부모가 먼 곳에서 돌아가시어, 탕약이나 기거를 살피는 일을 시중들지 못하고 반함(飯含)[233]과 빈렴 등의 상례를 몸소 할 수 없다면 그 심정은 너무나도 애통하고 절절할 것이다. 하물며 영구를 메고 고향으로 돌아와 장사 지내는데 길이 험난하여 (앞날을) 조금도 예측할 수 없는 상황이 발생한다면 부모의 시신을 무덤에 안장할 수 없게 되어 끝없는 슬픔을 안고 살 것이다. 완탁은 성동[成童: 15세]의 나

태자의 아들로, 531년에 소명태자가 죽은 뒤에 악양왕에 봉해졌다.

233 반함: 상례의 한 절차로, 염습할 때 망자의 입에 진주, 구슬, 쌀, 동전 등을 물리는 것이다. 이는 망자의 입을 차마 비워둘 수가 없어, 음식이 아닌 아름답고 귀한 것을 사용하여 채우는 것이다. 『예기보주』 참고.

이에 아버지가 다른 군에서 벼슬을 하다 병에 걸려 돌아가셨는데, 부음을 들은 뒤 마실 것조차 받아들이지 못한 채 황망히 상을 치르러 달려갔다. 영구를 싣고 도성으로 돌아오는 길에는 거센 풍랑이 갑자기 일어 배가 뒤집혀 익사할 뻔한 것이 여러 번이었다. 이러한 때를 당하여 애통하고도 급박한 마음으로 하늘을 우러러보며 슬피 울부짖자, 정성스러운 효성에 감통하여 갑자기 풍랑이 잠잠해지고 배가 안정을 되찾아 장례를 마칠 수 있었다. 만일 지극한 효성으로 천지와 귀신을 감동시킨 것이 아니라면 그럴 수 있었겠는가?

爲人子者, 不幸而親沒遠方, 弗克侍其醫藥起居, 躬其飯含殯殮者, 其情尤爲痛切. 況扶柩還葬, 途路險艱, 一有不測, 則親之體魄, 弗克歸于窀穸, 而抱無涯之戚矣. 阮卓, 年甫成童, 父宦他郡, 遘疾以終, 訃音旣聞, 水漿不能入口, 蒼惶奔赴. 及載柩還都, 風濤忽起, 瀕於覆溺者, 屢矣. 當斯時也, 哀痛窘迫, 仰天悲號, 而誠意感通, 俄忽之頃, 風濤爲息, 舟楫獲安, 而克襄事. 此非至孝感動於天地鬼神, 能之乎? 詩曰:

【찬시】

아버지가 먼 곳에서 벼슬하셨는데	嚴父居官在遠方
하루아침에 병들어 생사 갈릴 줄 생각이나 했으랴	豈期一疾隔存亡
황망히 달려가는 애통한 마음 간절하니	蒼惶奔赴哀情切
며칠인들 물 한 모금 마실 수 있었으랴	累日何能進水漿

또

천 리 먼 길 외로운 배에 관 싣고 돌아오는데	千里孤舟載柩還
강 건너며 미친 파도 일 줄 짐작이나 했으랴	中流誰料起狂瀾
하늘 우러러 통곡하니 바람이 갑자기 잠잠해져	仰天號慟風旋息
타향에서 돌아가신 아버지 시신 안장할 수 있었다오	旅櫬[234]終令體魄安

80. 서효극이 밥을 구걸하다[235] 孝克乞食(21a)

【본문】

서효극(徐孝克, 527~599)[236]은 동해군(東海郡) 담현(郯縣)[237] 사람이다. 성품이 매우 효성스러웠는데, 어머니 진 씨(陳氏)를 섬기며 봉양하는 도리를

234 旅櫬: '여츤'은 객지에서 죽어 고향으로 옮겨지거나 혹은 고향으로 돌아가지 못하고 아직 객지에 있는 관구를 가리킨다.

235 서효극이 밥을 구걸하다: 『한』, 『언』, 『효』에 수록되지 않았다. 이 편은 『남사』 권62 「서리전(徐摛傳)」에 부록된 「아들 서효극전[子陵弟孝克傳]」에서 인용한 것이다. 비슷한 일화가 『진서』, 『통지』, 『책부원구』, 『태평어람』 등에도 수록되어 있다.

236 서효극: 진나라의 효자이자 정치인이다. 진나라의 대표적 문인 서릉(徐陵)의 셋째 아우이기도 하다. 경전과 역사서에 두루 통달하였고 특히 『주역』에 능하였다. 말재주가 뛰어나 담론을 잘하였으며, 글을 잘 지었다. 양나라 때 태학박사를 지내기도 했다. 아버지를 여의고 지나치게 슬퍼하다 죽을 뻔하였다. 생모 진 씨를 봉양하면서 머리를 깎고 승려가 되었다가 공경행(孔景行)이 죽은 뒤에 환속하였다. 환속한 뒤에도 만년까지 불경을 논하였다. 진나라에서는 국자박사, 국자좨주 등을 역임하였는데 관직에서 매우 청렴하였고 아랫사람을 관대하게 대했다. 진나라 멸망한 뒤에는 수나라에 입조하여 국자박사로서 동궁에게 『예기』를 강론하였다. 『진서』 및 『남사』 참고.

237 담현: 중국 산동성 임기시(臨沂市) 일대의 지명이다.

극진히 하였다. 양나라 말엽 후경의 난이 일어났을 때, 서효극은 어머니를 모시면서 죽조차 계속 드릴 수 없게 되자 이리저리 어렵게 식량을 구걸하여 끼니를 챙겼다.[238] 진나라에 들어 선제(宣帝)[239]가 그의 품행을 높이 평가하여 국자좨주로 삼았다. 그런데 그가 연회에 참여할 때마다 아무것도 먹지 않는데, 연회가 끝나고 나면 앞에 차려졌던 음식이 조금씩 줄었다. 선제가 은밀히 중서사인 관빈(管斌)을 시켜 엿보게 하였더니, 서효극이 늘 진귀한 음식이나 과일을 차고 있던 허리띠 안에 집어넣고 귀가하여 어머니께 드린다는 것을 알게 되었다. 선제가 한참 동안 탄식하더니 이제부터 연회할 때에는 서효극 앞에도 음식을 차리고, 차린 음식은 모두 그의 어머니에게도 보내주라고 명하니 당시의 여론이 이를 훌륭하다고 여겼다. 후에 산기상시가 되었는데, 진나라가 망한 뒤 장안(長安)에서 타향살이하였다. 집에는 겨우 네 벽만 서 있는 형편[240]이었는데, 어머니에게 병이 들었다. 어머니께 멥쌀로 죽을 끓여 드리고자 하였지만 항상 구할 수가 없었다. 그래서 어머니가 돌아가신 뒤에도 서효극은 끝내 보리만 먹었으니, 누군가 멥쌀을 보내주어도 슬피 울며 죽을 때까지 먹지 않았다.

238 이리저리……챙겼다: 후경의 난이 일어났을 때, 도성에는 기근이 극심하였다. 당시 서효극은 영군장군(領軍將軍) 장순(臧盾)의 딸과 혼인한 상태였는데, 그녀는 외모가 수려했다. 어머니를 제대로 봉양할 수 없었던 서효극은 아내에게 기근이 너무 심해 가족을 제대로 먹여 살릴 수 없으니 부잣집으로 다시 시집가라고 말하였다. 아내가 거절하였지만 결국 후경의 장수 공경행(孔景行)에게 그녀를 보냈고, 이 과정에서 얻은 곡식과 옷감 등으로 어머니를 봉양하게 하였다. 대신 서효극은 머리를 깎고 승려가 되어 법명을 '법정(法整)'이라고 하였으며, 이리저리 걸식하여 어머니를 봉양했다. 공경행이 전사한 뒤, 장 씨가 서효극을 만나 간청한 끝에 환속하여 다시 함께 살았다. 『진서』 및 『남사』 참고.

239 선제: 남조 진나라의 제4대 황제 고종 진욱(陳頊, 530~582, 재위 569~582)이다. 자는 소세(紹世), 연호는 태건(太建)으로 제2대 황제 문제(文帝)의 동생이다. 568년에 반란을 일으켜 제3대 황제를 폐위[임해왕(臨海王)으로 강등]시킨 뒤 자신이 직접 황위에 올랐다. 재위 기간 동안 수리시설을 점검하고 황무지를 개간하여 농업을 크게 장려하는 등 진나라를 경제적으로 발전시킨 공로가 있었다. 『남사』 참고.

240 집에는……형편: 집이 가난하여 세간살이가 거의 없음을 형용한 것이다.

徐孝克, 東海郯人也. 性至孝, 事母陳氏, 盡就養之道. 梁末侯景冦亂, 孝克養母饘粥不能繼, 崎嶇乞食以充給. 入陳, 宣帝嘉其操行, 以爲國子祭酒. 每侍宴無所食, 至罷, 則其前膳羞減損. 帝密使中書舍人管斌伺之, 知其常取珍羞異果, 納紳帶中, 歸以遺母. 帝嗟嘆良久, 乃勅自今宴享, 孝克前饌, 並遣將還餉母, 時論美之. 後爲散騎常侍, 陳亡, 客長安. 家徒壁立, 母病. 欲粳米爲粥, 不能常得. 母亡後, 孝克遂常噉麥, 有遺粳米者, 孝克悲泣, 終身不食焉.

【논단】

부모를 봉양할 마음이 있으나 봉양에 필요한 것들이 부족할 때, 이리저리 떠돌아다니며 구걸까지 하고, 자기가 먹을 음식을 줄여 봉양에 충당하는 것은 지극한 효자가 아니라면 할 수 없는 일이다. 동해의 서효극은 어머니를 잘 봉양하였다. 후경의 난으로 혼란한 시국을 맞아 너무나 곤궁하여 죽조차 드릴 수 없게 되자, 이리저리 어렵게 식량을 구걸하여 봉양하였으니, 이러한 그의 마음이 참으로 가련하다고 할 만하다. 그러다 하루아침에 군주의 인정을 받아 높은 지위에 올랐는데, 비록 연회에서 군주를 모시면서도 어찌 차마 자신만 배불리 먹을 수 있었겠는가? 끝내 자신도 먹지 않고 몰래 음식을 가져다 어머니께 드렸으니, 역시 영고숙[241] 같은

241 영고숙: 춘추 정나라의 효자이다. 정 장공을 알현할 때 장공이 고깃국을 하사하자 먹지 않았다. 장공이 그 이유를 묻자 어머니에게 갖다 드리기 위해 먹지 않는다고 하여 장공을 감동시켰다. 당시의 군자들이 "영고숙은 지극한 효자로다.[潁考叔, 純孝也.]"라고 칭송하였다. 『효순사실』 권1 「6. 영고숙이 국을 남기다[考叔遺羹]」 참조.

지극한 효자가 아니겠는가? 당시 군주가 가상하다고 여겨 특별히 음식을 보내주니 어머니를 봉양하려는 뜻을 다소 펼 수 있었다. 그러나 또다시 어려운 시국을 만나 이리저리 떠돌며 궁핍한 처지에 놓였으며, 어머니가 병들었는데도 멥쌀로 끓인 죽조차 제대로 챙겨드릴 수 없었다. 그러니 어머니가 돌아가신 뒤 어찌 차마 멥쌀로 밥을 해 먹을 수 있겠는가? 멥쌀을 보면 슬피 울며 죽을 때까지 보리만 먹었으니, 이는 증자가 차마 대추를 먹지 못하던 마음[242]과 같은 것이 아니겠는가? 그 뜻이 더욱 가련하도다. 아! 서효극은 지극한 효자로다! 사람이 부유하여 여유롭고 안락할 때 부모께 잘 효도하는 것도 충분히 칭찬할 만하지만, 서효극처럼 어렵고 궁핍한 상황에서도 최선을 다해 효도하는 것이야말로 더더욱 칭찬할 만한 일이 아니겠는가? 그러한즉 자식이 되어 자신의 일상을 영위하는 데에만 후하고 부모는 돌아보지 않는 자들이 서효극을 보면 죽어서 지하에 돌아가기가 장차 부끄럽지 않겠는가!

夫有養親之心, 而不足夫致養之具, 至於展轉求丐, 輟己之食以充養者, 非誠孝不能也. 東海徐孝克, 善養其母. 而當侯景冠亂之時, 窘乏不能備饘粥, 崎嶇乞食以供養, 此其志可憫矣. 一旦遭逢, 致位通顯, 雖侍宴於君, 何忍自足? 寧[243]己不食, 而私取以遺親, 豈非如潁考叔之純孝哉? 時君嘉美, 而特給之, 可以少伸其志矣. 而又遭時艱, 流離困阨, 母病不能常得粳米以充食. 母亡之後, 又何忍自食此米哉? 對之悲泣, 終身噉麥, 此曾子

242 증자가 차마……못하던 마음: 증삼의 아버지 증석(曾析)이 생전에 대추[羊棗]를 좋아하였기에, 증삼이 아버지가 돌아가신 후 차마 대추를 먹지 못하였던 것을 가리킨다. 『효순사실』 권1 「7. 증삼이 아버지의 뜻을 받들다[曾參養志]」 참조.

243 寧: 끝내[竟], 마침내[乃].

不忍食羊棗之意也? 其志益可憫矣. 於乎! 孝克誠孝矣! 夫人能孝其親於富足佚樂之時, 已可稱道, 若孝克艱難乏絶, 而能致其孝, 豈不尤可稱道哉? 然則爲人子, 厚於自奉, 而不顧其親者, 觀於孝克, 可以愧死入地矣! 詩曰:

【찬시】

온갖 어려움 겪다 현달해졌어도　曾歷艱難遇顯時
연회에 하사한 음식 몰래 챙겨 어머니께 드렸다지　私將賜饌奉親慈
다행히도 당대에 포상을 받았으니　幸緣當世能褒錫
그 덕에 효행이 온 나라에 알려지게 되었다네　孝行因令海內知

또

아! 어려운 시절에 어머니 병에 걸리시니　嗟哉母病際時艱
멥쌀죽 끓여드리는 일조차 너무 어려웠다오　粳米爲糜得最難
어머니 돌아가신 뒤 마음 아파 차마 먹을 수 없어　親沒感傷那忍食
평생토록 보리만 먹으며 눈물 줄줄 흘렸다오　終身噉麥淚潸潸[244]

244 潸潸: '산산'은 눈물이 끊임없이 흐르는 모양이다.

81. 서빈이 『효경』을 읽다[245] 徐份讀經(22b)

【본문】

서빈(徐份, 549~570)[246]은 서효극의 조카이다. 아버지 서릉(徐陵, 507~583)[247]은 효성스럽고 우애 있었으며 총명하였다. 서빈은 어려서부터 아버지의 풍모를 닮아 아홉 살 때 「몽부(夢賦)」를 지었다. 서릉이 이를 보고 사람들에게 이렇게 말했다.

"나도 어렸을 때부터 글을 지었지만, 이보다 잘하지는 못하였다."

진나라 때 벼슬하여 해염현령[海鹽令]으로서 선정을 펼쳤기에 태자선마에 발탁되었다. 효성스럽고 우애 있는 성품이었는데, 아버지가 병이 위독해지자 백방으로 치료하고 기도[248]해도 낫지 않았다. 그래서 서빈이 향을 사르고 눈물 흘리면서, 무릎을 꿇은 채 밤낮으로 쉬지 않고 『효경』을

---

245 서빈이 『효경』을 읽다: 『한』, 『언』, 『효』에 수록되지 않았다. 이 편은 『남사』 권62 「서리전(徐摛傳)」에 부록된 「서리의 아들 서릉-서릉의 아들 서빈전[子陵, 陵子 份傳]」에서 인용한 것이다. 비슷한 일화가 『진서』, 『통지』, 『책부원구』 등에도 수록되어 있다.

246 서빈: 남조 진나라의 효자이자 정치인이다. 비서랑(秘書郞), 태자사인(太子舍人), 예장왕의 주부(主簿) 등을 지냈다. 22세를 일기로 아버지 서릉보다 먼저 죽었다.

247 서릉: 자 효목(孝穆). 남조 진나라의 문학가이자 정치인이다. 양 무제 때부터 벼슬하여 진나라가 멸망할 때까지 벼슬하였다. 12세에 노장(老莊)에 통달하고 장성한 뒤에 여러 서적을 두루 섭렵하였다. 일찍부터 시문을 잘 지어 명성을 얻었으며, 유신(庾信)과 함께 '서유체(徐庾體)'를 유행시킨 것으로 병칭된다. 저서로 『서릉집』, 『옥대신영(玉臺新詠)』 등이 있다. 시호는 '장(章)'이다. 『남사』 참고.

248 백방으로 치료하고 기도: 원문의 '의도백방(醫禱百方)'은 『남사』, 『진서』, 『책부원구』 등에는 나오지 않는 표현이다. 명나라 때 성조에게 뛰어난 문필을 인정받아 한림원수찬을 역임한 왕직(王直, 1379~1462)의 『억암집(抑庵集)』에 수록된 묘도문자에만 '醫禱百方'이라는 표현이 서너 차례 보이는 것으로 보아, 그의 가필로 추정된다.

읽었다. 이렇게 사흘이 지나자 서릉의 병이 씻은 듯 나으니, 사람[249]들이 서빈의 효성에 대한 감응의 소치라고 말하였다.

徐份, 孝克姪也. 父陵, 孝友聰慧. 份少有父風, 九歲爲夢賦. 陵見謂人曰: "吾幼屬文, 亦不加此." 仕陳爲海鹽令, 有惠政, 入爲太子洗馬. 性孝弟, 陵嘗疾篤, 醫禱百方不能愈. 份焚香泣涕, 跪誦孝經, 日夜不息. 如是者三日, 陵疾豁然而愈, 人謂份孝感所致.

【논단】

사람을 관찰할 때는 겉으로 드러난 것만 보지 말고 반드시 그 마음까지 살펴보아야 한다.[250] 겉으로 드러난 행동이 하늘로부터 인정[251]받는다면 그 마음에 보존되어 있는 것이 어떠한지 잘 알 수 있다. 서빈 같은 자야말로 그저 겉으로 드러난 행동만 살피고 그 마음을 살피지 않아서야 되겠는

249 사람: 『남사』, 『진서』 등에는 '친척(親戚)'으로 되어 있다.

250 사람을……살펴보아야 한다: 사람을 살필 때 겉으로 드러난 언행보다는 그 안에 담긴 마음[心術]까지 살피는 것이 중요하다는 관용구로 보인다. 송나라 문인 웅극(熊克), 『중흥소기(中興小紀)』 권28, "주상께서 다음과 말씀하셨다. '사람을 관찰할 때는 그 행적을 살펴야 하니, 이를 통해 그 안에 담긴 마음의 은미한 기미까지 알 수 있기 때문이다.'[上曰: '凡觀人者, 必觀其行事, 則可以察知其心之微.]"; 송나라 문인 사일(謝逸), 『계당집(溪堂集)』 권10 「완적전을 읽고[讀阮籍傳]」, "사람을 잘 관찰하는 자는 그 마음을 살펴보지 그 자취를 살펴보지 않는다.[善觀人者, 觀其心, 不觀其迹.]"; 명나라 문인 송렴(宋濂), 『문헌집(文憲集)』 권8 「이생을 전송하며[送李生序]」, "사람을 잘 관찰하는 자는 그 재주만 보지 않고 기운을 살핀다.[善觀人者, 不於其材, 而於其氣.]" 등의 표현이 보인다.

251 하늘로부터 인정: 왕직, 『억암집』 후집 권25 「나경태묘표(羅景泰墓表)」, "사람을 잘 관찰하는 자는 그 자손을 살피니, 이를 통해 그 부모의 선함을 알 수 있다.(…)선함을 다른 사람에게 미치는 것은 혹 일시적으로 힘쓸 수 있지만, 그것이 자식의 재주를 이루어 작위와 녹봉을 후하게 받는 것으로 보응하는 데 이르러, 선함을 쌓지 않고서는 하늘로부터 인정받는 것이 불가능하기 때문이다.[惟善觀人者, 觀於其子孫, 則其父母之善可知.(…)夫善之能及人者, 或可勉於一時, 至於成其子之才, 以膺爵祿之重, 非善之積, 有以獲乎天者不能.]"라는 구절이 보인다.

가? 서빈의 아버지 서릉이 병에 걸렸는데, 그를 낫게 하려 갖은 방법을 다 써도 끝내 낫지 않았다. 이에 서빈이 향을 사르고 눈물을 흘리며 『효경』을 가져다 무릎을 꿇고 사흘 밤낮 쉬지 않고 읽으니, 서릉의 병이 좋아졌다. 『효경』은 성현의 격언이자 큰 가르침이 담긴 책이니, 뜻밖[252]의 복을 부르는 것이 아니다. 그렇지만 이 행위로 말미암아 그의 마음을 알 수 있으니, 서빈은 아버지에 대한 효심으로 못할 것이 없었던 것이다. 하루아침에 병이 점차 위독해지자, 서빈은 자신의 행동이 천도와 어긋나 이러한 일이 초래되었으리라고 생각하였다. 그래서 절박한 마음으로 최선을 다하지 않음이 없어, 무릎을 꿇고 『효경』을 읽으면서 스스로 반성하며 잘못을 바로잡고 부족한 부분은 더하고자 한 것이다. 효심이 이토록 지극하였기에 천지와 신명께서 그를 도운 것이니, 서릉의 병이 나은 것은 자연스러운 감응의 결과라고 하겠다. 아! 서빈은 효자라고 할만하다. 그러므로 사람이 효도할 때에는 반드시 그저 겉으로 드러나는 일에만 신경 쓸 것이 아니라, 실제로 어떤 마음을 품었는지를 중요하게 여겨야 한다. 서빈처럼 진실한 효심을 품은 자가 아니라면 어떻게 이처럼 하늘을 감동시킬 수 있겠는가? 그가 훗날 해염현령이 되어 선정을 베푼 일을 보면 관직에 있을 때도 능히 공경하는 마음으로 임하였음을 알 수 있으니, 이것이 그가 효자라고 불리는 이유로다!

觀人者, 不獨觀其外, 而必觀其心. 其外之所爲有以獲乎天, 則其心之所存可知矣. 若徐份者, 可但觀其外, 而不究其心乎? 份父陵嘗病, 所以治之者, 百方終不愈. 份焚香泣涕, 取孝經, 跪而讀之, 連三日夜不休, 而陵之疾良已. 夫孝經者, 聖賢之格言, 大訓在焉, 非所以徼無妄之福也. 然因是

252 뜻밖: 원문의 '무망(無妄)'은 예기치 않았다는 뜻이다.

而可知其心, 份之孝於父, 蓋無所不至矣. 一旦疾且殆, 份意以謂己之行有戾于天而致之也. 迫切之情, 無所不用其極, 故跪讀而內省焉, 庶幾補其過, 而增所未至. 孝誠之篤, 故天地祐之, 神明相之, 陵疾之瘳, 蓋其應之自然也. 於乎! 份可謂孝矣! 故人之爲孝, 不必徒事其外, 而貴實有其心. 若份者非其孝心之實, 安能感通若此哉? 至其令海鹽, 而有惠政, 則可見其涖官能敬矣, 此其所以爲孝也! 詩曰:

【찬시】

아버지 병환 위중해져 고칠 수 없자	父病臨危不可治
이 간절한 효심을 하늘이 알아주셨네	此心誠切上天知
무릎 꿇고 사흘간 『효경』 읽으니	孝經跪讀連三日
약 드시지 않았는데도 즉시 나으셨다오	卽是康寧勿藥[253]時

또

『효경』을 읽으며 잘못을 깊이 뉘우치니	讀誦遺經念咎[254]深
온통 아버지 병 때문에 눈물로 옷깃 적시네	都緣親疾涕盈襟
자연히 하늘의 도움으로 기이한 효험 거두었으니	自然天佑收奇效
천 년 뒤에도 효자의 마음을 환히 알아야하리	千載須明孝子心

253 勿藥: '약을 먹지 않다', '병이 낫다'.
254 念咎: 잘못을 뉘우치다.

82. 오명철이 직접 밭을 갈다[255] 明徹力耕(24a)

【본문】

오명철(吳明徹, 504~580)[256]은 자가 통소(通炤)이며 진군(秦郡) 사람이다. 성품이 매우 효성스러웠는데, 열네 살 때 부모의 무덤을 제대로 쓰지 못한 것을 애석해하였지만 집이 가난하여 자기 힘으로는 비용을 댈 수 없었다. 이에 부지런히 직접 밭을 갈고 씨를 뿌렸는데, 당시 온 세상에 극심한 가뭄이 들어 묘목이 말라 죽어갔다. 오명철이 애통하고 원망스러워 항상 밭에 가면 하늘을 우러러 통곡하며 호소하였다. 며칠 뒤 밭에서 돌아오는 자가 묘목이 다시 살아났다고 말해주었다. 오명철은 자신을 속인다고 의심하여 직접 가보니 과연 그 말과 같았다. 가을이 되어 마침내 큰 수확을 거두니 장례 비용을 충분히 마련할 수 있었다.

吳明徹, 字通炤, 秦郡人也. 性至孝, 年十四, 念父母墳塋未治, 家貧無

255 오명철이 직접 밭을 갈다: 『한』, 『언』, 『효』에 수록되지 않았다. 이 편은 『남사』 권66 「오명철전(吳明徹傳)」에서 발췌 인용한 것이다. 비슷한 일화가 『진서』, 『통지』, 『책부원구』, 『태평어람』 등에도 수록되어 있다.

256 오명철: 남북조 진나라의 효자이자 명장(名將)이다. 『진서』에는 자가 '통조(通照)'로 되어 있다. 양나라의 우군장군(右軍將軍) 오수(吳樹)의 둘째 아들로 일찍 고아가 되었다. 집안이 가난하여 부모의 무덤을 제대로 쓰지 못하였을 때, 묫자리를 잘 보는 이 씨(伊氏)라는 자가 그 형에게 장사 지내는 날 반드시 백마를 타고 사슴을 쫓는 자가 이 무덤을 지날 것이니, 이는 작은 효자[둘째 오명철]가 크게 귀하게 될 징조라고 예언하였다. 후경의 난으로 양나라가 혼란스러울 때, 큰형과 상의하여 집안의 곡식을 흩어 굶주리는 백성들에게 나누어 주어 인심을 얻었다. 진나라의 제3대 황제 폐제의 신임을 얻어 영군장군(領軍將軍), 단양윤(丹陽尹), 진남장군(鎭南將軍), 시중(侍中) 등을 역임하였다. 북주(北周; 後周)를 치기 위해 폐제의 명을 받아 진군하였으나 끝내 실패하였고 그 이후에 포로로 사로잡혔다가 북주에서 울분으로 사망하였다. 『진서』 참고.

以自給. 乃勤力耕種, 時天下亢旱, 苗稼焦枯. 明徹哀憤, 常往于田, 號哭仰天自訴. 數日有自田還者, 云苗已更生. 明徹疑其紿己, 及往, 如言. 秋遂大穫, 足充葬用.

【논단】

부모의 무덤은 시신이 안장되실 곳[257]이니, 그것을 만드는 일보다 더 중요한 일이 어디 있겠는가? 자식으로서 마땅히 온 마음을 다해야 하는 것이다. 오명철은 어린아이임에도 몸소 힘써 농사를 지어 부모의 무덤을 마련하고자 하였다. 김매고[258] 북돋우며, 일년 내내 부지런히 고생하였으니 그 노고를 이루 다 말할 수 없었을 것이다. 그러나 또 극심한 가뭄까지 만나 묘목이 말라 죽어가자, 오명철은 밭에 갈 적마다 하늘을 우러러 통곡하며 호소하였으니, 그 절박한 심정을 잘 알 수 있다. 하늘도 이에 그의 효심을 밝게 드러내어 이삭이 다시 살아나고 가을에 큰 수확을 거두어 무덤 쓰는 비용을 마침내 충당할 수 있게 하였으니, 그 누가 하늘의 뜻은 아득히 멀어 효성으로써 감동시킬 수 없다고 말하였던가? 요즘 세상에 부모를 무덤에 제대로 모시지 못하는 사람이 오명철을 보면 부끄러움을 느끼지 않을 수 있겠는가?

257 부모의 무덤은……안장되실 곳: 왕직, 『억암집』 권3 「망친루기(望親樓記)」, “무덤이란 시신이 안장되신 곳이니, 이에 마음이 깊어진다.[墓也者, 體魄之所藏者也, 情於是爲甚矣.]”; 후집 권1, 「선롱도기(先壟圖記)」, “하물며 무덤이란 (부모의) 시신이 안장되어 계신 곳임에랴![况丘壠, 爲其體魄之所藏者乎?]”라는 표현이 보인다.

258 김매고: 원문의 ‘호누(薅耨)’는 ‘잡초를 뽑다’라는 뜻이다.

夫父母墳塋, 體魄之所藏, 事孰有大於此者? 宜人子所當盡心也. 吳明徹, 以幼弱之童, 乃能躬自力耕, 以營親葬. 其𦔳耨耘耔, 終歲勤苦, 蓋已不勝其勞. 而又遭値亢旱, 苗稼枯槁, 明徹每往于田, 仰天號哭以自訴, 其情之迫切, 可見矣. 天乃昭其孝念, 禾稼更生, 秋大穫, 而墳塋之資遂給, 孰謂天道幽遠, 而不可以誠感動乎? 世有不能妥親於窀穸者, 視明徹能無愧哉? 詩曰:

【찬시】

부모님 돌아가시고 무덤 아직 만들지 못했으니　　親沒墳塋尙未脩
어리고 약한 나이에도 홀로 근심하였네　　穉年孱弱獨懷憂
집이 가난하니 무슨 돈으로 만들 수 있으랴　　家貧何以資營治
온 힘 다해 밭을 갈며 가을을 기다렸다오　　竭力躬耕望有秋

또

직접 밭 가는 수고를 어찌 꺼렸으랴마는　　躬耕寧肯憚勤劬
가뭄이 심하니 묘목이 말라죽어갔다네　　苗稼何堪亢旱枯
다행히 상천께서 효심을 밝게 드러내시어　　幸賴上天昭孝念
말라 죽은 이삭이 다시 살아났다오　　遂令焦槁復全蘇

83. 장손려가 상서를 올리다[259] 長孫上書(25a)

【본문】

장손려(長孫慮)[260]는 대인(代人)이다. 아버지 장손진(長孫眞)이 어머니와 함께 술을 마시던 중 실수로 막대기로 어머니를 때려 사망에 이르게 하니,[261] 현(縣)에서 장손진을 가두고 중형(重型)을 내렸다. 그러자 장손려가 다음과 같이 상서를 올렸다.

"저희 부모가 분노하며 다툰 것은 본래 악의가 있어서 그런 것이 아니라, 그저 실수로 일어난 잘못입니다. 지금 어미의 빈소도 아직 차리지 못했는데 아비의 목숨도 아침저녁으로 위태롭습니다. 저에게는 아우 다섯이 있는데 모두 어리고, 하나 있는 여동생은 이제 겨우 네 살이어서 서로 돌보며 기른다 하더라도 제대로 보전할 수 없는 상황입니다. 만약 아비가 극형을 받는다면 모두 구렁텅이에 빠지게 될 것입니다. 제가 늙은 아

259 장손려가 상서를 올리다: 『한』, 『언』, 『효』에 수록되지 않았다. 이 편은 『북사』 권72 효행열전(孝行列傳 下) 「장손려전(長孫慮傳)」에서 인용한 것이다. 비슷한 일화가 『위서(魏書)』, 『통지』, 『책부원구』, 『태평어람』 등에도 수록되어 있다.

260 장손려: 생몰년 미상. 위나라의 효자로, 자세한 행적은 전하지 않는다. 『북사』 「효행열전 서문」에서 "장손려 등은 옛 학문을 공부하지도, 뛰어난 재능도 없는 사람이다. 그러나 어떤 이는 타고난 자연스러움 대로 따르며 마음에 거짓이 없었고, 어떤 이는 천성이 돈독하여 사지를 부지런히 움직였다. 자기 사지의 힘을 다하고 부모를 사랑하고 공경하는 마음을 다하여, 슬하의 기쁨에 만족하며 벼슬이나 부귀는 잊었다.[長孫慮等, 闕稽古之學, 無俊偉之才. 或任其自然, 情無矯飾; 或篤於天性, 勤其四體. 並竭股肱之力, 咸盡愛敬之心, 自足膝下之歡, 忘懷軒冕之貴.]"라며 칭송하였다.

261 아버지 장손진……사망에 이르게 하니: 『북사』 등에는 장손려의 어미가 술을 마시자, 장손진이 그것을 큰소리로 꾸짖다 실수로 막대기로 쳐서 사망에 이르게 하였다고 되어 있다.[母因飮酒, 其父眞呵叱之, 誤以杖擊, 便卽致死.]

비의 목숨을 대신할 테니, 어린 아우들이 살아남을 수 있도록 해주소서.”

상서(尙書)에서도 다음과 같이 주달하였다.

“장손려는 아비에게는 효자요 아우들에게는 어진 형이니, 사정을 자세히 살펴보면 더욱 가련하고 불쌍하다고 할 만합니다.”

이에 북위(北魏)의 효문제(孝文帝)[262]가 특별히 아비를 사형하는 대신 먼 곳으로 유배 보내는 것으로 감형해주었다.

長孫慮, 代人也. 其父眞, 與母飮酒間, 誤以杖擊母致死, 縣囚眞, 處以重坐. 慮上書云: “父母忿爭, 本無餘惡, 直以謬誤, 致玆禍告. 今母喪未殯, 父命旦夕. 慮兄弟五人並幼, 有一女弟, 向始四歲, 更相鞠養, 不能保全. 父若就刑, 交墜溝壑. 乞以身代老父命, 使嬰弱衆孤, 得蒙存立.” 尙書奏: “慮於父爲孝子, 於弟爲仁兄, 尋情究狀, 特可矜憫.” 後魏孝文帝, 特恕其父死罪, 以從遠流.

【논단】

자식된 자는 효를 다하다 죽는 것이 마땅하다.[263] 그러나 어린 나이에 위험한 상황에 놓인 아비를 보고 자기 목숨을 아까워하지 않고 죽음에서 아비를 구하려 하는 일은 역시 더욱 하기 어려운 일이 아니겠는가? 장

262 효문제: 북위의 제7대 황제(467~499, 재위 471~499)이다.

263 자식된 자는……마땅하다: 『고문진보후집(古文眞寶後集)』에 실린 당나라 문인 이구(李覯)의 「원주학기(袁州學記)」, “신하된 자는 충을 다하다 죽고, 자식된 자는 효를 다하다 죽는다.[爲臣死忠, 爲子死孝]”라는 표현을 활용한 것이다.

손려의 아버지는 실수를 저질러 사형을 당하게 되었다. 당시 어머니의 빈소를 아직 차리지 못하였고, 아우들은 모두 어렸다. 만약 아버지가 형벌을 면하지 못한다면 죽은 이는 돌아갈 곳이 없고 어린아이는 길러줄 사람이 없게 되는 것이다. 그래서 열다섯 살이었던 장손려가 개연(慨然)히 대신 형벌을 받게 해달라고 하였으니, 말이 간절하고도 가슴 아파 결국 군주마저 감동시켜, 아비는 목숨을 보전할 수 있었고 자신은 바람을 이룰 수 있었다. 이는 참으로 인정이 가련해 할 만한 일이요, 또한 하늘의 이치가 반드시 도운 것이로다. 아! 사람으로 살아가며 자기 부모를 사랑하고 이를 형제에게도 미치는 일을 평소 아무 일이 없을 때에는 그 누가 하지 못하겠는가? 그러나 이해관계가 자신에게 절박하게 닥쳤을 때는 비록 혈기 왕성한 어른이라도 간혹 자기 목숨을 돌아보고 아까워하여 부모를 먼저 생각하지 않는 경우가 있지 않겠는가? 하물며 어린아이라면 오죽하겠는가! 장손려는 참으로 효심이 깊은 아이라고 할 수 있다.

爲子固當死孝矣. 然以幼冲之年, 見父之危難, 能不自愛其生, 而欲脫父於死, 豈不尤難乎哉? 長孫慮之父, 以誤謬坐死. 方是時, 母尙未殯, 弟妹皆幼. 使其父不免於刑, 則歿者無所歸, 弱者無所養矣. 慮方成童, 慨然求以身代, 詞意懇惻, 卒能感動其主, 父得以全其生, 己得以遂其欲. 是固人情之可矜, 而亦天理之必祐也. 噫! 人之生也, 愛其親以及其弟, 當平居無事之時, 孰不能之? 逮于利害切身, 雖强壯盛年, 或顧惜其生, 而不以親爲意者有之? 況幼穉乎! 慮誠可謂孝童矣. 詩曰:

【찬시】

서글픈 마음으로 아비 대신 벌 받겠다는 글 올리니　　慷慨陳詞代父刑
열다섯 살이어도 어려움 앞에 기꺼이 목숨을 버리려 하였네
　　成童臨難肯捐生
어미의 빈소 차리지 못하고 아우들도 가엾지만　　母尙未殯憐同氣
효자의 깊은 마음이 더욱 가련하구나　　孝子深情重可矜

또

사정을 아뢰어 사형에서 감형하시니　　詞上當時減死論
이 어찌 아비만 살아남는 것일 뿐이랴　　豈惟嚴父得生存
식구들도 구렁텅이에 빠지는 것을 면케 하셨으니　　免教骨肉淪溝壑
지극한 효심이 끝내 나라의 은혜 입었도다　　至孝終能被國恩

84. 곽문공이 봉분을 북돋다[264] 文恭培墓(26a)

【본문】

곽문공(郭文恭)[265]은 태원(太原) 평요(平遥)[266] 사람으로, 북위 때 벼슬하여 태원현령을 지냈다. 일흔이 넘어 부모가 돌아가셨다. 곽문공은 끝없는 효성으로 조부와 부모의 묘역에서 기거하며 아침저녁으로 꿇어앉아 절하고, 맨발로 흙을 져 날라 조부와 아버지의 두 봉분을 북돋우며, 추위와 더위에도 정성을 다하기를 수년 동안 그치지 않았다. 지켜보는 사람들도 모두 마음 아파 탄식하니, 상서에서 주문을 올려 그의 마을을 표창하였다.

郭文恭, 太原平遥人也, 仕後魏爲太原縣令. 年踰七十, 父母喪亡. 文恭孝慕罔極, 乃居祖父墓次, 晨夕拜跪, 跣足負土, 培祖父二墓, 寒暑竭力, 積年不已. 見者莫不哀歎, 尙書聞奏, 表其門閭.

264 곽문공이 봉분을 북돋다: 『한』, 『언』, 『효』에 수록되지 않았다. 이 편은 『북사』 권72 효행열전 「곽문공전(郭文恭傳)」에서 인용한 것이다. 비슷한 일화가 『위서』, 『통지』, 『책부원구』 등에도 수록되어 있다.

265 곽문공: 생몰년 미상. 북위(北魏; 後魏)의 효자이자 관리이다.

266 평요: 중국 산서성(山西省) 진중시(晉中市)에 속한 지명이다.

【논단】

『예기』에 상을 치르는 예절에 대해 다음과 같이 기록되어 있다. “70세인 사람은 최마복만 몸에 걸치고 술을 마시고 고기를 먹으며 집안에 거처한다.” 사람이 70세가 되면 혈기가 이미 쇠약해진다. 그러므로 상을 치르는 예를 간략하게 하는 것은 몸을 보전하여 상기(喪期)를 쉽게 끝낼 수 있도록 하기 위한 것이다.[267] 이러한 나이에도 오히려 상례를 폐하지 않는다면 그 지극한 효성의 정도가 보통 사람보다 훨씬 뛰어난 것이다. 곽문공은 일흔이 넘어 부모상을 당하였는데 슬프고 그리워하는 마음이 너무도 깊어 여막을 치고 꿇어앉아 절하였으며, 맨발로 흙을 져 날라 조부와 아버지의 봉분을 북돋기를 수년 동안 하며 추위와 더위조차 가리지 않았다. 이는 건강한 젊은이라도 할 수 없는 일인데, 곽문공은 노쇠한 끝에도 행하기를 게을리 하지 않았으니, 이는 다름 아닌 그의 지극한 효심이 타고난 천성에서 비롯된 것이기 때문이다. 그러므로 오직 부모의 시신이 구천 아래에 묻혀 계신 것을 슬퍼할 줄만 알았지, 자신의 나이가 너무 많고 근력은 이미 약해진 것은 잊은 채 노고를 감수하며 돌아보지 않은 것이로다. 곽문공과 같은 사람을 어찌 쉽게 찾을 수 있겠는가? 조정에서 그의 마을에 표창을 내려 (그의 효행을) 포상하고 드러낸 것은 당연하도다.

禮經記居喪之節云: “七十唯衰麻在身, 飮酒食肉, 處於內.” 蓋謂人年

267 『예기』에……하기 위한 것이다: 『예기』 「곡례 상」에서 인용한 것이다. 해당 구절의 집설(集說)에 “70이라는 나이는 죽을 때가 머지않았으므로, 상을 치르는 예를 간략하게 한다. 이는 몸을 보전하여 상기를 쉽게 끝낼 수 있도록 하려는 것이다.[七十之年, 去死不遠, 略其居喪之禮者, 所以全其易盡之期也.]”라고 하였다.

七十, 血氣已衰, 故略其居喪之禮, 所以全其易盡之期也. 於此之時, 猶能執禮不廢, 則其至性之度, 越常人遠矣. 郭文恭, 年踰七十, 居親之喪, 哀慕深至, 廬墓拜跪, 徒跣負土, 以培祖父之墓, 至於積年, 不間寒暑. 雖强壯者所不能爲, 文恭以衰老之餘, 而行之不怠, 此無他, 由其孝誠出於天性. 故惟知憫其親之體魄, 淪於九泉之下, 而忘己之年齒已邁, 筋力已疲, 甘執勞苦而不顧也. 若文恭者, 豈易得哉? 朝廷表其門閭, 以褒顯之, 宜矣. 詩曰:

【찬시】

일흔의 많은 나이로 힘은 이미 쇠약해졌지만	七十高年力已疲
영원히 떠나신 부모님 다시 뵈올 기약 없으니	雙親永逝見無期
그저 지극한 효성으로 슬픈 마음만 간절하여	只緣至孝哀情切
상례 치르는 것이 오히려 젊었을 때와 같았다오	執禮還同少壯時

또

흙 져 날라 봉분 북돋우며 여러 해를 보내니	負土培墳積歲年
너무도 피곤하고 힘들어 모두들 가련해하였네	身勞力竭衆皆憐
정려문 내려주시어 당시에만 칭송받았을 뿐 아니라	旌門不獨當時美
역사에 이름이 남아 대대로 전해진다오	靑史留名奕世傳

85. 오실달이 원수를 갚다[268] 悉達報仇(27a)

【본문】

오실달(吳悉達)은 하동(河東) 문희(聞喜)[269] 사람이다. 형제가 세 명인데, 나이가 모두 어릴 때 부모가 다른 사람에게 살해되었다. 그는 사시사철 부모를 그리워하며 통곡하니,[270] 마을 사람들도 비통해하였다. 장성한 뒤 원수를 갚고는 영안(永安)에 숨어 살았다. 형제들과 함께 40여 년을 살았지만 집안이 화목하였고, 편안한 일은 서로 양보하고 힘든 일은 서로 도맡아 하였다. 만일 흉년이 들어 멀건 죽으로도 끼니를 잇지 못해도 들르는 손님에게는 반드시 가진 것을 모두 내주었다. 이웃 중에 외롭고 가난하여 어려움을 겪는 사람이 있으면 옷을 벗어주거나 식량도 흩어 주며 구휼해 주지 않은 적이 없었다. 마을 사람 500여 명이 주(州)에 나아가 (이들의 덕을) 칭송하였다. 그러자 자사(刺史)가 오실달 형제의 행실이 마을에 잘 알려져 있다고 보고, 그들의 아비를 발해태수(勃海太守)에 추증하였다. 오실달이 훗날 (부모의 묘를) 개장하고자 하였으나, 무덤이 없어졌기에 슬피 울면서 밤낮으로 쉬지 않고 찾으며 신에게도 애원하였다. 한창 멀리 나왔

---

268 오실달이 원수를 갚다: 『한』, 『언』, 『효』에 수록되지 않았다. 이 편은 『북사』 권72 효행열전 「오실달전(吳悉達傳)」에서 인용한 것이다. 비슷한 일화가 『위서』, 『통지』, 『책부원구』, 『태평어람』 등에도 수록되어 있다.

269 문희: 중국 산서성 문희현(聞喜縣)에 속한 지명이다.

270 그리워하며 통곡하니: 원문의 '호모(號慕)는 부모상에 슬피 통곡하면서 그리워 하고 추모하는 마음을 드러내는 것이다.

는데 밟은 땅이 갑자기 꺼지더니 아버지의 명기(銘記)[271]를 찾았다. 그 덕분에 증조부 이하 삼대의 아홉 분의 묘를 이장하였는데, 재산을 모두 쏟아부으면서 남의 힘을 빌리지 않았고, 애통함으로 몸이 수척해진 것이 처음 상을 당했을 때보다 더했다. 담당자가 이 사실을 조정에 보고하니, 정려문을 내리고 부역을 면제[272]해주어 그 효행과 의리를 드러내었다.

吳悉達, 河東聞喜人也. 兄弟三人, 年並幼, 父母爲人所殺. 四時號慕, 悲感鄉隣. 及長報仇, 避地永安. 昆弟同居四十餘載, 閨門和睦, 讓逸競勞. 雖於儉年, 饘粥不繼, 賓客經過, 必傾所有. 隣人孤貧窘困者, 莫不解衣輟糧, 以相賑恤. 鄉閭五百餘人, 詣州稱頌, 刺史以悉達兄弟, 行著鄉閭, 表贈其父勃海太守. 悉達後欲改葬, 亡失墓所, 號哭推尋, 晝夜不止, 哀禱于神. 方出行, 所履之地忽陷, 得父銘記. 因遷葬曾祖以下三世九喪, 傾盡貲業, 不假於人, 哀感毀悴, 有過初喪. 有司奏聞, 表閭復役, 以彰孝義.

【논단】

자식의 효심은 지극한 법이다. 그러므로 설령 변고를 만나더라도 반드시 그 도리를 다하고 뜻을 행하는 것이니, 오실달 같은 사람이 거의 그러한 경우라고 할 수 있도다! 오실달의 부모가 살해되었을 때 형제가 모두 어린 나이였지만, 그리워하며 통곡하고 슬퍼하는 마음을 조금도 거두

271 명기: 묘소에 함께 묻은 묘지명(墓誌銘)을 가리킨다.
272 부역을 면제: 원문의 '복역(復役)'은 부역을 면제한다는 뜻이다.

지 않았다. 마음속에는 항상 불구대천의 원수를 갚지 못한 것을 잠시도 잊지 않았다. 원수를 갚은 뒤에는 다른 지역으로 옮겨 숨어 살았다. 그러나 우애와 행실이 뛰어나 마을에 칭송이 자자하였고 마침내 그 아버지에게 추숭의 은전을 받게 하였으니, 부모께 훌륭한 명성을 바쳤다고 할 만하다. 훗날, 선대의 묘를 개장하고자 하였는데 그 정성스러운 마음에 신명이 감통하였으므로, 땅을 꺼지게 하여 아버지의 명기를 찾고 선대의 묘소가 있는 곳을 알게 하였다. 이에 가산을 기울여 무덤을 만들고 삼대 아홉 분의 시신을 모두 편안하게 모셨으니, 이 어찌 효자 순손(順孫)의 지극한 소원이 아니었겠는가? 그 뒤 애통함으로 몸이 수척해진 것이 처음 상을 당했을 때보다 더하였으니, 마침내 정려문을 하사받고 부역을 면제받는 영광까지 얻은 것은 진실로 까닭이 있도다! 더구나 그는 평생토록 행한 일에 허물은 적었으니, 마음속에 효심을 품고 종신토록 쇠하지 않은 자가 아니라면 불가능한 일이다. 효가 모든 행실의 근원이 됨을 이들을 통해 더욱 확실히 알 수 있다.

人子之心, 孝誠切至. 故雖遇事變, 必能盡其道, 而行其志焉, 若吳悉達, 其庶幾乎! 悉達父母被害時, 兄弟俱在幼穉, 然號慕悲感, 未嘗少輟. 其心恒以不共戴天之讎未報, 而頃刻不忘. 及既報仇, 避地徙居. 而友愛行義, 著稱鄕閭, 遂得褒崇其父, 可謂能貽親以令名矣. 後欲改葬先世, 其誠意感通於神明, 故因地陷而得父銘記, 乃知先壠所在. 於是傾竭貲産, 以營窀穸, 俾三世九喪, 俱得安厝, 豈非孝子順孫之至願歟? 既而哀悴, 踰於初喪, 遂得表閭復役之榮, 良有以夫! 矧其平生所行之事, 鮮有過擧, 非心存於孝終身不衰者不能也. 孝爲百行之源, 觀於此而尤信. 詩曰:

【찬시】

형제가 괴로운 마음으로 부모의 원수 갚은 뒤 弟兄苦志報親讎
숨어 살며 40년간 함께 지냈네 避地同居四十秋
뛰어난 행실 밝고 밝아 마을을 감동시키니 行義昭昭感鄕里
관에서는 죽은 아버지께 나라의 은혜도 더해주었네 官加亡父國恩優

또

조상님 무덤이 아득히 숲에 파묻혀 있었으니 先壠茫茫宿草中
개장하려 해도 찾을 길 묘연하였네 欲圖改葬杳無蹤
땅이 꺼진 덕에 묘지명 찾지 못했다면 不因地陷逢銘誌
어찌 봉긋한 무덤을 다시 만들 수 있었으랴 那得重營馬鬣封[273]

273 馬鬣封: 원문의 '마렵봉'은 『예기』「단궁 상」에 나오는 말로 '봉분'을 뜻한다. 본래 고대에는 봉분의 모양이 아래는 넓고 위로 올린 흙이 적고 좁은 장방형이라, 말의 갈기와 비슷한 도끼 모양이었기 때문에 이렇게 부른 것이다.

孝順事實卷五

86. 양인이 추복하다[274] 楊引追服(1a)

【본문】

양인(楊引)[275]은 양원(襄垣)[276] 사람이다. 세 살 때 아버지를 여의고, 작은 아버지에게 양육되었다. 그는 어머니를 지극한 효성으로 섬겼으니, 어머니가 아흔 살의 나이로 돌아가셨을 때 양인의 나이는 일흔다섯 살이었는데도 너무 슬퍼하다 건강을 해쳐서 상을 치르는 것이 예법에 정한 것보다 지나칠 정도였다. 삼년상을 마친 뒤, 아버지를 기억하지 못하는 것을 한스러워하여 참최(斬衰)[277]로 추복(追服)[278]하고는 평생토록 죽을 먹고 거친

274 양인이 추복하다: 『한』, 『언』, 『효』에 수록되지 않았다. 이 편은 『북사』 권84 효행열전 「양인전(楊引傳)」에서 인용한 것이다. 비슷한 일화가 『통지』, 『책부원구』, 『태평어람』 등에도 수록되어 있다.

275 양인: 생몰년 미상. 북위의 효자이다. 자세한 행적은 전하지 않는다. 『고려사』권3 세가(世家) 「성종(成宗)9년」에 수록된 성종의 교서에 양인의 효행과 그에 대한 한나라 황제의 정표를 칭송하는 내용이 언급되어 있다.

276 양원: 중국 산시성 장치시(長治市)에 속한 지명이다.

277 참최: 참최복은 다섯 등급의 상복[五服] 중 가장 중한 것으로, 부친, 남편, 장자, 시아버지 등의 삼년상에 입는다. 전혀 가공하지 않은 베로 만들고, 아랫단의 가장자리를 꿰매지 않은 채 두어 시접이 그대로 나오게 함으로써 지극한 슬픔을 표한다.

278 추복: 상을 당하였을 때에는 불가피한 상황으로 상복을 입지 못하였다가, 훗날 다시 복상(服喪)하는 것을 가리킨다. 이 글에서 양인은 너무 어려서 아버지를 여의어 상복을 입지 못했다가

상복을 입으며[279] 지내겠다고 다짐했다. 13년이 지나도록 애달파하며 그리워하는 마음이 변하지 않으니, 군현과 마을 사람 300여 명이 조정에 상주하여 그의 훌륭함을 칭송하였다. 담당자도 마땅히 정표하여 그 가문의 부역을 면제해주고 그 지극한 효성을 표창해야 한다고 보고하였다. 이에 집서성(集書省)[280]에 조서를 내려 양인의 지극한 효행을 드러내고, 산원(散員)[281]의 명예를 부여했다.

楊引, 襄垣人也. 三歲喪父, 爲叔所養. 事母至孝, 母年九十而終, 引年七十五. 哀毁過禮. 三年服畢, 恨不識父, 追服斬衰, 食粥麤服, 誓終身. 經十三年, 哀慕不改, 郡縣鄕閭三百餘人上狀稱美. 有司奏宜旌賞, 復其一門, 樹其純孝. 詔集書標楊引至行, 仍假以散員之名.

이후 다시 상복을 입은 것이다.

279 평생토록 죽을 먹고 거친 상복을 입으며: 『논어』 「양화(陽貨)」 제21장에 대한 주희의 집주에 "부모상에 초빈한 뒤에는 죽을 먹고 거친 상복을 입으며, 장례를 치른 뒤에는 거친 밥을 먹고 물을 마시며 고운 삼베로 만든 상복으로 바꾸어 입는다.[父母之喪, 旣殯, 食粥麤衰; 旣葬, 疏食水飮, 受以成布.]"라는 구절이 있다. 또한 『예기』 「상대기(喪大記)」에 "죽을 먹지 못하면 나물로써 국을 끓여 먹어도 된다. 병이 있으면 고기를 먹고 술을 마셔도 된다. 50세에는 거상의 예절을 구비하지 않고, 70세에는 최마만 몸에 입는다.[不能食粥, 羹之以菜可也. 有疾, 食肉飮酒可也. 五十不成喪, 七十唯衰麻在身.]"라고 하였다. 75세에 상을 치르는 양인은 건강상의 이유로 최마복만 입어도 됨에도 불구하고 삼년상을 치르는 동안은 물론, 장례가 끝난 뒤에도 평생토록 죽을 먹으며 거친 상복을 입어 아버지를 그리워하는 마음을 표현하고자 한 것이다.

280 집서성: 남북조 시대의 부서명으로, 산기상시(散騎常侍) 등이 속해 있다. 황제의 지근에서 간언과 고문(顧問) 등의 업무를 담당하였다.

281 산원: 고정된 직무가 없는 관원이다.

【논단】

예에 따르면 삼년상은 천하의 공통된 상례이다.[282] 양인은 세 살 때 아버지를 여의고 어머니를 지극한 효성으로 섬겼다. 어머니가 돌아가시어 상을 치르는데, 너무 슬퍼하다 건강을 해친 것이 예법에 정한 것보다 지나칠 정도였으니, 그런 사람을 세상에서 찾기란 어렵다고 할 수 있다. 모친상을 마친 뒤, 아버지를 기억하지 못하는 것을 한스러워하여 다시 의연히[283] 최마로 아버지의 상을 추복하고 죽을 때까지 거친 상복을 입고 죽을 마시며 살 것을 다짐하였으니, 세상에서 더욱 하기 어려운 일이 아니겠는가? 맹자는 "위대한 효는 평생토록 부모를 사모하는 것이다."[284]라고 하였으니, 양인이 바로 그와 같은 사람이로다. 아! 요즘 사람들 중에는 부모상을 치를 때 고기를 먹고 술을 마시거나[285] 행동거지나 담소하는 것을 평상시와 다름없이 하는 자들이 있으니, 그들이 양인을 본다면 어찌 부끄러움이 없으리오?

禮, 三年之喪, 天下之通喪也. 楊引, 三歲喪父, 事母至孝. 及母死而服喪, 哀傷摧毁, 常過于禮, 求之于世, 可謂難矣. 母喪既畢, 恨不識父, 乃復斬然衰麻追服父喪, 衣麤啜粥, 誓終其身, 非世之所尤難者乎? 孟子謂: "大

282 예에 따르면……공통된 상례이다: 『논어』「양화」 제21장에서 공자가 "자식이 태어나면 3년이 지난 뒤에야 부모의 품을 벗어나므로, 삼년상이 천하의 공통된 상례가 된 것이다.[子生三年然後, 免於父母之懷, 夫三年之喪, 天下之通喪也.]"라고 한 말을 인용한 것이다.

283 의연히: 원문의 '참연(斬然)'은 의연하고 과감하게 결단하는 고양, 단정하고 엄숙한 모양 등을 가리킨다.

284 위대한……사모한다: 『맹자』「만장 상」 제1장에서 인용한 것이다.

285 고기를 먹고 술을 마시거나: 『예기』「단궁상」, 「상대기」 등에 따르면, 상중에 고기를 먹고 술을 마시는 것은 병이 나는 등 불가피한 경우["曾子曰: 喪有疾, 食肉飮酒."]가 아니라면, 장례를 마친 뒤에 하되 남들과 함께 즐거워하며 먹지 않아야["食肉飮酒, 不與人樂之."] 한다.

孝, 終身慕父母.", 若引則有之矣. 嗚呼! 人有執親之喪, 食肉飮酒, 居處言笑, 無異乎平日, 視引寧無所愧哉? 詩曰:

【찬시】

아버지 여의었을 때 양인은 겨우 세 살	引當父喪甫三齡
만년에 노모마저 돌아가시니 어찌 견디랴?	老母何堪晩亦傾[286]
망극한 깊은 은혜 아! 갚을 길 없으니	罔極恩深嗟莫報
속절없이 애통해하다 건강마저 해치려 하는구나	徒令哀痛欲傷生

또

최마복 입고 다시 10여 년 보내니	衰麻更着十年餘
죽을 때까지 추복하며 다짐도 변치 않았지	追服終身誓不渝
어찌 이름이 벼슬아치의 명부에 올랐을 뿐이겠는가?	豈獨姓名登宦籍
조서의 은총으로 마을을 빛내주셨도다	詔書褒寵耀門閭

286 傾: 죽다, 상을 당하다.

87. 장승이 물만 마시다[287] 張昇飮水(2a)

【본문】

장승(張昇)[288]은 형양(滎陽) 경현(京縣)[289] 사람이다. 아버지가 돌아가셨을 때, 그는 물만 마시고 소금을 먹지 않은 채 너무 슬퍼하다 건강을 해쳐서 상을 치르는 것이 예법에 정한 것보다 지나칠 정도였으니, 몸은 비쩍 말라 뼈만 앙상할 뿐이었으며, 머리카락도 거의 다 빠졌다. 그 명성이 고을에 퍼져 도적들도 그의 마을을 침범하지 않았다. 주에서 이 일을 상주하니, 조서를 내려 마을에 정려문을 세워주었다.

張昇, 滎陽京縣人也. 喪父, 飮水絶鹽, 哀毁過度, 形骸枯悴, 骨立而已, 髮落殆盡. 聲聞邑里, 盜賊不侵其鄕. 州表其事, 詔旌門閭.

---

287 장승이 물만 마시다: 『한』, 『언』, 『효』에 수록되지 않았다. 이 편은 『북사』 권84 효행열전 「장승전(張昇傳)」에서 인용한 것이다. 비슷한 일화가 『통지』, 『책부원구』 등에도 수록되어 있다.

288 장승: 생몰년 미상. 북위(後魏; 北緯)의 효자이다. 자세한 행적은 전하지 않는다. 『위서』 및 『책부원구』에는 그가 상을 치르다 머리가 모두 빠지는 등[鬢髮墮落], 건강을 너무 해쳐 토혈[吐血數升]까지 했다고 되어 있다.

289 경현: 중국 하남성(河南城) 형양시(滎陽市) 일대의 지명이다.

【논단】

부모상은 자식으로서 마땅히 최선을 다해 치러야 하는 것이다. 『예기』에 빈(殯: 시신을 염하여 입관함)을 한 뒤에 죽을 먹고, 대상(大祥)을 한 뒤에 채소와 과일을 먹고 초장을 사용하라고 하였으니, 이는 선왕의 제도이다.[290] 그러나 장승은 부친상을 치르는 내내 소금을 끊고 물만 마시다가 몸이 비쩍 마르고 수척해져 뼈가 앙상하게 드러났으며, 머리카락이 다 빠질 정도였으니, 이는 거의 최선을 다한 경지에 이르렀다고 할 만하다. 아침저녁으로 슬피 통곡하는 소리에 마을 사람들도 차마 들을 수 없을 정도였으니, 이는 절박한 슬픔과 그리움이 마음속의 지극한 품성에서 우러나온 것이기에 음식에는 신경 쓸 겨를이 없었던 것이다. 이와 같은 일을 어찌 억지로 힘써 하는 자가 할 수 있겠는가? 『논어』에 "상은 형식적으로 잘 치르는 것보다는 차라리 슬퍼하는 것이 낫다."[291]라고 하였으니, 아마도 장승 같은 경우를 두고 한 말이 아니겠는가? 그러니 조정에서 그의 효성을 가상히 여겨 표창하고 명하여 그의 집에 정려문을 세워준 것과, 그 영향이 도적들에게까지 미쳐 감히 침범하지 못한 것이 당연하다. 아! 요즘 세상에 장승처럼 상을 치르는 사람이라면 스스로 최선을 다하였다고 할만하다.

---

290 『예기』에……제도이다: 『예기』「간전(間傳)」, "부모의 상에서는 빈을 한 뒤에 죽을 먹고 (…) 자최의 상에는 거친 밥을 먹고 물을 마시되 채소와 과일은 먹지 않으며, 대공의 상에는 초장을 먹지 않으니, (…) 이는 음식으로 슬픔을 드러내는 것이다.[父母之喪, 旣殯, 食粥 (…) ; 齊衰之喪, 疏食水飮, 不食菜果; 大功之喪, 不食醯醬 (…), 此哀之發於飮食者也.]"라고 하였으며, "부모의 상에서는 우제와 졸곡을 한 뒤에 거친 밥을 먹고 물을 마시되 채소와 과일은 먹지 않으며, 기년이 되어 소상제(小祥祭)를 지낸 뒤에 채소와 과일을 먹는다. 또다시 기년이 되어 대상제(大祥祭)를 지낸 뒤에 초장을 사용한다.[父母之喪, 旣虞卒哭, 疏食水飮, 不食菜果, 期而小祥, 食菜果, 又期而大祥, 有醯醬.]"라고 하였다. 같은 내용이 『소학』 가언(嘉言) 「광명륜(廣明倫)」 제23장에도 수록되어 있다.

291 상은……낫다: 『논어』「팔일」 제4장에서 인용한 것이다.

夫父母之喪, 人子所當自盡者也. 禮, 旣殯, 食粥, 旣祥, 食菜果醯醬, 此先王之制. 而張昇執父之喪, 絶鹽飮水, 乃至枯槁困悴, 形體骨立, 毛髮衰落, 幾至於盡. 朝夕哭泣之聲, 鄕里有不忍聞, 此其悲慕迫切, 出於中心之至誠, 故飮食有所不暇及也. 若此, 豈勉强者之所能哉? 語曰: "喪與其易也寧戚." 其昇之謂乎? 是宜朝廷嘉奬, 命旌其門, 化及盜賊, 不敢侵犯也. 嗟乎! 世之居喪若昇者, 可謂能自盡矣! 詩曰:

【찬시】

가련토다! 부친상에 수척해지고 말았으니　　可憐父喪影纍纍[292]
물만 마셔도 어찌 갈증과 배고픔 따위 느꼈으랴　　飮水寧知有渴飢
슬픔으로 건강 해쳐 앙상해졌을 뿐 아니라　　哀毁豈惟身骨立
머리카락도 다 빠질 정도로 비통하기 한이 없네　　髮毛落盡更堪悲

또

한평생 아버지 깊은 은혜에 감사하였으니　　一生惟感父恩深
그 마음속 깊고도 순수한 효성을 잘 알겠도다　　盡孝純誠見此心
어찌 마을에 정려문 세워 표창하는 데 그쳤으리오?　　豈但門閭膺表異
도적들도 마을에 침범하지 못하게 하였다오　　能令盜賊不相侵

292 纍纍: 수척한 모양.

88. 왕숭이 우박을 그치게 하다[293] 王崇止雹(2b)

【본문】

왕숭(王崇)[294]은 자가 건옹(乾邕)이며 양하군(陽夏郡) 옹구(雍丘)[295] 사람으로, 형제가 나란히 효행으로 이름났다. 몸소 부지런히 농사지어 부모를 봉양하다가 양주 진남부 주부로 벼슬살이 하였다. 어머니가 돌아가시자 상을 치르는 동안 너무 슬퍼하다 건강을 해쳐 바짝 야위었기에[296] 지팡이를 짚고서야 겨우 일어설 수 있었으며, 머리카락이 다 빠졌다. 빈소에 여막을 치고 밤낮으로 통곡하니 비둘기들이 떼를 지어 왔다. 그중 작은 새 한 마리가 흰 털빛에 검은 눈동자요, 크기는 참새보다 컸는데 왕숭의 여막에 깃들어 둥지를 틀고는 아침저녁으로 떠나지 않았다. 어머니의 복상이 막 끝나자 다시 아버지가 돌아가시니, 슬퍼하다 건강을 해쳐서 상을 치르는 것이 예법에 정한 것보다 지나칠 정도였다. 그해 여름, 바람과 우박이 지나니 짐승들도 갑자기 죽음을 당하고 풀과 나무도 모두 꺾였다. 왕숭의 밭에 이르자 바람과 우박이 문득 멈추더니 열 이랑에 심은 벼와

---

293 왕숭이 우박을 그치게 하다: 『한』, 『언』에 같은 제목으로 수록되어 있다. 『효』에는 「건옹이 지나치게 슬퍼하다[乾邕過哀]」라는 제목으로 수록되어 있다. 이 편은 『북사』 권84 효행열전 「왕숭전(王崇傳)」에서 인용한 것이다. 비슷한 일화가 『통지』, 『책부원구』, 『태평어람』 등에도 수록되어 있다.

294 왕숭: 생몰년 미상. 북위의 효자이다. 자세한 행적은 전하지 않는다.

295 옹구: 중국 하남성 기현(杞縣)에 속한 지명이다.

296 상을 치르는……야위었기에: 원문의 '居喪哀毁頓瘠'은 『위서』·『북사』 등 왕숭의 일화가 수록된 여타의 문헌들에 나오지 않는 것으로, 『효순사실』 편찬 과정에서 추가된 표현으로 보인다.

보리가 끝내 조금도 손상되지 않았다. 그리고 왕숭의 땅을 지나자 다시 바람과 우박이 처음처럼 심해지니 모두들 지극한 효성에 대한 감응이라고 칭송하였다. 왕숭은 탈상한 뒤에도 여전히 무덤 곁에 살았는데, 집 앞에 난 풀 한 포기가 사람들이 인지하지 못하는 사이에 줄기와 잎이 무성해졌다. 겨울이 되자 다시 새가 왕숭의 집에 둥지를 틀더니 새끼 세 마리를 낳아 길렀는데, 털과 날개가 이미 다 자라있었고 길들여져 놀라지 않았다. 수령이 이 이야기를 듣고 직접 가서 살펴보고는 이 사실을 보고하자, 조서를 내려 그의 마을에 정려문을 세워 표창하였다.

王崇, 字乾邕,[297] 陽夏雍丘人也,[298] 兄弟並以孝稱. 身勤稼穡, 以養父母, 仕梁州鎭南府主簿.[299] 母亡, 居喪哀毁顇瘠, 杖而後起, 鬢髮墮落. 廬於殯所, 晝夜哭泣, 鳩鴿群至. 有一小鳥, 素質黑眸, 形大於雀, 棲於崇廬, 朝夕不去. 母服初闋, 復丁父憂, 悲毁過禮. 是年夏, 風雹所經處, 禽獸暴死, 草木摧折. 至崇田畔, 風雹便止, 禾麥十頃, 竟無損落. 及過崇地, 風雹如初, 咸稱至孝所感.[300] 崇雖除服, 仍居墓側, 室前生草一根, 莖葉甚茂, 人莫能識. 至冬中,[301] 復有鳥巢崇屋, 乳養三子, 毛羽長成, 馴而不驚. 守令聞之, 親自臨視,[302] 事聞, 詔旌表其[303]門閭.

297 字乾邕: 『한』, 『언』 없음.
298 陽夏雍丘人也: 『한』, 『언』 雍丘人.
299 兄弟並以孝稱……仕梁州鎭南府主簿: 『한』, 『언』 없음.
300 咸稱至孝所感: 『한』, 『언』 없음.
301 中: 『한』, 『언』 없음.
302 守令聞之, 親自臨視: 『한』, 『언』 없음.
303 其: 『한』, 『언』 없음.

【논단】

효의 덕[304]이 족히 신명과 통하는 것은 오랜 유래가 있는 일이다. 이는 효가 덕의 근본이기 때문이니, 효도가 지극하면 천지와 귀신도 따르게 되고, 초목과 금수와 같은 이물도 모두 반응하는 것이니, 이는 우연히 그렇게 되는 것이 아니다. 당초, 왕숭이 벼슬을 하지 않았을 때에는 부지런히 농사지어 부모를 봉양하였으니, 이는 하늘의 운행을 이용하고 땅의 이로움을 통해 효를 다한 것이다.[305] 벼슬살이를 한 뒤에 부모가 돌아가시자 건강을 잃을 정도로 거듭 피로가 쌓여[306] 머리카락도 빠질 정도였으니, 그의 애통하고 간절한 마음과 절박한 그리움의 진심이 천지와 귀신을 감동시키기에 충분하였다. 그러므로 설령 바람과 우박이 다른 것들은 해쳐도 왕숭의 벼와 보리는 유독 온전할 수 있었고, 날짐승도 길들어져 놀라지 않았으며 기이한 풀이 무성함을 드러냈으니, 이는 거짓으로 될 수 있는 일이 아니다. 지극한 효성에 대한 감응이 불러일으킨 결과가 이와 같은 것이다.

孝德之足以通於神明也, 尙矣. 蓋孝爲德之本, 孝德之至, 則天地鬼神順之, 而草木禽獸之異, 皆應焉, 此非徒然者也. 初, 王崇之未仕, 勤稼穡

304 효의 덕: 본문의 ‘효덕(孝德)’은 조상을 존경하고 부모를 사랑하는 품덕(品德)이라는 뜻이다.

305 하늘의 운행을……다한 것이다: 『효경』「서인장(庶人章)」, “하늘의 운행을 이용하고 땅의 이로움을 분별하며 몸가짐을 삼가고 비용을 절약하여 부모를 봉양하니, 이것이 바로 서인들의 효다.[用天之道, 分地之利, 謹身節用, 以養父母, 此庶人之孝也.]”라고 한 구절을 활용한 것이다. 사계절의 기후에 따라 농사일을 하니 이를 ‘하늘의 운행을 이용한다’라고 표현한 것이요, 땅의 성질과 높낮이 등을 따져 알맞은 곳에 농사를 지으니 ‘땅의 이로움을 분별한다’라고 표현한 것이다.

306 피로가 쌓여: 원문의 ‘구췌(劬瘁)’는 피로가 쌓임을 의미한다.

以養親, 旣能用天道因地利, 以致其孝矣. 及仕, 而喪其親, 毁頓劬瘁, 鬢髮爲落, 其哀慟懇惻之意, 思慕迫切之誠, 足以動天地感鬼神. 故雖風雹害物, 而崇之禾麥, 獨獲全, 禽馴不驚, 異草呈秀, 此非可以僞爲也. 至孝之所感召者如此. 詩曰:

【찬시】

효도란 본래부터 귀신도 감동시키는 법	孝道由來動鬼神
왕숭의 지극한 효행은 타고난 본성에서 나왔다네	王崇至行出天眞
진기한 새들은 집을 에워싸며 길들고	珍禽繞屋能馴擾
기이한 풀이 뜨락에 피어나니 따로 봄이 온 듯	異草當堦別有春

또

바람과 우박이 만물을 꺾어 쓰러뜨려도	風雹摧殘物盡僵
왕숭 집안의 벼 보리를 어찌 상하게 하랴	崇家禾麥豈曾傷
이는 효행이 천지에 통했기 때문이니	自緣孝行通天地
천지신명에 힘입어 그 이름 빛난다오	賴有靈祇[307]爲顯彰

307 靈祇: 천지의 신, 신명 등을 가리킨다.

89. 이덕림의 종기가 낫다[308] 德林瘡愈(4a)

【본문】

이덕림(李德林, 531~591)[309]은 자가 공보(公輔)이며 박릉군(博陵郡) 안평(安平)[310] 사람이다. 아버지 이경족(李敬族)[311]은 동위(東魏) 효정제(孝靖帝)[312] 때 내교서를 지냈다. 이덕림이 열여섯 살에 부친상을 당하였는데 직접 영구를 모시고 고향으로 돌아와 장례를 치렀다. 당시, 한겨울이었는데도 홑상복[313]을 입고 맨발로 있으니 고을 사람들이 마음 아파하였다. 가난으로 불우하게[314] 살아 어머니가 자주 병에 걸렸기에, 관직에 대한 미련을 다시 품지 않았다. 훗날 어머니가 병이 조금 나아지자 다시 벼슬길에 나아가라고 하니, 통직랑, 산기시랑 등 여러 벼슬을 지내고 기밀의 사무를 담당하

308 이덕림의 종기가 낫다: 『한』, 『언』, 『효』에 수록되지 않았다. 이 편은 『수서(隋書)』 권42 「이덕림전(李德林傳)」에서 발췌 인용한 것이다. 비슷한 일화가 『통지』, 『책부원구』 등에도 수록되어 있다.

309 이덕림: 북제(北齊)와 수나라 대에 활동한 정치인이자 역사가이다. 어렸을 때부터 총명하여 15세에 이미 각종 경전을 암송하였으며, 필력 또한 매우 뛰어나 여러 왕조에서 조령문 등을 작성하는 일을 담당하며 황제들의 신임을 받았다. 『북제서(北齊書)』를 찬술하는 일에 참여하였으며, 그의 아들 이백약(李百藥)이 이를 계승하여 최종 완성하였다. 제나라에서는 중서시랑(中書侍郎), 수나라에서는 내사령(內史令), 회주자사(懷州刺史) 등을 역임하였다.

310 안평: 중국 하북성(河北省) 형수시(衡水市)에 속한 지명이다.

311 이경족: 동위의 정치인으로 자세한 행적은 전하지 않는다. 문적을 정리하는 일을 담당하며 직각성(直閣省) 등에서 근무하였다. 태학박사(太學博士), 진원장군(鎭遠將軍) 등을 역임하였다. 『북사』 참고.

312 효정제: 동위 초대 황제이자 유일한 황제인 원선견(元善見, 524~552, 재위 534~550)이다. 북위 제7대 황제 효문제(孝文帝)의 증손으로, 북위의 장군 고환(高歡)에 의해 추대되었다. 550년, 고환 부자가 양위(讓位)를 강요하여 동위가 멸망하고 북제(北齊)가 건국되었으며, 이후 독살되었다

313 홑 상복: 원문의 '단최(單衰)'는 '단최(單縗)'로서, 홑겹의 얇은 상복을 가리킨다.

314 불우하게: 원문의 '감가(轗軻)'는 궁핍하고 지쳐 뜻을 이루지 못한 상태를 가리키는 말이다.

기도 하였다. 그러나 오래지 않아 어머니가 돌아가시자 관직을 버리고는 물 한 모금도 마시지 않았다.[315] 그로 인해 열병이 생겨 온몸에 종기가 났어도 슬피 통곡하는 일을 그치지 않았다. 여러 친구와 이름난 의원[316]들이 그를 위해 탕약을 지어 주었지만 이덕림은 먹으려 들지 않았다. 그런데 며칠 만에 종기가 씻은 듯이 나으니, 사람들이 모두 효성에 감응한 소치[317]라고 여겼다.

李德林, 字公輔, 博陵安平人也. 父敬族, 東魏孝靜帝時, 爲內校書. 德林年十六, 遭父艱, 自駕靈輿, 返葬故里. 時正嚴冬, 單衰跣足, 州里傷之. 居貧轗軻, 母氏多疾, 無復宦情. 其後母疾稍愈, 乃令仕進, 累官通直散騎侍郎, 入典機密. 尋丁母艱去職, 勺飮不入口. 因發熱病, 遍體生瘡, 而哀泣不絶. 諸士友明醫, 爲合湯藥, 德林不肯進. 數日間, 瘡頓瘥, 人皆云孝感所致.

【논단】

(부모가) 살아 계실 때 극진히 봉양하고, 돌아가시면 슬픔을 다하는

---

315 물 한 모금도 마시지 않았다: 『수서』에는 이덕림이 닷새 동안 물을 마시지 않았다고 명시되어 있다. 같은 내용이 『북사』에는 “얼마 지나지 않아 모친상을 당했는데, 지극한 효성으로 이름났다.[尋丁母艱, 以至孝聞.]”라고 간략하게 언급되어 있다.

316 여러 친구와 이름난 의원: 『수서』에는 육건(陸騫), 송사소(宋士素), 명의 장자언(張子彦) 등이 그를 위해 탕약을 조제해 주었다고 명시되어 있다.

317 효성에 감응한 소치: 『수서』 등에는 태상박사 파숙인(巴叔仁)이 이 일을 조정에 보고하니, 조정에서 그의 효행을 가상히 여기고 그를 높이 쓰고자 100일 만에 기복(起復)하게 하였으나, 이덕림이 고사하고 나아가지 않았다고 한다.

것[318]은 자식 된 도리로 당연히 해야 할 일이다. 그러나 고난과 역경, 가난 속에서도 섬기는 일에 최선을 다한다면 그야말로 (진정한) 효도라고 할 수 있다. 이덕림을 살펴보면, 그는 어린 나이에 아버지가 타향에서 돌아가셨다. 당시 엄동의 맹추위라 다른 사람들은 능히 견디기 어려울 정도였는데, 그는 홑 상복을 입고 맨발로 직접 영구를 모시고 고향으로 돌아와 장례를 치렀으니, 어찌 남들이 하기 어려운 일이 아니었겠는가? 더구나 집안이 본디 가난하여 어머니가 자주 병에 걸리니, 이덕림은 날마다 봉양하기만을 생각할 뿐 관직에 대한 미련을 다시 품지 않았다. 훗날 어머니의 명으로 벼슬길에 나아가 높은 지위에 오르고 마침내 기밀의 사무를 맡기도 하였다. 그러다 어머니가 돌아가시자 애통해하며 물 한 모금도 마시지 않다가 그로 인해 종기가 났다. 그런데 마침내 의약의 힘을 빌지 않고도 저절로 나았으니, 그 누가 효성에 감응한 소치라고 하지 않겠는가? 아아! 요즘 세상에도 이덕림처럼 부모를 대하는 사람이라면 역시 자식 노릇을 잘한다고 할 수 있을 것이다!

夫生則致其養, 沒則致其哀, 子道之當然也. 然或艱苦貧困, 乃能竭力於所事, 斯可謂孝矣. 觀李德林, 以幼穉之年, 父歿于外. 嚴冬寒冱, 人不能堪, 而乃單衰跣足, 自駕靈輿, 歸葬其鄉, 豈非人之所難哉? 況家素貧困, 母多遘疾, 德林日惟供養, 無復仕進. 後以親命, 出登顯位, 遂典機密. 及親

318 살아 계실 때……다하는 것: 『맹자정의(孟子精義)』, 여희철(呂希哲)의 주석, "효자는 부모께서 살아 계실 때는 극진히 봉양하고 돌아가시면 슬픔을 다한다.[孝子之於親, 生則致其養, 終則致其哀.]"라고 한 구절을 활용한 것이다. 왕직(王直)의 『억암집(抑庵集)』「한빈선생전공묘갈명(漢濱先生錢公墓碣銘)」 등에도 "부모를 섬길 때에는 효도와 공경을 극진히 다 해야 하니, 살아 계실 때는 극진히 봉양하고 돌아가시면 슬픔을 다하며 예에서 어긋나서는 안 된다.[事父母極孝敬, 生則致其養, 死則致其哀, 而莫有違於禮者.]"라고 한 표현이 보인다.

歿哀慟, 勺飮不入口, 由是發爲瘡疾. 卒之不假醫藥而自愈, 孰謂非其孝誠之所感乎? 嗚呼! 世如德林之於親, 亦可謂能子矣! 詩曰:

【찬시】

어린 나이에도 부친상을 잘 치렀으니 年幼偏能執父喪
직접 영구 모시고 멀리서 고향으로 돌아왔다오 靈輿自駕遠還鄕
엄동설한에도 홑 상복에 맨발로 있으니 單衰徒跣嚴冬裏
마을 사람들 모두 안타까워 하였다네 解使州人盡感傷

또

가난해도 어머니 위해 벼슬을 버렸는데 慈親遺仕爲家貧
돌아가시자 슬픔에 겨운 모습 더욱 사람들 슬프게 하였네 母歿哀傷更愴人
온몸에 종기 났어도 저절로 나으니 徧體瘡生旋[319]自愈
지극한 효성이 푸른 하늘도 감격시킨 것임을 알아야 할 터 須知至孝格穹旻[320]

319 旋: 오래지 않다, 즉시, 급히.
320 穹旻: 하늘

90. 육앙이 슬픔으로 건강을 해치다[321] 陸卬哀毁(5a)

【본문】

육앙(陸卬)[322]은 대현(代縣) 사람으로 동위 때 벼슬하여 중서시랑을 지냈다. 아버지[323]가 돌아가시자 상을 치르면서 너무 슬퍼하다 건강을 해쳐 뼈만 앙상해지니, 고징(高澄, 521~549)[324]이 당시 업성(鄴城)에 주둔하고 있다가 그의 가문을 찾아가 위로하며 격려하였다. 육앙의 어머니는 위나라의 상용공주(上庸公主)[325]로서 자식들에게 정정당당한 삶을 살도록 가르쳤다. 육앙은 비록 부친상을 당했을 때 타고난 본성에 따라 너무나 애통해하였지만,[326] 능히 어머니의 가르침을 따르며 행동거지를 법도에 따라 하였다.

---

321 육앙이 슬픔으로 건강을 해치다: 『한』, 『언』, 『효』에 수록되지 않았다. 이 편은 『북제서』 권35, 「육앙전(陸卬傳)」 및 『북사』 권28, 「육앙전」에서 발췌 인용한 것으로 보인다. 비슷한 일화가 『통지』, 『산서통지(山西通志)』, 『책부원구』 등에도 수록되어 있다.

322 육앙: 북제의 정치인으로, 자는 운구(雲駒)이다. 어려서부터 학문을 게을리 하지 않았으며, 오경의 대의를 모두 통하고 글을 잘 지었다. 동위 때 중서시랑에 임명되어 국사를 편찬하는 일에 참여하였으나, 부친상을 당한 뒤에 관직을 버리고 떠났다가 훗날 급사황문시랑(給事黃門侍郎), 이부낭중(吏部郎中), 청도윤(清都尹) 등을 역임하였다. 형제 여섯 명이 모두 효성과 우애가 지극하였다. 조정에서도 행동을 삼가며 다른 사람의 단점을 함부로 지적하거나 자신의 장점을 자랑하지 않았기에, 사람들이 그를 높이 평가하였다. 48세에 죽었다. 『북제서』 참고.

323 아버지: 복양왕(濮陽王) 육자창(陸子彰, 497~550)이다.

324 고징: 북제의 장군 고환의 장남으로, 자는 자혜(子惠)이다. 북제의 정권을 장악하였으며, 훗날 아버지의 작위를 계승하였다가, 문양제(文襄帝)로 추존되었다.

325 상용공주: 북위의 제6대 황제 헌문제(獻文帝)의 손녀이다. 처음에는 남전(藍田)의 고명부인(高明婦人)으로 봉해졌다. 지조와 지혜가 뛰어나 아들 여섯 형제를 모두 바르게 키웠다. 『북제서』 참고.

326 애통해하였지만: 원문의 '창거통심(創巨痛深)'은 『예기』 「삼년문」에 "상처가 크면 (낫는) 날이 오래 걸리고, 아픔이 심하면 낫는 것이 더디다.[創鉅者其日久, 痛甚者其愈遲.]"라고 한 데서 유래한 표현으로 부모상을 당한 지극한 슬픔을 비유한 것이다.

이에 조정에서 조서를 내려 그의 효행을 표창[327]하고 마을 이름을 효종리(孝終里)[328]로 바꾸었다. 그러나 이윽고 어머니마저 돌아가시자 슬픔과 그리움으로 건강을 해쳐 결국 위독해졌고, 병석에 누워 시름시름 앓다 풍질(風疾)에 걸렸다. (다섯째) 아우 육단(陸摶)도 병에 걸려 임종을 앞두었는데 집안사람들에게 이렇게 말했다.

"형님이 이토록 쇠약하시니 내가 죽어도 곡소리가 형님께 들리지 않도록 하라. 형님이 깜짝 놀라실까 두렵구나."

발인[329]할 때가 되어서야 집안사람들이 그 사실을 알리자 육앙이 너무나도 애통해하다 숨을 거두니, 조정 안팎에서 슬퍼하였다. 그의 아우 육언사(陸彦師)[330] 또한 지극한 품행으로 칭송받았으니, 양성왕 원욱(襄城王 元旭, 492~554)[331]의 군대에 참여하였다가 부친상을 당하자 관직을 버렸다. 너무 슬퍼하다 수척해져 거의 상을 견뎌 내지 못할 지경으로 육앙과 함께 묘 옆에 여막을 치고 지내니, 향인들이 그들을 존경하여 모두 묘 곁으로 찾아와 위문하였다.

陸卬, 代人也, 仕東魏中書侍郞. 父喪居憂, 哀毁骨立, 高澄時鎭鄴, 詣門慰勉之. 卬母魏上庸公主, 敎訓諸子以義方. 卬雖創巨痛深, 出於天性, 克遵母訓, 動依法度. 朝廷發詔褒揚之, 改其所居里, 爲孝終里. 繼遭母喪, 哀慕毁悴, 遂至沉篤, 頓伏牀枕, 致成風疾. 弟摶臥病, 臨終, 語家人曰: "兄

327 효행을 표창: 『북제서』, 『북사』 등에 따르면 육앙 형제가 아버지의 묘소에서 여막을 치고 살며 직접 흙을 날라 봉분을 만들었기에 조정에서 이를 매우 가상하게 여겼다고 하였다.

328 효종리: 『북사』에는 '효거리(孝居里)'라고 되어 있다.

329 발인: 원문의 '조재(祖載)'는 장지로 떠나기 전 영구를 상여에 싣고 제전(祭奠)을 올리는 것이다.

330 육언사: 자는 잉운(剩雲), 혹은 운방(雲房)으로, 육앙의 막내 아우이다.

331 원욱: 북위의 종실이자 관원으로, 자는 현화(顯和)이다.

羸病若此, 摶死, 不可使聞哭聲, 懼致感動.” 及祖載, 家人方始告之, 卬一慟而絶, 朝野悲之. 弟彦師亦以行檢稱, 參襄城王旭軍事, 以父艱去職. 哀悴殆不勝喪, 與卬共廬於墓, 鄕人重之, 皆就墓側存問焉.

【논단】

효자는 차마 부모를 돌아가신 예로 대하지 못하니,[332] 애달프게 그리워하는 마음이 깊어지면 몸이 상하고 병에 걸리는 경우도 생긴다. 어진 사람은 아우에 대해서도 그가 병에 걸린 모습을 보면 마치 자신이 걸린 것처럼 여기는데 하물며 아우가 죽는다면 오죽하겠는가? 당연히 비통해하는 마음을 금할 수 없을 것이다. 육앙은 어릴 적부터 성품이 훌륭했다. 이미 부친상을 치르며 건강을 해쳤는데 연달아 모친상을 당하자 피로로 인해 병에 걸려 점점 위독해지는 지경에 이르렀다. 그런데 아우의 부음을 듣고 비통해하다 숨을 거두니, 참으로 애석한 일이로다. 이 어찌 효자와 어진 사람의 애통하고도 절박한 진심에서 우러난 결과가 아니겠는가? 육단은 자신의 죽음으로 인해 형을 아프게 하고 싶지 않았고, 육언사도 형의 뜻과 같아서 함께 여막을 치고 살았다. 형제가 모두 지극한 효행을 완수하고, 부모[333]를 독실히 모시는 정의(情誼)를 다하였으니, 육 씨 가문에

332 효자는 차마……대하지 못하니: 『서경』「요전(堯典)」 제8장에 대한 주희의 주석에 “효자의 마음에 차마 부모를 돌아가신 예로 대하지 못하기에 외출하고 돌아오면 살아 계실 때처럼 뵙고 인사드린다.[古者, 君將出必告于祖禰, 歸又至其廟而告之, 孝子不忍死其親, 出告反面之義也.]”라는 표현이 보인다.

333 부모: 원문의 ‘의친(懿親)’은 황실의 종친이나 외척 등을 지칭하며, 전하여 부모를 가리키기도 한다. 육앙의 어머니가 황실의 공주였기에 이와 같이 표현한 것이다.

는 어쩜 이렇게 어진 사람이 많은가! 다만 한 때에 존중받을 뿐만 아니라 수백 년이 지난 뒤에도 역시 드러내어 사람들의 마음을 권면해야 할 것이니, 세교에 어찌 작은 보탬이 되는 데 그치고 말 뿐이겠는가?

孝子不忍死其親, 而哀慕之深, 毁顇成疾者, 有矣. 仁人於弟, 視其疾病若己有之, 況其死乎? 宜悲慟而不能自已焉. 陸印, 少有至性. 旣以父憂致毁, 重遭母喪, 沉頓成疾, 阽危之際. 聞弟之死, 悲慟而絶, 可哀也已. 非出於孝子仁人, 哀痛迫切之至情乎? 若摶不欲以己之死而傷其兄, 彦師同兄之志, 而廬於墓. 兄弟全至孝之行, 篤懿親之誼, 何陸氏多賢哉! 不獨見重於一時, 雖數百載之下, 亦宜表而出之, 以爲人心之勸, 於世敎, 豈小補哉? 詩曰:

【찬시】

부친상 치르며 뼈가 앙상해지니	骨立當年處父喪
조정에서 우악하신 조서를 내려 거듭 표창하셨네	朝廷優詔重褒揚
연달아 어머니가 돌아가시어 모실 수 없게 되자	繼遭慈母違榮養[334]
오래도록 초췌하게 병상에 누워 있었다네	沉頓經時病在牀

또

334 榮養: 부모를 받들어 모심

상 치르다 가련하게도 병이 너무 깊어졌는데 創巨堪憐病已深
거듭 아우의 부음 들려오니 그 아픔 견디기 어렵네 重聞弟歿痛難任
사람으로 이와 같이 효성과 우애를 다하니 人生孝愛能如此
아름다운 명성 길이 남아 고금에 빛나도다 留得芳名照古今

91. 육정이 물고기 반찬을 올리다[335] 陸政供魚(6b)

【본문】

육정(陸政)[336]은 오군(吳郡)[337] 사람인데, 조부 육재(陸載)가 송 무제(宋武帝)[338]를 따라 관중을 평정한 뒤 마침내 장안에 세거하였다. 그는 성품이 매우 효성스러웠으니, 어머니가 오나라 사람이라 물고기를 즐겨 먹었지만 북쪽 지방에서는 구하기가 어려웠기에, 육정은 (항상) 매우 힘들게 물고기를 구하였다. 훗날, 집 곁[339]에서 갑자기 샘이 솟고 물고기가 나오니 마침

335 육정이 물고기 반찬을 올리다: 『한』, 『언』, 『효』에 수록되지 않았다. 이 편은 『북사』 권69, 「육통전(陸通傳)」 본문 중, 육통의 아버지 육정에 대한 내용만 발췌 인용한 것이다. 비슷한 일화가 『통지』, 『책부원구』, 『태평어람』 등에도 수록되어 있다.

336 육정: 생몰년 미상. 북위의 정치인이다. 북위의 장군 이주천광(爾朱天光)의 토벌군에 참여하였으나, 이주천광이 패망하자 주왕(周王) 우문태(宇文泰)에게 귀의하였다. 행대좌승(行臺左丞), 원주장사(原州長史), 중도현백(中都縣伯) 등을 지냈으며, 대통연간(535~557년)에 사망하였다. 『주서』 참고.

337 오군: 중국 강소성 소주시(蘇州市)에 속한 지명이다.

338 송 무제: 남조송의 초대 황제 유유(劉裕, 363~422, 재위 420~422)로 자는 덕여(德輿)이다. 진 안제(晉安帝)를 옹립하였다가 훗날 그를 시해하고 공제(恭帝)를 다시 옹립한 뒤, 선위를 받아 남조 송나라를 세웠다.

339 집 곁: 『북사』, 『주서』 등의 문헌에서는 모두 '집 옆[宅側]'이라고 표현되어 있다.

내 잡아다 어머니께 반찬으로 올릴 수 있었다. 당시 사람들이 그의 효성에 감응한 소치라고 여겼으니, 이를 계기로 그 샘을 효어천(孝魚泉)이라 불렀다.

陸政, 吳郡人, 祖載從宋武帝平關中, 遂居長安. 性至孝, 其母吳人, 好食魚, 而北土艱得, 政求之甚苦. 後居旁, 忽水泉湧出而有魚, 遂得以供母. 時人以爲孝感所致, 因謂其泉爲孝魚泉.

【논단】

음식을 맛있게 하는 일은 생명을 보양하는 데 중요한 것[340]이니, 기호가 비록 다르기는 하지만 자식으로서 부모가 좋아하는 취향에 맞추어 공양한다면 이야말로 훌륭한 효성이 되는 것이다. 다만 그 중 구하기 어려운 물건은 효성에 감통한 신명이 은근히 도와주지 않는다면 얻을 수 없는 법이다. 죽순이 맹종(孟宗)을 위해 나타나거나[341] 잉어가 강시(姜詩)를 위해 튀어오른 것[342] 같은 일이 어찌 우연히 일어났겠는가? 육정의 일을 살펴보면 거의 그런 경지에 도달하였도다! 육정은 본래 오나라 사람이지

---

340 음식을 맛있게……중요한 것: 『보제방(普濟方)』 「상한10권(傷寒十勸)」에 대한 주석에 같은 표현이 보인다.

341 죽순이……나타나거나: 맹종은 중국의 24효자 중 한 명으로, 연로하고 병든 어머니를 위한 효심으로 한겨울에 죽순을 구해냈다. 『효순사실』 권2 「36.맹종이 대숲에서 울다[孟宗泣竹]」 참조.

342 잉어가……튀어오른 것: 강시는 중국의 24효자 중 한 명으로, 생선회를 좋아하는 어머니를 위해 멀리서 물을 긷고 물고기를 잡아와 반찬으로 드리자 집 옆에서 갑자기 샘이 솟고 매일 아침마다 잉어 두 마리가 튀어오르는 이적이 일어났다. 『효순사실』 권1 「21. 강시에게 잉어가 튀어오르다[姜詩出鯉]」 참조.

만 장안으로 이주하여 살았다. 그의 어머니가 물고기를 좋아하였는데 본래 북쪽 지방은 물고기를 구하기 어려웠다. 하지만 육정은 고생을 마다치 않고 반드시 물고기를 구해 어머니의 마음을 받들려 하였으니, 그의 마음은 진실하고 그의 뜻은 간절했다. 어느 날 그가 사는 곳 옆에서 갑자기 샘이 솟아나더니 그 안에 물고기가 있어 마침내 잡아다 반찬으로 올릴 수 있었다. 당시 사람들이 그의 효성에 감동한 결과라고 칭찬하며 그 샘을 아름다운 이름으로 부른 것이 어찌 당연하지 않겠는가?

飮食滋味, 所以養生, 其嗜好固有不同, 人子能順親之所嗜而供奉之, 斯爲善矣. 且物之難致者, 非孝誠感通, 神明默相, 則不得焉. 若筍爲孟宗而出, 鯉爲姜詩而躍, 豈偶然哉? 觀於陸政之事, 其殆庶幾乎! 政本吳人, 徙居長安. 其母嗜魚, 雖北土難得. 政不憚勞苦, 必欲求之以承母之志, 其心誠, 其意切. 一旦所居之傍, 泉忽湧出, 而其中有魚, 遂得而供饌. 時人稱其孝感, 而以美名目其泉, 詎不宜乎? 詩曰:

【찬시】

육정의 지극한 효행 뉘라서 알랴?	陸生至性孰能知
북쪽 땅에 물고기 안 나 어미가 맛보지 못하거늘	北土無魚母嗜之
땅에서 단 샘이 솟고 물고기가 절로 나오니	地湧甘泉魚自出
과연 그 효행을 하늘이 도운 것이리라	端然孝行恊天機

또

물고기 잡아 어머니께 드린 것이 어찌 우연이랴?	得魚奉母豈徒然
효자의 진실한 마음이 하늘을 감동시킨 것	孝子誠心感上天
여기저기서 전해 듣고 모두 기특하다 칭송하니	遠邇傳聞皆歎異
지금까지도 사람들은 효어천에 대해 이야기 한다오	至今人說孝魚泉

92. 진족의 효성과 우애[343] 秦族孝愛(7b)

【본문】

진족(秦族)[344]은 상군(上郡) 낙천(洛川)[345] 사람이다. 할아버지 진백(秦白), 아버지 진관(秦觀)[346] 역시 뛰어난 행실로 마을에 이름났다. 진족은 성품이 매우 효성스러워 부모를 섬기는 일에 최선을 다하였다. 아버지가 돌아가시자 너무 슬퍼하다 건강을 해쳐서 상을 치르는 것이 예법에 정한 것보다 지나칠 정도였으니, 그가 통곡할 때마다 지나는 사람들도 마음이 아파 콧날이 시큰해졌다.[347] 그러나 어머니가 살아 계셨기에 늘 자신의 슬픔은 억누르고 어머니의 마음을 위로하였다. 아우 진영선(秦榮先)과도 우애가

343 진족의 효성과 우애: 『한』, 『언』, 『효』에 수록되지 않았다. 이 편은 『북사』 권84 효행열전 「진족전(秦族傳)」에서 인용한 것이다. 비슷한 일화가 『통지』, 『책부원구』 등에도 수록되어 있다.

344 진족: 생몰년은 미상. 북주(北周)의 효자이다.

345 낙천: 중국 섬서성 낙천현(洛川縣)에 속한 지명이다.

346 진관: 『북사』, 『주서』 등에는 모두 '雚'으로 되어 있다.

347 콧날이 시큰해졌다: 원문의 '산감(酸感)'은 슬픔이 마음을 움직인다는 뜻이다.

깊었다. 어머니가 돌아가시자 시도 때도 없이 통곡[348]하며 오직 물과 채소만 먹을 뿐이었고, 복상을 마친 뒤에도 여전히 나물 같은 거친 음식만 먹으며 20여 년간 내실(內室)[349]에 들어가지 않으니 마을 사람들이 모두 감탄하며 기특하게 여겼다. 읍인 왕원달(王元達) 등 70여 명이 그 일을 조정에 상주하자 조서를 내려 그의 마을에 정려문을 세워 표창하였다. 진영선 또한 슬픔과 그리움이 지나쳐 시름시름 앓다 죽으니, 온 고을이 (그들의 효행에) 감화되었다. 후주(後周) 문제(文帝)[350]가 조서를 내려 표창하고, 창주자사(滄州刺史)에 추증하였다.[351]

秦族, 上郡洛川人也. 祖白, 父觀, 並有至行, 聞於閭里. 族性至孝, 事親竭力. 及父喪, 哀毀過禮, 每慟哭, 酸感行路. 旣以母在, 恒抑割哀情, 以慰母心. 與弟榮先, 復相友愛. 及母歿, 哭泣無時, 唯飮水食菜而已, 終喪之後, 猶蔬食, 不入房室者二十年, 鄕里咸歎異之. 邑人王元達等七十餘人, 上其狀, 詔旌表其門閭. 榮先亦以哀慕毀瘁而卒, 邑里化之. 後, 周文帝, 下詔褒美, 贈滄州刺史.

---

348 시도 때도 없이 통곡: 원문의 '곡읍무시(哭泣無時)'는 『예기』 「문상」에서 부모의 상에 자식의 마음이 비통하고 괴로워 일정한 때가 없이 통곡하며 부모를 사모하는 진실한 마음을 드러내는 것[哭泣無時, 服勤三年, 思慕之心, 孝子之志也, 人情之實也.]이라고 한 데서 인용한 표현이다.

349 내실: 원문의 '방실(房室)'은 방, 내실, 성생활 등을 가리킨다. 『북사』, 『주서』 등에는 진족이 진영선과 우애 있을 뿐 아니라 아내와도 화목하게 지냈다[閨門之中, 怡怡如也]고 되어 있다.

350 후주 문제: 추증 황제 우문태(宇文泰, 505~556)이다. 자는 흑달(黑獺)이며, 북주 건국의 기틀을 닦았다.

351 후주 문제가……추증하였다: 『주서』, 『책부원구』에 「진영선을 창주자사에 추증하는 조서(贈秦榮先滄州刺史詔)」가 수록되어 있다. "효란 정치의 근본이요 덕은 교화의 으뜸이니, 하늘의 법칙이 드러났고 땅의 의리가 밝아졌다. 영선은 상을 치르는 중에 병에 걸렸으니 지극한 정성은 남들보다 뛰어나고, 통곡을 마친 뒤에도 돌아오지 못하고 죽음에 이르렀다. 행실은 당대의 표준이요, 도리는 저승에서도 귀감이 되리니, 이러한 사람을 현창하지 않는다면 어찌 도를 말할 수 있겠는가? 마땅히 창주자사로 추증하여 그 남다름을 표창하노라.[孝爲政本, 德乃化先, 旣表天經, 又明地義. 榮先, 居喪致疾, 至感過人, 窮號不反, 迄乎滅性. 行標當世, 理鏡幽明, 此而不顯, 道將何述? 可贈滄州刺史, 以旌厥異.]"

【논단】

요즘 사람들이 부모를 봉양할 때는 지극히 즐겁게 해드리고, 돌아가시면 슬픔을 다할 뿐이다.[352] 그러나 돌아가신 분에 대한 슬픔 때문에 살아 계신 분의 마음을 상하게 하지 않는 일은 부모를 깊이 사랑하는 효자[353]가 아니라면 그렇게 할 수 있겠는가? 진족이 최선을 다해 아버지를 봉양하고 상을 치르며 슬퍼한 모습은 지나는 사람조차 감동시킬 정도였다. 그러나 자신의 뜻을 굽혀 어머니를 공손히 받들며 (자신의) 비통함 때문에 어머니를 상심하게 하지 않았으니, 부모를 사랑하는 일념이 그 얼마나 지극한가! 어머니가 돌아가시자 음식을 절제하고 거처를 따로 하여 20년을 하루같이 하였으니, 부모를 그리워하며 추모하는 마음[354]에 어찌 다함이 있으랴! 또한 아우와도 우애롭게 지내 아우 역시 상을 치르는 동안 슬픔이 지나쳐 죽고 말았으니,[355] 이는 진족이 부모께 효도했을 뿐만 아니라 아우와도 우애롭게 지냈기 때문이다. 아우도 효성을 극진히 하여 형에게 부끄러움이 없었으니, 이는 할아버지와 아버지의 가르침 덕분이기는 하지

---

352 부모를 봉양할 때는……다할 뿐이다: 『효경』「기효행」에서 공자가 부모를 섬기는 다섯 가지 방법에 대해 "효자가 부모를 섬길 때 평상시에는 공경을 다하고, 봉양할 때는 지극히 즐겁게 해드리며, 병을 앓으실 때는 극진히 걱정하고, 돌아가시면 슬픔을 다하며, 제사 지낼 때는 엄숙함을 다한다. 이 다섯 가지가 갖추어진 뒤에야 부모를 제대로 섬길 수 있는 것이다.[孝子之事親也, 居則致其敬, 養則致其樂, 病則致其憂, 喪則致其哀, 祭則致其嚴. 五者備矣, 然後能事親.]"라고 한 구절에서 인용한 것이다. 같은 내용이 『소학』 명륜 「명부자지친」 제36장 제36장에도 수록되어 있다.

353 부모를 깊이 사랑하는 효자: 『예기』「제의」, "부모를 깊이 사랑하는 효자는 반드시 온화한 기운을 띤다.[孝子之有深愛者, 必有和氣.]"라는 표현이 보인다. 같은 표현이 『소학』 명륜 「명부자지친」 제6장에도 수록되어 있다.

354 부모를 그리워하며 추모하는 마음: 원문의 '유모(孺慕)'는 자식이 돌아가신 부모를 애도하고 추모하는 마음이 마치 어린아이가 부모를 간절히 그리워하는 것 같다는 데서 유래한 표현이다. 『예기』「단궁 하」.

355 슬픔이 지나쳐 죽고 말았으니: 원문의 '훼멸(毁滅)'은 상을 치르는 동안 슬픔이 지나쳐 건강을 해치고 죽게 됨을 가리킨다.

만 결국 두 사람 모두 타고난 천성이 훌륭한 데에서 비롯된 것이다. 마을 사람들이 (그들의 효행에) 감화되고 조정에서 표창한 것은 역시 당연한 결과이다.

世人於親, 養則致其樂, 喪則致其哀而已耳. 能不以哀死之情, 而傷生者之意, 非孝子之有深愛者, 其能然乎? 秦族竭力以養其父, 執喪而哀感行路. 曲意承順其母, 不以悲慟而傷其心, 愛親之念, 何其至歟! 母之歿也, 節飮食, 別居處, 二十年如一日, 孺慕之心, 寧有已乎! 復能友愛其弟, 而弟亦以居喪毁滅, 是族不特孝於親, 而且友於弟. 弟亦能盡其孝, 而無愧於兄, 雖由其祖父之訓, 要皆本於天性之美也. 州里化之, 朝廷旌之, 亦其理之必致矣. 詩曰:

【찬시】

매일같이 고당에서 부모님 받들며	日向高堂奉二親
몸소 맛있는 음식을 마련하는 수고를 어찌 마다하랴	身營甘旨豈辭勤
하루아침에 아버지 여의고 슬피 통곡하니	一朝失怙[356]悲號苦
길 가는 사람들도 그 소리 듣고 마음 아파 하였다오	道路聞之亦愴神

또

356 失怙: 믿고 의지할 분을 잃었다는 것으로 아버지를 여읜 것을 가리킨다. 어머니를 여읜 것은 '실시(失恃)'라고 표현한다.

슬픔 억누르고 뜻을 굽혀 어머니를 위로하고	抑哀曲意慰慈顔
가정에서는 우애로우니 난형난제로다	友愛家庭見二難[357]
어찌 마을 사람들만 모두 감화되었으랴	豈獨州閭皆感化
조정에서도 포상하는 조서를 거듭 반포하셨다네	朝廷褒美詔重頒

93. 양언광이 약을 얻다[358] 彦光獲藥(8b)

【본문】

양언광(梁彦光, 534~593)[359]은 자가 수지(脩芝)[360]이며 안정(安定) 오지[烏氏][361] 사람이다. 어려서부터 성품이 훌륭하였는데, 그의 나이 일곱 살 때 아버지 양현(梁顯)이 중병에 걸렸다. 의원이 “반드시 자석영(紫石英)을 먹어

357 二難: 난형난제(難兄難弟)의 준말로, 형제의 덕행이나 성품이 우열을 가릴 수 없이 뛰어남을 지칭한다. 전하여 다른 사람의 훌륭한 아우를 가리키기도 한다.

358 양언광이 약을 얻다: 『한』, 『언』, 『효』에 수록되지 않았다. 이 편은 『북사』 권86 순리열전(循吏列傳) 「양언광전(梁彦光傳)」에서 발췌 인용한 것이다. 비슷한 일화가 『통지』, 『책부원구』, 『태평어람』 등에도 수록되어 있다.

359 양언광: 수나라의 관원이자 효자이다. 그의 아버지 양현(梁顯)은 동옹주자사(東雍州刺史), 형주자사(荆州刺史) 등을 역임하였다. 양언광은 어려서부터 총명하고 인품이 뛰어나 어려서부터 그의 아버지가 주변인들에게 양씨 종족을 흥성시킬 인물이라고 칭찬하였다. 서위(西魏) 말엽에 태학에 들어가 경전과 역사서 등을 두루 학습하였으며, 행동거지에 법도가 있었다. 주무제가 북제(北齊)를 평정하는 일에 공을 세웠으며, 이후 화주자사(華州刺史), 상대장군(上大將軍), 기주자사(岐州刺史), 상주자사(相州刺史) 등을 역임하였다. 다스리는 곳의 민풍을 순후하게 하는 등 정치적 명망이 높았다. 『수서』 참고.

360 수지: 『수서』에는 ‘修之’로 되어 있다.

361 오지: 오지는 선진(先秦) 시기 서융(西戎) 부락 일대로, 현재 중국 영하고원(寧夏固園) 동남쪽 근방의 지명이다. 원문의 ‘氏’는 『후한서(後漢書)』 주석에 음이 ‘支’라고 되어 있다.

야만 나을 수 있습니다."라고 하였다. 양언광이 그것을 구하려 하였지만 찾지 못하자 근심한 나머지 병이 들어 어찌할 바를 몰랐다. (어느 날) 갑자기 정원에 어떤 물건이 나타났는데 양언광이 처음에는 그것이 무엇인지 몰랐으나 괴이하게 여겨 가지고 돌아왔다. 의원이 그것을 보니 바로 자석영이었다. 이에 친척들이 모두 기특하게 여기며 지극한 효성에 감응한 결과라고 말하였다. 후주 무제(武帝)[362] 때 여러 차례 승진하여 소어대부(小馭大夫)에 올랐다. 모친상을 당하자 관직을 떠났는데, (너무 슬퍼하다) 건강을 해쳐서 상을 치르는 것이 예법에 정한 것보다 지나칠 정도였다. 얼마 지나지 않아 그를 다시 나오게 하여 일을 보게 하였는데, 무제가 너무나도 수척해진 그의 모습을 보고는 한참동안 탄식하며 누차 위로하고 격려해주었다.

梁彦光, 字脩芝, 安定烏氏人. 少有至性, 年七歲, 父顯遇篤疾. 醫云: "必餌紫石英[363]可愈." 彦光求之不得, 憂瘁不知所爲. 忽於園中見一物, 彦光初不識, 怪而持歸. 醫視之, 卽紫石英也. 親屬咸異之, 以爲至孝所感. 周武帝時, 累遷小馭大夫. 母憂去職, 毁瘁過禮. 未幾, 令起視事, 帝見其毁甚, 嗟嘆久之, 頻蒙慰諭.

---

362 후주 무제: 북주의 제3대 황제인 고조(高祖) 우문옹(宇文邕, 543~578, 재위 560~578)이다. 주문제 우문태의 넷째 아들이다. 577년에 북제를 평정하였다.

363 紫石英: 『북사』, 『수서』 등에는 '五石'이라고 되어 있다. 자석영은 도교의 연단술에서 사용하는 다섯 가지 재료 중 하나로, 심복(心腹)에 사기(邪氣)나 습한 기운이 들었을 때 이를 없애주고 간을 보하는 역할을 한다고 알려져 있다. 『보제방(普濟方)』(권5), 『본초강목(本草綱目)』(권8) 참고.

【논단】

효행이 지극하면 능히 신명과도 통할 수 있으니, 반드시 진실한 마음이 간절해야 감동시킬 수 있는 것이다. 양언광을 예로 들면, 그의 아버지가 중병에 걸렸을 때 의원은 모름지기 좋은 약을 구해야만 병을 고칠 수 있다고 하였다. 양언광이 그것을 구하였지만 찾지 못하자 결국 노심초사해도 도무지 방법이 없었다. 이에 신명이 그의 지극한 효심에 감동하여 은근히 도와주니, 마침내 좋은 약을 찾아내어 아버지의 병이 다 나았다. 그의 효행은 참으로 지극하다고 할 수 있으니, 명성과 작위를 선명히 받들어 그 보답을 누리는 것은 당연하도다! 그 후 다시 모친상을 당하니, 너무 애통해하다 바짝 야윈 것이 정해진 예법을 넘을 정도였다. 당시 군주가 감탄하며 깊이 위로하고 격려한 것이 당연하다. 아아! 양언광은 일개 어린아이였을 때에도 이미 아버지의 병을 근심할 줄 알았다. 그런데 저 떳떳한 몸으로 부모의 병을 보고도 막연하여 아무 생각[364]이 없는 자들은 역시 도대체 무슨 마음이란 말인가? 그들이 양언광을 보면 반드시 느끼고 계발되는 바가 있을 것이다.

至孝之行, 能通乎神明者, 必其誠心懇切, 有以感動之也. 若梁彦光, 父遘篤疾, 醫謂欲得良藥可已. 彦光求之不獲, 遂至憂思勞悴, 計無所出. 於是, 神明感其至孝, 默相陰輔, 卒獲良劑, 父疾遂愈. 其孝行, 蓋亦至矣, 宜乎顯膺名爵以享其報! 厥後, 復遭母憂, 哀傷摧瘁, 動踰於禮. 是宜時君咨嗟慨嘆, 深加慰勉. 於乎! 彦光一幼稺之童耳, 已能知以父病爲憂. 彼有

364 생각: 원문의 '동념(動念)'은 마음을 움직이다, 생각하다 등의 뜻이다.

負軀堂堂, 視親疾患, 漠然無所動念者, 亦獨何心哉? 觀彥光亦必有所感發矣. 詩曰:

【찬시】

아버지 병 나으려면 자석영이 필요한데	父病醫須紫石英
정원에서 우연히 찾으니 모두들 깜짝 놀랐다네	園中偶得衆咸驚
마침내 불치병을 낫게 하였으니	遂令沉痼能痊愈
분명 신명이 그 효성에 감동한 것이리라	應有神明感孝誠

또

어머니 돌아가시자 평생 그리워하다 건강 해치니	母亡哀毁慕終身
임금께서 그 모습에 깊이 감탄하며 자주 격려하셨네	人主深嗟睠諭頻
원래부터 효심이 참으로 간절하였으니	自是孝心誠懇切
크게 현달하여 구천의 부모를 위로해드리도다	顯揚足慰九原親

94. 류하의 효덕[365]　　柳遐孝德(9b)

【본문】

류하(柳遐, 501~572)[366]는 자가 자승(子昇)이며 하동(河東) 해현(解縣)[367] 사람으로, 효행이 뛰어났다. 당초 옹주주부(雍州主簿)가 되었을 때 아버지 류계원(柳季遠)이 양주(揚州)에서 돌아가셨다. 류하가 양양(襄陽)에서부터 분주히 달려가 엿새 만에 도착했는데 그 슬픔에 지나가는 사람들도 감동하였으며 수척해져 알아볼 수 없을 정도였다. 그 후 아버지의 영구를 모시고 서쪽으로 돌아오며 장강을 건너던 중 강한 풍랑이 일었다. 배에 탄 사람들이 서로 돌아보며 두려워하는데, 류하는 (아버지의) 관을 끌어안고 슬피 통곡하며 하늘에 가엾게 여겨 달라 호소하니, 이윽고 풍랑이 잦아들었다. 그의 어머니는 유방에 종기가 생겼는데 의원조차 치료하지 못했다. 누군가 "사람이 고름을 빨아내면 통증이 멈출 것이다."라고 하였다. 류하

365 류하의 효덕: 『한』에 같은 제목으로 수록되어 있다. 『언』, 『효』에는 수록되지 않았다. 이 편은 『북사』 권70 「류하전(柳遐傳)」에서 발췌 인용한 것이다. 비슷한 일화가 『통지』, 『책부원구』, 『태평어람』 등에도 수록되어 있다.

366 류하: 후양~북주의 관원이자 효자이다. 『주서』, 『책부원구』에는 이름이 '하(霞)'로 되어 있다. 여남태수(汝南太守)를 역임한 6대조 이래로 양양군(襄陽郡)으로 이주하여 세거하였다. 부친 유계원은 의도태수(宜都太守) 등을 지냈다. 어려서부터 시원스럽고 호매(豪邁)한 성품으로 문학을 애호하며 언행이 단정하여 이미 성인 같은 도량을 지녔다. 젊은 시절 여릉왕(廬陵王) 소속(蕭續)이 옹주자사(雍州刺史)로 있을 때, 유하를 초빙하여 주부로 삼았다. 또한 후양 선제(宣帝) 소찰(蕭詧)에게 발탁되어 벼슬하였는데, 훗날 그가 서위(西魏)에 투항할 때 간곡히 청하여 고향에 남아 경서와 전적을 공부하며 살았다. 북주의 우문태 등이 그를 여러 차례 초빙하였으나 병을 핑계로 사양하며 소찰에 대한 충절을 보였다. 보정 연간에 마침내 북주에서 벼슬하였다. 청렴하고 관대한 성품으로 이름났다. 『북사』 참고.

367 해현: 중국 산시성 운성시(運城市) 임의현(臨猗縣) 일대의 지명이다.

가 그 말에 따라 고름을 빨아내자 어머니의 종기가 마침내 나았으니, 모두들 그의 효성에 감응한 소치라고 여겼다. 후주 고조 보정(保定)[368] 연간에 표기대장군(驃騎大將軍), 개부의동삼사(開府儀同三司), 곽주자사(霍州刺史) 등을 지내면서 덕으로써 사람들을 인도하여, 명령을 따르지 않는 자에게는 벌[369]을 가볍게 하고 부끄러움만 느끼게 하였을 뿐이니, 아랫사람들이 그에게 감화되어 다시는 잘못을 저지르지 않고 모두들 "자사께서 어질고도 자애로우시니 어찌 그 분을 속이겠는가?"라고 하였다.

柳遐, 字子昇,[370] 河東解[371]人, 有孝行. 初爲州主簿,[372] 父季遠卒於揚[373]州. 遐自襄陽奔赴, 六日而至, 哀感行路, 毁悴不可識. 後奉喪西歸, 中流風起. 舟中人相顧失色, 遐抱棺號慟, 愬天求哀, 俄頃風止浪息. 其母嘗乳間發疽, 醫不能治. 或云: "得人吮膿, 可止其痛." 遐應聲吮之, 母疽遂瘳, 咸以爲孝感所致.[374] 周高祖[375]保定中, 爲驃騎大將軍, 開府儀同三司,[376] 霍州刺史, 以德導人, 不用命者, 微加貶異, 示恥而已,[377] 其下化之, 不復爲過. 咸曰: "刺史仁惠, 其可欺乎?"

---

368 보정: 후주 무제(武帝)의 연호로, 561년부터 565년까지 쓰였다.
369 벌: 원문의 '폄리(貶異)'는 폄척(貶斥)과 같은 말로 관직 등을 깎아 낮추거나 물리치는 것을 가리킨다.
370 字子昇: 『한』 없음.
371 解: 『한』 없음.
372 有孝行, 初爲州主簿: 『한』 없음.
373 揚: 『한』 楊.
374 咸以爲孝感所致: 『한』 없음.
375 周高祖: 『한』 없음.
376 開府儀同三司: 『한』 없음.
377 微加貶異, 示恥而已: 『한』 微加貶異而已.

【논단】

자식이 부모를 섬길 때는 정성을 다하지 않는 것이 없다. 오직 처한 상황에 따라 자신의 모든 힘을 쏟을 뿐이니 어찌 두려워하고 곤란해하며 구차하게 태만[378]해질 수 있겠는가? 류하가 옹주주부로 있을 때 아버지가 양주에서 돌아가셨다는 소식을 듣고, 양양에서부터 땅에 넘어질 듯[379] 분주히 달려가 엿새 만에 6일 만에 도착했으니, 그의 슬픔이 얼마나 간절했는지를 잘 알 수 있다. 아버지의 영구를 모시고 서쪽으로 돌아오며 장강을 건너던 중 강한 풍랑이 일자 류하가 관을 끌어안고 하늘에 호소하니 슬프기 그지없었다. 늙은 어미에게 종기가 생기자 즉시 고름을 빨아내니, 그의 진실한 효성이 상하(上下: 天地)를 감동시키기에 충분하였기에 신명이 도와준 것이다. 풍랑이 잦아들자 아버지의 영구는 고향으로 돌아와 장례를 치를 수 있었고, 어머니의 병도 즉시 나아 강녕하게 되었으니, 천지신명의 보우가 없었다면 이러한 경지에 이를 수 없었을 것이다. 그가 곽주자사가 되었을 때는 덕으로써 사람들을 인도하며 형벌을 앞세우지 않았다. 그러므로 고을 백성들이 감화되어 개과천선한 사람들이 많아졌으니, 효를 미루어 충을 이룬 자가 아니라면 이와 같을 수 있겠는가?

人子於事親之際, 無所不用其誠. 惟其所遇, 則致力焉, 豈可畏難而苟

378 두려워하고……구차하게 태만: 원문의 '畏難而苟緩'은 『논어』「학이」의 "잘못이 있으면 고치기를 꺼리지 말라.[過則勿憚改]"라는 구절에 대한 주희의 집주 "잘못이 있으면 마땅히 빨리 고쳐야 하니, 두려워하고 곤란해하며 구차하게 편안해서는 안 된다.[有過則當速改, 不可畏難而苟安也.]"를 활용한 표현으로 보인다.

379 땅에 넘어질 듯: 원문의 '포복(匍匐)'은 기어가다, 땅에 넘어지다, 거꾸러지다, 온 힘을 다하다[盡力] 등의 의미이다.

緩乎? 柳遐爲州主簿, 聞父死於揚州, 自襄陽匍匐奔赴, 六日而至, 其哀情迫切, 於此見矣. 及奉父喪西歸, 中流風起, 遐抱棺愬天, 不勝哀感. 老母病疽, 卽與吮膿, 其誠孝之情, 足以感動上下. 故神明錫佑, 風止浪息, 父喪克歸, 母病卽瘳, 康寧無恙. 非天地鬼神之佑, 不至此也. 及其爲州刺史, 導人以德, 不先刑罰. 故州民感化, 遷善者多, 非移孝爲忠者, 能若是乎? 詩曰:

【찬시】

아버지의 부음 듣자마자 곧 슬픔에 잠겨	一聞父死卽悲傷
허둥지둥 먼 길을 달려 영구를 모셨네	匍匐扶喪道路長
거센 바람에 하늘 향해 풍랑을 잠잠하게 해달라 비니	風起籲天[380]祈浪息
무사히 배에 관을 싣고 고향으로 돌아올 수 있었다오	舟中棺櫬得還鄕

또

어머니 젖에 종기가 돋으니 참으로 걱정되어	母乳生疽實可憂
고름을 빨아내니 병이 씻은 듯 나았다오	吮膿頓使病全瘳
효덕이 천지에 통하였을 뿐 아니라	不惟孝德通天地
선정을 펼쳐 온 고을에도 은혜를 베풀었다오	善政還能惠一州

380 籲天: 하늘을 향해 호소하다.

95. 도비가 어머니를 업고 가다[381] 道丕負母(11a)

【본문】

승려 도비(道丕, 889~955)[382]는 세대와 거주지가 전해지지 않는다. 성품이 매우 효성스러웠는데, 시대가 혼란스러워지자 직접 어머니를 업고 화현(華縣)의 산속으로 피난하였는데, 자신이 직접 식량을 구걸하여 어머니를 봉양하였다.[383] 그의 아버지는 행역(行役)을 나갔다가 그 일로 인해 사망하였다. 이에 도비가 아버지가 돌아가신 곳으로 가서 유골을 찾고자 하였다.[384] 도착해 보니 어지럽게 흩어진 뼈들이 온 들판을 덮고 있어 (무엇이 아

381 도비가 어머니를 업고 가다: 『한』, 『언』, 『효』에 수록되지 않았다. 이 편은 『송고승전(宋高僧傳)』 권17 「주 낙양 복선사의 승려 도비전[周洛京福先寺道丕傳]」에 수록된 내용을 참고·발췌한 것으로 보인다.

382 도비: 후당(後唐)의 승려이다. 본래 장안(長安) 귀주리(貴胄里) 출신으로 속성은 이씨(李氏)이며 후당의 종실이라고 전해진다. 어머니 허 씨(許氏)가 기이한 태몽을 꾸어 태어났으며, 7세부터 육식을 끊고 불교에 귀의하였다. 갓 돌이 지났을 무렵, 아버지가 분진(汾晉)으로 가라는 명을 받고 군사를 규합하여 곽산(霍山)에 이르렀다가 전사하였다. 19세에 금강경에 달통하였다. 이때 당나라가 수도를 낙양으로 천도하며 장안이 불에 타자 어머니를 등에 업고 화음(華陰)으로 피난하였다가 유개도(劉開道)가 난을 일으키자 다시 화산(華山)으로 들어가 암혈에 거주하는 등 효심이 깊었다. 27세에 낙양 복선사에 머물렀으며, 이후 당 장종(莊宗)으로부터 '광지(廣智)'라는 법호를 하사받은 뒤 후량(後梁), 한(韓) 등 여러 왕조에 불법을 전하였다. 북주 세종(世宗)이 대대적으로 불교를 숙청할 때 그를 설득하여 계획을 중단시키게 하고, 승려들에게도 정권에 협조할 것을 부탁한 뒤 낙양으로 물러나 후학을 양성하며 살다 열반하였다. 『송고승전』 참고.

383 식량을 구걸하여 어머니를 봉양하였다: 『송고승전』에 따르면 거듭되는 난리에 보리와 같은 식량이 귀해져 한 말에 만 전이나 될 정도였기에, 도비가 마을을 돌아다니며 식량을 구걸한 뒤 자신은 태식(胎息: 호흡만으로 천지의 기운을 마시는 도가의 수행법)을 할 뿐, 모두 어머니께 드렸다. 어머니가 도비에게 밥을 먹었는지 물으면 밖에서 먹고 들어왔다고 하며 어머니의 마음이 상하지 않게 할 정도로 효성이 지극했다. "時穀麥勇貴, 毎斗萬錢. 丕巡村乞食, 自專胎息, 唯供母食. 母問: '還食未?' 丕對曰: '向外齋了.' 恐傷母意, 至孝如此."

384 유해를 찾고자 하였다: 『송고승전』에 따르면 도비가 20세가 되었을 때 어머니가 곽산에서 전사한 아버지의 유골이 전장터에 그대로 널려 있을 테니, 가서 수습하여 귀장(歸葬)한다면 그 역시 효가 아니겠느냐며 권하였다고 한다. "年二十歲, 母曰: '汝父霍山亡沒, 戰場之地, 骨曝霜

버지의 유해인지) 구별할 수 없었다. 도비가 지극한 정성으로 울며 기도하자 갑자기 해골이 튀어 올라 그의 앞으로 왔다.[385] 이로 인해 아버지의 유골을 찾아 돌아왔으니, 사람들이 모두 그의 효성에 감응한 소치라고 말하였다.

釋道丕, 失其世代里居. 性至孝, 遭時擾亂, 自擔負其母, 逃避於華縣山中, 身自乞食以爲養. 其父亦以行役, 歿於事. 道丕往其死處, 求遺骨. 旣到而亂骸蔽野, 不可辨. 道丕至誠泣禱, 忽有髑髏, 躍而前. 因得父骨以歸, 人皆謂孝誠所感.

【논단】

사람의 본성은 하나이니, 어찌 처지에 따라 차이가 있을 수 있겠는가? 사대부들도 승려나 도가들과 어울려 사는데, 모두 부모로부터 신체를 받아 천지의 이치를 갖추고 있으니, 부모께 효도함에 어찌 차이가 있을 수 있겠는가? 도비는 불교를 따랐으니 그가 행하는 도는 비록 공자

露. 汝能收取歸葬, 不亦孝乎?'"

385 도비가 지극한……앞으로 왔다: 『송고승전』에 따르면 도비가 곽산으로 찾아와 초가를 짓고 사람들을 불러 모아 백골을 수습하며 밤낮으로 불경을 외웠다. "옛사람 중에 정성에 대한 감응으로, 피를 흘려넣어 유골을 확인한 경우가 있습니다. 저의 뜻도 효자가 되는 데 있으니 어찌 영험한 일이 없겠습니까? 만일 여러 유골 중에 움직이는 것이 있다면 그것이 곧 우리 아버지의 유골일 것입니다."라며 일념으로 기도하니, 며칠 뒤 과연 마른 시신 중에 튀어 오르는 해골이 도비 앞으로 왔기에 그것을 끌어안고 화음으로 돌아와 장사 지냈다. 그날 밤 어머니가 남편이 집으로 돌아오는 꿈을 꾸었는데, 이튿날 과연 도비가 유골을 모시고 돌아오니 그 효성에 대한 감응으로 더욱 명성이 높아졌다. "遂辭老親往霍邑, 立草庵, 鳩工集聚白骨, 晝夜誦經, 咒之曰: '古人精誠所感, 滴血認骨. 我今志爲孝子, 豈無靈驗者乎? 儻群骨中有動轉者, 卽我父之遺骸也.' 如是一心注想, 目未輕捨, 數日間, 果有枯髏從骨聚中躍出, 競驚丕前, 摇曳良久. 丕卽擗踊抱持, 如復生在, 賷歸華陰. 是夜, 其母夢夫歸舍, 明辰骨至, 其孝感聲譽日高."

의 가르침과는 다르겠으나, 효도하고 공경하는 본성은 하늘에서 얻은 것이므로 바꿀 수 없는 것이다. 그러므로 병란이 일어났을 때 어머니를 업고 도망하여 몸소 식량을 구걸해다 봉양할 수 있었으니, 그의 효심을 충분히 알 수 있다. 또 어지럽게 흩어진 뼈 속에서 아버지의 유골을 찾으려 했지만, (어느 것이 아버지의 유골인지) 판별할 수 없음을 너무도 애통해하여 마침내 정성을 다해 기도하니, 갑자기 어떤 해골이 튀어 올라 앞으로 왔다. 그로 인해 아버지의 유골임을 알고 모시고 돌아와 장례를 치를 수 있었다. 효성이 지극하여 감촉하는 바에 따라 응한 것이 이와 같았으니, 어찌 보통 사람과 비교할 수 있겠는가? 그런데 저 머리를 깎고 집을 떠나 의복을 바꾼 채[386] 사는 (불가의) 사람들 중에는 자기 스승의 말도 어긴 채 배불리 먹고 편안히 살면서 스스로 만족하는 자들이 있다. 그들의 본성은 처음에는 도비와 다르지 않았을 것이나, 혹 좋은 시절을 만났더라도 도비와 같은 행동을 하지 않는다면 불효의 죄를 어찌 면할 수 있겠는가? 그러므로 특별히 이를 드러내 보여 도비 같지 않은 자들을 경계하노라.

人之性一也, 奚以所處而有異哉? 蓋爲士大夫, 與混迹於釋老者, 皆受形於父母, 而具天地之理矣, 則夫所以致孝於親者, 安得有異哉? 道丕從釋氏, 其所爲道, 雖不同於孔子之敎, 然孝弟之性, 得於天者, 不可易也. 故遭兵亂之際, 能負其母以避逃, 躬乞食以爲養, 旣足以見其孝. 及求父骨於亂骸之中, 痛傷不可辨識, 乃竭誠致禱, 忽有髑髏, 躍而前. 因知其父骨, 得以歸葬. 孝誠之至, 隨感而應如此, 豈尋常可比哉? 彼有落毛髮, 棄家毁服,

386 의복을 바꾼 채: 원문의 '훼복(毁服)'은 자책하는 마음을 드러내기 위해 정해진 관복이나 복식의 등급을 한 단계 낮추어 착용하는 것이다. 이 글에서는 도비가 불가의 귀의하여 가사 등 승려의 복식을 입게 된 것을 이와 같이 표현한 것이다.

冒其師之說, 飽食逸居以自快. 其性初不異於道丕也, 然或遇其時, 而無道丕之行者, 其於不孝之罪, 奚釋哉? 故特表而出之, 以戒不如道丕者. 詩曰:

【찬시】

둥근 대머리에 가사 입고 부처를 배우는 사람이여	員頂方袍[387]學佛人
난리 속에 어미 업고 달아난 효심이 순수하도다	亂離負母孝心純
어렵게 봉양하며 온갖 고생 달게 여기니	崎嶇營養甘辛苦
승려라 하여 어찌 인륜을 끊는다 하겠는가?	釋子何嘗絶大倫

또

널린 시신들 속에서 아버지의 유골 찾아야 해	覓父遺骸亂骨中
지극 정성으로 눈물 흘리며 하늘께 기도하니	至誠涕泣禱蒼穹
해골이 앞으로 튀어 나온 덕분에 찾아냈다오	髑髏躍出因求得
진실한 효성은 하늘도 감동시킨다는 말 참으로 맞도다	愈信純誠可感通

387 方袍: 승려가 입는 가사로, 평평하게 펼쳐 놓으면 네모진 형태이기에 이렇게 부른다.

96. 뉴인 앞에 삼이 우거지다[388] 紐因麻茂(12a)

【본문】

뉴인(紐因, ?~581)[389]은 자(字)가 효정(孝政)이며 하동(河東) 안읍(安邑)[390] 사람이다. 성품이 매우 효성스러웠으니, 부모가 돌아가시자 여막을 치고 살며 흙을 져 날라 무덤을 만들었다. 여막 앞에 높이가 한 길에 둘레가 한 아름 정도 되는 삼[麻] 한 그루가 자라났는데, 가지와 잎이 무성하고 겨울과 여름에도 항상 푸르게 우거져 있었다. 어떤 까마귀가 그 위에 둥지를 틀었는데, 뉴인이 목놓아 통곡하면 까마귀도 따라서 슬피 우니 사람들이 이를 기이하게 여겼다. 후주 무제가 그의 마을에 정표를 세우고 발탁하여 감당령(甘棠令)에 제수하였다. 수 문제(隋文帝)[391] 개황(開皇)[392] 초년(581)에 사망하였다. 아들 뉴사웅(紐士雄)은 어려서부터 품성이 곧고 정직하며 효성과 우애가 있었다. 아버지가 돌아가시자 그 역시 무덤 곁에 여막을 치고 살며 흙을 져 날라 무덤을 만들었다. 그의 집 앞에 홰나무 한 그루가 있었는데, 처음에는 매우 울창하였으나 뉴사웅이 상을 치르는 동안 나무가 말라 죽었다가, 복상(服喪)을 마치고 집으로 돌아오자 죽은 나

---

388 뉴인 앞에 삼이 우거지다: 『한』, 『언』, 『효』에 수록되지 않았다. 이 편은 『북사』 권84 효행열전 「뉴인전(紐因傳)」에서 인용한 것이다. 비슷한 일화가 『통지』, 『책부원구』 등에도 수록되어 있다.

389 뉴인: 수나라의 효자이다. 『수서』, 『책부원구』에는 이름이 '回'로 되어 있다. 아들인 사웅(士雄)도 아버지를 본받아 부친상을 치르는 동안 진심과 예를 다 한 것으로 이름났다.

390 안읍: 중국 산시성 하현(夏縣)의 지명이다.

391 수 문제: 수나라의 초대 황제인 고조(高祖) 양견(楊堅, 541~604, 재위 581~604)이다.

392 개황: 수 문제의 연호로, 581년부터 600년까지 쓰였다.

무가 다시 울창해졌다. 수문제가 이 소식을 듣고 두 부자의 지극한 효성에 감탄하였다. 이에 조서를 내려 포상하고, 그들이 사는 곳을 누덕리(累德里)라고 불렀다.

紐因, 字孝政, 河東安邑人也. 性至孝, 親喪廬墓, 負土成墳. 廬前生麻一株, 高丈許, 圍之合拱, 枝葉鬱茂, 冬夏恒青. 有烏棲其上, 因擧聲哭, 烏卽悲鳴, 時人異之. 周武帝, 表其閭, 擢授甘棠令. 隋文帝開皇初卒. 子士雄, 少質直孝友. 喪父復廬於墓側, 負土成墳. 其庭前有一槐樹, 先甚鬱茂, 及士雄居喪, 樹遂枯死, 服闋還宅, 死樹[393]復榮. 帝聞之, 歎其父子至孝. 下詔褒揚, 號其所居爲累德里.

【논단】

천하에 지극히 가까운 사이로 부모자식만한 것이 어디 있겠는가? 그러므로 살아 계실 때 섬기고 돌아가신 뒤에 상을 치름에 사랑하고 공경하며 슬퍼하고 애통해하는 마음을 다해야 하는 것이다.[394] 그러나 세상에는 간혹 그러한 예를 다하지 않는 자가 있으니, 어찌 깊이 개탄하지 않을 수 있겠는가? 뉴인 부자처럼 효도를 독실히 실천하면 당연히 만물도 감

393 死樹: 『북사』에는 '사괴(死槐)'로 되어 있다.
394 살아 계실 때……하는 것이다: 이 구절은 『효경』 「상친(喪親)」의 "살아 계실 때는 사랑과 공경을 다해 섬기고, 돌아가신 뒤에는 슬픔을 다해 섬기면 사람의 근본적인 도리가 극진하고 생사 간에 부모 섬기는 도리가 갖추어지니, 효자가 부모를 섬기는 일이 (여기에서) 마무리된다.[生事愛敬, 死事哀慼, 生民之本盡矣, 死生之義備矣, 孝子之事親終矣.]"라고 한 구절을 활용한 것이다.

동시킬 수 있는 법이다. 부모가 돌아가셨을 때 뉴인이 무덤을 만들고 여막을 치고 산 일을 살펴보면 그는 상을 치르는 예에 최선을 다하였다고 할 수 있다. 그러자 갑자기 하룻밤 사이 삼이 여막 앞에 우뚝 솟아나 울창해졌으니 평범한 나무들과는 현저히 달랐다. 한여름과 한겨울에도 푸릇푸릇[395] 더욱 무성해졌으니 감응한 바가 참으로 기이하였다. 이윽고 어떤 까마귀가 그 위에 깃들어 살았는데, 뉴인이 통곡할 때마다 까마귀도 슬피 울며 그의 애통함을 북돋우니, 이러한 감응이 어찌 더욱 특이한 일이라고 하지 않겠는가? 마을 사람들이 모두 감탄하고 조정에서 그를 발탁한 것은 당연하도다. 그의 아들 뉴사웅도 부친상을 당하자 무덤을 만들고 여막을 치고 살기를 아버지처럼 하였다. 그러다 뜨락의 홰나무가 하룻밤 사이에 말라 죽었는데, 복상을 마치고 집으로 돌아오자 홰나무가 다시 무성하고 울창해졌으니, (효성에 대한) 감응이 일어난 바가 다시 이와 같은 경지에 이르렀다. 그러니 당시 조정에서 그들의 지극한 효성을 가상히 여겨 그 마을에 정표한 것이 당연하도다. 아아! 효란 사람이면 누구나 가지고 있는 마음이다. 세상에는 간혹 최선을 다해 효도하지 않는 사람이 있지만, 뉴인 부자는 모두 효도를 독실히 행하였으니, 참으로 세상 사람들에게 권할 만하도다.

天下至親, 孰有過於父子? 故事生喪死, 宜極夫愛敬哀慼. 而世或有不能盡其禮者, 豈不深可慨哉? 若紐因父子, 克篤孝道, 宜乎物皆有所感動也. 觀因喪其父母營墳廬墓, 能盡其居喪之禮. 俄而一夕麻生廬前, 挺立聳

395 푸릇푸릇: 원문의 '옹연(蓊然)'은 초목이 빽빽하게 모여 있는 모양, 무성한 모양 등을 형용한 것이다.

秀, 복異常植. 盛夏隆冬, 蓊然益茂, 所感誠異矣. 乃復有烏棲止其上, 因每慟哭, 烏亦悲鳴, 以助其哀, 所感豈不尤異乎? 宜夫閭里興嘆, 朝廷加擢. 及其子士雄遭親之喪, 營墳廬墓, 克如其父. 致使庭槐, 一夕遂枯, 逮夫服終而還, 槐復榮茂, 其所感復至於此者. 是宜當時朝廷嘉其至孝, 表其宅里. 嗚呼! 孝者, 人心之所同有也. 世或鮮能盡之, 而因之父子, 皆能篤孝, 眞可以爲世勸也. 詩曰:

【찬시】

여막 곁에 삼 한 그루 갑자기 자라나고	麻生忽向倚廬傍
까마귀도 서글피 울며 슬픔을 더하도다	烏亦悲鳴助感傷
마을 사람들 모두 감탄하며 기이하게 여겼으니	能使里人皆歎異
그가 남긴 은덕이 감당 고을에 아직도 남아있다오	尙留遺愛在甘棠

또

뜰의 홰나무 죽었다가 다시 무성해지니	庭槐已死復重榮
모두 상 치르는 동안 효성을 다하였기 때문이라오	總爲居喪盡孝情
누덕리라는 당시의 마을 이름 전하니	閭里當時傳累德
지금까지도 부자의 아름다운 이름 퍼진다오	至今父子播芳名

97. 전덕무가 슬픔으로 수척해지다[396] 德懋毁瘠(13b)

【본문】

전덕무(田德懋)[397]는 평량(平凉) 장성(長城)[398] 사람으로, 관국공(觀國公) 전인공(田仁恭)[399]의 아들이다. 어려서부터 효성과 우애가 뛰어나기로 이름났다. 수나라 개황 초(581년), 아버지의 전공(戰功)으로 평원군공(平原郡公)에 봉해지고 태자천우비신(太子千牛備身)에 제수되었다. 아버지가 돌아가시자 너무 슬퍼하다 비쩍 말라 뼈가 앙상하게 드러났으며, 무덤 옆에 여막을 치고 흙을 져 날라 봉분을 만들었다. 문제가 그를 가상히 여겨 원외산기시랑(員外散騎侍郞) 원지(元志)를 보내어 조문하게 하였다. 그리고 다시 조서[400]를 내려 전덕무를 위로하며 격려[401]하고 비단과 쌀을 하사하였으며, 거

396 전덕무가 슬픔으로 수척해지다: 『한』, 『언』, 『효』에 수록되지 않았다. 이 편은 『북사』 권65 「전홍전(田弘傳)」에 부록된 「손자 전인공전(孫德懋傳)」에서 인용한 것이다. 비슷한 일화가 『통지』, 『책부원구』등에도 수록되어 있다.

397 전덕무: 생몰년 미상. 수나라의 관원이다. 전인공의 차남으로 아버지의 작위를 세습하였다. 훗날 태자사인(太子舍人), 의주사마(義州司馬), 급사랑(給事郎), 상서하부랑(尙書賀部郎) 등을 역임하였다가 재임 중에 사망하였다.

398 장성: 중국 영하(寧夏) 팽양현(彭陽縣) 일대의 지명이다.

399 전인공: 자 장귀(長貴). 관대하고 온화한 성품에 기량이 뛰어나 북주에서 벼슬하였다. 宇文護의 눈에 들어 그의 휘하에서 여러 차례 정벌에 참여하여 전공을 세웠다. 유주총관(幽州總管), 선제(宣帝) 때 안문군공(鴈門郡公) 등을 역임하였으나 47세를 일기로 사망하였다. 『수서』 권54 「전인공전(田仁恭傳)」 참고.

400 조서: 원문의 '새서(璽書)'는 황제의 인장을 봉인한 문서로, 전하여 조서를 지칭한다.

401 降璽書慰勉: 『수서』와 『책부원구』에 따르면, 황제가 전덕무에게 비단 200필과 쌀 100섬을 하사하며 다음과 같은 조서를 내렸다. "황제가 전덕무에게 다음과 같이 말하노라. 짐은 그대가 아버지를 잃는 비통함 속에 너무 슬퍼하다 건강을 해친 것이 정해진 예법보다 지나치고, 묘소에 여막을 지고 흙을 져 날라 무덤을 만들었음을 잘 알고 있다. 짐은 효로써 천하를 다스리며 명교를 넓힐 것을 생각한다. 그대의 가문과는 대대로 세교를 맺었으니 정의가 본래 두터웠도다. 감동할 만한 효성을 들으니 가상하고 감탄스러운 마음이 더더욱 깊어진다. 봄날씨가 따뜻해졌는

듭 그의 마을에 정표하게 하였다.

田德懋, 平凉長城人, 觀國公仁恭之子也. 少以孝友著名. 隋開皇初, 以父軍功賜爵平原郡公, 授太子千牛備身. 丁父艱, 毁瘠[402]骨立, 廬于墓側, 負土成墳. 文帝嘉之, 遣員外散騎侍郎元志就弔. 降璽書慰勉, 並賜縑米, 復下詔表其門閭.

【논단】

자식이 부모상을 치름에 죽이나 미음[403]을 먹고 허름하고 거친 상복을 입으며, 통곡하며 발을 구르는 절차[404]를 행하는 일 등은 모두 억지로 힘써 할 수 있는 것이다. 그러나 모습이 훼손되고 야위는 경우, 진실로 슬프고 애통한 감정이 마음속에 절박하지 않다면 겉으로 드러나는 용모가 갑자기 변하지는 않는 법이다.[405] 전덕무는 어려서부터 효성과 우애가 뛰

데 기력은 어떠한가? 의당 스스로 절제하며 예로써 건강을 잘 지키도록 하라.[皇帝謝田德懋. 知在窮疾, 哀毁過禮, 倚廬墓所, 負土成墳. 朕孝理天下, 思弘名教. 復與汝通家, 情義素重. 有聞孝感, 嘉歎兼深. 春日暄和, 氣力何似? 宜自抑割, 以禮自存也.]"

402 毁瘠骨立: 『북사』, 『수서』, 『책부원구』 등에는 모두 '哀毁骨立(애훼골립)'으로 되어 있다.

403 죽이나 미음: 원문은 '전죽(饘鬻)'으로 '전'은 된 죽, '죽'은 묽은 미음을 가리킨다.

404 통곡하며 발을 구르는 절차: 『논어』 「팔일」 제4장에 대한 주석에 "상은 자기 마음대로 곧바로 행할 수 없으므로, 상복을 입고 곡용하는 절차를 만들었다.[喪不可以徑情而直行, 爲之衰麻哭踊之數.]"라고 하였다.

405 자식이 부모의……않는 법이다: 『예기』 「곡례 상」 "상을 치르는 예법은 너무 슬퍼하다 건강을 해치는 모습을 보여서는 안 된다.[居喪之禮, 毁瘠不形.]"라고 한 구절에 대한 여대림(呂大臨)의 주석에 "군자가 부모의 상을 당하면 애통하고 그리워하는 마음이 지극하여 마치 살고 싶지 않은 것처럼 보인다. 자소(齊疏)의 상복을 입고 죽과 미음만 먹으며 여막에 살면서 거적자리를 깔고 흙덩이를 베개 삼으니, 이렇게 하면 몸을 훼손하는 데 이르러 겨우 죽음을 면할 뿐이다. 그러나 선왕이 상례를 만든 것은 슬픔으로 건강을 해쳐서 백성들로 하여금 돌아가신 분 때문에 자신의 목숨을 잃게 하지 않으려는 의도에서이다.[君子執親之喪, 其哀慕之至, 如不欲生. 齊疏之服, 饘粥之食, 居倚廬, 寢苫枕塊, 所以致毁者, 僅至於不死而已. 然先王制禮, 毁不滅

어나다고 칭송 받았다. 아버지가 돌아가시자 너무 슬퍼하다 비쩍 말라 뼈가 앙상하게 드러났으며, 장례를 치른 뒤에도 여전히 무덤 옆에 여막을 치고 몸소 흙을 져 날라 봉분을 만들었던 일을 살펴보면, 평소에도 자식된 직분에 최선을 다할 뿐, 억지로 힘써 그러한 일을 한 것이 아님을 잘 알 수 있다. 이로 인해 조정에서 그를 가상히 여겨 관리를 보내 조문하게 하고, 조서를 내려 위로하고 격려하는 한편, 비단과 쌀을 하사하고 마을에 정표하여 사람들이 보고 본받아 효심을 흥기할 수 있도록 하였다. 그러니 백성들의 덕이 두터운 데로 돌아가지 않을 수 있겠는가!

人子執親之喪, 飦鬻之食, 麤疏之服, 哭踊之數, 皆可勉而爲之. 至於形貌之毁瘠, 苟非悲哀之情, 迫切於中, 則容體未必能遽變於外也. 田德懋, 少以孝友著稱. 觀其丁父艱, 而毁瘠骨立, 及旣葬, 猶結廬墓側, 躬負土以成墳, 則平時能盡子職, 非勉而爲之者, 可知矣. 由是, 朝廷嘉之, 遣官就弔, 璽書慰勉, 賜縑米, 表門閭, 俾人有所視傚而興起焉. 民德其不歸於厚乎! 詩曰:

【찬시】

어린 나이에 효성과 우애로 이미 명성 자자했으니　　蚤年孝友已馳聲[406]
아버지 여읜 뒤 슬퍼함은 지극한 품성에서 나온 것　　父歿哀思出至誠

性, 教民無以死傷生.」"라는 내용이 보인다. 이상의 구절은 위의 주석 등을 참조한 것으로 보인다.

406 馳聲: 명예나 소문이 멀리 퍼지다.

뼈만 앙상하게 바짝 야윈 채 여묘살이 하니 骨立形羸廬墓側
지금도 역사에 그의 이름이 전한다오 至今簡冊播芳名

또

흙을 져 날라 무덤 만들며 고생을 마다치 않고 負土成墳不憚勞
그저 말없이 슬피 통곡할 뿐 向人無語只悲號
효자라는 명성 이로부터 조야에 알려져 孝名從此聞朝野
정려문 하사받는 포상의 은혜가 이르렀다오 旌表門閭致寵褒

98. 유사준이 짐승을 감동시키다[407] 士儁感獸(14b)

【본문】

유사준(劉士儁)[408]은 팽성(彭城) 사람으로, 성품이 매우 효성스러웠다. 어머니가 돌아가시자 통곡하며 기절하였다가 다시 깨어난 것이 여러 번이었다. 7일 동안 물 한 모금조차 받아들이지 않았다. 무덤 곁에 여막을 치고

407 유사준이 짐승을 감동시키다: 『한』, 『언』, 『효』에 수록되지 않았다. 이 편은 『북사』 권84 효행열전 「유사준전(劉士儁傳)」에서 인용한 것이다. 비슷한 일화가 『통지』, 『책부원구』 등에도 수록되어 있다.

408 유사준: 생몰년 미상. 수나라의 효자로 다른 행적은 전하지 않는다. 『북사』와 『통지』에는 이름이 '劉仕儁', 『수서』에는 '劉士儁', 『책부원구』에는 '劉士雋'으로 되어 있다.

흙을 져 날라 봉분을 만들었으며 소나무와 측백나무를 줄지어 심었다. 여우와 이리가 길들여져 그를 위해 먹이를 가져다주었다. 수 문제가 명하여 그의 마을에 정표하였다.

劉士儁, 彭城人也, 性至孝. 母喪號泣, 頓絶而復蘇者, 數矣. 勺飮不入口者, 七日. 廬於墓側, 負土成墳, 列植松栢. 狐狼[409]馴擾, 爲之取食. 隋文帝命表其門閭.

【논단】

증자가 "사람 중에 자발적으로는 최선을 다하지 않는 자가 있으나, 그런 자라도 부모가 돌아가셨을 때에는 반드시 최선을 다하게 마련이다."라고 하였다.[410] 유사준을 보면 이 말이 무슨 뜻인지 잘 알 수 있다. 유사준은 어머니가 돌아가시자 울부짖으며 통곡하다 여러 번 기절했다가 다시 깨어났으니, 애통하고 그리운 마음이 지극했기 때문이다. 그리고 7일 동안 물 한 모금 마시지 않았으니, 이것이 어찌 억지로 힘써서 그렇게 한 것이겠는가? 아마도 그의 마음이 황망하고 두려웠으므로[411] 먹고 마시는 것에 대해서는 생각할 겨를도 없었던 것이다. 그런 뒤 몸소 무덤을 만들고 그 곁에 여막을 치고 살았으니, 참으로 최선을 다하였다고 할 만하

409 狐狼: 『북사』, 『통지』에는 '虎狼'이라고 되어 있다.
410 증자가……라고 하였다: 『논어』 「자장(子張)」 제17장에서 증자가 공자에게 들은 말을 전한 구절에서 인용하였다.
411 황망하고 두려웠으므로: 원문의 '황황연(遑遑然)'은 두렵고 당황스러워 어찌할 바 모르며 마음이 불안정한 모양을 형용한 것이다.

다. 이로 인해 여우와 이리 같은 짐승들도 그 곁에 길들어 그를 위해 먹이를 가져다주기까지 하였으니, 역시 그의 지극한 효성이 그렇게 만든 것이 아니겠는가? 그러므로 남다른 효행을 분명히 표창 받아 이름이 후세에 전해질 수 있게 되었다. 아아! 유사준이 자식 된 도리를 이와 같이 하였으니, 어찌 그의 이름이 전해지지 않게 할 수 있겠는가!

曾子曰: "人未有自致者也, 必也親喪乎." 觀之劉士儁, 可知已. 士儁遭母喪, 號慟哭泣, 屢絶復蘇, 哀傷悲慕, 其情至矣. 而勺飮不入口, 至於七日, 此豈强勉而爲之哉? 蓋其心遑遑然, 故於飮食有所不及思也. 旣而躬治墳壙, 廬於墓側, 可謂能自致者矣. 由是, 狐狼之獸, 馴擾其傍, 爲之取食, 亦其至孝使之然也? 故能顯膺表異, 名聞于後. 嗚呼! 士儁之爲子如此, 烏可使其無傳哉! 詩曰:

【찬시】

어느 날 어머니가 홀연히 돌아가시니	慈親一旦忽傾殂
애통함에 몇 번이나 기절했다 깨어났던가?	哀慟何堪絶復穌
이레 동안 물 한 모금 마시지 않은 채	七日未曾嘗勺飮
봉분 만들 흙 져 나르느라 더욱 고생하였네	營墳負土更勤劬

또

돌아가신 어머니 무덤 곁에서 여묘살이 하니	親沒爲廬在墓傍

감동한 여우와 이리가 은근히 먹이를 가져다 주었네	殷勤取食感狐狼
당시에 조서로 진실한 효성 가상타 하시니	當時有詔嘉純孝
정려문을 하사받는 영광까지 입었다오	褒顯門閭被寵光

99. 적보림의 개가 울부짖다[412] 普林號犬(15b)

【본문】

적보림(翟普林)[413]은 초구(楚丘)[414] 사람으로, 부모를 극진한 효성으로 섬겼다. 몸소 농사를 지으며 온화한 낯빛으로 부모를 봉양[415]하니 마을에서 그를 초구선생(楚丘先生)이라 불렀다. 훗날 부모가 병에 걸리자 진자리 마른자리[416]를 손수 살펴 바꾸며 70일 동안 옷도 벗지 못한 채 병간호하였

412 적보림의 개가 울부짖다: 『한』에 같은 제목으로 수록되어 있다. 『언』, 『효』에는 수록되지 않았다. 이 편은 『북사』 권84 효행열전 「적보림전(翟普林傳)」에서 인용한 것이다. 비슷한 일화가 『통지』, 『책부원구』, 『태평어람』 등에도 수록되어 있다.

413 적보림: 생몰년 미상. 수나라의 관원이자 효자이다. 성품이 인자하고 효성스러웠기에, 고을에서 그를 천거하였으나 고사하고 나아가지 않았다. 훗날 지역 순시하던 사예(司隷)가 이 일을 보고하여 효양현령에 임명되었다.

414 초구: 중국 하남성(河南省) 활현(滑縣) 동쪽 인근의 지명이다.

415 온화한 낯빛으로 부모를 봉양: 원문의 '색양(色養)'은 기쁘고 온화한 낯빛으로 부모를 봉양하거나, 부모의 안색을 살피며 그 마음을 거스르지 않고 봉양하는 것을 가리킨다. 『논어』 「위정」 참고.

416 진자리 마른자리: 원문의 '조습(燥濕)'은 마른 것과 진 것으로, 부모의 잠자리가 덥거나 습하지 않은지 등 일상생활의 기거를 지칭한다.

다. 수 양제(隋煬帝)[417] 대업(大業)[418] 초년(605)에 부모가 다 돌아가시자 너무 슬퍼하다 건강을 해쳐서 거의 죽을 뻔하였다. 무덤 곁에 여막을 치고 흙을 져 날라 봉분을 만들었다. 한겨울에도 솜옷을 입지 않고, 오직 홑 상복만 입을 뿐이었다. 집에 검둥개 한 마리가 있었는데 그를 따라 무덤 곁에 살았다. 적보림이 통곡[419]하면 개도 슬피 울부짖으니, 보는 사람들이 감탄하며 기이하다 여겼다. 까치 두 마리가 여막 앞 측백나무에 둥지를 틀었는데, 그가 여막에 들어갈 때마다 익숙하게 따르며 놀라지 않았다. 이 일이 알려지자 발탁하여 효양령(孝陽令)에 제수하였다.

翟普林, 楚丘人, 事親盡孝. 躬耕色養, 鄕里稱爲楚丘先生. 後父母疾, 親易燥濕, 不解衣者七旬. 隋煬帝[420]大業初, 父母俱終, 哀毁殆將滅性. 廬於墓側, 負土爲墳. 盛冬不衣繒絮, 唯着單縗而已. 家有一烏伏, 隨之在墓. 普林哀臨, 犬亦悲號, 見者嗟異焉. 有二鵲巢廬前柏樹, 每入其廬, 馴狎不驚. 事聞, 擢授孝陽令.

【논단】

자식은 부모가 살아 계실 때 극진히 봉양하고 병에 걸리면 제대로 간

---

417 수 양제: 문제: 수나라의 제2대 황제인 세조(世祖) 양광(楊廣, 569~618, 재위 604~617)이다. 매우 야심이 넘쳤던 인물로, 즉위 후 대운하 공사 등의 토목공사를 벌이고 고구려를 침략하는 등 수나라의 실정에 맞지 않는 폭정을 자행하여 617년 대대적인 반란이 일어나게 만든 장본인이다.

418 대업: 수 양제의 연호로 605년부터 618년까지 쓰였다.

419 통곡: 원문의 '애림(哀臨)'은 죽은 자를 위해 통곡하여 슬픔을 표하는 것[擧哀]이다.

420 隋煬帝: 『한』 없음.

호할 수 있지만, 오래 되어도 해이해지지 않기란 참으로 어려운 일다. 돌아가셨을 때 애써 노력하며 최선을 다해 큰일을 치를 수는 있지만, 그의 슬픔이 짐승마저 감화시키는 것 또한 어려운 일이다. 그런데 적보림의 행실을 살펴보면 참으로 본받을 만하다. 한창 몸소 농사지어 봉양할 때에는 온화하고 즐거운 기색으로 부모의 마음을 기쁘게 해 드리는 데 최선을 다하였다. 그러다 부모가 병에 걸리자 진자리 마른자리를 손수 살펴 바꾸며 오래도록 옷도 벗지 않은 채 병간호 하였으니, 그의 마음이 이미 간절했던 것이었다. 부모가 돌아가시자 너무 슬퍼하다 건강을 해쳤으며 무덤 곁에 여막을 치고 흙을 져 날라 봉분을 만들었다. 엄동설한의 추위에도 오직 홑 상복만 입을 뿐 차마 솜옷은 입지 않았다. 이는 부모가 땅속에 계심을 슬퍼해서이니,[421] 어찌 차마 자신만 풍족하게 생활할 수 있었겠는가? 그의 지극한 애통함에 개조차 그를 위해 슬피 울부짖고, 까치가 그를 위해 깃들었으니, 이 어찌 말로 설명하거나 지력으로써 이룰 수 있는 일이겠는가? 효덕이 지극하면 짐승도 진실로 자연스럽게 감동하는 법이다. 사람 중에는 처음에는 효도를 잘 하다 끝에 삼가지 못하는 자들이 있다. 그러나 적보림의 효행은 시종일관 이와 같았으니, 당시에 그 한 몸을 귀하게 드러내어 세상 사람들에게 권면한 것이 당연하도다!

子之於父母也, 生能致養, 有疾而能事之, 至於久而不懈, 固難矣. 及其終也, 服勞以盡大事, 而哀感異類, 則又難也. 觀於翟普林, 其事蓋可尙

421 부모가 땅속에 계심을 슬퍼해서이니: 『예기』「문상」 제35, "여막에 사는 것은 부모가 밖에 계심을 슬퍼해서요, 거적자리를 깔고 흙덩이를 베게 삼는 것은 부모가 땅속에 계심을 슬퍼해서이다. 그러므로 수시로 곡읍하며 3년간 애쓰는 것이니, 이것이 부모를 사모하는 마음이요 효자의 뜻으로 인정의 진실한 것이다.[居於倚廬, 哀親之在外也. 寢苫枕塊, 哀親之在土也. 故哭泣無時, 服勤三年, 思慕之心, 孝子之志也, 人情之實也.]"라는 구절에서 인용한 것이다.

已. 方其躬耕以爲養也, 旣盡婉愉之色, 以得父母之懽心. 及親有疾, 躬爲易燥濕, 至於久而不解衣, 其情旣切矣. 親歿, 哀毁廬墓, 負土成墳. 隆冬盛寒, 惟一單衰, 不忍衣繒絮. 蓋哀其親之在土也, 奚忍厚於自奉哉? 哀痛之極, 犬爲之悲號, 鵲爲之馴狎, 此豈言語智力, 所能致哉? 孝德之至, 在物固有自然感動者矣. 夫人能孝於其始, 而不能謹於其終者, 有焉. 普林孝行, 克盡始終如此, 宜乎當時顯貴其身, 以爲世勸也! 詩曰:

【찬시】

온화한 기색으로 부모님 봉양하며 몸소 농사짓고	事親色養且躬耕
병간호 하면서도 지극한 정성을 다하였네	侍疾猶能盡至誠
70일간 옷도 벗지 않고 수고로움을 다하니	劬瘁七旬衣不解
마을 사람들 모두 적 선생을 우러른다네	鄕人咸仰翟先生

또

부모님 여의고 여묘살이 하며 직접 무덤도 만들더니	親亡廬墓自成墳
추위 견디며 통곡하는 소리 차마 들을 수 없었네	忍凍哀號不可聞
검둥개도 슬피 울고 까치 두 마리가 길드니	一犬悲號雙鵲擾
높은 풍모 천 년 동안 맑은 향기 전한다오	高風千古播淸芬

100. 이덕요가 홑 상복을 입다[422] 德饒單衰(16b)

【본문】

이덕요(李德饒)[423]는 조군(趙郡)[424] 사람이다. 어려서부터 성품이 훌륭하였으니, 부모가 병석에 눕자 온종일 아무 것도 먹지 않으며 100일 동안 옷도 벗지 않은 채 병간호 하였다. 부모가 돌아가시자, 닷새 동안 마실 것조차 받아들이지 못한 채 서글피 통곡하다 피를 몇 되나 토하였다. 장사하는 날이 다가왔는데, 마침 한겨울이라 눈이 쌓여 있었다. 40여 리를 가는데, 홑 상복에 맨발로 통곡하며 발을 동동 구르다 거의 죽을 뻔하였다. 장례에 참여한 사람들 천 여 명 중에 눈물을 흘리지 않는 자가 없었다. 훗날, 감로(甘露)가 정원의 나무에 내리고 비둘기가 여막에 둥지를 틀었다. 납언(納言) 양달(楊達)이 황하 북쪽 지역을 순시하며 살피다 그의 여막에 이르러 조문하고, 인하여 그가 사는 마을 이름을 효경촌(孝敬村), 동

---

422 이덕요가 홑 상복을 입다: 『한』, 『언』, 『효』에 수록되지 않았다. 이 편은 『북사』 권33 「이순의 아들 이덕요전[純子德饒傳]」에서 발췌 인용한 것이다. 비슷한 일화가 『통지』, 『책부원구』 등에도 수록되어 있다.

423 이덕요: 생몰년 미상. 자는 세문(世文)이며, 수나라의 관원이다. 어려서부터 총명하고 배움을 좋아하였으며, 타고난 품성이 뛰어나 친척들로부터 모두 인정받았다. 20세에 교서랑(校書郎) 등을 역임하며 문한 업무를 담당하였고, 감찰어사(監察御史)로서 귀족들을 감찰하는 일에도 담대히 임했다. 사예가 되어 사방을 순시할 때, 원한이나 소송의 문제를 해결해주고 효성과 우애가 있는 사람을 표창하는 등, 능력과 덕행을 모두 인정받아 신망이 두터웠다. 수 양제 때, 발해 등지에서 군도가 봉기하자 수 양제가 조서를 내려 귀순할 것을 권유하였다. 두려워하던 군도들이 이덕요를 보내주면 투항하겠다고 하여 황제가 그를 발해로 보내었으나 결국 피살당하였다. 『북사』, 『수서』 참고.

424 조군: 『북사』 등에는 이덕요가 조군 백현(柏縣) 사람이라고 되어 있다. 중국 하북성(河北省) 융요현(隆堯縣) 일대이다.

네를 화순리(和順里)라고 바꾸었다.

李德饒, 趙郡人也. 少有至性, 父母寢疾, 輒終日不食, 十旬不解衣. 親喪, 水漿不入口者五日, 哀慟嘔血數升. 及送葬之日, 會仲冬積雪. 行四十餘里, 單衰徒跣, 號踊幾絶. 會葬者千餘人, 莫不爲之流涕. 後甘露降於庭樹, 有鳩巢其廬. 納言楊達巡省河北, 詣其廬弔慰之, 因改所居村名孝敬村, 里爲和順里.

【논단】

자식된 자는 부모가 병들었을 때 극진히 걱정하고, 부모가 돌아가시면 슬픔을 다하니,[425] 이것은 당연한 하늘의 이치이자 사람의 떳떳한 성품이다. 세상에 이 도리를 잘 실천한 자가 참으로 있다. 이덕요로 말할 것 같으면, 부모가 병들었을 때 근심하는 것이 보통사람들의 갑절은 되었고, 부모가 돌아가셨을 때에는 너무 슬퍼다가 건강을 해친 것이 너무나도 심했다. 심지어 홑 상복으로 장례를 치르고 맨발로 눈이 쌓인 40여 리 길을 걷는 것은 더더욱 하기 힘든 일이라고 할 만하다. 이러한 상황에 이덕요는 마음으로 오직 부모님과 영결하는 것만이 애통할 뿐, 어찌 자기 몸이 피로하고 초췌해질 것을 생각이나 했겠는가? 이로 인해 감로가 내리고 비둘기가 둥지를 트는 상서가 한꺼번에 저절로 일어났으니, 효성에 대한 감응 아닌 일이 있으랴? 또 조정의 사신을 보내어 위문하고 그가 살던

425 부모가……다하니: 「92. 진족의 효성과 우애[秦族孝愛]」 참조.

마을과 동네의 이름을 바꾸어 (그 효행을) 드러낸 것이 역시 당연하지 않겠는가?

爲人子者, 親病而致其憂, 親歿而致其哀, 此天理民彝之當然也. 世之能行此道者, 固有之. 若李德饒, 父母疾而憂戚倍常, 父母亡而哀毁尤甚. 至於單衰送葬, 徒跣積雪中, 行四十餘里, 尤可謂難矣. 當此之時, 德饒中心, 惟痛其親之永訣, 孰計己身之勞瘁哉? 由是, 甘露鳩巢之祥, 並集駢臻, 莫非孝誠之所感也? 復致朝使弔慰, 易其所居村里之名, 以表之, 不亦宜乎? 詩曰:

【찬시】

이생(李生)의 효행에 그 누가 짝하랴? 李生孝行孰能儕
부모님 병환엔 근심 더하고 돌아가신 뒤 슬퍼하였지 親病加憂死致哀
쌓인 눈밭에 맨발로 홑 상복 입고 있으니 徒跣單衰深雪裏
행인들도 마음이 찢어지는 듯 눈물 떨구었다오 行人淚落更心摧

또

지극한 효성으로 인해 하늘도 감동하시어 至孝由來感上蒼
밝고 밝은 하늘의 복이 상서롭게 드러났다네 昭昭靈貺[426]表嘉祥

426 靈貺: 영황은 신령이 복을 내려준다는 뜻이다.

효경촌, 화순리라는 마을 이름 덕에	村名孝敬里和順
향기로운 그 이름이 천년토록 전해진다오	千載猶傳姓字香

101. 화추의 효성에 감응이 일어나다[427] 華秋孝感(17b)

【본문】

화추(華秋)[428]는 급군(汲郡) 임하(臨河)[429] 사람이다. 어려서 아버지를 여의고 어머니를 효성스럽게 섬긴 것으로 유명했다. 집이 가난하여 날품을 팔아 어머니를 봉양했다. 그러다 어머니가 병들자 화추는 모습이 초췌해지고 귀밑머리가 순식간에 세어버리니, 마을 사람들이 모두 탄식하며 남다르다 여겼다. 어머니가 돌아가시자 머리 빗고 씻는 일을 중단하여 머리카락이 모두 빠져버린 채 무덤 곁에 여막을 치고 살았다.[430] 수 양제 대업 초년(605), 여우 가죽을 (세금으로) 거두어 들였기에 담당 관리들이 대대적으로 사냥하였다. 어느 날 토끼 한 마리가 화추의 여막으로 도망쳐 들어와,

427 화추의 효성에 감응이 일어나다: 『한』, 『언』, 『효』에 수록되지 않았다. 이 편은 『북사』 권84 효행열전 「화추전(華秋傳)」에서 인용한 것이다. 비슷한 일화가 『통지』, 『책부원구』, 『태평어람』 등에도 수록되어 있다.

428 화추: 생몰년 미상. 수나라의 효자로 다른 행적은 전하지 않는다.

429 급군 임하: 중국 하남성(河南省) 학벽시(鶴壁市) 일대의 지명이다.

430 여막을 치고 살았다: 『북사』, 『수서』 등에 따르면 그가 여막을 치고 살며 어머니의 무덤을 만들려 하였다. 어떤 사람이 도와주려 하자 화추가 무릎을 꿇고 거절하며 직접 하였다고 되어 있다.

그의 주변에 얌전히 머물며 오랫동안 떠나지 않았다.[431] 군현에서 이와 같은 그의 효성에 대한 감응을 가상하게 여겨 조정에 보고하니, 조서를 내려 그의 마을에 정려문을 세워 표창하였다. 훗날 도적 떼가 일어났는데 서로 경계하며 "효자를 함부로 해치지 말라."라고 하였다. 마을 사람 중에 그 덕분에 목숨을 보전한 사람들이 매우 많았다.

華秋, 汲郡臨河人. 幼喪父, 事母以孝聞. 家貧, 傭賃爲養. 其母患病, 秋容貌毁悴, 鬢髮頓改, 州里咸嗟異之. 母卒, 絶櫛沐, 髮盡禿落, 廬於墓側. 隋煬帝大業初, 調狐皮, 有司大獵. 嘗有兎奔入秋廬, 馴擾左右, 久而不去. 郡縣嘉其孝感, 以狀聞, 詔旌表其門閭. 後群盜起, 相戒曰: "勿犯孝子." 鄕人賴以全者甚衆.

【논단】

아! 화추는 어린 시절 궁핍한 때를 만나 날품을 팔아 어머니를 봉양하였고, 어머니가 병들자 근심을 다하였으며, 돌아가신 뒤에는 지극히 슬퍼하였다. 여막을 치고 살 때 이물이 찾아와 길들었고, 난리를 만났을 때 도적들도 차마 그를 해치지 못하였으니 이 어찌 효덕에 대한 자연스러운 감응이 아니겠는가? 살아 계실 때 잘 섬기고 돌아가신 뒤에 상제례를 치르며 자신의 도리를 다하는 일은 진실한 효성이 아니면 할 수 없는 것

---

431 어느 날 토끼……떠나지 않았다: 『북사』, 『수서』에 따르면 사냥꾼에게 쫓기던 토끼가 화추의 여막으로 도망쳐 들어와 그의 무릎 아래로 숨었다. 사냥꾼이 여막에 이르러 그 모습을 보고는 기이하게 여겨 토끼를 잡지 않고 풀어주었는데, 토끼가 길들어 그의 여막에 머물렀다.

이다. 그가 무덤 곁에 여막을 치고 살 때 짐승이 얌전히 길들고, 도적 떼가 일어나도 차마 해치지 못하며 마을 사람들이 그 덕분에 목숨을 보전한 일은 진실한 효성이 천지를 감동시키고 지극한 덕이 귀신을 감동시키지 않았다면 불가능하지 않겠는가? 부모를 섬기기를 화추 같이 하는 사람은 제대로 효도한다고 할 만하다.

嗟乎! 華秋當幼弱之時, 處貧窮之日, 行傭以養其母, 母病而致其憂, 歿而致其哀. 廬墓而致異類之馴集, 遭亂而致盜賊之不忍犯, 豈非孝德自然之感應哉? 夫養生送死, 克盡其道, 非純孝者不能. 至於廬墓之際, 異類馴擾, 盜賊群起, 不忍相犯, 而鄉人賴以全活, 非誠孝格天地, 至德感幽明, 豈能之耶? 事親若華秋者, 可謂能孝矣. 詩曰:

【찬시】

어린 나이에 봉양하기란 실로 어려운데	幼齡致養實云難
맛난 음식 드리며 어머니를 기쁘게 해드렸다오	甘旨隨宜奉母歡
허나 어머니 병 위중해질 줄 어찌 짐작했으랴	豈料慈親多疾病
이 때문에 근심하여 용모가 초췌해졌다오	從玆憂悴改容顔

또

어머니 잃고 무덤 곁에 여막 치고 몇 해나 살았나	母亡廬墓幾經春
그 효성이 교활한 토끼를 얌전히 길들였다오	孝感能令狡兎馴

도적 떼도 감히 해치지 말자고 기약하니 群盜相期毋敢犯
흉포한 자들조차 인륜을 중히 여기게 하였네 直教兇暴重彝倫

102. 서효숙이 초상화를 만들다[432] 孝肅圖像(18b)

【본문】

서효숙(徐孝肅)[433]은 급군(汲郡) 사람이다. 그는 일찍 아버지를 여의어 얼굴을 기억하지 못했기에, 장성한 뒤 어머니께 아버지의 모습을 여쭈었다. 그리고는 화공을 찾아가 아버지의 초상화를 그리게 하고 사당에 모신 뒤 아침저녁으로 뵈었으며,[434] 매달 초하루와 보름에는 제사를 올렸다.[435] 수십 년간 어머니를 봉양하는 동안 집안사람들은 그가 화내는 모습을 본 적이 없었다. 어머니가 늙어 병들자, 서효숙은 진자리 마른자리

432 서효숙이 초상화를 만들다: 『한』, 『언』에 같은 제목으로 수록되어 있다. 『효』에는 수록되지 않았다. 이 편은 『북사』 권84 효행열전 「서효숙전(徐孝肅傳)」에서 인용하였다. 비슷한 일화가 『통지』, 『책부원구』 등에도 수록되어 있다.

433 서효숙: 생몰년 미상. 수나라의 효자이다. 호화로움을 좋아하는 친척들과 달리 검소하게 살면서도 부모를 효성으로 섬긴 것으로 유명하다. 그러한 인품 덕에 어린 나이에도 친척이나 마을 사람들에게 쟁송이 벌어질 때면 모두 서효숙을 찾아왔고, 그가 공정하게 시비를 가려주면 승복했다고 전한다. 그의 아우 서덕비(徐德備), 서덕비의 아들 서처묵(徐處默)도 모두 효성으로 이름났다. 『수서』 권72 효의열전 「서효숙전」 참고.

434 아침저녁으로 뵈었으며: 원문의 '정성(定省)'은 자식이 아침저녁으로 부모께 인사드리며 안부를 살피는 것을 가리킨다.

435 초하루와 보름에는 제사를 올렸다: 상중(喪中)에 초하루와 보름에 망자께 평소보다 풍성하게 제수를 갖추어 올리는 것을 '삭망전(朔望奠)'이라고 한다. 서효숙은 어린 시절 아버지를 여의었기에, 장성한 뒤에는 상중이 아님에도 아버지의 초상화를 보며 초상을 치르는 마음으로 제향을 올렸다는 의미이다.

를 손수 살펴 바꾸며[436] 근심으로 몇 해를 보내니, 보는 사람마다 슬퍼하지 않는 자가 없었다. 어머니가 돌아가시자 (상을 치르는 동안) 나물 같은 거친 음식과 물만 먹고, 한겨울에도 홑 상복만 입고 지내며 슬퍼하다가 비쩍 말라 뼈가 앙상하게 드러났으며, 조부모와 부모의 무덤 모두 직접 흙을 져 날라 만들었다. 그 곁에 40여 년간 여막을 치고 살며 머리를 풀고 맨발로[437] 거상하다 생을 마쳤다.

徐孝肅, 汲郡人也.[438] 早孤, 不識父, 及長, 問父形貌於其母. 因求畫工圖之, 置之廟而定省焉, 朔望則享之. 事母數十年, 家人未見其有忿恚之色. 及母老疾, 孝肅親易燥濕, 憂悴數年, 見者無不悲悼. 母終, 茹蔬飮水, 盛冬單衰, 毁瘠骨立. 祖父母父母墓, 皆負土成之. 廬墓者四十餘年, 被髮徒跣, 至於終身.

【논단】

공자께서 "(부모가) 살아 계실 때는 사랑과 공경하는 마음으로써 섬기고 돌아가시면 슬픔으로써 섬긴다."[439]라고 하셨으니, 이것이 바로 효자

---

436 진자리……바꾸며: 「99. 적보림의 개가 울부짖다[普林號犬]」에도 같은 표현이 보인다.

437 머리를 풀고 맨발로: 원문의 '피발(被髮)'과 '도선(徒跣)'은 모두 부모상을 막 당했을 때 자손들이 관과 신발을 벗는 것을 가리킨다. 『예기』「문상」, "부모께서 막 돌아가시면, 관을 벗고 비녀와 머리 싸개만 남기며, 신발을 벗고 맨발로 있는다.[親始喪, 笄纚徒跣.]"; 『가례(家禮)』 권4 「상례(喪禮)」 초종(初終) 주석에서도 "처와 자식, 며느리, 첩 등은 모두 (평소의) 관과 윗옷을 벗고 머리를 푼다.[妻子婦妾皆去冠及上服被髮.]"라고 되어 있다.

438 也: 『한』, 『언』 없음.

439 공자께서……섬긴다: 『효경』「상친(喪親)」에서 인용한 것이다.

가 부모를 처음부터 끝까지 봉양하는 방법이다. 서효숙을 보면, 일찍 아버지를 여의어 얼굴을 기억하지 못했기에, 장성한 뒤 어머니에게 물어보았다. 그리고 화공을 찾아가 (아버지의 모습을) 초상화로 그려 사당에 모신 뒤 아침저녁으로 찾아뵙고 인사드리며 매달 초하루와 보름에는 제사를 올렸다. 그가 돌아가신 부모를 섬기기를 이와 같이 하였으니, 살아 계신 부모는 어떻게 섬겼을지 알 만하다. 그러므로 어머니를 봉양할 때는 더욱 효성과 공경을 다하였고, 병드셨을 때는 기색을 살피고 병간호하는 데 더욱 조심하며 노심초사하다 초췌해지니 보는 사람들이 안타까워하였다. 어머니가 돌아가시자 상을 치르는 동안 너무 슬퍼하다 건강을 해쳤으니 남들은 차마 감당하지 못할 정도였다. 조부모와 부모의 무덤도 모두 직접 만들었으며, 무덤 곁에 여막을 치고 오랜 세월을 묵묵히 보내며 머리를 풀고 맨발로 거상하다 생을 마쳤다. 아아! 서효숙은 살아 계실 때 제대로 섬기고 돌아가셨을 때 진심으로 슬퍼하였으니 처음부터 끝까지 최선을 다해 효를 실천한 자라고 할 만하도다!

孔子曰: "生事愛敬, 死事哀戚." 此孝子事親始終之道也. 觀徐孝肅, 幼孤, 不識父, 及長, 問於其母. 乃求畫工, 圖像置廟, 昏定晨省, 朔望祭焉. 其事死如此, 事生可知矣. 故於養母, 尤盡孝敬; 疾病之際, 候視益謹, 憂勞憔悴, 見者嗟悼. 母終, 而執喪哀毁, 人有所不能堪者. 兩世墳塋, 又皆躬自成之, 廬於其墓, 歷歲彌久, 被髮徒跣, 至終其身. 嗚呼! 孝肅可謂生能事死能哀, 而盡夫始終之孝者矣! 詩曰:

【찬시】

일찍 아버지 여의어 그 모습을 몰랐는데　早孤不識父容儀
어머니께 여쭈어 초상화 그려두고 애틋해하네　圖像依依[440]問母慈
사당에 모셔두고 아침에 문안하고 저녁에 살피며　構廟晨昏能定省
정성스레 제향하기를 살아 계신 듯이 하였네　殷勤[441]祭享似存時

또

어머니 살아 계실 제 사랑하고 돌아가실 제 서글퍼하니　母存愛敬歿悲辛
무덤 곁에 여막 치고 산 지 어언 40년　廬墓曾經四十春
조부모님 부모님 무덤 몸소 흙 져 날라 만들고　兩世墳塋躬負土
맨발로 다니며 머리를 풀고 일생을 마쳤다오　跣行被髮竟終身

440 依依: '의의'는 사모하고 그리워하는 심경을 형용한 것이다.
441 殷勤: '은근'은 정성이 두터움, 예물(禮物) 등의 의미이다.

103. 진효의가 죽음으로 절의를 지키다[442] 孝意死節(20a)

【본문】

진효의(陳孝意, ?~617)[443]는 하동(河東)[444] 사람으로 어려서부터 효행이 뛰어났다. 수 양제 대업 연간에 시어사(侍御史)가 되었으나 부친상을 당하여 관직을 떠났다. 상을 치르는 동안 예를 다하였는데 흰 사슴이 길들어 그의 여막에 얌전히 머물자, 당시 사람들이 그의 효성에 대한 감응이라고 여겼다. 1년이 채 되지 않아 다시 벼슬길에 나오게 하여 안문군승(鴈門郡丞)에 임명하였다. 군에 있으면서도 채소만 먹고 재계하며[445] 아침저녁으로 통곡하였다. 통곡할 때마다 기절하지 않은 적이 없었으니, 슬픔으로 몸이 지푸라기처럼 비쩍 마르고 뼈가 앙상하게 드러나 보는 사람들이 애통해하였다.

훗날, 유무주(劉武周, ?~622)가 성을 포위하였다.[446] 밖에서 구원병이 오

---

442 진효의가 죽음으로 절의를 지키다: 『한』, 『언』, 『효』에 수록되지 않았다. 이 편은 『북사』 권85 절의열전(節義列傳) 「진효의전(陳孝意傳)」에서 발췌 인용한 것이다. 『수서』 권71 성절열전(誠節列傳)에도 수록되어 있다. 비슷한 일화가 『통지』, 『책부원구』 등에도 수록되어 있다.

443 진효의: 수나라의 정치인이다. 어려서부터 지조가 있었으며 20세에 이미 바른 행실과 강직한 성품으로 유명했다. 605년, 노군(魯郡)의 사법서좌(司法書佐)로 있을 때 청렴하고 공평한 것으로 칭송받았다. 억울한 죄수를 위해 태수의 처벌 명령에 대해서도 지극히 간언하여 해결하였다. 관직 생활 당시 수나라의 정사가 혼란해져 뇌물이 횡행하였지만, 진효의는 고상한 지조를 지키며 탐관오리나 악행을 저지른 사람들을 적발하여 아전과 백성들에게 신망이 있었다. 『수서』 참고.

444 하동: 중국 산시성 영제시(永濟市) 일대의 지명이다.

445 채소만 먹고 재계하며: '채식(菜食)'은 상중에 고기, 고깃국 등을 먹지 않는 것으로 '행소(行素)'라고 하기도 한다. '재거(齋居)'는 재계와 같은 말이다.

446 유무주가 성을 포위하였다: 유무주는 수나라 말엽에 반란을 일으켰던 군웅이다. 당나라 초까지 세력을 떨쳤다. 양제가 강도(江都)로 행차했던 617년, 태수 왕인공(王仁恭)을 살해하고 반

지 않았지만, 진효의는 죽음으로써 성을 지키겠노라 맹세하였다. (양제가 있는) 강도(江都)로 사자를 보냈지만 길이 끊어져 끝내 돌아와 보고하는 사람이 없었다. (진효의도 황제가 돌아올 수 없는 상황임을 알고) 아침저녁으로 황제의 조서를 모셔둔 놓은 건물을 향해 엎드려 절하며 눈물을 흘리니, 좌우의 측근들도 모두 슬퍼하였다. 성이 포위된 지 100여 일이 지나 양식이 떨어졌고 교위 장륜(張倫)에게 피살되어 성은 유무주에게 함락되고 말았다.

陳孝意, 河東人, 少有孝行. 隋煬帝大業中, 爲侍御史, 以父憂去職. 居喪盡禮, 有白鹿馴擾其廬, 人以爲孝感之應. 未朞, 起授鴈門郡丞. 在郡, 菜食齋居, 朝夕哀臨. 每發聲, 未嘗不絶倒, 柴毁骨立, 見者哀之. 後, 劉武周圍城. 外無聲援, 孝意誓以死守. 每遣使江都, 道路隔絶, 竟無報命. 旦暮向詔勅庫, 俯伏流涕, 悲動左右. 圍城百餘日, 粮盡, 爲校尉張倫所殺, 以城歸武周.

【논단】

효도란 처음에는 부모를 섬기고, 중간에는 군주를 섬기는 것이다.[447]

란군을 크게 일으켜 천자를 자칭했다. 전(前) 안문군승 양장인(楊長仁), 홍문령(鴈門令) 왕확(王確) 등이 내통하였다. 이에 진효의가 군사들을 이끌고 왕지변(王智辯) 등과 함께 그를 토벌하려 하였으나, 하관성(下館城)에서 교전하다 도리어 패하였다. 유무주가 방향을 바꾸어 인근 고을을 공경하니, 백성들이 두려워하여 그들에게 귀순하려 할 정도로 위세가 있었다. 유무주는 훗날 돌궐과 결탁하여 안문, 정양(定襄) 등을 점거하였다. 그러나 당 태종이 되는 이세민에게 패하여 세력이 크게 약화된 뒤 돌궐로 망명했다. 『수서』, 『구당서(舊唐書)』 권56 「유무주전(劉武周傳)」 참고.

447 효도란 처음에는……섬기는 것이다: 『효경』 「개종명의장」, "효도란 처음에는 부모를 섬기고 중간에는 군주를 섬기며 마지막에는 입신양명하는 것이다.[夫孝, 始於事親, 中於事君, 終於立身.]"라고 한 데서 인용한 것이다. 같은 내용이 『소학』 명륜 「명부자지친」 제34장에도 실려 있다.

군주를 섬기는 충은 곧 부모를 섬기는 효와 같다. 사람은 아버지께서 낳아주시고 군주께서 먹여주시므로, 그분들을 똑같이 섬겨야 하는 것이니[448] 충성과 효성에 어찌 두 길이 있겠는가?[449] 진효의는 시어사가 되었으니 이미 부모를 섬기는 효를 옮겨 군주를 섬겼다. 그러다 부친상을 당하여 관직을 떠난 뒤 예법에 따라 장례를 치르면서 구차하거나 경박한 행동을 하지 않았으니 그의 효성이 역시 지극하도다. 흰 사슴이 길들여진 것은 자연스러운 감응이라고 할 수 있다. 난세를 만나 다시 벼슬길에 나오게 하여 안문군승에 임명하였으니, 보통 사람의 마음이라면 다소 변하지 않을 수 없었을 것이다. 그러나 진효의는 거처나 옷 입는 것, 통곡하며 너무 슬퍼하다 바짝 야윈 것이 초상을 치를 때와 다르지 않았다. 그의 진실하고도 간절한 효심이 이와 같았으니, 당연히 나라에도 충성을 다할 수 있었던 것이다.

또 유무주가 반란을 일으켜 안문이 포위된 뒤 밖에서 오는 구원병이 이미 끊어지고 군량미도 공급되지 않았는데도 진효의는 죽음으로써 성을 지키다가 끝내 성과 함께 죽었으니, 그의 충의의 절개가 위대하도다! 공자께서 "부모를 효도로 섬기기 때문에 충성을 군주께 미루어 옮길 수 있

448 아버지께서……섬겨야 하는 것이니: 『국어』「진어(晉語)」, "사람은 세 분에 의해 살아가므로 똑같이 섬겨야 한다. 아버지는 낳아주시고 스승은 가르쳐 주시며 군주는 먹여 주신다.[民生於三, 事之如一. 父生之, 師教之, 君食之.]"라고 한 데서 인용한 것이다.

449 효도란……두 길이 있겠는가: 왕직, 『억암문집』 후집(後集) 권1, 「봉자당기(奉慈堂記)」에 비슷한 글이 보인다. "공자께서 '효도란 처음에는 부모를 섬기고 중간에는 군주를 섬기며 마지막에는 입신양명하는 것이다.'라고 하셨다. 이것이 가장 중요한 것이다. 대개 군주를 섬기는 충은 곧 부모를 섬기는 효와 같으므로, 자기 부모를 잘 섬길 수 있다면 마땅히 그 마음을 옮겨 군주를 섬겨야 한다. 나아가 뛰어난 덕행을 세우고 행동이 도에 어긋나지 않아 사람들로 하여금 부모의 뛰어남을 미루어 따져보게 한다면, 이것이 이른바 부모의 명성을 완성한 군자의 효이다.[孔子曰: '夫孝, 始於事親, 中於事君, 終於立身.' 此其大者也. 蓋事君之忠, 卽事親之孝, 故能事其親, 則當移以事君. 至於卓然有立, 而行不違道, 使人推本於父母之賢, 此所謂成親君子之孝.]"

다."[450]라고 하셨으니, 진효의가 바로 그러한 사람이다. 그러므로 자식으로서 한갓 부모를 섬기는 것에만 부지런하고 충성으로써 군주를 섬길 줄 모른다면 그것을 온전한 효라고 하기란 역시 어려울 것이다. 그러므로 증자께서 '군주를 섬기면서 충성하지 않는 것은 효가 아니다.'[451]라고 한 것은 바로 이런 경우를 말한 것이다. 아아! 진효의는 참으로 훌륭하도다!

夫孝, 始於事親, 中於事君. 蓋事君之忠, 卽事親之孝也. 人惟父生而君食之, 故事之如一也, 忠孝豈有二道哉? 陳孝意, 爲侍御史, 則旣移其所以事親者事君矣. 及遭父憂去職, 而能以禮居喪, 不爲苟且偸薄之行, 其孝亦至矣. 白鹿之馴, 蓋其自然之應也. 遭時多故, 起爲鴈門郡丞, 常人之情, 不能不少變. 而孝意居處服用, 哀臨毁瘠, 不異居喪時. 孝心誠切如此, 宜其能忠於國也. 又劉武周作亂, 鴈門被圍, 外援旣絶, 粮道不繼, 而孝意以死守之, 卒與城俱亡, 其忠義之節, 偉如也! 孔子曰: "事親孝, 故忠可移於君." 孝意有焉. 然則人子徒能謹其事親之節, 而不知忠以事君, 謂之全孝, 亦難矣. 故曾子以'事君不忠, 爲非孝', 此之謂也. 於乎! 孝意其賢矣哉! 詩曰:

---

450 부모를……옮길 수 있다: 『효경』「광양명장(廣揚名章)」, "군자는 부모를 효도로 섬기기 때문에, 충성을 군주께 미루어 옮길 수 있다.[君子之事親孝, 故忠可移於君.]"라고 한 데서 인용한 것이다.

451 증자께서……효가 아니다: 『예기』「제의」에서 증자가 제자 공명의(公明儀)에게 효에 대해 설명한 구절을 인용한 것이다. "행동거지를 장중하게 하지 않는 것은 효가 아니며, 군주를 섬기면서 충성하지 않는 것은 효가 아니며, 관직에 나아가 신중하지 않는 것은 효가 아니다.[居處不莊, 非孝也; 事君不忠, 非孝也; 莅官不敬, 非孝也.]"

【찬시】

일찍 어사대에 들어가 해치관 썼어도	早入烏臺[452]着豸冠[453]
아버지 돌아가시자 슬픔이 애간장을 끊는 듯	親亡哀慟徹心肝
여묘살이에 사슴이 늘 얌전히 머물렀으니	居廬有鹿常馴擾
평범한 효도라고 간주할지 말지어다	莫作尋常孝道看

또

애통함을 안고 벼슬살이 하면서도 부모님 잊지 않고	抱痛居官不忘親
위태로운 성을 홀로 지키며 끝내 목숨 바쳤네	危城獨守竟亡身
충효 모두 온전히 하는 것은 예로부터 아름다운 일이나	兩全忠孝由來美
진효의 같은 사람이 몇 명이나 있었겠나	得似陳生更幾人

452 烏臺: 오대는 어사대(御史臺)라는 뜻으로, 진효의가 시어사의 벼슬을 한 것을 가리킨다.
453 豸冠: '해치관(獬豸冠)'과 같은 것으로, 법을 집행하는 기관의 관리들이 쓰는 모자를 가리킨다.

104. 지숙재가 식량을 구걸하다[454] 叔才丐食(21a)

【본문】

지숙재(支叔才)[455]는 정주(定州)[456] 사람으로, 태어날 때부터 지극한 성품을 지녔다. 수나라 말엽에 기근이 들자 들에서 식량을 구걸하여 어머니께 드리러 가는 길에 도적에게 사로잡혔다. 그를 죽이려 하자 사정을 고하니 도적들이 그의 효심에 마음 아파 하며 놓아주었다. 어머니가 종기를 앓자 지숙재는 고름을 빨아내고 약을 발라드렸다. 돌아가신 뒤에는 무덤에 여막을 치고 살았는데 흰 까치가 그의 여막 곁에 머물렀다. 당 고종(唐高宗)[457] 때에 그의 가문을 표창하였다.

支叔才, 定州人, 生有至性. 隋末荒饉, 丐食野中,[458] 將還進母, 爲賊所執. 欲殺之, 告以情, 賊憫其孝, 爲解縛. 母病癰, 叔才吮瘡注藥. 及亡, 廬墓, 白鵲止廬傍. 唐高宗時, 表異其家.

---

454 지숙재가 식량을 구걸하다: 『한』, 『언』, 『효』에 수록되지 않았다. 이 편은 『신당서(新唐書)』 권195 효우열전(孝友列傳) 「지숙재전(支叔才傳)」에서 인용한 것이다. 비슷한 일화가 『속통지(續通志)』에도 수록되어 있다.

455 지숙재: 생몰년 미상. 당나라의 효자이다. 자세한 행적은 전하지 않는다.

456 정주: 중국 하북성 정주시(定州市)에 속한 지명이다.

457 당 고종: 당나라의 제3대 황제 이치(李治, 628~683, 재위 649~683)이다. 당 태종 이세민(李世民)의 9남이다.

458 丐食野中: 『신당서』에는 '夜丐食野中'이라고 되어 있다.

【논단】

자식이 부모를 봉양할 때 누군들 부드럽고 맛있는 음식[459]을 드리며 예를 다하고 싶지 않겠는가? 그러나 때로 기근이 들어 먹고 살기 힘들 때를 만나 콩죽과 물[460]조차도 마련하지 못하는 경우가 있다. (그런데) 이 지숙재라는 자는 식량을 구걸하는 것도 마다하지 않고 어머니께 음식을 가져다 드렸다. 불행히도 도적에게 사로잡혀 그들이 죽이려 하였으나 사정을 이야기하여 비로소 벗어날 수 있었다. 어머니가 종기를 앓게 되자 지숙재는 고름을 빨아내고 약을 발라드렸다. 어머니가 돌아가신 뒤에도 그리워 마지않아 무덤 곁에 여막을 치고 사니, 마침내 흰 까치가 그 곁에 머물며 깃들었다. 아! 도적은 흉악한 존재요 흰 까치는 미물인데도 모두 그에게 감화되었으니, 효성이 간절하고 지극하지 않았다면 어찌 이런 일이 일어날 수 있었겠는가? 당시에 그의 집안을 표창하고 정려문을 내린 것이 당연하도다!

人子養親, 孰不欲致甘腝滫瀡, 以盡其禮哉? 然或時値飢荒艱食, 雖菽水亦不能具者. 此支叔才, 所以不免丐食, 以進母也. 不幸爲賊所執, 而欲殺之, 乃以情告, 始得解縛. 至於母病癰疽, 叔才吮而施藥. 及母旣亡, 思

459 부드럽고 맛있는 음식: 원문의 '감눈(甘腝)'은 무르게 익은 고기[腝]처럼 달고 맛있는 음식이라는 의미로 쓰인다. '수수(滫瀡)'는 쌀뜨물·녹말 등을 섞어 음식을 부드럽게 조리한다는 뜻으로, 연하고 맛난 음식을 가리킨다. 『예기』 「내칙(內則)」, "쌀뜨물로 부드럽게 하고 기름기로 기름지게 하여, 부모나 시부모님이 맛보신 뒤에 물러난다.[滫瀡以滑之, 脂膏以膏之, 父母舅姑, 必嘗之而後, 退.]"라는 구절이 보인다.

460 콩죽과 물: 원문의 '숙수(菽水)'는 콩죽과 물로, 가난해도 부모를 극진히 봉양하는 효자의 음식을 비유하는 표현이다. 『예기』 「단궁 하」에서 공자의 제자 자로(子路)가 집안이 가난하여 제대로 효도하지 못한다고 탄식하자, 공자가 "콩죽을 끓여 먹고 물만 마시더라도 마음을 기쁘게 해드리는 데 최선을 다한다면 그것이 바로 효이다.[啜菽飮水, 盡其歡, 斯之謂孝.]"라고 한 데서 유래하였다.

慕不置, 結廬墓側, 遂有白鵲棲止其傍. 噫! 盜賊, 兇人也; 白鵲, 異類也, 咸爲之感化, 非孝誠切至, 烏足以致之乎? 當時表其家, 以旌異之, 宜矣! 詩曰:

【찬시】

들에서 구걸하며 어머니를 봉양하려 하는데	行乞荒郊欲養親
갑자기 흉악한 도적을 만날 줄 어찌 알았으랴	那知倉卒遇凶人
진정을 간곡히 고하니 그 말이 절실하여	輸情[461]懇告言詞切
포악한 강도조차 마음을 돌려 죽음을 면하였다네	强暴回心免殺身

또

오직 어머니 구하는 것만 신경써 고름 빨아내고	吮癰救母獨關心
돌아가신 뒤 상 치르며 사무치게 그리워하였네	母歿居喪感慕深
흰 까치가 여막에 머문 일 당시에도 기이하다 하였는데	白鵲止廬時共異
지금까지도 그의 효행이 전해지고 있다오	人傳孝行到如今

461 輸情: 진정을 말하다.

105. 노조가 계모에게 순종하다[462] 盧操順母(22a)

【본문】

노조(盧操)[463]는 자가 안절(安節)이며 하동 사람이다. 어려서부터 부지런히 공부하여 9세에 『효경』과 『논어』에 통달하였고 의리에 따라 해석하니 마을 어른들이 총명한 아이라고 말하였다. 그는 계모 장 씨를 지극한 효성으로 섬겼다. 장 씨는 세 아들을 낳았다. 자기 소생을 몹시 편애하여 늘 노조에게 밥을 짓게 하고 세 아우를 위해 밥상을 마련하라고 시켰는데, 노조는 부지런히 하며 게으름을 피우지 않았다. 장 씨가 아들을 독서하러 보내면서 노조에게 나귀를 끌고 따르게 하니 노조가 즉시 채찍을 잡고 고삐를 당기며 노비처럼 따라갔다. 세 아우는 술을 즐기고 방탕하여 남들과 시비가 붙으니,[464] 사람들이 문에 몰려와 어미에게까지 욕을 하자 노조가 즉시 눈물을 흘리고 절하면서 화해하였다. 그러자 나쁜 소년들이

"세 망나니에게 이렇게 훌륭한 형님이 계실 줄은 몰랐소. 우리가 훌륭한 분께 무례하게 굴었으니 도리가 아닙니다."

라고 말하며 모두 노조에게 절한 뒤 떠났다. 계모가 돌아가시자 노조는

462 노조가 계모에게 순종하다: 『한』, 『언』에 같은 제목으로 수록되어 있다. 『효』에는 수록되지 않았다. 이 편은 『태평어람』 권414 인사부(人事部) 「효하(孝下)」에서 발췌하여 다소 수정한 것으로 보인다.

463 노조: 생몰년 미상. 수나라의 효자이다. 계모의 삼년상을 치렀다고 전한다.

464 시비가 붙으니: 원문의 '저오(抵忤)'는 거스르다, 저촉되다, 모순되다 등의 의미이다.

세 아우를 가르치고 양육하였는데 사랑하는 마음이 평소보다 더했다. 상을 치르는 동안 너무 슬퍼하다 비쩍 말라 뼈가 앙상하게 드러났다. 매일 밤 여우나 살쾡이가 주변을 둘러쌌다가 아침이 되면 떠나갔으니, 당시 사람들이 그의 효성에 대한 감응이라고 여겼다. 훗날 명경과에 급제하여 임환현위(臨渙縣尉)에 발탁되었는데, 정사를 보좌함에 관대하고 어질었다. 관사에 궤연(几筵)[465]을 설치하여 부모께 제사를 올리고 드나들 때마다 고하며 뜰을 지날 때는 몸을 굽혔다.[466] 매일 아침 관복을 갖추어 입고『효경』을 한 번 읽은 후에 정사를 돌보았는데,「상친장」에 이르면 목이 메어 울음을 참지 못하였다. 아들 노소(盧昭)는 문명이 뛰어났고, 둘째 아들 노운공(盧雲恭)은 진중하니 아버지의 풍모를 지녔으며, 고상하고 학문을 좋아하였다.

盧操, 字安節,[467] 河東人. 幼勤學,[468] 九歲通孝經論語, 隨義解釋, 父老謂之聰明兒.[469] 事繼母張氏至孝. 張生三子, 溺愛之, 命操常執勤主炊, 爲三弟設席,[470] 操服勤不倦. 張遣其子讀書, 命操策驢隨之, 操卽執鞭引繩如僮僕. 三弟嗜酒縱佚, 抵忤於人. 致人踵門, 詬及其母, 操卽涕泣, 拜而解之, 惡少年曰: "不謂三賊有此令兄. 某抵忤長者, 不義也."[471] 相與拜操而去. 繼母亡, 操訓養三弟, 恩愛過於平日. 服母喪, 哀毁骨立. 每夕有狐狸羅

465 궤연: 상을 치르는 동안 돌아가신 분의 신주 및 혼백을 모셔 놓는 자리이다.
466 몸을 굽혔다: 신중하고 공손한 몸가짐을 형용한 것이다.
467 字安節:『한』,『언』 없음.
468 幼勤學:『한』,『언』 없음.
469 隨義解釋, 父老謂之聰明兒:『한』,『언』 없음.
470 爲三弟設席:『한』,『언』 없음.
471 某抵忤長者, 不義也:『한』,『언』 없음.

列左右, 將旦乃去, 時人以爲孝感.[472] 後以明經擢第,[473] 調臨渙縣尉, 佐政寬仁. 官舍設几筵, 以祀父母, 出告反面, 過其庭鞠躬如也. 每旦具冠帶,[474] 讀孝經一遍, 然後視事, 讀至喪親章, 號咽不勝. 子昭有文名, 次子雲恭, 謹有父風, 高尙好學.[475]

【논단】

부모를 섬기는 예를 다함에 부모의 마음에 순종하는 것은 당연한 자식의 도리이다. 부모가 사랑하신 바를 사랑하고 공경하신 바를 공경해야 하니, 설령 개와 말 같은 것이라도 그렇게 해야 하거늘 하물며 혈육인 형제간에는 오죽하겠는가?[476] 노조는 부모를 효성으로 부지런히 섬긴 것으로 알려졌다. 계모가 자신이 낳은 자식만 편애하고 노조를 예우하지 않아 그에게 밥을 짓고 나귀를 몰게 하였음에도 노조는 모두 어려운 기색 없이 해내며 계모의 뜻에 순종하였다. 아우들이 교만하고 방자하여 다른 사람들에게 시비를 걸어 그들이 찾아와 어미에게까지 욕하는 지경에 이르자, 노조는 즉시 눈물을 흘리며 간곡히 해명하며 풀었다. 계모가 사망했

---

472 時人以爲孝感: 『한』, 『언』 없음.
473 後以明經擢第: 『한』, 『언』 後.
474 每旦具冠帶: 『한』, 『언』 每旦.
475 子昭有文名……高尙好學: 『한』, 『언』 없음.
476 부모를 섬기는……오죽하겠는가: 『예기』 「내칙」 제58장에서 증자가 효에 대해 설명하며 "효자가 노부모를 봉양할 때에는 마음을 즐겁게 하며, 뜻을 어기지 않아야 한다. (…)이러므로 부모가 사랑하신 바를 또한 사랑하며, 부모가 공경하신 바를 또한 공경해야 하니, 개와 말 같은 것이라도 모두 그렇게 하거늘 하물며 사람에게 있어서랴?[孝子之養老也, 樂其心, 不違其志. (…) 是故, 父母之所愛, 亦愛之; 父母之所敬, 亦敬之, 至於犬馬盡然, 而況於人乎?]"라고 한 데서 인용한 것이다. 같은 내용이 『소학』 명륜 「명부자지친」 제18장에도 수록되어 있다.

을 때, 여러 아우들은 아직 자립하지 못하였는데 노조가 그들을 가르치고 양육하며 더욱 은혜롭게 대할 뿐 계모가 살아 계실 때든 돌아가셨을 때든 간에 다르게 대하지 않았다. 벼슬길에 나아간 뒤에는 관사에 궤연을 설치하고 돌아가신 분을 살아 계실 때처럼 섬겼으니, 효성과 우애의 진실함이 자연스러운 천성에서 나온 자가 아니라면 누가 이렇게 할 수 있겠는가?

盡事親之禮, 以順父母之心者, 子道當然也. 父母之所愛者愛之, 所敬者敬之, 雖犬馬尙然, 況於兄弟之親乎? 盧操, 事親以孝謹聞. 繼母溺愛所生之子, 而不禮於操, 遣其炊爨策驢, 操皆爲之無難色, 順母志也. 其弟驕縱, 抵忤於人, 致人詬及其母, 操卽涕泣委曲解釋. 母沒, 諸弟未能成立, 操訓誨撫育, 愈加恩意, 不以其母存亡而有異. 及仕而設几筵於官舍, 事死如生, 斯非孝友之實, 出於天性之自然, 疇克爾耶? 詩曰:

【찬시】

정성스레 효도하며 어머니 마음에 순종하니	殷勤行孝順親心
그 곡진함에 공경과 사랑이 깊었음을 알겠도다	委曲應知敬愛深
밥 짓고 나귀 몰아도 아우들과 우애로왔고	執爨驅驢能友弟
마을의 악동들도 공경함을 더하였다오	里中惡少亦加欽

또

여막에 살던 것을 생각하니 눈물이 옷깃을 적시는데	憶昔居廬淚滿巾
현위가 된 뒤에도 관대하고도 어질구나	一爲縣尉尙寬仁
궤연을 두고 때에 맞춰 제사를 정성스레 올리니	几筵設祭敦時祀
아침저녁으로 슬피 울며 더욱 상심하였다오	旦夕[477]哀悲更愴神

106. 장지관의 말이 거짓이 아니었다[478] 志寬不妄(23b)

【본문】

장지관(張志寬)[479]은 포주(蒲州) 안읍(安邑)[480] 사람이다. 부친상을 치를 때 지나치게 슬퍼하다 건강을 해쳐서 상을 치르는 것이 예법에 정한 것보다 지나칠 정도였으니, 고을에서 그를 칭찬하였다. 왕군(王君)이 군대를 일으켜 노략질을 하였으나 그의 마을은 침범하지 않았으니, 백여 가구가 온전히 보존될 수 있었다. 후에 이정(里正)에 임명되었는데, 갑자기 현에 가서 어머니의 병을 이유로 급히 귀가해야 한다고 요청하였다. 현령이 상황을 묻자

477 旦夕: 『한』, 『언』 朝夕.

478 장지관의 말이 거짓이 아니었다: 『한』, 『언』, 『효』에 수록되지 않았다. 이 편은 『신당서』 권195 효우열전 「장지관전(張志寬傳)」에서 인용한 것이다. 비슷한 일화가 『속통지』, 『책부원구』, 『태평어람』 등에도 수록되어 있다.

479 장지관: 생몰년 미상. 당나라의 효자이다. 자세한 행직은 전하지 않는다.

480 안읍: 중국 산시성 운성시(運城市) 일대의 지명이다.

"어머니께서 병드셨습니다. 저도 문득 병에 걸렸으니 이 때문에 (어머니께 병드신 것을) 알 수 있습니다."
라고 대답하였다. 현령은 그가 거짓말을 했다고 여겨 옥에 가두었는데, 급히 가서 확인해 보니 과연 그의 말과 같았으므로 마침내 위로하며 보내주었다. 어머니가 돌아가시자 흙을 져 날라 무덤을 만들고 손수 소나무와 측백나무를 심었다. 당 고조(唐高祖)[481]가 사신을 보내어 조문하고 원외산기상시에 제수하였으며 물품 40단을 하사하고 그의 마을에 정표하였다.

張志寬, 蒲州安邑人. 居父喪, 哀毁過禮, 州閭稱之. 王君廓兵略地, 不暴其閭, 倚全者百餘姓. 後爲里正, 忽詣縣稱母疾, 求歸急. 令問狀, 對曰: "母有疾. 志寬輒病, 是以知之." 令謂其妄, 繫於獄, 馳驗如言, 乃慰遣之. 母終, 負土成墳, 手蒔松柏. 唐高祖遣使者就弔, 拜員外散騎常侍, 賜物四十段, 表其閭.

【논단】

부모와 자식은 몸은 다르지만 기운은 같다. 그러므로 병이나 염려로 인해 마음이 움직이는 것은 지극한 효심이 그렇게 만드는 것이다. 장지관은 효성으로 어머니를 섬겼으니, 어머니가 병들면 그 역시 병들었다. 이정이 되었을 때, 자신이 병에 걸린 것을 계기로 돌아가서 어머니를 간호하겠

481 당 고조: 중국 당나라의 초대 황제 이연(李淵, 566~635, 재위 618~635)이다.

다고 요청하니, 마음이 움직인다는 말을 믿을 수 있다. 당시 현령이 다소 의심하였으나, 결국 사실임을 확인하고는 보내주었다. 어머니와 자식은 몸이 다르지만 기쁨과 슬픔이 서로 연결되어 있음이 이와 같다. 정신이 서로 통하고 염려하는 마음에 차이가 없음은 지극한 효성에서 비롯된 것이 아니겠는가? 옛날 유검루(庾黔婁)[482]는 타지에서 벼슬을 하였는데 아버지가 병에 걸리자 심장이 두근거렸다. 채순(蔡順)[483]은 어머니가 그를 돌아오게 하려고 손가락을 깨물자 깨달았다. 장지관의 일도 모두 그러한 일이다. 아아! 이 세 사람처럼 부모를 섬기는 자식은 세상에 많지 않다. 저 부모가 병든 것을 보고도 마치 월나라 사람이 진나라 사람의 뚱뚱함과 야윔을 대하듯 무관심한 자[484]들은 어찌 마음에 깨닫고 움직이는 바가 있겠는가? 장지관은 아버지가 돌아가시자 지나치게 슬퍼하다 몸이 상하였고, 병란이 그의 마을은 침범하지 않았으며 어머니가 돌아가신 뒤에는 여막을 치고 살았으니, 군주가 사신을 보내어 조문하고 물품을 하사하며 관작을 내린 것이 마땅하도다. 이 사람은 진실로 자식 된 자들에게 부끄러움이 없다고 할 수 있다.

親之於子, 異體而同氣. 故凡疾痛念慮有所感動者, 至孝使然也. 張志寬, 孝事其母, 母嘗有疾, 則志寬亦病焉. 其爲里正也, 因己之病, 求歸以療母, 其感於中也, 信矣. 然當時縣令, 頗疑之, 卒驗其實而遣焉. 夫其母子

482 유검루: 유검루의 효심은 『효순사실』 권3 「60. 유검루가 정성을 다해 기도하다[黔婁誠禱]」에 상세하다.

483 채순: 채순의 효심은 『효순사실』 권1 「14. 채순이 오디를 따다[蔡順桑椹]」에 상세하다.

484 월나라 사람……무관심한 자: 한유의 「쟁신론(諍臣論)」, "정사의 득실을 보기를 마치 월나라 사람이 진나라 사람의 살찌고 야윔을 보듯이 한다.[視政之得失 若越人視秦人之肥瘠]"라는 구절이 있다. 진나라와 월나라는 서로 멀리 떨어진 나라이므로 무관심하고 소원한 사이를 비유한다.

異體也, 而休戚相關如此. 蓋精神之流通, 而念慮之無間也, 非其至孝使然哉? 昔庾黔婁, 仕于外, 親病而心動. 蔡順, 母欲其歸, 噬指而心悟. 若志寬之事, 皆類此. 嗚呼! 人子於親如三子者, 世不多見也. 彼有視親之患, 若秦越肥瘠者, 則亦惡能有所感動哉? 宜乎志寬父沒哀毁, 而兵不暴其閭, 母亡廬墓, 人主遣使弔贈, 而拜之以官. 此誠可以無愧於爲人子矣. 詩曰:

【찬시】

자기가 병들자 어머니도 병드셨음을 알았는데　身病因知母疾生
현령이 의심하여 옥에 가두니 끝내 누가 밝혀주려나　令疑繫獄竟誰明
당시 급히 찾아가 그 말이 모두 사실임이 드러나니　當時馳訪言皆驗
위로하며 집에 보내어 지극한 효성을 표창하였네　慰遣還家表至誠

또

병란 중에도 유독 마을을 살릴 수 있었으니　兵亂偏能活里閭
모두 효행이 흉한 도적의 수괴조차 감동시킨 덕분이라오　都緣孝行感兇渠[485]
어머니 돌아가신 뒤 위로하시는 우악한 은총 입었는데　母亡弔卹承恩渥
산기상시라는 훌륭한 벼슬까지 하사하셨네　常侍還看拜美除

485　兇渠: 흉악한 무리들의 수령, 원흉을 가리킨다.

孝順事實卷六

107. 왕소현이 뼈에 피를 떨어뜨리다[486] 少玄濆骨(1a)

【본문】

왕소현(王少玄)[487]은 박주(博州) 요성(聊城)[488] 사람이다. 아버지가 수나라 말엽에 일어난 병란에 사망하였기에 왕소현은 유복자로 태어났다. 열 살 때 아버지가 어디 계신지 묻자 어머니가 그 사실을 알려주니 즉시 슬피 울면서 유골을 찾으러 다녔다. 당시 들판에는 백골들이 뒤덮여 있었다. 어떤 사람이 말했다.

"자식의 피를 떨어뜨려 스며드는 것이 아버지의 시신이다."

왕소현이 피부를 바늘로 찌르며 열흘이 지나자 찾아내어 마침내 장사 지낼 수 있었다. 그러나 찔린 상처가 심하여 일 년이 지나서야 비로소

486 왕소현이 뼈에 피를 떨어뜨리다: 『한』에 같은 제목으로 수록되어 있다. 『언』에는 수록되지 않았다. 『효』에는 「왕소현이 피부를 바늘로 찌르다[少玄鑱膚]」라는 제목으로 수록되어 있다. 이 편은 『신당서』 권195 효우열전 「왕소현전(王少玄傳)」에서 인용하였다. 비슷한 일화가 『속통지』에도 수록되어 있다.

487 왕소현: 생몰년 미상. 당나라의 효자로, 자세한 행적은 전하지 않는다. 『천중기(天中記)』, 『효경연의(孝經衍義)』 등에는 이름이 '왕소원(王少元)'으로 되어 있다.

488 요성: 중국 산동성(山東省) 요성시(聊城市)에 속한 지명이다.

몸을 일으킬 수 있었다. 당 태종(唐太宗)[489] 정관(貞觀) 연간에, 고을에서 이 사실을 상주하니 서왕부(徐王府)[490] 참군(參軍)에 제수하였다.

王少玄, 博州[491]聊城人. 父隋末死亂兵, 遺腹生少玄. 甫十歲, 問父所在, 母以告, 卽哀泣求屍. 時野中白骨覆壓. 或曰: "以子血漬而添者, 父胔也." 少玄鑱膚, 閱旬而獲, 遂以葬. 創甚, 彌年乃興. 唐[492]太宗貞觀中, 州言狀, 拜徐王府參軍.

【논단】

아! 사람의 몸이란 부모가 낳아주시지 않는다면 생길 수 없는 것이다.[493] 왕소현은 아버지가 돌아가셨기에 유복자로 태어났다. 열 살 때 아버지가 계신 곳을 여쭌 뒤 위의 내용과 같이 하였으니 역시 다른 사람들이 하기 어려운 일이 아니겠는가? 보통 사람의 관점에서 보면 열 살의 아동은 아직 너무 어리다. 아버지에 대해 여쭙는 일도 어려운 것인데, 하물며 슬피 울면서 시신을 찾으려 하고 피부를 찔러 피를 내어 뼈에 떨어뜨

489 당 태종: 당나라의 제2대 황제 이세민(李世民, 598~649, 재위 626~649)이다. 당나라 건국 초기에 각지의 내란을 안정시키고 7년 만에 당나라가 전국을 통일하는 데 핵심적인 역할을 하였다. 정관은 그의 연호로, 627년부터 649년까지 쓰였다. 그의 치세는 '정관지치(貞觀之治)'라고 일컬어질 정도로 부강하고 안정된 태평성대로 평가된다.

490 서왕부: 서왕은 당 고조 이연(李淵)의 10남 이원례(李元禮, ?~671)이다.

491 博州: 『한』 없음.

492 唐: 『한』 없음.

493 사람의 몸이란……없는 것이다: 『국어』 「진어(晉語)」, "부모는 나를 낳아주시니 (…) 부모가 안 계셨으면 이 세상에 나오지 못했을 것이다.[父生之, (…) 非父不生.]"라고 한 데서 인용한 것이다.

리며 아버지의 유골을 찾는 일이야 오죽하겠는가? 이것은 더욱더 하기 어려운 일이다. 마른 뼈들이 어지러이 흩어져 있는 곳을 이리저리 다니다 곧 아버지의 유골을 찾아냈으니, 어찌 신명께서 그 효성을 도우신 것이 아니겠는가? 예전에는 자기 부모를 장사 지내지 않고 들어다 구덩이에 던져두어 여우와 살쾡이가 시체를 파먹고 파리와 등에가 달라붙어 빨아먹게 한 풍속이 있었으니,[494] 그들은 왕소현에게 죄인이도다! 이에 그를 표창하여 드러내어 세도의 모범으로 삼는 것이 마땅하도다.

嗟夫! 人之有身, 非父不生. 王少玄, 父歿, 遺腹而生. 甫十歲, 問父所在, 乃能如此, 其亦人之所難能也? 自恒情觀之, 十歲之童, 尙幼穉也. 能一問其父, 斯以爲難, 況能哀泣求屍, 鑱血而漬骨, 以求父之遺骸乎? 此其所以爲尤難也. 展轉於骼胔紛亂之中, 卽得其父骨, 豈非神明有以相其孝誠者乎? 昔有不葬其親, 擧而委之於壑, 狐狸食之, 蠅蚋姑嘬之, 其爲少玄之罪人矣! 是宜表而出之, 以爲世道勸. 詩曰:

【찬시】

아버지가 황량한 들에서 돌아가신 지 어언 10년	父死荒郊已十年
슬픔을 가눌 길 없는 유복자여 더욱 가련하구나	哀哀遺腹更堪憐

---

494 예전에는……있었으니: 『맹자』 「등문공 상」 제5장, “상고시대에는 자기 부모를 장사 지내지 않는 풍속이 있었기에, 부모가 죽으면 들어다 구덩이에다 던져두었다. 훗날 그곳을 지나게 되었는데, 여우와 살쾡이가 시체를 파먹고 파리와 등에가 달라붙어 빨아먹고 있었다.[蓋上世, 嘗有不葬其親者, 其親死, 則擧而委之於壑. 他日過之, 狐狸食之, 蠅蚋姑嘬之.]”라고 한 데서 인용한 것이다.

신명께서 응당 진실한 효심을 어여삐 여기신 덕에	神明應重憐誠孝
피를 내어 끝내 아버지 유골을 온전히 수습하였네	鑱血終收父骨全

또

바늘로 찔러 피를 떨구면 통증 더욱 심할 텐데	鑱膚漬血痛尤深
일 년 넘게 몸이 괴롭다 한들 고생을 금하리오	體困彌年苦不禁
하늘도 마음이 있어 효자를 어여삐 여기시니	天道有心憐孝子
참군 벼슬에 임명되어 온 세상에서 흠모하였다오	參軍拜命世同欽

108. 심계전이 뒤따라 물에 빠지다[495] 季詮隨溺(2a)

【본문】

심계전(沈季詮)[496]은 자가 자평(子平)이며 예장(豫章)[497] 사람이다. 어려서 아버지를 여의고 효성으로 어머니를 섬겼다. 다른 사람들과 다툰 적이 없

495 심계전이 뒤따라 물에 빠지다: 『한』에 같은 제목으로 수록되어 있다. 『언』에는 수록되지 않았다. 『효』에는 「심계전이 강에 투신하다[季詮投江]」라는 제목으로 수록되어 있다. 이 편은 『신당서』 권195 효우열전 「심계전전(沈季詮傳)」에서 인용하였다. 비슷한 일화가 『속통지』에도 수록되어 있다.

496 심계전: 생몰년 미상. 당나라의 효자이다. 자세한 행적은 전하지 않는다.

497 예장: 중국 강서성(江西省) 남창시(南昌市) 일대의 지명이다.

기에 모두 그를 겁쟁이라고 말했다. 그러자 심계전이 이렇게 말했다.

"저는 겁쟁이가 아닙니다. 저는 우리 어머니께 근심을 끼치는 것이 두려운 것입니다."

당 태종 정관 연간에 어머니를 모시고 강을 건너던 중 폭풍을 만났다. 그러다 어머니가 물에 빠졌는데, 심계전이 슬피 울부짖으며 뒤따라 뛰어들었다. 잠시 뒤, 어머니의 팔을 붙들고 수면으로 떠오르니 도독 사숙(謝叔)[498]이 예를 갖추어 제사 지내고 묻어주었다.

沈季詮, 字子平,[499] 豫章人. 少孤, 事母孝. 未嘗與人争, 皆以爲怯. 季詮曰: "吾非怯也. 吾恐遺憂於吾親也." 唐[500]太宗貞觀中, 侍母渡江, 遇暴風. 母旣溺, 季詮號呼而從之. 少選, 持母臂浮出水上, 都督謝叔具禮祭而葬之.

【논단】

자식으로서 자기 부모를 깊이 사랑하면 평소 행동함에 부모께 근심을 끼칠까 염려하는데,[501] 불행히도 부모가 비명횡사하신다면 어찌 자기

498 사숙: 『신당서』에는 성명이 '사숙방(謝叔方, 601~652)'으로 되어 있다. 사숙방은 당나라의 정치인으로 이주자사(伊州刺史), 홍주·광주 도독(洪廣二州都督) 등을 역임하였으며 백성들에게 신망이 두터웠다고 전한다. 『구당서』 권187 충의열전 「사숙방전(謝叔方傳)」 참고.

499 字子平: 『한』 없음.

500 唐: 『한』 없음.

501 자식으로서……염려하는데: 『예기』 「제의」, "효자로서 부모를 깊이 사랑하면 반드시 온화한 기운이 있으며, 온화한 기운이 있는 자는 반드시 즐거운 기색이 있게 마련이며, 즐거운 기색이 있는 자는 반드시 유순한 태도를 지닌다. 효자는 마치 옥을 잡은 듯이 공경하며 옥이 가득 담긴 그릇을 받들 듯 행동을 삼간다.[孝子之有深愛者, 必有和氣; 有和氣者, 必有愉色; 有愉色者,

목숨만 보전하려 들겠는가? 당연히 애통해하고 서글퍼 하며 자신의 목숨도 아끼지 않을 것이다. 심계전은 자기관리를 신중히 하고 남들에게 거슬릴 일도 하지 않아 모두 그를 겁쟁이라고 지목하였지만 그가 어찌 진짜 겁쟁이였겠는가? 참으로 일시적인 분노 때문에 자신을 위태롭게 하고 부모께도 화를 미치는 짓[502]은 차마 할 수 없었기 때문이다. 이런 사람은 부모를 사랑하는 일이라면 못 하는 것이 없을 것이다. 하루아침에 어머니가 강에 빠지자 몸을 던져 구하려 하였으니, 이 어찌 물의 환란을 몰랐기 때문이겠는가? 자기 부모의 일에 마음이 아파 차라리 자기 목숨을 버릴지언정 돌아보지 않는 것이다. 이윽고 어머니를 붙들고 나왔으니, 이는 한결같이 격동되어 벌어진 일로 귀신도 그의 뜻을 가련히 여겨 도와준 것이 아니겠는가? 아아! 세상에는 만용을 부리기 좋아하여 싸우거나 사나운 짓을 함으로써 자기 부모를 위태롭게 만드는[503] 무뢰배 같은 자식들이 있다. 그들은 평소에도 자기 부모를 편안하게 하지 못하는데 하물며 급박한 어려움이 닥쳐 왔을 때 자기 목숨을 버리며 부모를 구하려 들겠는가? 심계전 같은 효행은 참으로 하기 어려운 것이다.

子有深愛於其親者, 平居行己, 已恐遺親之憂, 不幸親死非命, 寧肯自全其身哉? 宜乎哀痛慘怛, 而不愛其死也. 沈季詮, 謹於持己, 無忤於人,

---

必有婉容. 孝子如執玉, 如奉盈.]"라고 한 구절을 활용한 것이다.

502 일시적인 분노……화가 미치는 짓: 『논어』「안연」 제21장에서 공자가 내면의 덕을 높이고 미혹을 없애는 방법에 대해 "일시적인 분노로 자신을 잊고 싸우다가 부모께 화가 미치게 하는 것이 미혹된 짓이 아니겠는가.[一朝之忿, 忘其身, 以及其親, 非惑與?]"라고 한 구절을 활용한 것이다.

503 만용을 부리기……위태롭게 만드는: 『맹자』「이루 하」 제30장, "만용을 부리기 좋아하여 싸우거나 사나운 짓을 함으로써 부모를 위태롭게 하는 것이 다섯 번째 불효이다.[好勇鬪狠, 以危父母, 五不孝也.]"라고 한 구절을 활용한 것이다.

至皆以怯目之, 是豈眞怯哉? 誠不忍以一朝之忿, 危其身, 以及其親也. 是凡可以愛親者, 蓋無所不至矣. 一旦母溺于江, 投身赴捄, 夫豈不知水之爲患哉? 痛傷其親, 寧殞其生而不顧焉. 俄頃, 持母以出, 此由其一念憤激, 鬼神亦哀其志而相之也? 於乎! 世有無賴之子, 好勇鬪狠, 以危父母者. 已不能安其親於平時, 況當急難而肯捐生, 以赴之哉? 此季詮之孝, 所以爲難也. 詩曰:

【찬시】

다투지 않은 것은 부모님께 걱정 끼칠까 염려해서였는데	不爭常恐遺親憂
어찌 어머니께서 사나운 강물에 빠질 줄 알았으랴	豈意慈親溺橫流
당시 분명 간장이 찢어질 듯하여	應是當時腸欲裂
떨쳐 일어나 곧장 물속으로 구하러 들어갔겠지	奮身直向水中求

또

파도에 몸을 던져 어머니를 구하니	投身波底救慈親
진실한 효성은 참으로 귀신도 감동시키는 법	至孝眞能動鬼神
익사했어도 여전히 어머니 팔 붙들고 있었으니	溺死尙猶持母臂
빗자루 가져갔다고 욕지거리 하는 자 그 누구인가?	取箕誶語[504]是何人

504 取箕誶語: 가의(賈誼)의 「치안책(治安策)」에 "아버지에게 곰방메와 호미를 빌려 주고서 덕을 베풀었다고 생각하고, 어머니가 빗자루를 가져가자 그 자리에서 꾸짖는다.[借父耰鉏, 慮有德色; 母取箕帚, 立而誶語.]"라고 한 데서 유래하여 자식이 부모께 불효하는 등 풍속이 무너져

109. 허탄이 맹수를 치다[505]　　許坦擊獸(3a)

【본문】

허탄(許坦)[506]은 예주(豫州)[507] 사람이다. 열 살 무렵, 아버지를 따라 산에 들어가 약초를 캤다. 아버지가 맹수에게 물리자 즉시 소리 지르며 막대기로 치니 맹수가 마침내 도망갔고 아버지는 목숨을 보전할 수 있었다. 당 태종이 그 소식을 듣고 신료들에게 이렇게 말했다.

"허탄은 비록 어린아이지만 끝내 자기 목숨을 바쳐 아버지를 구하였으니, 마음에서 우러난 진실한 효성이 몹시도 가상하도다."

그리고 그를 문림랑(文林郞)에 제수하고 예물[508] 50단을 하사하였다.

許坦, 豫州人. 年十歲餘, 隨父入山林採藥. 父爲獸所噬, 卽號叫以杖擊之, 獸遂奔走, 父以得全. 唐[509]太宗聞之, 謂侍臣曰: "坦雖幼童, 遂能致命救親, 至孝自衷, 深可嘉尙." 授文林郞, 賜物五十段.

어질지 못함을 비유하는 표현으로 쓰인다.

505 허탄이 맹수를 치다: 『한』에 같은 제목으로 수록되어 있다. 『언』, 『효』에는 수록되지 않았다. 이 편은 『구당서』 권188 효우열전 「허탄전(許坦傳)」에서 인용한 것이다. 비슷한 일화가 『책부원구』, 『태평어람』에도 수록되어 있다.

506 허탄: 생몰년 미상. 당나라의 효자로, 자세한 행적은 전하지 않는다.

507 예주: 중국 하남성 여남현(汝南縣)에 속한 지명이다.

508 예물: 『구당서』에는 '비단[帛]'을 하사하였다고 명시되어 있다.

509 唐: 『한』 없음.

【논단】

깊은 산중에 사는 맹수는 사람을 보면 물어버리니, 그 뾰족한 송곳니와 날카로운 발톱은 참으로 두려울 만하다. 허탄은 어린아이인데도 아비가 맹수에게 물리는 것을 보고는 그 흉악함도 돌아보지 않고 자기 힘이 감당할 수 없다는 것도 헤아리지 않은 채 즉시 소리 지르며 앞으로 나아가 막대기로 치니, 맹수가 달아나 아비가 목숨을 보전할 수 있었다. 그때, 허탄은 아버지를 구할 것만 생각할 뿐 자기 목숨은 의식하지 않았기에 흉악한 맹수를 보기를 마치 개나 양처럼 보았던 것이다. 그러므로 아버지를 위험에서 구해낼 수 있었던 것이니 그의 용맹함이 남들보다 뛰어나다. 만일 두려워하고 겁내며 물러나 조금이라도 지체하며 나아가지 못했다면 그 아비의 몸은 갈기갈기 찢겨 이미 맹수의 아가리에 들어가고 말았을 것이니 어찌 구해낼 수 있었겠는가? 허탄은 참으로 효를 행했다고 할 만하다. 요즘 세상의 자식 중에는 부모가 환란을 만난 것을 보면 끌어다 구할 만한 상황인데도 끝내 버려두고 돌아보지 않기도 하는데, 하물며 위험을 무릅쓰고 아비의 목숨을 보전하려 들겠는가? 허탄 같은 자는 참으로 드무니, 당시의 군주가 가상히 여겨 관직과 예물을 하사하고 아름다운 명성이 후세에 전하게 된 것이 당연하도다.

夫猛獸居深山之中, 見人則噬, 其銛牙利爪, 誠有可畏者. 坦以幼稚童子, 見父被獸所噬, 不顧其猛惡, 不量其力不能支, 卽奮呼而前, 以杖擊之, 獸走而父得全. 當是時, 坦但知救其父, 而不知有其身, 視猛惡之獸, 猶犬羊然. 故能脫父於阽危, 其勇有過人者. 使其畏懦退怯, 少緩不進, 則其父身磔裂, 已膏猛獸之口矣, 豈能救之哉? 坦誠可謂孝矣. 世之爲人子者, 見其親或臨患難, 有可引救之地, 乃委棄而不顧, 況能冒嶮犯難, 以全其父乎? 若坦者, 誠不多有, 宜其爲時君嘉奬, 授秩賜賚者, 而流芳後世也. 詩曰:

【찬시】

허탄은 어린아이여도 진실한 효심이 있어	許坦孩童有至情
아비가 맹수에게 물리자 즉시 소리치며 놀라게 했네	父遭獸嚙卽號驚
홀로 막대기 하나만 가지고 쫓아내니	獨持一杖相驅逐
죽음도 잊은 채 아비를 살려냈다오	忘死方能得父生

또

소년의 효행에 군주께서 감동하여	小年[510]孝行動君王
그 아름다운 명성 역사서에 남을 수 있었네	留得聲名簡冊芳
예물을 하사하시는 은총 입었을 뿐 아니라	不獨受恩蒙賜賚
관직도 이미 문림랑에 이르렀다오	一官先已拜爲郎

510 小年: 『한』 少年.

110. 임경신이 부모의 이름을 빛내다[511] 敬臣顯親(4a)

【본문】

임경신(任敬臣)[512]은 자가 희고(希古)이며 제남(濟南)[513] 사람이다. 다섯 살에 어머니를 여의니, 건강을 해칠 정도로 슬퍼하는 마음이 하늘까지 사무쳤다. 일곱 살에 아버지 임영(任英)에게 여쭈었다.

"어떻게 하면 어머니께 보답할 수 있나요?"

임영이 답하였다.

"명성을 드날려 부모의 이름을 빛내면 된단다."

이에 각심하고 학업에 임하니,[514] 효렴으로 천거되어 저작국 정자(著作局正字)에 제수되었다. 아버지가 돌아가시자 (거상하며) 수차례 기절하니, 계모가 이렇게 타일렀다.

"네가 상을 견뎌내지 못한다면 효라고 할 수 있겠느냐?"[515]

---

511 임경신이 부모의 이름을 빛내다: 『한』, 『언』, 『효』에 수록되지 않았다. 이 편은 『신당서』 권195 효우열전 「임경신전(任敬臣傳)」에서 인용한 것이다. 비슷한 일화가 『속통지』에 수록되어 있다.

512 임경신: 생몰년 미상. 당나라의 효자이자 정치인이다. 학업이 뛰어나 비서감(秘書監) 우세남(虞世南) 등에게 널리 인정받았다. 월왕부(越王府; 李貞) 서각좨주(西閣祭酒), 태자사인(太子舍人) 등에 이르렀다. 『주역』에 능하였고, 이정을 도와 『월왕효경신의(越王孝經新義)』 등을 지었다고 하나 전하지 않는다. 문집으로 『임희고집(任希古集)』이 있다.

513 제남: 『신당서』에는 임경신이 예주(棣州) 사람이라고 되어 있다. 중국 산동성 양신현(陽信縣) 일대의 지명이다.

514 각심하고 학업에 임하니: 『신당서』에 따르면 당시 여남(汝南)의 임처관(任處權)이 그의 문장을 보고는 깜짝 놀라 안회(顏回)에 버금간다며 칭찬하였다. 16세에 자사 최추(崔樞)가 그를 수재(秀才)로 천거하려 하였으나, 스스로 학업이 아직 넓지 못하다며 나아가지 않았고 3년 뒤에 졸업하여 효렴에 응하였다.

515 네가 상을……할 수 있겠느냐: 『예기』 「곡례 상」에 거상하면서 지나치게 슬퍼하다 몸을 훼손시

이에 임경신은 억지로 죽을 들었다. 복상을 마친 뒤, 비서랑(秘書郎)으로 승진하였는데, 쉬는 날에는 늘 문을 닫고 책을 암송하였다. 훗날 관직이 홍문관 학사(弘文館學士)에 이르렀다.

任敬臣, 字希古, 濟南人. 五歲喪母, 哀毁天至. 七歲問父英曰: "若何可以報母?" 英曰: "揚名顯親, 可也." 乃刻志從學, 擧孝廉, 授著作局正字. 父亡, 數殞絶, 繼母曰: "而不勝喪, 可謂孝乎?" 敬臣乃强進饘粥. 服除, 遷秘書郎, 休沐, 輒闔門誦書. 後官至弘文館學士.

【논단】

옛날의 이른바 효라는 것은 그저 살아 계실 때 잘 섬기고 돌아가셨을 때 슬퍼하는 것일 뿐 아니라, 부모의 아름다운 이름이 세상에 알려지게 하는 것을 가장 훌륭하게 여겼다. 살아 계실 때 잘 섬기고 돌아가셨을 때 슬퍼하는 것도 참으로 효라고 할 수 있다. 그러나 만약 독서를 잘하고 행실이 뛰어나 효를 옮겨 충성함으로써 세상에 영달하여 사람들이 그의 훌륭함을 토대로 그 부모의 훌륭함을 미루어 알게 한다면 다행이라고 할 수 있지 않겠는가? 자식이 이렇게 한다면 이것이 바로 부모의 아름다운 이름이 세상에 알려지게 한다는 것이니, 위대한 효가 되는 것이다. 임경신은 다섯 살에 어머니를 여의고 능히 슬픔을 다하였으니, 타고난 효성이

켜서는 안 된다고 말하며, "상을 견뎌 내지 못한다면, 이것은 곧 자애롭지 못하고 효도하지 못하는 것과 같다.[不勝喪, 乃比於不慈不孝.]"라는 표현이 보인다.

자연스럽게 드러난 것이다. 일곱 살에는 어머니께 보답할 것을 생각하여 아버지의 가르침에 따라 학문에 힘써 효렴으로 천거되고 저작의 벼슬을 하였다. 그러다 아버지가 돌아가시자 수차례 기절하였는데, 계모의 타이름에 따라 죽을 먹으며 목숨을 보전하였으니, 과연 부모는 (자식을) 제대로 가르치고 임경신은 그에 따라 부모의 이름을 세상에 알려지게 하였다고 할 수 있도다! 임경신은 관직이 홍문관학사에 이르렀으니, 청요직을 두루 역임한 것은 부모를 섬기는 방법으로써 군주를 섬긴 것이다. 천하 후세가 임경신의 훌륭함으로 인하여 그 부모의 훌륭함을 미루어 알게 하였고, 오래 지나도록 쇠해지지 않았으니 어찌 위대한 효가 아니겠는가? 공자께서는 "입신출세하여 도를 행하고 후대에 명성을 드날려 부모를 드러나게 하는 것이 효도의 끝이다."[516]라고 하셨다. 그런데 저 명성을 드날릴 줄도 모르고 이미 부모가 돌아가셨다 해도 끝내 잊혀져 들리는 바가 없게 하는 자들을 어찌 임경신과 함께 거론할 수 있겠는가? 그러한즉 자식된 자들은 마땅히 공자의 가르침에 따라 임경신을 모범으로 삼아야 할 것이다.

古之所謂孝者, 不獨生事死哀而已, 貴乎有以成其親之令名. 蓋生事死哀, 固可謂孝矣. 若讀書立行, 移孝爲忠, 以顯榮於世, 使人因其美, 而推本其父母之賢, 曰幸哉? 有子如此, 此謂成親之令名, 孝之大者也. 敬臣, 五歲喪母, 而能盡哀, 蓋天性至孝, 出於自然. 七歲卽思所以報其母, 因父之教, 勉於學問, 擧孝廉而官著作矣. 及父亡, 而數殞絶, 因繼母之訓, 乃進饘粥以保其生, 信其父母之能教, 而敬臣之能成其名也! 敬臣官至弘文館學士, 歷職華要, 以其所以事親者事君. 天下後世, 因敬臣之美, 而推本其

516 입신출세하여……끝이다: 『효경』「개종명의장」에서 인용한 것이다.

父母之賢, 至於久而不衰, 豈非孝之大者乎? 孔子曰: "立身行道, 揚名於後世, 以顯父母, 孝之終也." 彼不知所以顯揚之道, 使其親旣沒, 而遂泯泯無聞者, 則豈可與敬臣並論哉? 然則爲人子者, 當服膺孔子之訓, 而以敬臣爲則也. 詩曰:

【찬시】

어머니 여의고 마음 찢어질 듯 그리워하니	親亡哀慕極摧傷
위대한 효는 예로부터 명성을 드날리는 데 달려있다오	大孝由來在顯揚
이로부터 두문불출 부지런히 공부하여	自此下帷[517]勤學問
관직을 얻고 성명도 빛냈다오	拜官因得姓名彰

또

자식이 문학을 잘하여 마침내 영예로운 지위 올랐으니	子能文學遂榮遷
부모의 훌륭함도 미루어 알게 하였네	推本應知父母賢
그저 눈앞의 일에만 골몰하는 사람이라면	若使徒爲眼前事
어찌 부모님을 남들에게 알릴 수 있으리오	二親安得有人傳

517 下帷: 방문을 닫고 열심히 독서하는 행위를 비유한 표현이다.

111. 배경이의 심장이 두근거리다[518] 敬彝心悸(5b)

【본문】

배경이(裴敬彝)[519]는 강주(絳州) 문희(聞喜)[520] 사람이다. 그의 증조부 배자통(裴子通)은 수나라 개황 연간에 태중대부를 지냈는데, 모친상을 치르던 중에 통곡하다 실명하였다. 흰 까마귀가 무덤가의 나무에 둥지를 틀었으며, 그 형제 8인이 모두 효행이 있어 조서를 내려 정표하니, 세상에서 '의로운 배 씨 가문'이라고 불렀다. 배경이가 당초 진왕(陳王)의 전첨(典籤)에 보임되었을 때, 하루는 갑자기 눈물을 흘리며 주변 사람들에게 이렇게 말했다.

"아버지께서 병드시면 나도 늘 심장이 두근거리며 아팠다. 지금 다시 그러하니 사태를 예측할 수 없다."

인하여 급히 길을 재촉하여[521] 돌아갔지만 아버지가 이미 돌아가셨기에, 수척해질 정도로 몸을 훼손시킨 것이 정해진 예법을 넘을 정도였다.

---

518 배경이의 심장이 두근거리다: 『한』, 『언』, 『효』에 수록되지 않았다. 이 편은 『신당서』 권195 효우열전 「배경이전(裴敬彝傳)」에서 인용한 것이다. 비슷한 일화가 『속통지』, 『책부원귀』, 『태평어람』 등에 수록되어 있다.

519 배경이: 생몰년 미상. 당나라의 효자이자 정치인이다. 7세에 이미 문장에 능했고 성품이 신중하여 일가에서 많은 기대와 존중을 받아 그를 감로정(甘露頂)이라고 불렀다. 14세 때, 내황령(內黃令)을 지내던 아버지 배지주(裵智周)가 고을 사람에게 소송을 당하자 배경이가 시어사(侍御史)를 찾아가 억울함을 호소하며 글을 지어 올려 문제를 해결하였고, 이 일로 배경이는 조정의 표창을 받았다. 그밖에 이부시랑(吏部侍郎) 등을 역임하며 능력을 인정받았으나, 측천무후 때 혹리의 무고에 걸려 영남으로 유배되었다가 죽었다.

520 문희: 중국 산시성 문희현(聞喜縣)에 속한 지명이다.

521 길을 재촉하여: 원문의 '배도(倍道)'는 곱절로 길을 빨리 걷는다는 뜻으로 이틀 걸릴 길을 하루에 가는 것을 말한다.

당 고종 건봉[522] 초년(666), 여러 차례 승진하여 감찰어사가 되었다. 어머니가 병들었는데 의원 허인칙(許仁則)이 절름발이라 말을 탈 수가 없었다. 그러자 배경이가 직접 수레를 몰고 가서 맞이하여 왔다. 모친상을 치르는 동안 지나치게 애통해하다 바짝 야위니 조서를 내려 추증하고 비단을 하사하였으며, 관에서는 어머니의 상여를 만들어 주었다. 복상을 마친 뒤, 저작랑 겸수국사, 중서사인, 태자좌서자 등을 역임하였다.

裴敬彝, 絳州聞喜人. 曾祖子通, 隋開皇中, 以太中大夫, 居母喪, 哭喪明. 有白烏巢于冢樾, 兄弟八人, 皆有孝行, 詔書旌表, 世謂義門裴氏. 敬彝初補陳王典籤, 一日忽泣涕, 謂左右曰: "大人疾病, 吾輒心悸而痛. 今復然, 事叵測." 乃請急倍道歸, 而父已卒, 羸毁踰禮. 唐高宗乾封初, 累遷監察御史. 母病, 醫許仁則者, 躄不能乘騎. 敬彝自爲輿往迎. 旣居喪, 哀慟毁瘠, 詔贈縑帛, 官爲作靈轝. 終服, 以著作郎兼脩國史, 歷中書舍人太子左庶子.

【논단】

자식은 부모와 한 몸에서 나뉜 것이니, 숨을 쉴 때에도 기가 반드시 통하게 되어 있다.[523] 이 때문에 부모께 변고가 있으면 자식의 마음이 요동치는 사례를 채순이나 유검루[524]의 일을 통해 잘 알 수 있다. 배경이가

---

522 건봉: 당 고종의 6번째 연호이다. 666년에서 668년까지 사용하였다.

523 자식은 부모와……되어 있다: 『맹자집주』「고자 하」 제3장에 대한 조씨의 주석에 "(자식은 부모의) 슬하에서 태어나 한 몸에서 나뉜 것이니, 숨을 쉬는 것도 기가 부모로부터 통하였기 때문이다.[生之膝下, 一體而分, 喘息呼吸, 氣通於親.]"라는 구절을 활용한 것이다.

524 채순이나 유검루: 『효순사실』 권1 「14. 채순이 오디를 따다[蔡順桑椹]」, 권3 「60. 유검루가

관부에 있을 때 갑자기 심장이 두근거리며 통증이 있기에 아버지에게 질병이 생겼음을 알고 곧바로 길을 재촉하여 귀가하였으나 아버지의 임종을 지키지는 못하였으니, 그 절박한 애통함이 어떠했겠는가? 그러므로 상을 치르는 동안 수척하고 앙상해지도록 건강을 해쳤지만 그 마음을 다 표현하기에는 부족하다고 여겼다. 어머니가 병에 걸리자 직접 수레를 몰고 가서 의원을 맞아 왔으며, 어머니가 돌아가신 뒤에는 아버지를 여의었을 때처럼 서글퍼 하였으니 참으로 그의 효심은 천성에서 비롯된 것이로다. 증조부 배자통이 모친상에 통곡하다 실명한 것은 물론, 그 형제 8인이 모두 효성으로 유명하였고 흰 까마귀가 무덤가 나무에 둥지를 트는 상서가 있었으니, 곧 배경이는 비단 자신을 낳아준 부모께만 효성을 다하였을 뿐 아니라 신대 조상들께도 부끄러움이 없을 것이로다! 수나라와 당나라의 조정에서 그 훌륭함을 표창하고 자신은 높은 벼슬에 오른 것이 마땅하도다!

人子於親, 一體而分, 喘息呼吸, 氣必通焉. 是以親有故而子心動, 若蔡順庾黔婁之事, 可見矣. 裴敬彝在官, 忽心悸而痛, 因知親疾, 輒倍道歸家, 已不及見其父矣, 其哀痛迫切爲何如哉? 故居喪至於羸敗毁瘠, 猶未足以盡其情也. 及母病, 而親自爲輿往迎其醫, 母卒, 而哀戚同於喪父時, 固其孝誠, 本於天性. 然自其曾祖子通哭母喪明, 兄弟八人, 皆爲名孝, 有白烏巢樾之祥, 則敬彝非唯能孝於所生, 抑亦無媿於先世矣! 兩朝褒美, 身受顯職, 宜哉! 詩曰:

정성을 다해 기도하다[黔婁誠禱]」 참조. 이와 비슷한 내용이 권5 「106. 장지관의 말이 거짓이 아니었다[志寬不妄]」의 논단에도 실려 있다.

【찬시】

배 씨 가문의 효의는 이전에는 없었던 일	裵家孝義古來無
일찍이 무덤가 나무에 흰 까마귀 모여들었는데	冢樾曾聞集白烏
증손이 그 훌륭함을 계승하여 다시 알려지니	繼美曾孫仍復見
두 조정에서 내린 은총이 정려문에 빛난다오	兩朝恩寵賁門閭

또

심장이 깜짝 놀라 두근거리는 것은 비상한 일	中心驚悸事非常
길을 재촉해 집으로 돌아오니 아버지 벌써 돌아가셨네	倍道還家父已亡
어머니 아프시자 예를 다해 의원을 모셔오니	母疾迎醫尤盡禮
지금도 역사책에 아름다운 행적이 전해지도다	至今簡冊尙流芳

112. 적인걸이 구름을 바라보다[525] 仁傑望雲(6b)

【본문】

적인걸(狄仁傑, 630~700)[526]은 자가 회영(懷英)이며 병주(幷州) 태원(太原)[527] 사람이다. 병주의 법조참군에 제수되었을 때, 부모는 하양(河陽)에 계셨다. 적인걸은 태항산(太行山)에 올라 외롭게 떠가는 흰 구름을 하염없이 바라보며, 좌우에게 이렇게 말했다.

"우리 부모님 댁이 저 아래에 있다."

한참을 멀리 바라보다 구름이 옮겨가 보이지 않게 된 뒤에야 떠났다. 모친상을 치를 때에는, 흰 까치가 깃드는 이적이 일어났다. 측천무후(則天武后, 624~705)[528] 때, 난대시랑(蘭臺寺郎)에 임명되었다가 다시 동봉각 난대평장사(同鳳閣 鸞臺平章事)에 제수되었다. 당시 무후가 (아들인) 중종(中宗)[529]을

---

525 적인걸이 구름을 바라보다: 『한』에 같은 제목으로 수록되어 있다. 『언』, 『효』에 수록되지 않았다. 이 편은 『신당서』 권115 「적인걸전(狄仁傑傳)」에서 발췌 인용한 것이다. 비슷한 일화가 『속통지』, 『책부원구』에 수록되어 있다.

526 적인걸: 당나라의 정치인이다. 성격이 강직하고 학문에 뛰어나며 청렴하여 사람들의 신망이 두터웠다. 옥사 등을 처결하는 능력이 뛰어났으며 측천무후 시대에 재상으로서 원칙에 입각하여 혼란한 정치를 쇄신하였다. 장간지(張柬之), 환언범(桓彥范), 최현위(崔玄暐) 등 새로운 인재들을 추천하여 현종의 치세를 이끄는 데 기여하였다. 양국공(梁國公)에 추봉(追封) 되어 '적양공(狄梁公)'이라고도 불린다.

527 태원: 중국 산시성 태원시 일대의 지명이다.

528 측천무후: 당 고종의 황후이자 중종의 어머니이다. 남편이 죽은 뒤 중종과 예종(睿宗)을 폐위하고 연호를 천수(天授)로, 국호를 주(周)로 개칭하고 황제를 자칭하여 무려 21년간 섭정하였다.

529 중종: 당나라의 제4대 황제 이현(李顯, 656~710, 재위 705~710)이다. 고종의 7남으로, 고종이 붕어한 뒤 684년 황제에 올랐으나 모후 측천무후가 섭정하다 그를 폐위시키고 여릉왕으로 강등하여 연금시켰다. 705년 신료들에 의해 복위되었으나 황후와 공주 등의 쿠데타에 의해 독살되었다.

폐위하여 여릉왕(廬陵王)으로 강등시키고 방주(房州)로 유배 보낸 뒤, 무삼사(武三思, 649~707)[530]를 후사로 삼고자 하였다. 적인걸은 매번 하늘이 낸 모자간의 정리를 들어 힘써 간언하니, 무후가 잘못을 깨닫고 중종을 맞이하여 다시 태자로 삼았다. 적인걸은 장간지(張柬之, 625~706),[531] 환언범(桓彦範, 653~706)[532] 등을 다시 등용하여 마침내 당나라 황실을 회복시켰다.

狄仁傑, 字懷英,[533] 幷州[534]太原人. 授幷州法曹參軍, 親在河陽. 仁傑登太行山, 反顧見白雲孤飛, 謂左右曰: "吾親舍其下." 瞻望久之, 雲移乃去. 及居母喪, 有白鵲馴擾之異. 武后時, 拜鸞臺侍郎, 復同鳳閣鸞臺平章事.[535] 時后黜中宗爲廬陵王, 居房州, 欲以武三思爲後. 仁傑每以母子天性爲言力諫, 后感悟, 迎中宗復爲太子. 仁傑復進張柬之桓彦範等, 卒復唐室.

---

530 무삼사: 측천무후의 조카이다. 아첨에 능한 간악한 소인배로서, 무후의 절대적 신임 속에 벼슬이 사공(司空)에 이르러 권력을 천단하였다. 훗날 중종의 황후와 간통하여 중종을 독살하였으나 현종(玄宗) 이융기(李隆基)에게 토벌당하여 죽었다. 『신당서』 참고.

531 장간지: 당나라의 정치인이다. 자 맹장(孟將). 적인걸이 그를 재상의 재목이라고 추천하였다. 705년 정변을 일으켜 측천무후를 폐위시키고 그 일당을 몰아내어 당의 사직을 회복하는 데 기여한 공신이다. 천관 상서(天官尙書), 한양군왕(漢陽郡王) 등에 제수되었으나 무삼사의 무고로 인해 귀양 갔다가 죽었다. 『신당서』 권120 「장간지전(張柬之傳)」 참고.

532 환언범: 당나라의 정치인이다. 자 사칙(士則). 적인걸의 추천을 받아 감찰어사 등을 역임하였다. 훗날 장간지와 함께 당나라의 사직을 회복하는 데 기여하였다. 납언(納言), 부양군왕(扶陽郡王) 등에 제수되었으나, 파직되어 실권을 빼앗기고 명주자사(洺州刺史) 등으로 좌천되었다. 환언범도 무삼사의 무고에 연루되어 귀양 갔다가 귀주(貴州)에서 살해되었다. 『신당서』 권120 「환언범전(桓彦範傳)」 참고.

533 字懷英 『한』 없음.

534 幷州: 『한』 없음.

535 拜鸞臺侍郎, 復同鳳閣鸞臺平章事: 『한』 拜平章事.

【본문】

효자가 집에서 부모를 섬길 때에는 아침저녁으로 부모 곁에 있으니 굳이 별도로 생각할 일이 없다. 만일 어쩔 수 없이 타지에서 일하게 되면, 눈에 보이는 모든 것이 감회를 일으켜 무엇을 보더라도 부모를 그리워하는 마음을 자극시키지 않는 것이 없다. 적인걸 같은 자는 당초 법조참군이 되어 자신은 병주에 머물고 부모는 하양에 계셨기에, 따뜻하고 시원하게 살피는 일이나 아침저녁으로 안부를 여쭙는 일[536]을 오래도록 하지 못하여 그리워하는 마음을 놓을 수 없었다. 이에 태항산에 올라 외롭게 떠가는 흰 구름을 바라보며, 부모님 댁이 그 아래에 있다고 말하였다. 부모님 댁은 멀리 떨어져 있어 볼 수 없으나 눈을 들어 구름을 보면 마치 부모님 댁을 보는 듯하였으니, 길은 멀어도 마음은 가까운 것이다. 어찌 잠시라도 부모를 잊었겠는가? 이것이 적인걸이 효자인 이유로써, 신명께서 이 때문에 그의 효성을 드러내신 것이다. 이뿐만이 아니었다. 바야흐로 적인걸이 병주에 있을 때, 같은 부의 참군 정숭질(鄭崇質)[537]이 먼 지역으로 사신으로 가게 되었다. 적인걸은 그의 어머니가 연로하고 병든 것을 안타깝게 여겨 자신이 대신 가겠다고 청하였으니 차마 정숭질이 그 어머니께 만 리 먼 곳으로 이별하는 근심을 끼치게 할 수는 없었기 때문이다. 이는 역시 자신이 부모께 효도하는 마음을 미루어 다른 사람에게도 베푼 것이

536 따뜻하고 시원하게……여쭙는 일: 부모를 향한 자식의 정성 어린 봉양을 가리키는 표현이다. 『예기』 「곡례 상」, "겨울에는 따뜻하게 해 드리고 여름에는 시원하게 해 드리며, 저녁에는 잠자리를 보살펴 드리고 아침에는 문안 인사를 올려야 한다.[冬溫而夏凊, 昏定而晨省]"라는 말에서 나온 것이다.

537 정숭질: 『신당서』에 따르면 당시 정숭질에게 병든 노모가 계셨는데 먼 변경으로 사신을 가게 되어 괴로워하였다. 그러자 적인걸이 장사(長史) 인인기(藺仁基)에게 요정하여 사신이 정숭질 대신 사신 가게 해달라고 하였다.

다. 그 뒤 재상이 되어 사직을 안정시키는 공을 세운 것은 모두 그의 효심을 미루어 나간 결과이니, 지극히 성대하도다!

夫孝子居家以事親, 朝夕在親之側, 無所事於思也. 有不得已而行役于外, 則觸目興懷, 無物不可以動其思親之念也. 若狄仁傑之初爲法曹參軍, 身居幷州, 親在河陽, 以溫淸定省之久違, 懷想思慕之不置. 於是, 因登太行, 見白雲孤飛, 謂親舍其下. 夫親舍遠矣, 不可見矣, 擧目見雲, 如見親舍, 則道遠而心邇. 豈嘗須臾而忘其親哉? 此仁傑之所以爲孝, 故神明有以表其誠也. 不寧惟是. 方仁傑居幷州時, 其同府參軍鄭崇質當使絶域. 仁傑憫其母老疾, 請代其行, 不忍使其貽親萬里之憂. 蓋又能推其孝親之心, 以及人也. 厥後, 身居宰輔, 有安社稷之功, 皆由其孝之所推, 以極其盛歟! 詩曰:

【찬시】

잊지 못하는 그리운 효심은 한이 없어	孝心耿耿[538]思無窮
멀리 하양으로 흘러가는 구름을 바라보네	迢遞河陽入望中
아스라이 흰 구름을 보니 부모님 댁을 가리키는 듯	遙見白雲指親舍
고금에 아직도 적양공의 효심을 말한다오	古今惟說[539]狄梁公

또

538 耿耿: 일편단심, 잊지 못하는 정성 등을 가리킨다.

539 古今惟說: 훗날 적인걸의 이러한 행동을 계기로, 고향에 계신 부모를 그리워하는 자식의 마음을 '망운지정(望雲之情)'이라고 표현하게 되었다.

천고에 위대한 명성 유독 칭송들으니 盛名千古獨稱賢
양공은 충효를 겸비하신 분이기 때문 忠孝梁公獲兩全
그 문하에 도리화가 가득하였으니 種盡滿門桃與李[540]
그들이 붉은 해를 우연에서 꺼내었다오 取將紅日出虞淵[541]

113. 최현위가 가르침을 받들다[542] 玄暐奉教(8a)

【본문】

최현위(崔玄暐, 639~706)[543]는 박릉군(博陵郡) 안평(安平)[544] 사람이다. 젊었

---

540 種盡滿門桃與李: '도리(桃李)'는 적인걸이 천거한 뛰어난 인재를 비유한 것으로, 적인걸이 장간지, 환언범을 비롯한 수십 인을 천거하여 모두 당대의 명신이 되었다. 그러자 어떤 사람이 그에게 "천하의 인재들이 공의 문하에 모두 모였습니다.[天下桃李, 悉在公門矣.]"라고 한 데에서 온 말이다. 『자치통감(資治通鑒)』 권207 당기(唐紀) 「측천성황후 하(則天順聖皇后下)」 참고.

541 取將紅日出虞淵: '우연(虞淵)'은 전설 속 해가 지는 곳이다. 이 시에서 '해[紅日]'는 중종을 비유한 것으로, 적인걸이 천거한 인재들이 중종을 복위시켜 당나라의 사직을 위태로운 지경에서 구해낸 사실을 가리킨다. 여온(呂溫)이 적인걸의 공에 대해 지은 송(頌)에 "우연에서 해를 건져, 함지(咸池)에서 씻으니, 몰래 다섯 용에게 주어 에워싸고 날아가게 하였네.[取日虞淵, 洗光咸池. 潛授五龍, 夾之以飛.]"라고 한 데서 유래하였다.

542 최현위가 가르침을 받들다: 『한』, 『언』, 『효』에 수록되지 않았다. 이 편은 『신당서』 권120 「최현위전(崔玄暐傳)」에서 발췌 인용한 것으로 보인다. 비슷한 일화가 『속통지』, 『가범』, 『소학』 선행 「실명륜(實明倫)」 제23장 등에 수록되어 있다.

543 최현위: 당나라의 정치인이다. 초명은 '엽(曄)', 자가 '현위'였으나 측천무후의 조부와 이름과 같아 피휘하여 자를 이름으로 삼았다. 어려서부터 학행이 뛰어났다. 적인걸을 도와 측천무후를 퇴위시키고 중종을 복위시킨 공로를 인정받아 박릉군왕에 제수된 인물이다. 장간지, 환언범, 경휘(敬暉), 원서기(袁恕己)와 함께 한 이 거사를 '오왕거의(五王擧義)'라고 부른다. 무삼사에 의해 장간지 등과 함께 유배 가다 살해되었다. 『신당서』 참고.

544 안평: 중국 하북성 석가장시(石家莊市)에 속한 지명이다.

을 때 명경과에 합격하여 고릉주부가 되었다. 부친상을 치르면서 예를 극진히 하였더니 제비가 (여막에) 둥지를 틀고는 새끼를 낳아 길렀다. 어머니 노 씨(盧氏)는 덕행이 출중하였는데, 항상 최현위에게 경계하는 말[545]을 가르쳤다. 그 내용이 매우 훌륭하였기에 최현위가 가르침을 받들어 따르니, 청렴하고 신중하다는 칭송받았다. 어머니가 돌아가시자 지나치게 슬퍼하다 건강을 해쳤는데, 감로가 뜨락의 나무에 내렸다. 무후 때, 여러 차례 승진하여 관직이 봉각시랑 평장사에 이르렀는데, 정도를 지키며 아첨하지 않았다. 장간지 등과 함께 장역지(張易之, ?~705) 형제[546]를 주벌하고 중종을 복위시켰으니, 중서령 박릉군공에 제수되고 거듭 박릉왕에 봉해졌다가 죽었다. 시호는 문헌(文憲)이다.

崔玄暐, 博陵安平人. 少擧明經, 爲高陵主薄. 居父喪盡禮, 有燕更巢共乳.[547] 母盧氏有賢操, 常戒訓玄暐, 辭語切至, 玄暐遵奉敎戒, 以淸謹見稱.[548] 母亡哀毁, 甘露降庭樹.[549] 武后時, 累官至鳳閣侍郞平章事, 守正不阿. 與張柬之等, 誅張易之兄弟, 中宗反正, 拜中書令博陵郡公, 尋封博陵王卒. 謚文獻.

---

545 경계하는 말: 최현위의 모친은 자신의 이종사촌인 신현어(辛玄馭)가 "자식이 관직에 있는데 어떤 사람이 와서 궁핍하여 살 수 없다고 말하면 이것은 좋은 소식이다. 그런데 만약 재물이 풍족하여 가벼운 옷을 입고 좋은 말을 탄다고 말하면 이것은 나쁜 소식이다."라고 한 말을 인용하면서 부모를 받들기 위해 출처를 알 수 없는 부정한 재물을 받는다면 도둑과 다를 바 없으므로 관리가 되어 충성과 청렴한 자세를 갖지 않는다면 하늘을 이고 땅을 밟고 살아갈 수 없을 것이라며 경계하였다. 『신당서』, 『소학집주』 참고.

546 장역지 형제: 아우 종지(宗之: 昌宗)와 함께 측천무후를 간병하며 총애를 얻어 정권을 농단하였다.

547 有燕更巢共乳: 『구당서』에는 없고 『신당서』에 나오는 표현이다.

548 遵奉敎戒, 以淸謹見稱: 『구당서』에서 인용한 표현이다. 『신당서』에는 "故玄暐所守以淸白名."이라고 되어 있다.

549 甘露降庭樹: 『구당서』에는 없고 『신당서』에 나오는 표현이다.

【논단】

『효경』에 "(군자는) 부모를 효성으로 섬기기 때문에, 충성을 군주에게 미루어 옮길 수 있는 것이다."[550]라고 하였다. 충효는 두 가지 도가 아니니, 부모께 효도할 수 있는 사람은 반드시 군주에게도 충성할 수 있음[551]을 최현위를 통해 잘 알 수 있다. 최현위가 부친상을 치를 때 예를 극진히 하였더니 제비가 둥지를 틀고 새끼를 낳아 길렀으며, 모친상을 치를 때 지나치게 슬퍼하다 건강을 해쳤는데 감로가 뜨락의 나무에 내렸다. 오직 그 진실한 효심이 지극한 품성에서 비롯되었기 때문에 신명에게 감통하여 상서로운 보응을 받을 수 있었던 것이다. 또 일찍이 어진 어머니의 가르침을 받들어 관직에 있을 때 청렴하고 신중하였다는 칭송을 들었고, 빛나는 요직에 올랐을 때에도 정도를 지키며 아첨하지 않았다. 마침내 장간지 등과 함께 시국을 바로잡는 공을 세워 끊어질 뻔한 당나라 황실을 지속시키고 위태로웠던 중종을 편안히 복위시켰으니, 이것은 부모께 효성을 다하는 한결같은 정성을 확충하여 이룬 결과가 아니겠는가?

經云: '事親孝, 故忠可移於君.' 蓋忠孝非二道, 能孝於親, 必能忠於君, 觀於崔玄暐, 可見矣. 玄暐, 居父喪盡禮, 而燕更巢共乳; 居母喪哀毁, 而甘露降庭樹. 惟其純孝之心, 出於至誠, 故能感通於神明, 而獲休徵之應也. 且夙承賢母之訓, 居官以淸愼稱, 迨登顯要, 守正不阿. 卒與張柬之等, 共

550 부모를 효성으로……있는 것이다: 『효경』「광양명(廣揚名)」에서 인용한 것이다. 부모에 대한 효성이 지극한 사람이 그 도리를 미루어 국가에 충성을 바칠 수 있다는 의미이다.

551 부모께……할 수 있음: 왕직, 『억암문집』 후집(後集) 권11, 「황주사에게 주는 글[贈黃主事序]」에 비슷한 내용이 보인다. "효란 덕의 근본이니, 부모께 효도할 수 있는 사람은 반드시 군주에게도 충성할 수 있는 것이다.[孝者, 德之本, 孝於親, 必能忠於君.]"라는 표현이 보인다.

成匡濟之功, 使唐祚將絶而復續, 中宗旣危而復安, 斯非由孝親一念之誠之所推乎? 詩曰:

【찬시】

상 치르며 예를 극진히 한 최생	居喪盡禮有崔生
수척해지도록 애달파한 것은 지극한 품성에서 나온 것	毁瘠悲哀出至誠
제비가 둥지 틀어 새끼 낳고 감로가 내렸으니	乳燕更巢甘露降
하늘이 상서로운 물건으로 길한 조짐 드러내신 거라오	天敎瑞物表休徵

또

효를 옮겨 충성하는 일 지극히 어려운데	移孝爲忠事至難
당나라 황실을 보필하여 거듭 편안하게 하였다오	匡扶唐室得重安
나라를 중흥시킨 공적을 모두 우러르니	中興功業人皆仰
명성이 역사서에 나란하여 영원히 인멸되지 않으리	名列靑編永不刊[552]

552 不刊: '간(刊)'은 죽간에 쓴 문서에 오류가 있어 삭제하는 것을 가리킨다. '불간'은 변함 없음, 인멸될 수 없음 등의 의미이다.

114. 이일지가 백발이 되다[553] 日知髮白(9a)

【본문】

이일지(李日知, ?~715)[554] 정주(鄭州) 형양(滎陽)[555] 사람으로, 성품이 지극히 효성스러웠다. 진사에 급제한 뒤, 당 중종 신룡(神龍)[556] 초년(705)에 급사중이 되었다. 어머니가 늙고 병들자 (이일지가) 휴가를 청하여[557] 곁에서 병간호하였는데, 며칠 만에 귀밑머리가 하얗게 세버렸다. 어머니는 봉호를 받기 전[558]에 돌아가셨다. 막 장례를 치르는데, 아전이 증직(贈職)과 관련한 황제의 조서[制]를 가지고 오자 이일지가 길에 쓰러져 기절하니, 좌우 사람들이 눈물 흘리며 차마 보지 못하였다. 순찰사 노경(路敬)이 그의 효심을 남몰래 표창하고자 그에게 상황을 글로 올리라고 하였으나, (이일지가) 사양하여 끝내 보고되지 않았다.

---

553 이일지가 백발이 되다: 『한』, 『언』, 『효』에 수록되지 않았다. 이 편은 『신당서』 권116 「이일지전(李日知傳)」에서 발췌 인용한 것이다. 비슷한 일화가 『속통지』, 『책부원구』, 『태평어람』 등에 수록되어 있다.

554 이일지: 당나라의 정치인이다. 측천무후 때 사형승(司刑丞)으로 관직 생활을 시작하였는데, 당시 법령이 엄준하여 밀고하는 풍속이 성행하였으나 이일지는 관대히 처분하였다. 모친상을 마친 뒤, 황문시랑(黃門侍郎), 동중서문하평장사(同中書門下平章事), 형부상서(刑部尙書) 등을 역임하였다. 그러나 만년이 좋지 못했으니 712년에 은퇴한 뒤 전원(田園)을 돌보기보다는 누대와 연못 등을 장식하며 빈객들을 초청하여 오락을 즐겼다. 또한 귀해진 뒤 아들들을 명족과 통혼하려 하여 당시 사람들의 기롱을 들었다. 『신당서』 참고.

555 형양: 중국 하남성 정주시(鄭州市)에 속한 지명이다.

556 신룡: 측천무후가 쓰던 연호인데, 중종이 복위한 뒤에도 계속 사용하였다. 705년부터 707년까지 사용하였다.

557 휴가를 청하여: 원문의 '취급(取急)'은 관원이 개인적 일로 휴가를 청하는 것이다.

558 봉호를 받기 전: 『구당서』에 따르면 어머니를 병간호하던 이일지를 조산대부(朝散大夫)에 가자(加資) 하였는데, 어머니가 명부(命婦)의 읍호(邑號)를 아직 받지 못한 채 죽었다고 되어 있다.

李日知, 鄭州滎陽人, 性至孝. 及進士第, 唐中宗神龍初, 爲給事中. 母老病, 取急調侍. 數日鬚髮輒白. 母未及封而卒. 方葬, 吏乃齎贈制至, 日知殞絶于道, 左右爲泣, 莫能視. 巡察使路敬潛欲表其孝, 使求狀, 辭不報.

【논단】

공자가 증삼에게 "입신출세하여 도를 행하고 후대에 명성을 드날려 부모를 드러나게 하는 것이 효도의 끝이다."[559]라고 하였다. 그러한즉, 관직에 나아가 (군주의) 은혜를 미루어[560] 부모께 이르게 하는 것이 어찌 자식의 지극한 소원이 아니겠는가? 이일지는 진사에 급제하여 급사중의 벼슬을 하였으니, 거의 입신출세하여 도를 행하였다고 할 만하다. 그런데 어쩌다 어머니가 늙고 병들어 휴가를 청해 곁에서 병간호한 지 며칠 만에 귀밑머리가 하얗게 세버렸는가? 어머니는 오래지 않아 병 때문에 끝내 일어나지 못하게 되었으니, 장례를 치르는 도중 아전이 증직과 관련한 황제의 조서를 가지고 왔다. 이일지는 어머니가 생전에 은전을 받지 못하신 것이 애석하여 통곡하다 쓰러져 기절하고 지나는 사람들도 애통해하였으니, 그 절박한 효성이 참으로 가련하도다. 상관이 그의 효심을 표창하고자 그에게 상황을 글로 올리라고 하였으나 사양하여 끝내 보고되지 않

559 입신출세하여……끝이다: 『효경』「개종명의장」, "몸과 머리털, 피부는 모두 부모께 받은 것 함부로 훼손시키지 않는 것이 효도의 시작이요, 입신출세하여 도를 행하고 후대에 명성을 드날려 부모를 드러나게 하는 것이 효도의 끝이다.[身體髮膚, 受之父母, 不敢毁傷, 孝之始也. 立身行道, 揚名於後世, 以顯父母, 孝之終也.]"에서 인용한 것이다.

560 은혜를 미루어: 본문의 '추은(推恩)'은 자손이 받은 은혜를 부모나 조부모에게 미루어 준다는 뜻으로, 자손이 벼슬이 높아지면 그의 부모나 조부모에게 벼슬을 추증하는 것을 가리킨다.

으니, 그가 (효자라는) 명예를 구하여 벼슬길에 나아가려 하지 않았음을 잘 알 수 있다. 이러한 그의 뜻이 참으로 가상하도다.

孔子告曾參, '以立身行道, 揚名顯親, 爲孝之終.' 然則仕宦, 得以推恩及親, 豈非人子之至願乎? 李日知, 登進士第, 仕爲給事中, 庶可以立身行道矣. 奈何以母老病, 請告調侍, 數日而鬢髮遂白? 母尋以疾不起, 將葬, 而吏齎贈制至. 日知念母弗獲生承褒典, 痛哭殞絶, 哀感行路, 其孝誠迫切, 良可憫焉. 及上官欲表其孝, 使求狀而辭不報, 其不肯干譽求進, 可知矣. 此其志可嘉焉. 詩曰:

【찬시】

과거 급제하여 조정에 나아가 벼슬하였는데	已登科第仕朝行
어머니가 오래도록 편찮으심에 마음 아파	母病沉綿意自傷
곁에서 병간호한 지 겨우 며칠 만에	調侍起居才數日
갑자기 귀밑머리가 서리처럼 온통 세었네	忽驚鬢髮總如霜

또

어머니께서 아직 봉호도 받지 못하였는데	堂上慈親未受封
하루아침에 영원히 이별하니 다시 뵐 수 없구나	一朝永訣隔音容
부질없이 추증하라는 조서만 무덤 앞에 두고	空令贈制臨窀穸
애통함으로 쓰러져 기절하니 그 아픔 끝이 없도다	殞絶哀號痛莫窮

115. 장구령에게 상서가 따르다[561] 九齡祥應(10a)

【본문】

장구령(張九齡, 678~740)[562]은 자가 자수(子壽)이며 소주(韶州) 곡강(曲江)[563] 사람이다. 성품이 훌륭하여 부친상을 치르면서 너무 슬퍼하다 건강을 해쳤는데 뜨락의 나무 두 그루의 가지가 서로 이어졌다. 진사에 급제하여 좌습유(左拾遺)가 되었다. 당 현종(唐玄宗)[564] 때, 여러 차례 승진하여 태상소경(太常少卿)이 되었다가 중외로 나가 기주자사(冀州刺史)[565]가 되었다. 그런데 어머니가 고향을 떠나고 싶어 하지 않자 표(表)를 올려 홍주도독

---

561 장구령에게 상서가 따르다: 『한』, 『언』, 『효』에 수록되지 않았다. 이 편은 『신당서』 권126 「장구령전(張九齡傳)」에서 발췌 인용한 것이다. 비슷한 일화가 『속통지』에 수록되어 있다.

562 장구령: 당나라의 문인이자 정치인이다. 7세에 이미 글을 지을 줄 알아 왕방경(王方慶), 장열(張說) 등 문인들의 칭찬을 들었다. 곧고 강직한 성품으로 현종 때 수많은 간언을 올렸으며, 재상이 된 장열이 그를 후대하였다. 중서사인(中書舍人), 비서소감(秘書少監) 집현원학사(集賢院學士), 지원사(知院事) 등 조정의 각종 문서를 작성하는 일을 맡았고, 재상에 이르렀다. 그러나 그의 능력을 시샘한 이림보(李林甫), 우선객(于仙客) 일파로 인하여 황제의 뜻을 거스르게 되는 일이 많아지고, 장구령이 천거한 인재가 그들에게 탄핵되어 유배가는 도중 사망하자, 잘못된 사람을 천거하였다는 이유로 연루되어 형주장사(荊州長史)로 좌천되었다. 이후 글을 짓고 역사서를 읽으며 세월을 보내었다. 오랜 시간이 지나 시흥현백에 봉해졌고 68세를 일기로 병사하였다. 시호는 문헌(文獻)이다. 780년, 덕종(德宗)이 그의 지조와 풍모를 높이 평하여 사도(司徒)에 추증하였다. 장구령의 아들 장승(張拯) 역시 부친상을 치르며 절행을 보였다. 문집으로 『곡강집(曲江集)』이 있다.

563 곡강: 중국 광동성 소관시(韶觀市)에 속한 지명이다.

564 당 현종: 당나라의 제6대 황제 이융기(李隆基, 685~762, 재위 756~762)이다. 연호는 개원(開元)이다. 유능한 관리들을 두루 등용하여 국력이 강성하고 백성들의 삶이 편안하였기에 그의 치세는 '개원지치(開元之治)'라고 칭송받았다. 그러나 양귀비(楊貴妃), 이림보(李林甫) 등이 전횡을 부리고, 755년에 안록산의 반란이 일어나 촉(蜀: 사천)으로 천도하였으며, 757년 장안으로 돌아왔다 병사하였다.

565 기주자사: 당시 어사중승(御史中丞) 우문융(宇文融)이 전법(田法)을 담당하고 있었는데, 장열이 현종에게 건의하여 그의 뜻을 받아들이지 않게 하니, 불만이 쌓인 우문융 일파가 장열과 그의 비호를 받는 장구령 등을 비방하여 거의 죽을 뻔하였다. 이에 장구령은 태상소경(太常少卿)을 거쳐 기주자사로 나간 것이다. 『신당서』 참고.

(洪州都督)으로 바꾼 뒤 계주겸영남안찰선보사(桂州兼嶺南按察選補使)로 옮겼다. 공부시랑 지제고(遷工部侍郎知制誥)로 승진하였는데 어머니를 봉양하기 위해 사직하겠다고 수차례 청하였지만 불허하고, (대신) 그의 아우 장구고(張九皐), 장구장(張九章)을 영남자사(嶺南刺史)에 임명하고 명절마다 청사(廳舍)로 역마(驛馬)를 보내주어[566] 집을 살피게 하였다. 중서시랑(中書侍郎)으로 옮겼을 때 모친상을 당하여 그만두었다. 슬픔을 못 이기고 건강을 해치니 붉은 지초(芝草)가 그의 자리 옆에 피어나고, 흰 비둘기와 흰 참새가 무덤가 나무에 둥지를 틀었다. 탈상한 뒤, 중서시랑 동중서문하평장사(中書侍郎同中書門下平章事)에 보임[567]하였다. (이듬해) 중서령으로 승진하고 시흥현백(始興縣伯)으로 봉하였다. 성묘하러 고향으로 돌아갈 것을 청하였으나, 병으로 숙었다.

장구령은 곧고 바른 말을 잘하여 대신다운 절개가 있었다. 한번은 천추절(千秋節)[568]이 되어 왕족과 대신들이 모두 보배로 장식한 거울[寶鑑]을 바쳤는데, 장구령은 「사감(事鑑)」 10장(十章)을 올려 『천추금감록(千秋金鑑錄)』[569]이라 하였으니, 풍유(風諭)의 의도를 진술한 것이다. 조정에 나아가 의론할 때 반드시 잘잘못을 극력 간언하였으며, 그가 추천하는 사람들은 모두 바른 인재였다. 안록산(安祿山, 703~757)[570]이 당초 범양편교(范陽偏校)로

---

566 역마를 내주어: 원문의 '급역(給驛)'은 먼 지역으로 가는 관리에게 역참의 거마를 내어주는 것을 가리킨다.

567 보임: 『신당서』에 따르면 장구령이 해당 직책에 나아가기를 고사하였으나 불허하였고, 이듬해 중서령(中書令)으로 승진하였다.

568 천추절: 당 현종이 자신의 탄신일인 음력 8월 5일을 '천추절'로 정하고, 그날 왕족과 대신들을 화악루(花萼樓)로 불러 크게 연회를 베풀었다. 이후 황제, 황후, 태자 등의 탄신일을 범칭하게 되었다.

569 천추금감록: 당 현종의 탄신일에 모두 실제 거울을 바치는데, 장구령은 역대 정치의 득실을 내용으로 한 글월을 올려 군주의 감계(鑑戒)로 삼도록 하였다.

570 안록산: 당나라의 무장이다. 본래 성은 강 씨(姜氏)였으나, 일찍 아버지를 여의고 재가한 어머니를 따라 의부의 성을 따랐다. 장수규(張守珪)의 휘하에서 변경을 방비하는 일을 담당하여 당 현종의 신임을 얻었다. 그러나 점차 군력을 장악하니, 양국충(楊國忠)과 장구령을 비롯한 여러

조정에 보고하러 왔는데, 기운이 오만불손하였다. 장구령이 배광정(裴光庭, 676~733)[571]에게 이렇게 말했다.

"유주(幽州)에서 난리가 일어난다면, 바로 이 오랑캐놈[572]일 것이다."

안록산이 해족(奚)[573]와 거란(契丹)을 토벌하다 패하자, 장수규(張守珪, 684~740)[574]가 (패전의 책임을 물어) 체포하여 장안으로 보냈다. 장구령이

"안록산은 이리와 같은 야심을 지닌 자이니, 이 일을 계기로 죽여서 후환을 끊어야 합니다."

라고 하였으나, 현종이 받아들이지 않았다. 훗날 (안록산의 난을 피해) 촉(蜀: 사천)으로 파천해 있을 때, 현종이 그의 충심을 생각하며 소주로 사신을 보내어 제전을 올리고 후한 예물로 그의 집안을 보살폈다. 개원 연간이 지난 뒤, 천하에서는 그를 '곡강공(曲江公)'[575]이라고 존칭하며 이름을 직접 말하지 않았다.

張九齡, 字子壽, 韶州曲江人. 有至性, 居父喪哀毁, 庭中木連理. 擧進士, 爲左拾遺. 唐玄宗時, 累官至太常少卿, 出爲冀州刺史. 以母不肯去鄕

대신들이 반란의 조짐이 있다며 현종에게 미리 처단할 것을 수차례 아뢰었지만, 현종이 듣지 않았다. 755년 음력 11월 10일, 범양(范陽: 현재의 베이징)에서 반란군을 일으켜 남하하였다. 756년, 낙양(洛陽)에서 국호를 '연(燕)'이라 하며 스스로 황제를 참칭하였다. 당 현종이 촉으로 파천하니 장안이 함락되었다. 이후 그의 부하인 사사명(史思明)이 계속하여 반란을 이어가 9년만에 평정되었으나, 이로 인해 당나라가 쇠약해져 멸망하게 되었다. 『신당서』 권255 역신열전(逆臣列傳) 「안록산전(安祿山傳)」 참고.

571 배광정: 당 현종 때 시중 겸이부상서(侍中兼吏部尙書) 등을 역임한 정치인이다.

572 오랑캐놈: 원문의 '호추(胡雛)'는 본래 오랑캐 어린이를 지칭하였다. 전하여 오랑캐를 지칭하는 멸칭이 되었다. 안록산이 이란계 소그드인 부친과 돌궐족 어머니에게서 태어났기 때문에 이렇게 부른 것이다.

573 해: 당나라 때 흉노족이 옛 선비족의 터에 세운 나라이다.

574 장수규: 당나라의 무장이다. 유주절도사(幽州節度使)일 때 안록산을 부하로 받아들이고 그의 무공을 높이 평가하였다.

575 곡강공: 장구령을 가리킨다. 곡강 출신이라 당 현종 때 곡강남(曲江男)에 봉해졌다. 원문의 '불명(不名)'은 이름을 직접 부르지 않음으로써 예우와 존경을 표한다는 의미이다.

里, 表換洪州都督, 徙桂州兼嶺南按察選補使. 遷工部侍郎知制誥, 數乞歸養, 詔不許, 以其弟九皐九章爲嶺南刺史, 歲時聽給驛省家. 遷中書侍郎, 以母喪解. 毁不勝哀, 有紫芝產坐側, 白鳩白雀巢冢樹. 奪哀, 拜中書侍郎同中書門下平章事. 遷中書令, 封始興縣伯. 請還展墓, 病卒. 九齡諤諤, 有大臣節. 嘗遇千秋節, 王公並獻寶鑑, 九齡上『事鑑』十章, 號『千秋金鑑錄』, 以伸諷諭. 立朝, 議論必極言得失, 所引必正人. 安祿山初以范陽偏校入奏, 氣驕蹇. 九齡謂裴光庭曰: "亂幽州者, 此胡雛也." 及討奚契丹敗, 張守珪執如京師. 九齡曰: "祿山狼子野心, 宜卽事誅之, 以絶後患." 玄宗不從. 後在蜀, 思其忠, 遣使祭于韶州, 厚恤其家. 開元後, 天下稱曰曲江公而不名.

【논단】

부모는 자식을 낳아 사랑으로 길러주시며 한순간도 마음에서 잊지 않으시니,[576] 그 깊은 은혜는 하늘처럼 한량없다.[577] 자식된 자가 어떻게 해야 그 은혜를 갚을 수 있을까? 맹자는 "위대한 효는 평생토록 부모를 사모하는 것이다."[578]라고 하였고, 공자는 증자에게 "효도란 처음에는 부모를 섬기고 중간에는 군주를 섬기며 마지막에는 입신양명하는 것이다."[579]

576 부모는 자식을……잊지 않으시니: 『맹자집주대전』의 주석에 "부모는 자식을 위해 이로운 데로 나아가게 하고 해로움을 피하게 하니 한 순간도 마음에서 잊은 적이 없다.[夫父母之於子, 爲之就利避害, 未嘗頃刻而忘于懷.]"라는 구절을 활용한 것으로 보인다.

577 부모는……한량없다: 『시경』 소아 「육아(蓼莪)」, "아버지 나를 낳으시고, 어머니 나를 기르셨네. 나를 어루만져 기르시며, 자라게 하셨네. 돌아보고 또 살피시며, 드나듦에 나를 안으셨네. 그 은혜 갚으려 해도 하늘처럼 한량없네.[父兮生我, 母兮鞠我. 拊我畜我, 長我育我. 顧我復我, 出入腹我. 欲報之德, 昊天罔極.]"라는 구절을 변용한 것이다.

578 위대한……사모하는 것이다: 『맹자』 「만장 상」 제1장에서 인용한 것이다.

579 효도란……입신양명하는 것이다: 『효경』 「개종명의장」에서 인용한 것이다.

라고 하였으니, 장구령으로 말하자면 거의 그것을 이루었도다! 장구령은 부친상을 치르면서 너무 슬퍼하다 건강을 해쳤는데, 뜨락의 나무 두 그루 가지가 서로 이어지는 상서가 나타났다. 환로에 오른 뒤에는 차마 어머니와 멀리 떨어질 수 없어 수차례 어머니를 봉양하기 위해 사직하겠다고 청하였다. 황제가 비록 불허하였으나, 두 아우를 가까운 고을의 장관이 되게 하였고 또한 명절 때마다 청사로 역마를 보내주어 살피게 하였다. 모친상을 치를 때에는 지초와 비둘기, 참새가 아울러 모여들어 감응을 드러내었다. 조정에 나아가서는 충직하게 곧은 말을 하여 조회하면서 바른 말로 간언하니, 군주를 사랑하고 나라를 걱정하는 마음을 늘 못내 잊지 못하였다. 이에 당시에는 높은 봉작을 받고, 그 명성이 대대로 전해져 역사서에 환히 드러나며 천년이 지나도 인멸되지 않았으니, 시종일관 효도를 극진히 한 사람 중에 그보다 더 뛰어난 사람이 누가 있겠는가?

父母之於子也, 鞠育撫字, 未嘗頃刻而忘于懷, 恩德之深, 昊天罔極. 爲人子者, 若之何而報之哉? 鄒孟子有言: "大孝, 終身慕父母." 孔子告曾子曰: "夫孝, 始於事親, 中於事君, 終於立身." 若張九齡, 其庶幾乎! 九齡, 居父喪哀毁, 而有庭木連理之祥. 及登仕途, 不忍遠離其母, 數乞歸養. 詔雖不許, 而得官其二弟於近州, 且歲聽給驛以省. 及喪母而芝草鳩雀, 復駢臻以表其應焉. 若夫立朝蹇諤, 遇事規諫, 愛君憂國之念, 拳拳不忘. 於是, 受封爵於當時, 流聲名於奕世, 昭著史冊, 千載不磨, 始終能盡其孝者, 孰有過於此乎? 詩曰:

【찬시】

평생의 효성에 하늘도 감동하시어　平生孝義感天知
기이한 상서를 내려 효심을 표창하셨네　天産奇祥表孝思
흰 참새 흰 비둘기가 무덤가 나무에 둥지를 틀고　白雀素鳩巢冢樹
붉은 지초는 선명하며 나무는 가지가 이어졌다지　紫芝燁燁木連枝

또

신하 되어 효를 옮겨 충성하였으니　爲臣移孝却爲忠
조정에서 강직하게 간언하며 곧은 풍질 보였다오　侃侃當朝著直風
아직도 『천추금감록』 남아있으니　猶有千秋金鑑錄
지금도 사람들이 곡강공이라 칭송한다네　至今人誦曲江公

116. 허법신이 근심하는 기색을 띠다[580] 法愼憂色(11b)

【본문】

허법신(許法愼)[581]은 창주(滄州) 청지(淸池)[582] 사람이다. 세 살에 이미 지각이 있었다. 당시 어머니가 병으로 젖을 먹이지[583] 못하자 어둑어둑 근심하는 기색을 띠었다. 어떤 사람이 맛있는 떡을 주며 억지로 달래려 하였는데 늘 먹지 않고 돌아와 어머니께 드렸다. 훗날 모친상을 당하자 무덤가에 여막을 치고 사니, 감로·가화(嘉禾)[584]·영지·가지가 잇닿은 나무·흰 토끼 등의 상서가 있었다. 당 현종 천보(天寶)[585] 연간에 그의 가문에 정표하였다.

許法愼, 滄州淸池人也. 甫三歲, 已有知. 時母病, 不飮乳, 慘慘有憂色. 或以珍餌詭悅之, 輒不食, 還以進母. 後親喪, 常廬于塋, 有甘露嘉禾靈芝木連理白兎之祥. 唐玄宗天寶中, 表異其門.

---

580 허법신이 근심하는 기색을 띠다: 『한』, 『언』, 『효』에 수록되지 않았다. 이 편은 『신당서』 권195 효우열전 「허법신전(許法愼傳)」에서 인용한 것이다. 비슷한 일화가 『속통지』에 수록되어 있다.

581 허법신: 생몰년 미상. 당나라의 효자이다. 자세한 행적은 전하지 않는다.

582 청지: 중국 하북성 창주시(滄州市) 일대의 지명이다.

583 먹이지: 원문의 '음(飮)'은 사람에게 먹이다, 목을 축이게 하다, 마시게 하다 등의 의미이다.

584 가화: 이삭이 많이 달린 벼 혹은 서로 다른 곳에서 자란 두 벼의 싹이 맞붙어 이삭을 맺은 것으로, 상서로운 징조이다.

585 천보: 당 현종의 연호이다. 724년에서 756년까지 사용하였다.

【논단】

아아! 자식된 도리로 효보다 더 중요한 것은 없다. 그러나 효도하는 방법은 외부에서 오는 것이 아니니 역시 억지로 시켜서 할 수 있는 것이 아니라 한결같이 자연스러운 인심에서 우러나와야 하는 것이다. 허법신을 보면, 젖먹이 때부터 이미 지각이 있었다는 점에서 유독 남들과 달랐다. 당시 어머니가 병에 걸려 젖을 먹이지 못하자 항상 근심하는 기색을 띠었으니, 이는 하늘의 이치와 떳떳한 본성이 양심에서 자연스럽게 발현된 결과라 막으려야 막을 수 없는 것이다. 맹자가 "사람이 생각하지 않고도 아는 것이 양지이고, 배우지 않고도 잘하는 것이 양능이다."[586]라고 하였으니, 이는 허법신을 두고 한 말이 아니겠는가? 그 뒤 어머니가 돌아가시자 무덤 곁에 여막을 치고 사니, 감로·영지·흰 토끼 등 여러 이물이 연달아 나오며 상서를 드러내니, 어찌 그의 효성에 감응한 소치가 아니겠는가? 요즘 세상 사람 중에는 어려서부터 장성한 뒤까지 망연히 부모를 섬길 줄 모르는 자들이 있으니, 참으로 탄식할 만한 일이도다! 참으로 탄식할 만한 일이도다!

嗚呼! 人子之道, 莫大於孝. 然爲孝之道, 不自外至, 亦非有所使而爲之者, 一本於人心之自然. 觀許法愼, 當乳哺之年, 卽有知覺, 獨異於人. 方値母病, 卽不飮乳, 恒有憂色, 此天理民彞自然發見於良心, 有不可遏者矣.

586 사람이……양능이다: 『맹자』 「진심 상」 제15장에서 인용한 것이다. 『맹자』에는 두 문장의 순서가 바뀌어 있다. 뒤이어 2절에서는 "어린아이 중에 자기 부모를 사랑할 줄 모르는 경우는 없으며, 자라서는 자기 형을 공경할 줄 모르는 경우는 없다.[孩提之童, 無不知愛其親也; 及其長也, 無不知敬其兄也.]"라고 하였다.

孟子曰: "人之所不慮而知者, 其良知也; 所不學而能者, 其良能也." 斯法慎之謂歟? 其後親沒, 廬于墓側, 乃致甘露靈芝白兎諸物之異, 聯生並出而薦其瑞者, 豈非以其孝誠之所感乎? 世之人, 有自幼至長, 罔然不知事親之道者, 其可嘆也夫! 其可嘆也夫! 詩曰:

【찬시】

세 살짜리 효자를 그 누구가 따라오랴 三歲孩童孰與儔
어머니 편찮으시자 마음 깊이 근심하니 一逢母病卽心憂
그저 맛난 떡을 주며 달래려 해도 徒將珍餌來相悅
어머니가 낫지 않으시니 슬픔을 그치지 않았네 母不痊安戚不休

또

어머니 잃고 여묘살이 하며 너무나 애달파하니 母喪廬墓重哀情
한 점 양심은 지극함 품성에서 비롯된 것 一點良心出至誠
여러 상서가 감응하였을 뿐 아니라 不獨諸祥能感應
그날로 가문에 정표까지 하셨다오 門閭卽日見褒旌

117. 후지도가 무덤에서 통곡하다[587] 知道哭墓(13a)

【본문】

후지도(侯知道)[588]는 영주(靈州) 영무(靈武)[589]사람이다. 부모상을 치를 때 땅을 뚫어 광(壙)을 파는 일 모두 몸소 고생하며 했다. 마을 사람이 도우려 하면 울면서 거절하였다. 무덤 곁에 여막을 치고 살며 절제하지 않고 통곡하기를 7년간 지속하니, 먼지가 머리에 쌓일 정도였다. 한밤중에 무덤을 어루만지며 발을 동동 구르면서 곡하니 날짐승, 길짐승들도 슬피 울부짖었다. 당시 마을 사람 정구라(程俱羅)[590]의 효행도 후지도와 차이가 없었는데, 이화(李華, 714~774)[591]가 「이효자찬(二孝子贊)」[592]을 지어 (이들의 효행을) 드러냈다.

侯知道, 靈州靈武人. 居親喪, 穿塚作壙, 皆身執其勞. 鄕人助者, 卽哭

587 후지도가 무덤에서 통곡하다: 『한』, 『언』, 『효』에 수록되지 않았다. 이 편은 『신당서』 권195 효우열전 「후지도전(侯知道傳)」에서 인용한 것이다. 비슷한 일화가 『속통지』에 수록되어 있다.

588 후지도: 생몰년 미상. 당나라의 효자이다. 자세한 행적은 전하지 않는다.

589 영무: 중국 영하(寧夏) 회족자치구 오충시(吳忠市) 일대의 지명이다.

590 정구라: 생몰년 미상. 후지도와 같은 마을에 살던 효자로, 『신당서』 「후지도전」에 부기되어 있다. 부모가 돌아가시자 절제하지 않고 울며 통곡하기를 3년간 지속하였다고 전한다.

591 이화: 당나라의 문인으로 자는 하숙(遐叔), 숙문(叔文)이다.

592 이효자찬: 이화가 지은 「이효찬 병서(二孝贊 幷序)」가 『신당서』, 『당문수(唐文粹)』, 『문원영화(文苑英華)』 등에 실려 전한다. 그 중 후지도에 대한 찬은 "지극하도다! 후 씨여! 부모를 잃은 깊은 상처가 아픈데 손발에 굳은살 배기도록 높은 무덤을 만들었구나. 어두운 밤 광풍 몰아쳐 귀신이 임한 듯해도, 통곡 소리 변함없어 푸른 하늘까지 울려 퍼지네.[至哉侯氏, 創巨病殷. 手足胼胝, 以成高墳. 夜黑飄動, 如臨鬼神. 哭無常聲, 迴徹蒼旻.]"라고 되어 있다.

而御之. 廬墓次, 哭泣無節, 七年不止, 垢塵積首. 率夜半撫墳, 踊而哭, 鳥獸爲悲號. 時邑人程俱羅孝行, 不異知道, 李華作二孝贊以表之.

【논단】

부모의 상을 치를 때 자식은 마땅히 최선을 다해야 한다. 만일 여기에 마음을 다 쓰지 않는다면 어디에 마음을 쓰겠는가? 후지도로 말할 것 같으면 거의 최선을 다하였다고 할 수 있다. 무덤이란 부모의 시신이 안치되는 곳이다. 봉분을 쌓을 때 삼가지 않으면 특별히 기울거나 허물어지는 근심이 생기므로, 광을 파고 무덤을 만드는 일을 기필코 몸소 고생스레 하였으니, 힘껏 최선을 다하였다고 할 만하다. 무덤 곁에 여막을 치고 살면서 7년간 곡읍하고, 한밤중이 되어 무덤을 어루만지면서 통곡할 때마다 날짐승, 길짐승도 슬피 울부짖으니, 슬픔을 다하였다고 할 만하다. 밖으로는 힘껏 최선을 다하여 다른 사람에게 (힘을) 빌리지 않으며, 안으로는 슬픔을 다하여 짐승들도 능히 감동시켰으니 진실한 효성이 지극하도다. 옛날, 자공이 공자에게 상례에 대해 묻자 공자가 "공경함이 최상이고, 슬퍼함이 그 다음이다."[593]라고 하였는데, 후지도는 이 두 가지에 모두 최선을 다하였도다! 당시 정구라라는 사람이 있었는데, 그의 효행도 후지도와 같았으니 어찌 효제의 덕이 모든 사람의 마음에 동일하게 들어 있다

593 공경함이……다음이다: 『예기』「잡기 하」에서 인용한 것이다. 자공이 공자에게 부모의 상에 거상하는 예를 묻자 이와 같이 대답하고 계속해서 "건강을 해치는 것이 최하이니, 안색을 그 마음에 걸맞게 하며 슬퍼하는 모습을 그 상복에 걸맞게 해야 한다.[瘠爲下, 顔色稱其情, 戚容稱其服.]"라고 하였다.

고 하지 않겠는가? 이화가 찬을 지어 두 사람을 모두 칭송한 것이 당연하도다.

父母之喪, 人子所當自盡也. 蓋於此不用其情, 則烏乎用其情? 若侯知道, 庶幾其能自盡矣. 夫塚墓, 所以安親之體魄也. 不謹於封築之時, 則特有傾圮之患, 故其穿壙作塚, 必身執其勞, 可謂能盡其力者矣. 廬於墓側, 哭泣七年, 每夜半撫墳而哭, 鳥獸亦爲之悲號, 可謂能盡其哀者矣. 外盡其力, 而不假乎人; 內盡其哀, 而能感乎物, 此誠孝之至也. 昔者, 子貢問喪於孔子, 孔子曰: "敬爲上, 哀次之." 知道其兼盡者歟! 當時有程俱羅者, 其孝行亦與知道同, 豈非孝弟之德, 人心之所同有哉? 宜乎李華作贊以並美之也. 詩曰:

【찬시】

부모님 묻기 위해 새로 무덤을 쌓으니	新起高墳爲葬親
견고하고 튼튼하기만 생각할 뿐 수고는 마다치 않네	但圖堅久敢辭勤
고생스레 흙 져 날라 잇따라 봉분을 쌓음에	苦辛負土頻封築
이웃의 도움도 거절했다오	不用鄉隣助力人

또

한밤중에 무덤 앞에서 발 구르며 통곡할 때	夜半墳前哭踊時
빈 산에 짐승들도 슬피 울부짖었네	空山鳥獸亦號悲

당시에 정구라라는 효자도 있었으니 當年更有俱羅者
천고토록 사람들이 두 효자의 이야기를 전한다오 千古人傳二孝詞

118. 가순에게 상서가 나타나다[594] 賈循致瑞(14a)

【본문】

가순(賈循, ?~755)[595]은 경조(京兆) 화원(華原)[596]사람으로, 그의 선조는 상산(常山)에 세거하였다. 아버지 가회(賈會)[597]는 높은 절조가 있었으니, 부모를 여의자 흙을 져 날라 무덤을 만들고 그 곁에 여막을 치고 살며 손수 소나무와 측백나무를 심었으니, 당시 사람들이 그를 '관중의 증자[關中曾子]'라고 불렀다. 그가 죽은 뒤 고을 사람들이 그에게 '광효징군(廣孝徵君)'[598]이라는 시호를 붙여주었다. 가순은 원대한 지략이 있었으니, 당나라

594 가순에게 상서가 나타나다: 『한』, 『언』, 『효』에 수록되지 않았다. 이 편은 『신당서』 권192 충의열전 「가순전(賈循傳)」에서 인용한 것이다. 비슷한 일화가 『속통지』에 수록되어 있다.

595 가순: 당나라의 무인이다. 예부상서 소정(蘇頲)에게 능력을 인정받아 그의 휘하에서 열장(列將)이 되었으며, 서산에서 토번(吐蕃)을 격퇴하는 데 참여하였다. 지략이 뛰어나 각종 전투에서 상황을 예측하고 계략을 내어 군공을 많이 세웠다. 안록산의 난이 일어났을 때, 가순은 안록산의 근거지인 범양의 절도부사로 있었다. 안록산에게 반기를 든 안고경(顏杲卿)이 가순과 접촉하여 당나라에 귀의하고 함께 안록산의 소굴을 토벌하기로 하였으나 모의가 발각되어 살해되었다. 안동부대도호(安東副大都護), 박릉군태수(博陵郡太守) 등을 역임하였다.

596 화원: 중국 섬서성 동천시(銅川市)에 속한 지명이다.

597 가회: 생몰년 미상. 절조가 뛰어나, 일찍부터 병을 핑계로 관부의 천거나 초빙 등에 나아가지 않았기에 고을에서 그를 '일룡(一龍)'이라고 불렀다고 전한다. 『신당서』 참고.

598 광효징군: 징군은 조정의 초빙에 나아가지 않고 사는 은자이다.

의 예부상서 소정(蘇頲, 670~727)[599]이 항상 그에게

"지금 세상의 염파(廉頗)와 이목(李牧)[600]이로다!"

라고 하였다. 안록산이 겸하동절도사로 있을 때, 가순도 겸안문태수 하동부사(河東副使)가 되었다. (그 때) 어머니가 돌아가시어 한창 장례를 치르는데 집에 있던 마른 뽕나무가 밤사이에 다시 살아나고 지초가 북쪽 담벼락에 피어나니 사람들이 모두 상서로운 조짐이라고 여겼다. 현종은 가순이 변방을 잘 수비한 공로가 있다며 조서를 내려 그의 부친을 상산태수(常山太守)로 추증하였다. 안록산이 반란을 일으키자 가순에게 유주를 지키도록 파견하였는데, 안고경(顔杲卿, 692~756)[601]이 그를 불러 적의 소굴을 소탕하자고 하였고, 고순도 허락하였다. 그러나 향윤객(向潤客) 등에게 그 모의가 발각되어 적들이 목을 매달아 죽였다. 덕종(德宗)[602] 건중(建中) 2년(781), 태위(太尉)로 추증하였며 시호는 충(忠)이다.

賈循, 京兆華原人, 其先家常山. 父會有高節, 親亡, 負土成墳, 廬其左,

---

599 소정: 당나라의 정치인이자 문인이다. 자는 정석(庭碩)이다. 현종 때 재상을 지냈으며, 허국공(許國公)에 봉해졌다. 문학을 잘하여 연국공(燕國公)에 봉해진 재상 장열과 함께 '연허대수필(燕許大手筆)'로 병칭되었다.

600 염파와 이목: 원문의 '파목(頗牧)'은 염파와 이목을 병칭한 것이다. 염파와 이목은 전국 조(趙)나라의 유능한 명장이다. 염파는 제(齊), 연(燕) 등을 대파하고 진(秦)의 공격으로부터 조나라를 굳게 지켜 평신군(平信君)에 봉해졌다. 이목은 흉노족이 조를 침입하지 못하도록 변방을 굳건하게 방비하였다.『사기』「염파인상여열전(廉頗藺相如列傳)」 참고.

601 안고경: 당나라의 충신이다. 안지추(顔之推)의 5대손이다. 안록산이 반란을 일으킬 당시 상산태수로 있었다. 안록산에게 반기를 들기 위해 종제(從弟)이자 서예의 대가인 안진경(顔眞卿)과 함께 거병하였는데 하북 17개군에서 그에게 호응하였다. 안고경은 반란군의 근거지인 범양을 담당하던 가순과 합세하는 등 안록산에게 압박을 가했다. 이때 안록산의 부하 사사명의 군대가 기습하였는데, 안고경이 태원 절도사(太原節度使) 왕승업(王承業)에게 지원을 요청하였으나 군공을 탐낸 그의 오판으로 인해 결국 포로로 잡혔고 낙양으로 보내졌다. 혀를 끊어내는 갖은 고문에도 반란을 꾸짖다 능지처참 당하였다. 사후 태자태보(太子太保)에 추증되었으며, 시호는 충절(忠節)이다.『신당서』 권192 충의열전 「안고경전(顔杲卿傳)」 참고.

602 덕종: 당나라의 제9대 황제 이괄(李适, 742~805, 재위 764~779)이다. 수도 장안(長安)을 중심으로 상업을 융성하게 하며 황제권을 강화하려 하였다. 건중은 그의 첫 번째 연호로, 780년에서 783년까지 쓰였다.

手蒔松柏, 時號關中曾子. 旣卒, 縣人私謚曰廣孝徵君. 循有大略, 唐禮部尙書蘇頲, 嘗謂: "今之頗牧!" 安祿山, 兼節度河東, 而循亦兼鴈門太守副之. 母亡將葬, 宅有枯桑, 一夕再生, 芝出北墉, 人以爲瑞. 玄宗以循嘗守邊有功, 詔贈其父常山太守. 祿山反, 使循守幽州, 杲卿招之以傾賊巢穴, 循許可. 爲向潤客等發其謀, 賊縊之. 德宗建中二年, 贈太尉, 謚曰忠.

【논단】

충성과 효성은 신하와 자식의 가장 큰 절개이니, 충성스럽지 않으면 신하가 될 수 없고, 효성스럽지 않으면 자식이 될 수 없다. 집에 있을 때 효도하므로 군주를 섬길 때 충성을 다할 수 있는 법이다. 가순을 보건대, 신하와 자식된 도리에 최선을 다한 자라고 할 만하다. 가순의 아버지 가회는 부모상을 치를 때 효도를 극진히 하였으므로 살아서는 증자라는 칭송을 듣고 죽어서는 징군이라는 시호를 받았다. 가순은 어머니가 돌아가시어 한창 장례를 치를 때 감응한 바가 더욱 기이했다. 무릇 식물이 이미 마르거나 시든 뒤에는 다시 싹을 틔우지 않는 법인데 마른 뽕나무가 다시 살아났다. 북쪽 담벼락은 땅이 (그늘져) 차가워 생기(生氣)가 거의 없이 삭막한 법인데 지초가 혼자 피어나니 이것이 어찌 통상적인 이치이겠는가? 그의 효심이 천지에 통했기 때문에 이러한 감응이 나타난 것이다. 안록산이 반란을 일으켰을 때 유주로 옮겨 방비하면서 안고경의 초청에 부응하려 하였는데, 졸지에 간악한 사람에게 발고되어 끝내 적들에게 죽임을 당하였으니, 그 지조가 참으로 애석하도다. 그러나 가순은 비록 공을 이루지 못하고 죽었을지언정, 그 충의의 마음은 밝은 해와 같았다. 당시 그가 변방에서 세운 공을 갚기 위해 관직을 추증하고 시호를 내린 것은 당연하니, 가순은 역시 유감이 없을 것이로다. 증자는 "효란 (나라에서) 군주를 섬기는 도리가 된다."[603]라고 하였다. 가순이 충으로써 군주를 섬긴 것은 역시 효에서 비롯된 것이 아니겠는가? 신하와 자식된 자가 마땅히 힘써야 할 바를 몰라서야 되겠는가?

忠孝, 臣子之大節也, 非忠不可以爲臣, 非孝不可以爲子. 惟其居家孝, 故其事君忠. 觀於賈循, 可謂能盡臣子之道矣. 循之父會, 嘗居親喪, 克盡孝道, 故其生獲曾子之稱, 死有徵君之謚. 及循母歿將葬, 所感尤異. 夫物旣凋瘁, 無復萌蘖, 而枯桑再生. 北墉地寒, 生意索然, 而芝草獨出, 此豈理之常哉? 由其孝通天地, 故所應如此. 及祿山爲亂, 移守幽州, 將赴杲卿之招, 卒爲姦人所發, 而遂死於賊, 其志誠可悲矣. 然循雖未及成功而死, 其忠義之心, 有如皎日. 是宜當時醻其邊功, 贈官錫謚, 循亦可以無憾焉. 曾子曰: "孝者, 所以事君也." 循之忠以事君, 非本於孝乎? 爲人臣子者, 可不知所勉哉? 詩曰:

【찬시】

아비는 효도를 극진히 해 증삼에 비견되고	父能盡孝比曾參
자식은 어머니 장례에 정성을 다하였네	子葬慈親更竭忱
고목에 다시 싹 트고 지초가 우뚝 솟아나니	枯木再萌芝特出

603 효란……도리가 된다: 『대학장구』 전9장에서 인용한 것이다.

사람들이 지금까지 지극한 효행을 전하네	人傳至行到如今

또

안록산이 반란하던 날 변방을 지켰는데	祿山叛日守邊城
안고경에게 호응하다 해를 입었구나	遇害惟因應杲卿
충효를 평생 겸비하였으니	忠孝一生能兩盡
시호와 추증의 광영이 지금까지 빛나도다	至今謚贈有光榮

119. 허백회에게 비를 내려주다[604] 伯會感雨(15b)

【본문】

허백회(許伯會)[605]는 월주(越州) 소산(蕭山)[606] 사람이다. 효렴으로 천거되었으며, 당 숙종(唐肅宗)[607] 상원(上元) 연간에 형양박사(衡陽博士)가 되었다.

---

604 허백회에게 비를 내려주다: 『한』, 『언』, 『효』에 수록되지 않았다. 이 편은 『신당서』 권195 효의열전 「허백회전(許伯會傳)」에서 인용한 것이다. 비슷한 일화가 『몽구(蒙求)』, 『속통지』 등에 수록되어 있다.

605 허백회: 생몰년 미상. 당나라의 효자이다. 자세한 행적은 전하지 않는다. 일설에 그가 진(晉)나라 때의 고사(高士) 허순(許詢, 자 현도(玄度))의 12대손이라고 전한다.

606 소산: 중국 절강성 항주시(杭州市)에 속한 지명이다.

607 당 숙종: 당나라의 제7대 황제 이형(李亨, 711~762, 재위 756~762)이다. 수도 장안(長安)을 중심으로 상업을 융성하게 하며 황제권을 강화하려 하였다. 상원은 그의 세 번째 연호로, 760년 윤4월부터 761년 9월까지 쓰였다.

어머니를 여의자 흙을 져 날라 무덤을 만들었으며, 솜옷으로 추위를 막지 않았고 간이 된 맛있는 음식을 먹지 않았다. (어느 날) 들에 불이 나서 묘역의 숲으로 다가오기에 하늘을 향해 슬피 부르짖으니 갑자기 비가 내려 불이 꺼졌다. 당시 가뭄이 들었는데 여막 앞에 샘이 솟아나고 지초가 여러 차례 돋았다.

許伯會, 越州蕭山人. 擧孝廉, 唐肅宗上元中爲衡陽博士. 母喪, 負土成墳, 不御絮帛, 不甘滋味. 野火將逮塋樹, 悲號于天, 俄而雨至火滅. 歲旱, 泉湧廬前, 芝草屢生.

【논단】

효행으로 이 세상에 명성을 떨친 자는 반드시 부모를 지극히 섬김에 처음부터 끝까지 한 가지 일에도 마음을 다 쓰지 않는 경우가 없다. 만일 효행에 미진한 부분이 있으면 비록 사람을 감동시키려 해도 오히려 불가능한데, 하늘은 오죽하겠으며, 귀신은 오죽하겠는가? 허백회는 처음에 고향에서 효렴으로 천거되고 다시 유관(儒官)으로 녹용(錄用)되었으니, 평소의 행실이 참으로 칭송받기에 충분했다. 묘역을 조성하는 일로 말하자면 그 누가 다른 사람의 힘을 빌리지 않겠는가마는, 허백회는 무덤을 만들며 몸소 흙을 져 나르는 수고를 마다하지 않았다. 또한 상을 치름에 예를 극진히 하며 차마 입고 먹는 것을 풍족하게 하지 않았으니, 지극한 효성의 마음은 저절로 그만둘 수 없는 것이다. 묘역의 숲이 막 불탈 뻔하자 하늘에서 비를 내려 불을 꺼주고, 가뭄이 심해 물이 마르자 땅에서 샘이 솟아나며 신령한 지초가 여막 앞에 생겨났다. 이러한 일은 진실로 사람의 힘으로 그렇게 할 수 있는 것이 아니라, 모두 천지와 귀신이 그의 효성에 감응하여 아름답고 상서로운 징조로 여러 차례 기이함을 드러내 보인 것이다. 아! 부모상에는 마땅히 최선을 다해야 하거늘 자식된 자들 중에 허백회처럼 행동하는 자가 몇이나 되는가? 신명의 보응은 참으로 거짓이 아니로다!

人以孝行得成名於斯世, 必其事親之至, 自始至終, 無一事之不用其情也. 設使孝行有所未至, 雖欲感動於人, 且猶不可, 而況於天乎? 況於鬼神乎? 許伯會, 始以孝廉擧於其鄕, 而又齒爲儒官, 平居之所爲, 固有足稱者矣. 若其塋塚之役, 孰不假力於人, 而伯會之成墳, 躬自負土, 不憚勤勞. 又能居喪盡禮, 而不忍服食甘美, 蓋至孝之心有不能已者. 彼塋樹將焚, 而天雨爲之滅火; 歲旱水涸, 而地乃湧泉, 與夫靈芝之生于廬前. 固非人力得以爲之, 皆天地鬼神感于孝誠, 而休嘉之徵屢表異焉. 吁! 親喪固所自盡也, 爲人子而能如伯會者, 曾幾何人? 神明之應, 信不虛矣! 詩曰:

【찬시】

흙 져 날라 무덤 만드는 수고를 마다치 않고	負土成墳不憚勞
상 치르며 예를 극진히 하니 행실이 더욱 위대하도다	居喪盡禮行尤高
당시에 효렴으로 천거되었을 뿐 아니라	孝廉已與當時選
유신(儒紳)의 관직에 오르는 총애를 받았도다	官列儒紳被寵褒

또

무덤가 숲이 불타는 것을 막을 수 없었기에	塋樹將焚勢莫支
슬피 부르짖으니 갑자기 비가 부슬부슬 내렸다오	悲號忽感雨淋漓
가뭄이 들었다가도 샘이 솟아나며	更逢歲旱泉常湧
땅에서 영지 돋는 상서로움 더욱 기이하다	地産靈芝瑞益奇

120. 두고가 부모와 감응하다[608] 杜羔感親(16b)

【본문】

두고(杜羔)[609]는 성품이 훌륭했다. 그의 아버지는 하북위(河北尉)를 역임하다 죽었고, 어머니는 병란을 겪으며 행방을 알 수 없었다. 두고가 세상을 두루 헤맸으나 끝내 찾지 못하니 종일토록 근심하며 부르짖었다. 훗날, 사촌형 두겸(杜兼, 750~809)[610]을 따라 택로판관(澤潞判官)에 임명되었다.

---

608 두고가 부모와 감응하다: 『한』에 같은 제목으로 수록되어 있다. 『언』, 『효』에 수록되지 않았다. 이 편은 『태평어람』 권414 인사부(人事部) 제55 「효 하(孝下)」에서 인용한 것으로 보인다. 비슷한 일화가 『신당서』 권172 「두겸의 종제 두고전[杜兼從弟羔傳]」, 『하남통지(河南通志)』, 『당국사보(唐國史補)』 등에 수록되어 있다.

609 두고: 생몰년 미상. 당나라의 정치인이다. 항수(洹水) 사람으로, 당 고종 때 재상을 역임한 두정륜(杜正倫)의 5대손이며, 두우(杜佑)의 손자이다. 그의 어머니는 적처(嫡妻)가 아니었다. 덕종 정원 초년(785)에 진사에 급제하였다. 공부상서(工部尚書) 등을 역임하였고, 사후 상서우복야(尚書右僕射)에 추증되었다. 시호는 경(敬)이다. 『신당서』 참고.

610 두겸: 당나라의 정치인이다. 자는 처홍(處弘)이다. 호주자사(濠州刺史), 급사중(給事中), 하남윤(河南尹) 등을 역임하였다.

하루는 두겸이 청사의 뜰에서 옥사를 심리하는데 두고가 곁에 있었다. 어떤 노파가 두고를 보더니 조용히 말했다.

"이 소년은 모습이 내 남편을 닮았네."

좌우 사람들이 이를 알려 캐물어 보니 과연 두고의 어머니였다. 어머니를 모시고 돌아온 뒤, 또 아버지의 묘소를 찾으러 갔지만 고을의 옛 노인 중 생존해 있는 사람이 없었다. 그리하여 어떤 절에 묵으며 밤낮으로 슬피 울던 중, 문득 법당 기둥의 쌓인 먼지[611] 아래 글자 몇 줄이 보였다. (먼지를) 털어내고 보니, 바로 아버지가 남긴 필적(筆跡)으로 "내 자손이 만약 내 무덤을 찾으려거든 어떤 마을 어떤 집에 물어보라."라고 쓰여있었다. 두고가 통곡하며 찾아가니, 과연 여든이 넘은 노인이 무덤을 알려주어 마침내 귀장할 수 있었다.

杜羔, 有至性.[612] 其[613]父任河北尉而卒, 母經兵亂, 不知所在. 羔遍求不獲, 憂號終日. 後隨從兄兼, 任澤潞判官. 兼嘗鞫獄于庭, 羔在側. 有一老媪見羔, 竊語曰: "此少年, 狀貌類吾夫." 左右以告, 詰之, 乃羔母也. 迎侍而歸, 又往訪父墓, 邑中故老無存者. 館于佛寺, 日夜悲泣, 忽於屋柱煙煤下, 見字數行. 拂視之, 乃父遺跡云: "我子孫若求吾墓, 當於某村某家問之." 羔哭而往, 果有父老年八十餘, 指其丘隴, 因得歸葬.

611 쌓인 먼지: 원문의 '연매(煙煤)'는 건축물이나 기물에 쌓인 오래된 먼지, 그을음을 가리킨다. 전하여 '유매(遺煤)'는 선조의 유적(遺跡)이나 선조가 남긴 교훈을 의미하게 되었다.

612 有至性: 『한』 없음.

613 其: 『한』 없음.

【논단】

부모는 자식을 낳고 기르느라 고생하면서도 한순간도 마음에서 잊지 않으신다. 그러므로 자식도 부모에 대해 정의(情意)가 간절하여 그리워하고 의지하는 것[614]이니, 어찌 차마 하루라도 그 곁을 떠날 수 있겠는가? 그러나 때로는 지극히 어려운 시절을 만나 서로를 지키지 못하고, 생사를 모르거나 (부모께 생긴) 기쁜 일과 슬픈 일을 알지 못하는 경우도 있으니, 이는 역시 큰 불행이로다! 두고와 부모가 바로 이와 같은 상황이었다. 두고는 병란을 만나 아버지가 돌아가셨지만 묻힌 곳을 모르고, 어머니는 살아 계시지만 행방을 알 수 없었기에 슬피 부르짖으며 애통해하기를 밤낮으로 그만두지 못했다. 이러니 그 마음속의 절박함이 어떠했겠는가? 훗날 사촌형을 따라 옥사를 심리하다가 어머니를 찾아 봉양할 수 있게 되었고, 기둥 사이에서 아버지가 남긴 필적을 보고 아버지의 유골을 모셔다 귀장할 수 있었으니, 만일 효성에 대한 감통으로 신명이 은근히 도와준 것이 아니라면 어찌 이처럼 신기한 일이 있겠는가?

父母之於子, 劬勞鞠育, 未嘗須刻而忘于懷. 故子之於親, 情意懇切, 眷戀瞻依, 亦豈忍一日而離左右也哉? 然或遭時孔艱, 不能相守, 生死不聞, 休戚不知, 斯亦大不幸焉! 若杜羔之於其父母是也. 羔値兵亂, 父沒而不知葬處, 母存而不知所在, 哀號痛切, 晝夜不捨. 此其中心之迫切, 爲何如哉?

614 그리워하고 의지하는 것: 원문의 '권련첨의(眷戀瞻依)'는 사모하며 의지하고 존경한다는 뜻으로 모두 『시경』 소아에서 유래한 것이다. '권련'은 속석(束晳)이 보망(補亡)한 「남해(南陔)」에 "부모를 그리노라니, 마음이 편안할 겨를이 없어라.[眷戀庭闈, 心不遑安.]"라고 한 데서 온 말이며, '첨의'는 「소변(小弁)」에 "바라보는 이 아버님이요, 의지하는 이 어머님일세.[靡瞻匪父, 靡依匪母.]"라고 한 데서 온 말이다.

後因從兄鞫獄, 而得母以奉養; 見柱間亡父遺墨, 而得父骨以歸葬焉, 此非孝誠感通神明默相, 曷克致此哉? 詩曰:

【찬시】

병란으로 어지러워 골육이 흩어지니	兵革搶攘[615]骨肉離
어머니의 자취가 묘연하여 알 길 없네	慈親蹤跡杳難知
지극한 효성으로 마음이 서로 감응하지 않았다면	不緣至孝心相感
어찌 공가의 뜨락에서 어머니가 자식을 보았으랴	那得公庭母見兒

또

타향에서 돌아가신 아버지 거친 언덕에 묻혀 계셔도	父亡異郡厝荒丘
시든 풀더미 무성히 뒤덮여 찾을 수 없었네	衰草茫茫[616]不可求
남기신 필적 기둥 아래 뚜렷이 남아있던 것은	遺墨分明留柱下
효성에 하늘이 보응한 것이요 사람이 한 일 아니었도다	孝誠天報匪人謀

615 搶攘: '창양'은 분란이 일어난 모양을 형용한 것이다.
616 茫茫: 풀이 무성하거나 어지러운 모양을 형용한 것이다.

121. 임찬이 상서를 불러오다[617] 林攢召祥(17b)

【본문】

임찬(林攢)[618]은 천주(泉州) 포전(莆田)[619] 사람이다. 당 덕종 정원(貞元)[620] 연간에 벼슬하여 복당위(福唐尉)에 임명되었는데, 어머니가 연로한지라 (임지로) 모셔다 봉양[621]할 수 없었다. 임찬은 어머니가 병드셨다는 소식을 듣고는 관직을 버리고 집으로 돌아왔다. 어머니가 돌아가시자 닷새 동안 마실 것조차 받아들이지 못했다. 직접 물과 흙으로 벽돌을 구워 부덤을 만든 뒤 그 곁에 여막을 치고 사니, 흰 까마귀가 날아오고 감로가 내렸다. 관찰사 이약초(李若初, ?~799)가 관리를 보내어 사실인지 확인하게 하였는데, 마침 이슬이 말라버리니 고을 사람들이 당황하였다. 임찬이 통곡해 마지않으니, 이윽고 이슬이 다시 내리고 까마귀도 하늘을 날았다. 조서를 내려 묘역[622]과 마을에 정려문을 세워 표창하고 또한 그 가문의 요역을 면제해주었다.

---

617 임찬이 상서를 불러오다: 『한』, 『언』, 『효』에 수록되지 않았다. 이 편은 『신당서』 권195 효의열전 「임찬전(林攢傳)」에서 인용한 것이다. 비슷한 일화가 『태평환우기(太平寰宇記)』, 『설부(說郛)』, 『속통지』 등에 수록되어 있다.

618 임찬: 생몰년 미상. 당나라의 효자이다. 자세한 행적은 전하지 않는다.

619 포전: 중국 복건성 포전(莆田) 일대의 지명이다.

620 정원: 덕종의 마지막 연호이다. 785년부터 804년까지 사용하였다.

621 모셔다 봉양: 원문의 '영양(迎養)'은 관리가 자신의 임지로 부모를 모셔다 함께 거주하며 봉양하는 것이다.

622 묘역: 『신당서』에 따르면 조서로 임찬의 어머니 묘소 앞에 두 개의 궐(闕)을 세워주었다. '궐'은 사당이나 무덤 앞 양쪽에 세워두는 큰 기둥이다. 이에 당시 그의 가문을 '궐을 받은 임 씨 가문[闕下林家]'이라고 불렀다고 전한다.

林攢, 泉州莆田人. 唐德宗貞元間, 仕爲福唐尉, 母羸老未及迎養. 攢聞母病, 棄官還家. 母亡, 水漿不入口者五日. 自埏甓作冢, 廬其右, 有白烏來, 甘露降. 觀察使李若初遣官屬驗實, 會露晞, 里人失色. 攢哭慟不已, 俄而露復降, 烏亦回翔. 詔旌表其墓隧門閭, 復蠲其家徭役.

【논단】

자식이 부모를 섬길 때 자식된 자의 직분에 최선을 다하기란 본래 어렵지만, 효성으로 감응을 일으키는 일은 더욱 어려운 것이다. 그러므로 살아 계실 때 잘 섬기고 돌아가신 뒤에 상제례 치르는 데 도리를 잃지 않는다면 부모를 섬기는 의가 갖춰졌다고 할 수 있다. 만약 여기에 혹시 미진한 점이 있다면, 신이한 감응을 불러오고자 한들 그럴 수 있겠는가? 임찬은 복당위로 임명되었으나, 어머니가 연로한지라 모셔다 봉양할 수 없었다. 임찬이 끝내 관직을 버리고 집으로 돌아왔는데, 어머니가 병으로 돌아가신 뒤 애통함이 너무나도 지극하여 보는 사람들도 마음 아파하였다. 물과 흙으로 벽돌을 구워 무덤을 만든 뒤 그 곁에 여막을 치고 사니, 효심이 어떠한가? 효덕이 지극하면 신명과 통하고 천지도 감동시키는 법이다. 그러므로 흰 까마귀가 날아들고 감로가 내리는 상서가 환하게 감응에 따라 드러났다. 당시에 그의 마을에 정표하고 가문의 요역을 면제해준 것이 역시 마땅하지 않겠는가?

人子事親, 能盡夫子職者固難, 而能致孝感者爲尤難. 故養生送死, 不失其道, 則事親之義備矣. 苟於此而或不盡焉, 欲致夫感召之異, 其可得哉? 林攢爲福唐尉, 母羸老未及迎養. 攢遂棄官還家, 母旣病沒, 哀慟深至, 見者感慼. 埏甓作冢, 廬于墓右, 其孝思爲何如邪? 夫孝德之至, 通乎神明, 感乎天地. 故白烏翔集, 膏露下垂, 祥異昭彰, 隨感而見. 當時表厥宅里, 復其傜役, 豈不宜哉? 詩曰:

【찬시】

연로하신 어머니가 병으로 고통받으시니	老母衰年苦病侵
복당위가 되었어도 임무 맡기 어렵구나	福唐作尉思難任
집으로 돌아온 지 얼마 안 돼 어머니 돌아가시니	還家未久慈親沒
당시에 반포지효를 다하지 못하였도다	不盡當時返哺心[623]

또

흰 까마귀는 무덤가 맴돌며 거듭 날아오르고	白烏繞墓重回旋
감로는 촉촉하게 하늘에서 내렸네	甘露瀼瀼降自天
포전의 임효자를 한 번 보게나	試看莆田林孝子
찬란한 정려문에 그 성명이 전해지도다	門閭烜赫[624]姓名傳

623 返哺心: 반포지효(反哺之孝)의 고사에서 차용하여, 자식이 부모께 효도하며 은혜를 갚는 마음을 가리키는 것이다.
624 烜赫: 환히 드러나다, 반짝이다.

122. 유사정이 꿈에서 어머니를 뵙다[625] 師貞夢母(18b)

【본문】

유사정(劉師貞)[626]은 자가 문통(文通)이며 팽성[627] 사람이다. 일찍 어머니를 여의었기에 장성한 뒤에도 그 모습을 기억하지 못했다. 기일이 되면 종일 눈물을 흘리며 잠자지도 먹지도 않았다. 그러다 홀연 꿈에서 어머니가 나타나 그에게 이렇게 말했다.

"내가 네 어미다. 네 효성이 신명께 통하였기에 내가 너의 꿈에 나타날 수 있었느니라."

유사정은 꿈속에서도 크게 통곡하다 깨어난 뒤에도 더욱 슬피 울부짖었다. 이에 나무로 사람의 형상을 만들어 섬기면서 아침저녁 기거를 살피고 외출했다 돌아와 인사드리기를 일상처럼 하였으며, 새로운 음식이 생길 때마다 반드시 먼저 바친 뒤에 먹었다. 그래서 당시 사람들이 "효성이 저승에까지 통하였으니, 한나라 때는 정란(丁蘭)[628]이 있었다면 당나라에는 유사정이 있도다."라고 하였다.

---

625 유사정이 꿈에서 어머니를 뵙다: 『한』, 『언』, 『효』에 수록되지 않았다. 이 편은 『태평어람』 권414 인사부(人事部) 제55 「효 하」에서 인용한 것이다.

626 유사정: 생몰년 미상. 당나라 말엽~요(遼)나라의 효자이다. 자세한 행적은 전하지 않으며, 『요사(遼史)』에 중희(重熙) 원년(1032) 진사에 급제하였다는 기록이 있다.

627 팽성: 중국 강소성 서주(徐州)의 옛 이름이다.

628 정란: 한나라의 효자이다. 유사정과 마찬가지로 어려서 부모를 여의어 부모의 모습을 목상에 조각해두고 정성으로 섬겼다. 『효순사실』 권2 「26. 정란이 부모님 목상을 조각하다[丁蘭刻木]」 참조.

아버지 유복(劉福)은 연로한 데다 눈병이 있었기에 모든 음식은 유사정이 직접 조리[629]하지 않으면 먹을 수 없었다. 유사정이 우연히 병으로 누웠는데 아버지가 식사한 뒤 편찮으시니, 유사정이 갑자기 일어나 말했다.

"음식이 정성스럽지 않아서 그런 것이다."

라 하고는 훌훌 털고 일어났다. 형도 병들었는데 열흘이 지나도록 낫지 않으니, 유사정은 허리띠도 풀지 못한 채 병간호하였다. 그러자 꿈에 신인이 나타나 이렇게 말했다.

"네 형은 풍질을 앓는 것이니, 호왕사자(胡王使者)[630]를 가져다 술을 담가 복용하면 나을 것이다."

유사정이 약방에 가서 구하였지만 모두 그것을 몰랐다. 그러자 꿈에 어머니가 나타나 말했다.

"호왕사자는 바로 할미꽃 뿌리[羌活]다."

깨어나 그것을 구하니 형의 병이 드디어 나았다. 그 뒤, 아버지를 여의고 상을 치르는데 한 쌍의 흰 참새가 집으로 날아와 머물렀다. 궤연을 치우는 날, 유사정을 보고 슬피 울며 조아렸다 날았다 하는데 모습이 마치 대성통곡하며 가슴을 치고 발을 구르는 듯, 오래도록 그렇게 하다 떠나갔다.

劉師貞, 字文通, 彭城人. 蚤失母, 及長不記容狀. 至忌辰, 終日涕泣, 未

629 유사정이 직접 조리: 유사정은 아버지를 위해 음식을 직접 조리하였을 뿐 아니라, 거처도 매우 깨끗하게 청소하였다. 어떤 이가 그 까닭을 물으니 "거처가 깨끗하지 않으면 효가 아니다."라고 하였다.

630 호왕사자: 할미꽃 뿌리를 가리킨다. '강활(羌活)', '독활(獨活)', '백두옹(白頭翁)', '야장인(野丈人)', '융왕사자(戎王使者)' 등으로도 불리는데, 강족(羌族)의 영토에서 난 것이 가장 훌륭하여 이렇게 불렀다. 맛이 쓰고 따뜻한 성질로 독이 없으며, 진통과 해열 및 이뇨 효과가 있어 오래 복용하면 몸이 가벼워진다. 『태평어람』, 『본초강목』 참고.

嘗寢食. 忽夢見其狀, 謂之曰: "我爾母也. 爾孝通神明, 故我得見夢於爾." 師貞夢中大哭, 及覺, 哀號逾甚. 乃作偶人像以事之, 朝夕起居反告如常, 每新物必先薦, 然後食. 時人語曰: "孝通幽明, 漢有丁蘭, 唐有師貞." 父福年老患目, 凡飮食, 非師貞親調則不能食. 師貞偶卧疾, 其父食不安, 師貞歘然起曰: "飮食不精之所致耶?" 驚起而愈. 兄有疾, 經旬不瘥, 師貞衣不解帶. 夢神人曰: "若兄苦風, 取胡王使者酒漬服愈." 師貞求之藥肆, 皆不曉. 因夢其母曰: "胡王使者, 羌活也." 覺而求之, 兄疾遂愈. 其後父歿居喪, 有雙白雀飛宿戶間. 除几筵之日, 對師貞悲鳴頓翅, 狀若號咷躄踊, 久之乃去.

【논단】

효와 우애란 사람으로서 해야 할 큰 행실이다. (그러나) 자식이자 아우된 사람 중에 부모의 은혜를 생각하기를 살아 계시든 돌아가시든 간에 차이가 없이 하고, 형제와 정의를 돈독히 하는 일을 위태로운 때에도 우선시할 수 있는 자가 세상에는 그리 많지 않은 듯하다. 유사정으로 말할 것 같으면, 어려서 어머니를 여의어 그 모습을 다시 기억하지 못했기에, 눈물을 흘리며 추모하다 먹고 자는 것도 거르는 지경에 이르렀다. 그러한 정성이 은연중에 부응하여 꿈에서 (어머니를) 만났으니 그 감응이 역시 기이하다. 계속해서 나무에 어머니의 모습을 새기고 살아 계시듯 공경히 섬겼으니, 그가 부모를 사랑하는 마음은 어쩌면 그리도 지극한가! 아버지가 연로하여 실명하였는데, 모든 음식은 반드시 직접 조리한 뒤에 드실 수 있게 하였다. 형이 병에 걸렸을 때에는 허리띠도 풀지 못한 채 병간호하였는데, 꿈에 신인이 약을 알려주어 병이 마침내 나았다. 이것이 어찌 공연히 그렇게 된 것이겠는가? 그가 효와 우애에 모두 최선을 다하였으므로 이러한 상서가 일어난 것이다. 아아! 자식이자 아우된 사람 중에 유사정 같은 사람은 진실로 그리 많지 않다. 탈상하는 날, 한 쌍의 참새가 날아와 울며 문 위에 둥지를 틀어 머문 것이 당연하니, 하늘이 아마도 이것으로 그의 효행을 드러내심이 분명하도다.

夫孝友, 人之大行也. 爲人子弟者, 念父母之恩, 無間於存亡; 敦同氣之誼, 能急於危殆, 世蓋不多見也. 若劉師貞, 幼失其母, 不復記其容貌, 涕泣追慕, 至廢寢食. 而精誠潛孚, 接於夢寐, 所感亦異矣. 繼又刻木爲像, 敬事如生, 其愛親之念, 何其至哉! 至於父老失明, 凡有飮食, 必親調治然後能食. 及兄遘疾, 衣不解帶, 夢神授之以藥, 而疾遂愈. 此豈徒然哉? 由其孝友兼盡, 故所致如此. 嗚呼! 師貞爲人之子弟, 誠不多見也. 宜其除喪之日, 雙雀飛鳴, 棲止于戶上, 天蓋以是彰其孝也, 明矣. 詩曰:

【찬시】

평생을 다 바쳐 아버지 몸소 봉양하니	嚴親躬養竭平生
신께서 형님 병 나을 약도 알려주셨네	兄疾神能喩藥名
탈상하는 날 흰 참새가 문 앞에서 울어대니	白雀除喪鳴在戶
하늘이 진실한 효심을 응당 드러내 보이신 것이리라	天應將表孝心誠

또

태어난 뒤 어머니 모습을 기억하지 못했는데	生來不及識慈親
홀연 꿈속에서 그 모습을 분명히 보았도다	夢裏分明忽見眞
나무를 깎아 고당에 두고 부지런히 섬겼으니	刻木高堂還謹事
그 누가 정란에게 짝할 만한 사람 없다고 하였는가	丁蘭誰道更無倫

123. 진요노가 모두를 봉양하다[631] 饒奴全養(20a)

【본문】

진요노(陳饒奴)[632]는 요주(饒州)[633] 사람이다. 열두 살에 부모를 모두 여의어 가난한 어린아이로서 상을 치렀다. 그러나 그 해 크게 기근이 들어 굶어 죽은 사람이 길에 가득하였다. 어떤 사람이 아우들과 따로 살며 목숨을 보전하라고 권하였다. 그러자 진요노가 눈물을 줄줄 흘리며 날마다 저잣거리에서 구걸하여 아우들의 목숨을 모두 보전하였다. 자사 이복(李復, 779~781)이 그를 기특하게 여겨 먹고살 것을 내어주고, 그의 집 대문에 '효우동자(孝友童子)'라고 써주었다.

631 진요노가 모두를 봉양하다: 『한』, 『언』, 『효』에 수록되지 않았다. 이 편은 『신당서』 권195 효의 열전 「진요노전(陳饒奴傳)」에서 인용한 것이다. 비슷한 일화가 『속통지』에 수록되어 있다.
632 진요노: 생몰년 미상. 당나라의 효자로, 자세한 행적은 전하지 않는다.
633 요주: 중국 강서성 파양현(鄱陽縣) 일대의 지명이다.

陳饒奴, 饒州人也. 年十二, 父母俱亡, 窶弱居喪. 値歲大飢, 餓殍塞塗. 或教其分弟妹可全性命. 饒奴流涕再三, 日丐於市以相全養. 刺史李復異之, 給以資儲, 署其門曰: '孝友童子.'

【논단】

형제란 (부모의) 형체를 나누고 기운이 연결된 존재이니,[634] 평소에 우애있게 지내는 것은 진실로 하늘의 이치와 사람의 정의상 당연한 것이다. 그러나 상사(喪事)나 기근이 든 때를 만나 제대로 살길이 없는데도 상도를 잃지 않고 시종일관 서로 보호하며 우애를 온전히 할 수 있는 것은 역시 어렵지 않겠는가? 진요노는 어려서부터 훌륭한 성품을 지녔으니, 부모를 여의었을 때 아우들이 모두 어렸다. 비록 평상시라도 스스로 생계를 도모하기 어려운데, 하물며 흉년에는 오죽하겠는가? 통상적인 감정으로 보면, 얼마 안 가 골짜기에 버려진 썩은 송장같은 신세가 될 것이므로 (아우들과) 흩어지는 것만이 자기 목숨을 보전하는 계책이 될 수 있다. 그러나 진요노는 몸소 저잣거리에서 구걸하여 아우들을 먹여 살리고 모두 함께 목숨을 보전하였다. 남들이 감당할 수 없는 바를 그만은 홀로 감당해내고, 남들은 능히 할 수 없는 바를 그만은 홀로 능히 해내니, 이 사람은 남들보다 뛰어나도다! 그런데 저 일곱 자나 되는 (어른의) 몸을 지닌 사람 중에는 부모의 유골이 아직 식지도 않았는데 형제를 원수보다도 더 심하

634 형제란……존재이니: 안지추(顔之推)의 『안씨가훈(顔氏家訓)』「형제(兄弟)」에서 인용한 것이다.

게 질시하는 자들도 있으니, 하물며 굶주림이나 추위에 구휼해주고 질고에서 구해주려 들겠는가? 그들은 진요노를 보기에 제법 부끄러울 것이다. 당시에 사신이 그의 집을 표창한 것이 어찌 지나친 것이겠는가?

兄弟, 爲分形連氣之人, 平居友愛, 此固天理人情之常也. 當凶喪飢饉之際, 無以爲生, 而能不失其常, 始終相保以全其愛者, 豈不難哉? 陳饒奴, 幼有至性, 父母俱亡, 而弟妹皆幼. 雖在平時, 亦難於自存矣, 況當凶歉之歲哉? 自常情觀之, 其不胥爲溝中之瘠, 則必離散爲自全之計矣. 饒奴乃身乞於市, 保養弟妹使俱全活. 人之所不堪者, 己獨堪之; 人之所不能者, 己獨能之, 是其過人遠矣! 彼有負七尺之軀, 父母之骨未寒, 而疾視同氣, 甚若寇讐, 況肯卹其飢寒, 救其疾苦哉? 視饒奴之爲殆有愧矣. 當時使者表其門閭, 又何過歟? 詩曰:

【찬시】

어린아이가 어찌 하늘 같은 부모님 여읜 것을 감당하랴	幼稚何堪失所天
집은 가난한데 흉년까지 겹쳤으니	家貧況復値凶年
만일 구걸하여 서로 목숨을 보전하지 않았다면	若非行乞相全養
형제자매 이리저리 헤어졌을 테니 그 얼마나 가련한가	弟妹流離孰與憐

또

15세도 안 되어 상복을 입고	衰麻被體未成童

흉년에도 형제들을 모두 보호하였네	同氣相全歉歲中
대문에 정표하니 일대에 영화로웠을 뿐 아니라	不獨旌門榮一世
그 이름 역사서에 쓰여 영원토록 전한다오	名書靑簡播無窮

124. 맹희가 황금을 얻다[635] 孟熙得金(21b)

【본문】

맹희(孟熙)[636]는 과일을 팔아 부모를 봉양하였는데, 안색을 살피며 뜻을 따르고 온갖 수고를 마다하지 않았다. 그래서 그의 아비가 항상 "내 비록 가난하지만, 증삼 같은 아들[637]을 길렀구나."라고 하였다. 아버지가 돌아가시자, 마실 것조차 끊고 슬피 울부짖다가 거의 죽을 뻔하였다. 땅에 거적을 깔고 그 위에서 기거하며 3년간 소금과 유장(乳漿)[638]을 먹지 않으니 원근에서 탄복하였다. 어느 날 쥐가 땅을 파는 것을 보다 황금 수천 냥을 얻었으니 그 덕분에 큰 부자가 되었다.

635 맹희가 황금을 얻다: 『한』, 『언』에 같은 제목으로 수록되어 있다. 『효』에는 수록되지 않았다. 이 편은 『태평광기(太平廣記)』 권162 감응2(感應二) 「맹희(孟熙)」에서 인용한 것이다.

636 맹희: 생몰년 미상. 오대(五代) 촉(蜀)의 효자이다. 자세한 행적은 전하지 않는다.

637 증삼 같은 아들: 증삼은 가난할 때에도 아버지 증석의 신체만 봉양한 것이 아니라 뜻을 봉양하였기 때문에 이렇게 말한 것이다. 『효순사실』 권1 「7. 증삼이 아버지의 뜻을 받들다[曾參養志]」 참조.

638 소금과 유장: 『예기』 「잡기 하」에 "부모상에는 채소와 과일을 먹으며 물과 장을 마시되 소금과 유장(乳漿)은 먹지 않는다.[功衰, 食菜果, 飮水漿, 無鹽酪.]"라고 되어 있다.

孟熙, 販果實養親, 承顔順志, 不憚苦辛. 其父常云: "我雖貧, 養得一曾參." 及父亡, 絶漿哀號, 幾至滅性. 布苫于地, 寢處其上, 三年不食鹽酪, 遠近嘆服. 因見鼠掘地, 得黃金數千兩, 因巨富焉.

【논단】

살아 계실 때 잘 섬기고 돌아가신 뒤에 상제례 치르는 일은 부모를 모시는 처음과 끝의 도리이다. 그 도리에 최선을 다하며 시종일관 차이가 없다면 효라고 말하지 않을 수 있겠는가? 맹희는 홀로 등짐을 지고 다니며 장사하던 아들로, 효도로써 부모를 봉양함에 온갖 고생도 마다치 않고 가난에도 아랑곳하지 않으며, 더욱 부모의 뜻을 받들어 따르고 마음을 기쁘게 해 드리니, 아비로부터 입만 봉양하지 않았다는 칭찬을 들었다. 아버지가 죽자 너무 슬퍼하다 건강을 해쳐 사람들을 감동시켰는데, 기거를 (평소와) 달리하고 음식도 바꾸어 오래도록 그렇게 한 뒤에야 평소대로 돌아왔으니 원근의 사람들이 탄복하여 전혀 다른 말이 없었다. 바로 맹희가 부모가 살아 계실 때는 봉양에 최선을 다하고, 돌아가신 뒤에는 슬픔을 극진히 하는 효행을 하였기 때문이다. 아버지에게도 칭찬을 들었을 뿐 아니라 남들에게도 믿음을 받았으니, 어찌 시종일관 차이가 있었겠는가? (그는) 마침내 땅을 파는 쥐를 보고 황금을 얻어 큰 부를 이루었다. 이는 아마도 하늘이 그의 가난을 가엾게 여겨 구제해준 것이리니, 어찌 아무런 까닭 없이 그렇게 된 것이겠는가? 그를 표창하여 특별히 대우함으로써 부모를 섬기는 자들의 권계로 삼는 것이 마땅하도다.

生事葬祭, 事親始終之道也. 能盡其道, 始終而無間, 得不謂之孝乎? 孟熙, 特負販之子, 孝養其親. 勞苦不辭, 而貧窶不卹, 尤能承順其志, 得其懽心, 致父稱之不置于口. 父旣歿也, 哀毁動人, 寢處之別, 而飮食之變, 久而復故, 使遠近嘆服, 擧無異辭. 是熙之孝, 生有以盡其養, 歿有以致其哀. 不惟見稱於親, 亦且取徵於人, 寧有始終之間哉? 卒之掘鼠得金, 因致巨富. 是蓋天矜其貧而有以濟之也, 又豈無故而然哉? 宜表異之, 以爲事親者之勸. 詩曰:

【찬시】

가난하여 과일 지고 다니며 팔아 어버이 봉양하니	家貧負販養嚴親
뜻을 잘 받들어 모심에 고생 마다한 적 없다오	承順何嘗憚苦辛
돌아가신 뒤 상을 치르며 예를 극진히 하니	歿後居喪能盡禮
증자와 같은 그 효행 평범한 사람들과는 달랐다오	行同曾子異常人

또

어쩌다 땅 파는 쥐를 보고 황금을 얻었나	掘鼠何由遽得金
부모님께 효도하니 하늘도 감동하신 것이라오	孝親於此感天心
그저 한 때 부자가 되었을 뿐 아니라	一時不但家能富
향기로운 명성이 지금까지도 전해진다오	贏得香名說到今

125. 역연경이 밤나무를 심다[639] 延慶樹栗(22b)

【본문】

역연경(易延慶)[640]은 자가 여애(餘愛)이다. 어려서부터 총명하여 경전과 역사서를 섭렵하였는데 특히 성률(聲律)에 능하였다. 음직으로 봉례랑(奉禮郎)에 임명되었다가 대리평사(大理評事), 지임회현(知臨淮縣)으로 승진하였다. 부모를 효성으로 공손히 섬겼는데, 송 태조(宋太祖)[641] 건덕(乾德) 연간에 아버지 역빈(易贇)[642]이 죽으니 임회에 장사 지냈다. 역연경은 상을 치르다 슬픔으로 인해 건강을 해쳤으며, 무덤 곁에 여막을 치고 살며 손수 소나무와 측백나무 수백 그루를 심었다. 아침에는 나가서 무덤을 지키고 저녁에는 돌아와 어머니를 모시니, 붉은 지초가 무덤의 서북쪽에 피어나고 몇 년 뒤에는 옥색 지초 18포기가 돋았다. 고을에서 이 일을 표창하려 하였는데, 역연경이 간곡히 사양하여 그만두었다.[643] 어머니가 돌아가시자 몇 년간 여묘살이 하였다. 그의 어머니가 생전에 밤을 좋아하였기에, 무덤 옆

639 역연경이 밤나무를 심다: 『한』, 『언』, 『효』에 수록되지 않았다. 이 편은 『송사(宋史)』 권456 효의열전 「역연경전(易延慶傳)」에서 인용한 것이다. 비슷한 일화가 『속통지』에도 수록되어 있다.

640 역연경: 생몰년 미상. 북송(北宋)의 효자이다. 균주(筠州) 상고(上高: 중국 강서성에 속한 지명) 사람이다. 지단주(知端州)로 치사한 뒤에 죽었다.

641 송 태조: 북송의 초대 황제 조광윤(趙匡胤, 927~976, 재위 960~976)이다. 건덕은 그의 두 번째 연호로, 963년부터 968년까지 쓰였다.

642 역빈: 생몰년 미상. 용력이 뛰어나 남당(南唐) 때 웅주자사(雄州刺史)를 역임하였고, 북주에 귀의한 뒤 도주자사(道州刺史)를 지냈다. 『송사』 참고.

643 고을에서……그만두었다: 『송사』에 따르면 대신 어떤 사람이 부친의 무덤에 피어난 지초를 그림으로 그려 경사로 가져가니, 많은 선비들이 시부를 지어 그 효성에 대한 감응을 칭송하였다고 전한다. 부친상을 마친 뒤에도 역연경은 어머니가 연로하다는 이유로 다시 관직에 나아가지 않으려 하였다.

에 밤나무 두 그루를 심었는데, 1년이 지나자 두 그루의 밤나무 가지가 서로 잇닿으니 사람들이 그의 효성에 대한 감응의 소치라고 여겼다.

易延慶, 字餘愛. 幼聰慧, 獵涉經史, 尤長聲律. 襲蔭爲奉禮郎, 遷大理評事, 知臨淮縣. 事親孝謹, 宋太祖乾德中, 父贇卒, 葬臨淮. 延慶居喪摧毀, 廬於墓側, 手樹松柏, 凡數百本. 旦出守墓, 夕歸侍母, 紫芝生於墓西北, 繼生玉芝十八莖. 州將表其事, 廷慶懇辭而止. 母卒, 廬墓數年. 以母平生嗜栗, 乃樹栗二株於墓側, 經年, 二栗樹枝皆連理, 人以爲孝感所致.

【논단】

역연경은 부모를 봉양함에 정성을 다하였고, 상을 치름에 너무 슬퍼하다 건강을 해쳤으나 분수에 지나치는 일이 없었다. 돌아가신 분을 살아 계신 듯 섬기는 것은 역시 자식으로서 당연히 해야 하는 도리이니, 어찌 사물에게 감응하기를 구하겠는가? 그러나 하늘이 식물을 내어 그 효덕의 진실함을 밝히셨으니, 만일 그가 부모를 사랑하는 마음에 살아 계실 때와 돌아가셨을 때의 차이가 있었다면 그런 일이 일어날 수 있었겠는가? 무릇 한결같은 효성은 금석을 꿰뚫고 짐승도 부응하게 하며 천지를 감동하게 하니, 지극한 효덕은 통하지 않는 곳이 없는 법이다. 당나라의 장구령은 부모의 상을 치르면서 예에 어긋나지 않으니 가지가 잇닿은 나무가 뜨락에 생겼고, 자색 지초가 자리 곁에서 돋았다.[644] 그러니 그 누가

644 당나라의 장구령은……돋았다: 같은 책, 「115. 장구령에게 상서가 따르다[九齡祥應]」 참조.

역연경의 효는 사물을 감동시키기에 부족하다고 말하겠는가? 여묘에 지초가 피어나는 상서가 이르고 밤나무 가지가 잇닿는 이적이 나타나는 것은 당연하니, 이것을 보는 사람들은 힘써야 할 바를 알 것이다.

易延慶, 養親盡誠, 居喪哀毁, 無過分之事. 事死如生, 亦子道之所當然者, 豈求咸於物哉? 而天生植物, 以彰其孝德之純, 非其愛親之心, 無間於存歿, 能致然乎? 夫一念之誠, 可以貫金石, 孚豚魚, 感動上下, 而孝德之至, 無所不通焉. 唐張九齡, 居父母喪, 不違於禮, 則連理之木, 生于庭中; 紫色之芝, 産于座右. 孰謂延慶之孝, 不足以感物乎? 宜乎廬墓而致芝草之祥, 樹栗而致連理之異, 觀此則知所勸矣. 詩曰:

【찬시】

청명한 시절 관직에 나아가 영화롭게 봉양했는데	居官榮養遇淸時
아버지를 임회에서 여의고 슬피 눈물 짓노라	父歿臨淮哭更悲
아침에는 무덤 지키고 저녁에는 어머니 모시니	朝出守墳夕侍母
묘역 서북쪽에 신령한 지초 피어났다오	墓塋西北産靈芝

또

어머니 돌아가시자 눈물이 옷깃을 적시는데	慈母淪亡淚滿襟
길러주신 노고 채 갚지 못하니 은혜가 참으로 깊구나	劬勞未報感恩深
무덤가에 심은 밤나무 가지가 잇닿으니	墳邊栽栗成連理

천지가 몰래 효양하는 마음에 부응한 것이라오　　　天地潛孚孝養心

126. 곽종이 어머니의 장수를 기원하다[645]　　郭琮祈壽(23b)

【본문】

곽종(郭琮)[646]은 태주(台州) 황암(黃巖)[647] 사람이다. 성품이 지극히 효성스럽고 우애있었는데, 민간[民伍]에 오래도록 섞여 있었다.[648] 어려서 아버지를 여의어 항상 끝없이 탄식하였다. 어머니 장 씨(張氏)를 매우 공손하게 섬겼으니 음식을 올릴 때에는 반드시 온갖 진미를 모아 드렸으며,[649] 어머니가 하고 싶어 하는 것은 반드시 직접 받들었다. 혹시 집안사람의 손을 거치면 근심하는 기색을 보였으니, 어머니의 뜻에 맞지 않을까 염려한 것이다. 평상시에는 보통의 음식을 먹는 데 불과하였는데, 어머니의 장수를 기원하기 위해 30년간 술을 마시거나 향신료를 먹는 일[650]을 끊었다. 그래

645 곽종이 어머니의 장수를 기원하다: 『한』에 같은 제목으로 수록되어 있다. 『언』, 『효』에는 수록되지 않았다. 이 편은 송나라의 문인 장자(張鎡)가 찬술한 『사학규범(仕學規範)』 권9 행기(行己) 「곽종(郭琮)」 편에서 인용한 것이다. 비슷한 일화가 『송사(宋史)』 권456 효의열전 「곽종전(郭琮傳)」 및 『속통지』에도 수록되어 있다.

646 곽종: 생몰년 미상. 북송대의 효자이다. 자세한 행적은 전하지 않는다.

647 황암: 중국 절강성 태주시(台州市)에 속한 지명이다.

648 민간에 오래도록 섞여 있었다: 과거에 급제하지 못하고 평민 이하의 반열에 있었다는 의미이다. 이러한 내용은 『사학규범』에만 수록되어 있다.

649 온갖 진미를 모아 드렸으며: 『사학규범』 및 『송사』에 따르면 어머니를 더 극진히 봉양하기 위해 아내와 자식을 어머니와 다른 집에 거처하게 하였다.

650 술을 마시거나 향신료를 먹는 일: 원문의 '여훈(茹葷)'은 파, 부추, 마늘 등 매운맛이 나는 채소

서 어머니가 104세에도 청력과 시력이 약해지지 않고 드시는 음식의 양도 줄지 않았으니, 향당에서 기이하다고 여겼다. 송 태종(宋太宗)[651] 지도(至道) 3년(997), 조서를 내려 효성스러운 사람들을 위무하였는데, 기로신 진찬(陳贊)이 같은 고을 사람 40인을 이끌고 그의 효행을 보고하여 표창하기를 청하였다. 조운사(漕運使)가 그의 집으로 달려가 사실인지 조사한 뒤에 아뢰니 조서를 내려 정려문을 세워주고 요역을 면제해주었으니, 보는 사람들이 영예롭게 여겼다. 어머니가 돌아가시자,[652] 곽종은 정해진 예법보다 지나칠 정도로 슬피 울부짖다가 거의 죽을 뻔하였다. 고을에서 부의금을 들고 찾아와 장례를 도왔다. 황암 사람들 중 그의 효행에 감화되어 부모를 잘 섬기는 자가 매우 많아졌다.

郭琮, 台州[653]黄巖人. 至性孝悌, 浮沈民伍.[654] 少喪父, 常有罔極之歎.[655] 事母張氏極恭順, 供給飲食, 必萃珍異, 凡母之所欲, 必親以奉之. 或經家人之手, 則憂形於色, 慮失母之意. 居常不過中食, 絶飲酒茹葷者三十年, 以祈母壽. 母年一百四歲, 耳目不衰, 飲食不減, 鄉黨異之.[656] 宋[657]太宗至道三年, 詔書存恤孝悌, 耆老陳贊率同里四十人, 狀其孝行, 請表異之.[658] 漕

를 먹는 것, 어육(魚肉) 등을 먹는 것을 가리킨다. 술을 마시지 않고 향신료를 먹지 않는 것은 『예기』, 『소학』, 『가례』 등에서 몸과 마음을 깨끗이 재계하는 행위 중 하나로 언급된다.

651 송 태종: 북송의 제2대 황제 조경(趙炅, 939~997, 재위 976~997)이다. 자는 정의(廷宜)이다. 지도(至道)는 그의 다섯 번째 연호로, 995년부터 997년까지 쓰였다.

652 어머니가 돌아가시자: 『사학규범』에 따르면 곽종의 어머니는 105세에 질병 없이 죽었는데, 향기가 방에 가득하였다고 전한다.

653 台州: 『한』 없음.

654 至性孝悌, 浮沉民伍: 『한』 없음.

655 常有罔極之歎: 『한』 없음.

656 鄉黨異之: 『한』 없음.

657 宋: 『한』 없음.

658 請表異之: 『한』 없음.

運使馳詣其家, 以根其實, 事聞, 詔旌門蠲役, 觀者榮之.[659] 母終, 琮哀號踰禮, 幾至滅性. 鄕閭率金帛以助葬. 黃巖人感其行, 善事父母者, 極多焉.

【논단】

효자 중에 자기 부모를 깊이 사랑하는 자는 항상 부모가 노쇠해져 가는 것을 두려워하여, 효도로써 봉양하는 마음에 최선을 다하지 않음이 없다. 그러므로 정성을 쌓고 진심을 펼쳐 하늘에 장수하시기를 기원하는 것이니, 마음속 깊은 정의가 간절한 것이다. 곽종은 아버지를 일찍 여읜 것을 애통해하여 어머니를 효성과 공손함으로 봉양하며 살피고 모시는 데 더욱 부지런하였다. 음식은 반드시 풍성하고 깨끗하게 하여 몸소 받들어 올렸으며, 향신료와 술을 30년간 끊고 어머니의 장수를 기원한 덕에 어머니가 건강하고 무탈하게 104세를 사셨으니, 하늘로부터 얻은 것이 후하다고 하겠다. 무릇 지극한 효행은 천지를 감동시킬 수 있다. 곽종이 간절하게 기도하는 마음이 이토록 오래 지속되었으니, 하늘이 어찌 그가 바라는 바에 부응하지 않겠는가? 하늘이 그의 바람을 어기지 않았기에 어머니가 수복(壽福)을 누렸던 것이다. 장수하시고 돌아가셨는데도 절도에 넘도록 애통해하다 거의 죽을 뻔하였다. 그의 극진한 효행이 또한 사람을 감동시키기에도 충분하였으므로, 향리 사람들 대부분이 부모를 잘 섬긴 것은 곽종의 교화 덕분이다. 『시경』에 "효자의 효행은 마를 날 없으니, 영

659 觀者榮之: 『한』 없음.

원히 너희 동류에게 영향을 끼치리라."[660]라고 한 것은 곽종을 두고 한 말일 것이다.

孝子深愛於其親者, 常懼父母之衰耄, 而無以盡其孝養之情. 故積誠攄素以祈天永壽者, 中心懇切之深情也. 郭琮, 慟父早喪, 養母孝恪, 省侍惟謹. 飮食必豊潔, 躬親奉之, 絶葷酒三十年, 以祈母壽, 致其母康寧無恙, 享年百有四歲, 其所得於天者厚矣. 夫孝行之至, 可以格天地. 琮懇禱之心, 至於如此之久, 天豈有不副其所求者乎? 天旣弗違其所請, 而母得以享其福. 及以壽終, 哀慟踰節, 幾於滅性. 凡其至孝之行, 又皆足以感人, 故使其鄕里多能事親者, 琮之化也. 詩云: "孝子不匱, 永錫爾類." 郭琮之謂矣. 詩曰:

【찬시】

아버지 잃은 애통함에 슬픔이 배가 되니	父亡哀慟倍傷悲
문안드릴 때마다 정성스레 어머니를 섬겼네	養母殷勤省覲時
30년간 재계하며 어머니의 장수를 기원하니	三紀持齋祈母壽
황천께서 100살이 넘게 기약해주셨도다	皇天與過百年期

또

660 효자의……끼치리라: 『시경』 대아 「기취(旣醉)」를 인용한 것이다.

고을에서 평생의 효행을 중히 여기어	平生孝行重鄕閭
표창하는 사자의 수레가 일찍이 이르렀다오	表異曾迂使者車
어머니 돌아가시자 사람들이 장례를 도우려	母沒邦人來助葬
부의금을 가지고 상가로 찾아왔다오	同將金帛詣喪居

孝順事實卷七

127. 고흔이 하늘에 기도하다[661] 顧忻祈天(1a)

【본문】

고흔(顧忻)[662]은 태주(泰州) 태흥(泰興) 사람이다. 일찍 아버지를 여의고 어머니를 지극한 효성으로 섬겼다. 닭이 막 울면, 의관을 갖추어 입고 처자식을 데리고 어머니 방 앞으로 가서 드시고 싶은 것이 있는 묻기를 50년간 (한결같이) 하며, 어머니의 곁을 떠난 적이 없었다. 당초, 어머니가 병들자 고흔은 10년간 향신료를 먹지 않았다. 어머니는 연로해지면서 시력이 사물을 잘 보지 못할 정도로 나빠졌는데, 고흔이 밤낮으로 울부짖으며 하늘을 향해 기도[663]하니, 어머니의 눈이 홀연 환해져 촛불 아래에서도

---

661 고흔이 하늘에 기도하다: 『한』, 『언』, 『효』에 수록되지 않았다. 이 편은 송나라의 문인 장자(張鎡)가 찬술한 『사학규범(仕學規範)』 권9 행기(行己) 「고흔(顧忻)」 편에서 인용한 것이다. 비슷한 일화가 『송사(宋史)』 권456 효의열전 「고흔전(顧忻傳)」 및 『속통지』에도 수록되어 있다.

662 고흔: 생몰년 미상. 북송의 효자이다. 10세에 아버지 여의고 어머니를 지극한 효성으로 섬겼다. 자세한 행적은 전하지 않는다. 『사학규범』에 따르면 그는 도성에서 100여 리 떨어진 고을에 살았다. 두 차례 세금을 내려면 어머니 곁을 떠나야만 했기에, 고흔이 두 형에게 집안의 힘든 일은 자신이 하겠다며 세금을 내러 가기 위해 어머니 곁을 떠나고 싶지 않다고 부탁하였다. 이에 형제들이 그를 항상 어머니 곁에 머물게 하였다고 전한다.

663 기도: 고흔이 하늘을 향해 기도하면서 손가락을 찔러 피를 내어 불경을 몇 권이나 베껴 썼다[刺血寫佛經數卷]고 전한다. 『송사』, 『사학규범』 참고.

바느질을 할 수 있을 정도였다. 90여 세에 아무런 병이 없이[664] 돌아가셨다.

顧忻, 泰州泰興人. 早喪父, 事母至孝. 雞初鳴, 具冠帶率妻子, 詣母之室, 問其所欲, 如此五十年, 未嘗離母左右. 初母病, 忻葷辛不入口者十載. 及母老, 目不能視物, 忻日夜號泣祈天, 母目忽明, 燭下能縫紉. 年九十餘, 無疾而終.

【논단】

자식이 부모를 섬길 때에는 효성을 바쳐 사랑하는 진실한 마음을 갖는 것을 가장 훌륭하게 여긴다. 이 때문에 기거하시거나 음식을 드실 때 공경을 다 하여 원하는 대로 따르며 그 뜻을 어기지 않고, 편찮으시거나 노쇠해지셨을 때 근심을 다 하여 자기가 생활하는 데 필요한 것은 잊고 정성을 다 바쳐 부모의 편안함만을 기원하는 것이다. 이것이 바로 군자의 효이니, 고흔은 거의 이러한 경지에 가깝도다! 닭이 울면 일어나 관대를 차고 어머니가 계신 곳으로 나아가, 드시고 싶은 것을 묻고 공경히 바치기를 50년이나 하면서도 조금도 어긴 적이 없었으니 진실로 효자라고 할 만하다. 당초 어머니의 병 때문에 간이 있는 음식을 끊은 것이 또한 10년

664 아무런 병이 없이: 어머니는 시력이 회복되었을 뿐 아니라 젊은 며느리보다도 정신과 기억력이 또렷했다. 또한 만년에는 향신료를 먹지 않는 고흔을 따라 평범한 식사를 하였는데 안색이 어린이와 같았다[精神輕健, 雖少婦之不若. 晚年忽語其子曰: '吾傚汝, 不食葷食矣.' 遂不過中食, 顏色如童稚.]고 되어 있다. 『사학규범』 참고.

이다. 어머니가 노쇠하여 실명한 뒤에는 밤낮으로 울부짖으며 하늘에 기도하였다. 이와 같은 정성에 감응하여 어머니가 시력을 회복하였으니 촛불 아래에서 바느질까지 할 수 있을 정도로 환히 볼 수 있게 되었고, 건강하게 장수하시다 90세가 넘어 돌아가셨다. 이것이 어찌 아침저녁으로 애써 노력했다고 해서 이룰 수 있는 일이겠는가? 효성을 바쳐 사랑하는 마음이 지극하였기 때문이다. 고흔은 (어머니가) 살아 계실 때 정성을 다 바쳐 섬겼으니, 그 마지막도 능히 신중할 것임을 알 수 있다. 살아 계신 부모를 섬길 때 정성을 다하지 않는 자들이 그저 돌아가신 뒤 장례를 치를 때에만 공경을 더하려 하면 어찌 때를 놓친 아픔이 있지 않겠는가? 그러므로 고흔에게서 본받을 바가 있을 것이다.

子之事親, 貴乎有孝愛之誠也. 是故, 致其謹於起居飮食之間, 順其欲而不咈其志; 致其憂於疾痛昏眊之時, 忘己之所自養, 而盡誠以祈其安. 此君子之孝也, 顧忻, 其庶幾乎! 鷄鳴而起, 冠帶以適其母之所, 問所欲而敬進之, 至於五十年之久, 未嘗少違, 固可謂孝矣. 初以母疾, 絶滋味且十年. 及母老而失明也, 則又晝夜號泣以祈天. 誠感如此, 母目復爲之開明, 至能縫紉於燭下, 康寧壽考, 九十餘而終. 此豈勉强於朝夕者之所能哉? 蓋孝愛之至也. 忻旣盡誠於事生, 則能愼其終, 可知矣. 彼於生事有未盡, 而徒於送死加謹焉者, 豈不有後時之痛哉? 故於忻有取也. 詩曰:

【찬시】

닭이 울면 관대 쓰고 어머니께 문안하니 鷄鳴冠帶謁慈闈

드시고 싶은 것을 받들어 드리며 뜻 어기지 않았네	所欲遵承志不違
50여 년을 하루 같이	五十餘年如一日
풍성한 효성은 세상에 드물도다	油然[665]孝敬世間稀

또

어머니 병들자 자신도 차마 향신료 먹지 않고	母病葷辛忍自供
눈이 멀자 푸른 하늘 향해 울부짖으며 호소하였네	母盲號泣訴蒼穹
끝내 어머니가 환히 시력을 회복한 것은	終令母目重開朗
분명 진실한 효성에 감통한 까닭이라오	端爲純誠故感通

128. 후의가 몸소 날품을 팔다[666] 侯義傭身(2a)

【본문】

후의(侯義)[667]는 초구(楚丘)[668] 사람이다. 가난하여 재산이 없었기에 몸소 날품을 팔아 어머니를 섬겼다. 마을 사람 중에 어떤 자가 자기 부모의 장

665 油然: 풍성한 모양.
666 후의가 몸소 날품을 팔다: 『한』, 『언』, 『효』에 수록되지 않았다. 이 편은 『송사』 권456 효의열전 「후의전(侯義傳)」에서 인용한 것이다. 비슷한 일화가 『속통지』에도 수록되어 있다.
667 후의: 생몰년 미상. 북송의 효자이다. 자세한 행적은 전하지 않는다.
668 초구: 북송의 수도 남경(南京)에 속한 지명으로, 중국 하남성 상구시(商丘市) 일대이다.

례를 치르다 갑자기 돌아갔는데, 후의의 어머니가 그 무덤을 지나다가 울면서 후의에게 말했다.

"내가 죽으면 이렇게 되겠지?"

후의가 이에 마음이 찡하여 스스로 다짐하였지만 말하고 싶어하지는 않았기에 그저 어머니를 이렇게 위로할 뿐이었다.

"슬퍼하지 마셔요. 저는 반드시 이렇게 하지 않을게요."

송 진종(宋眞宗)[669] 함평(咸平) 연간에 어머니가 돌아가셨다. 후의는 힘껏 장례 비용을 마련하였는데 (땅을 다 덮지 못하여) 낮에는 흙을 져 날라 봉분을 쌓고 밤에는 무덤 곁에서 통곡하였다. 그의 처자식은 너무나 궁핍하여 자급자족할 길이 없었으니, 땅주인 조 씨가 그들을 안타깝게 여겨 식량을 대주었다. 1년이 지나자 무덤 사이에 핀 오이가 서로 다른 줄기인데 하나의 열매를 맺고, 나무 두 그루의 가지가 서로 잇닿았다. 또한 큰 뱀이 그의 곁에 똬리를 틀고 다른 짐승들은 해치지 않았으며, 산비둘기가 날아들어 떠나지 않았다. 한번은 도적을 만나 의복을 빼앗길 뻔 하였는데, 의로운 사람이 쓰는 물건인 것을 알고는 모두 돌려주었다.

侯義, 楚丘人. 貧無産, 庸身以事母. 里人有葬其親而遽返者, 義母過其冢, 泣謂義曰: "我死其若是乎?" 義乃感激自誓而不欲言, 但慰其母曰: "勿悲. 義必不爾." 宋眞宗咸平中, 母卒. 義力自辦葬, 晝則負土築墳, 夜則慟哭墓側. 妻子困匱不給, 田主曹氏, 資之以餱糧. 踰年, 墳間瓜異蔕同實,

669 송 진종: 북송의 제3대 황제 조항(趙恒, 968~1022, 재위 997~1022)이다. 과거제를 시행하여 문치를 강화하였다. 그러나 그의 재위 내내 요나라가 침공하여 화친하였다. 함평은 그의 첫 번째 연호로, 998년부터 1003년까지 쓰였다. 대중상부(大中祥符)는 그의 세 번째 연호로, 1008년부터 1016년까지 쓰였다.

木連理. 又有巨蛇繞其側, 不暴物, 野鴿飛而不去. 嘗遇盜劫其衣服, 旣而知是義物, 悉還之.

【논단】

부모가 살아 계실 때 예로써 섬기고 돌아가셨을 때 예로써 장례를 치르는 일은 부유해도 하기 어려운 일이다. 그런데 가난하여 자급자족하기 어려운 집에서, 살아 계신 분을 봉양하고 돌아가신 분을 장례 치르는 예를 극진히 하고자 하는 일은 역시 (더욱) 어렵지 않겠는가? 후의를 살펴보면, 몸소 날품을 팔아 봉양 거리를 마련하고, 마을 사람의 야박한 장례에 가슴 아파하며 어머니를 위로해드릴 것을 생각하였다. 어느 날 어머니가 돌아가시자, 낮에는 흙을 져 날라 봉분을 만들고 밤에는 무덤 곁에서 슬피 울부짖으며 비록 처자식이 굶어도 돌아볼 겨를이 없었다. 그러므로 한결같은 그의 진실한 효심이 신명을 감격시켰으니, 상서로운 초목이 피어나고 뱀과 산비둘기가 길들었으며 도적을 감화시키는 일이 어찌 우연히 일어난 것이겠는가? 아아! 세상의 자식된 자들이 후의처럼 한다면 역시 효라고 할 수 있을 것이다.

人子於親, 生能事以禮, 沒能葬以禮, 在富室, 不以爲難. 唯貧困不給之家, 而亦欲盡夫養生送死之禮, 豈不難哉? 觀侯義, 傭身營養, 痛里人之薄葬, 思以慰其親. 一旦母卒, 晝則負土爲墳, 夜則哀號墓側, 雖妻子困匱不暇顧. 故其純孝一念, 感于幽明, 瑞應草木, 馴及蛇鴿, 化被盜賊, 豈偶然者哉? 嗚呼! 世之爲人子, 若義者, 亦可謂孝矣. 詩曰:

【찬시】

집이 가난하여 날품 팔아 어머니 모셨는데	傭身事母爲家貧
어머니 돌아가시자 밤새도록 슬피 울부짖었네	母歿哀號夜及晨
처자식은 꺼이꺼이 울며 도무지 먹고 살길 없는데	妻子嗷嗷[670]從不給
고생스레 흙 져 날라 무덤만 만들었다오	辛勤負土只成墳

또

두 줄기에 한 오이 달리고 나무는 가지 잇닿았으니	瓜生同實木連枝
도적조차 차마 그를 속여서는 안 됨을 알았다오	盜賊相知不忍欺
뱀과 산비둘기가 함께 어울려 똬리 틀고 머무니	蛇鴿俱馴來繞護
진실한 효심이 하늘을 감격시켰기 때문이라오	由來純孝感天知

670 嗷嗷: '오오'는 슬피 울부짖는 소리, 입을 모아 걱정이나 근심하는 소리 등을 형용한 것이다.

129. 방천우가 아버지의 눈을 뜨게 하다[671] 天祐明目(3a)

【본문】

방천우(龐天祐)[672]는 강릉(江陵) 사람으로, 강릉에서 경적교수(經籍敎授)를 지냈다. 아버지가 눈에 병이 들어 실명하였는데, 방천우가 눈물로 통곡하며 하늘에 씻은 듯[673] 낫게 해달라 기도하니 아버지의 눈이 다시 시력을 회복하였다. 아버지는 80세가 넘어 송 진종(宋眞宗) 대중상부(大中祥符) 4년(1011)에 돌아가셨다. 방천우는 흙을 져 날라 무덤을 쌓고 예법에 따라 장사 지냈다. 무덤 곁에 초막을 짓고 살았는데 밤낮으로 통곡하는 소리가 끊이지 않았다. 지부(知府) 진요자(陳堯咨, 970~1034)[674]가 직접 찾아와[675] 제전을 올리고 그의 효행을 상주하니, 조서를 내려 그의 마을에 정려문을 세워 표창하였다.

671 방천우가 아버지의 눈을 뜨게 하다: 『한』, 『언』, 『효』에 수록되지 않았다. 이 편은 『송사』 권456 효의열전 「방천우전(龐天祐傳)」에서 인용한 것이다. 비슷한 일화가 『속통지』에도 수록되어 있다.

672 방천우: 생몰년 미상. 북송의 효자이다. 자세한 행적은 전하지 않는다. 평생을 가난하게 살았다. 그의 아버지가 병들자, 방천우가 자신의 허벅지를 베어 그 고기를 아버지께 먹였더니 나았다고 전한다. 『송사』 참고.

673 씻은 듯: 원문의 '지(舐)'는 혀로 핥는다는 뜻이다.

674 진요자: 북송의 정치인으로, 자는 가모(嘉謨)이다. 송 진종 연간에 장원급제하여 비서성 저작랑, 우정언 지제고, 집현원학사, 무신군절도사(武信軍節度使) 등의 요직을 두루 역임하였다. 구양수(歐陽脩)가 지은 「기름 파는 노인[賣油翁]」이 진요자에 대해 다룬 글이다. 사후에 태위(太尉)로 추증되었으며, 시호는 강숙(康肅)이다.

675 직접 찾아와: 진요자가 방천우의 집을 찾아와 보니 한 섬의 쌀조차 없고 누추한 골목에 살고 있기에, 마을 입구 근처로 이사시키고 두 기둥을 세워주며 표창하였다. 『송사』 참고.

龐天祐, 江陵人, 以經籍教授里中. 父病目喪明, 天祐號泣祈天舐之, 父目復明. 父年八十餘, 宋眞宗大中祥符四年卒. 天祐負土封墓, 窆葬以禮. 結草廬墓側, 晝夜號不絶聲. 知府陳堯咨, 親往致奠, 上其事, 詔旌表門閭.

【논단】

방천우는 아버지가 병으로 맹인이 되자 하늘을 향해 눈물로 호소하며 낫게 해달라고 하니 아버지의 시력이 회복되었다. 하늘은 높지만 낮은 곳의 말을 다 들어주니,[676] 사람이 선한 생각을 하면 하늘이 실로 그것을 따라주는 법인데, 하물며 효자가 절박한 마음으로 통곡하며 호소하면 하늘이 어찌 그가 바라는 것을 도와주지 않겠는가? 그러므로 한 번 씻어주어 눈앞에 낀 것을 모두 없앴으니, 이전에 혼탁했던 것이 환히 밝아지는 데 이르렀다. 만일 진실한 효성의 마음이 아니었다면 천지를 감격시키고 신명을 감동시켜 이런 기적이 일어날 수 있었겠는가? 그렇기는 하지만, 하늘을 향해 호소하여 아버지의 눈을 다시 뜨게 한 것은 진실로 그의 효성을 보여주기에 충분하였다고 하더라도, 만일 돌아가시어 장례를 치를 때 효성을 다 하지 않았다면 어찌 큰일을 감당할 수 있었겠는가?[677] 그러므로 부친상을 치르면서 무덤을 쌓는 데 예법에 어긋나지 않았으며, 눈물

676 하늘은……들어주니: 원문의 '천고청비(天高聽卑)'는 『사기』 권38 「송미자세가(宋微子世家)」에서 유래한 표현으로, 하늘이나 황제는 아무리 높이 있어도 아래에 있는 인간이나 백성들의 소리를 듣고 그 선악을 살핀다는 의미이다. 전하여 제왕의 어질고 밝음을 칭송하는 뜻으로도 쓰인다.

677 돌아가시어……있었겠는가: 『맹자』 「이루 하」 제13장에 "부모가 살아 계실 때 봉양하는 것은 큰일이라 할 수 없고, 오직 돌아가신 부모를 보내는 일이라야 큰일이라 할 수 있다.[養生者, 不足以當大事, 惟送死, 可以當大事.]"라는 표현이 보인다.

로 슬피 통곡함에 사람들이 차마 들을 수 없었으니, 군수가 직접 찾아와 제전을 올리고 그 일을 상주하여 정표함으로써 세도의 모범으로 삼은 것은 그 의도가 깊도다!

龐天祐, 以父病瞽, 號泣籲天舐之, 父目復明. 夫天高聽卑, 人有善念, 天實從之, 況孝子以迫切之情, 號泣籲之, 天豈有不副其所求者乎? 故一舐之頃障翳盡去, 昔之眊焉者, 至是而瞭然矣. 非誠孝之心, 格于上下, 通于神明, 能臻是歟? 雖然, 籲天而致父目之復明, 固足以見其孝, 苟送死之際, 而不竭其誠, 豈足以當大事哉? 故其執親之喪, 封墓治墳, 不違於禮, 哭泣悲慟, 人不忍聞, 郡守親往致奠, 上其事, 旌表之以爲世道勸, 其意深矣! 詩曰:

【찬시】

아버지 눈 먼 지 벌써 몇 년　　父目盲來已有年
아이가 슬피 울부짖으니 황천도 감격하셨네　　兒啼哀痛懇皇天
그 누가 하루아침에 혼탁한 눈 낫게 하실 줄 알았으랴　　誰知一舐祛昏翳
문득 깨어나니 두 눈동자가 다시 환해졌도다　　陟覺雙眸復瞭然

또

아버지 여의고 피눈물 흘리다 눈이 마를 지경인데　　親亡泣血眼將枯
홀로 무덤 곁에 초막을 짓고 살았네　　獨向墳間結草廬

밤낮으로 통곡하는 소리 오래도록 끊이지 않았기에	晝夜哭聲長不已
당시에 정려문을 세워주는 것이 당연하도다	當時應得表門閭

130. 허유가 눈물을 흘리다[678] 許兪涕泣(4a)

【본문】

허유(許兪)[679]는 선성(宣城)[680] 사람이다. 어려서 어머니를 여의고, 아버지를 효성과 공경으로 섬긴 것으로 유명했다. 맛있는 음식을 올리기를 밤낮으로 게을리하지 않았으며, 아버지가 드시고 싶어 하는 것이라면 거리를 상관하지 않고 반드시 구해왔다. 계리(計吏, 計偕)를 따라 과거에 응시[681]하러 갈 때에도 (아버지를) 수레에 편안히 모시고 갔으며, 경성(京城, 북송의

678 허유가 눈물을 흘리다: 『한』, 『언』, 『효』에 수록되지 않았다. 이 편은 『사학규범』 권9 행기 「허유(許兪)」 편에서 인용한 것이다.

679 허유: 생몰년 미상. 북송의 효자이다. 그의 가문은 대대로 유학으로 강남 지역에서 명성을 떨쳤다. 아버지 허양고(許養高)는 벼슬을 하지 않았다. 허유는 풍채가 좋고 의지가 굳건하였으며, 절의를 숭상하여 함부로 남들과 교제하지 않았다. 문장을 잘 지었기에 세상의 백성들을 구제하겠다는 의지를 품기도 하였다. 그의 계부(季父) 허적(許逖)은 당시에 명망이 높아 상서외랑(尙書外郞)을 역임하고 있었는데, 허유가 집안을 일으킬 인재라며 칭찬하였다. 평상시에 화목하게 지내며 가족에게 희노애락의 감정을 드러내지 않았다. 평생 가난하여 사대부들에게 돈을 꾸어서라도 아버지를 봉양하는 데 최선을 다하였다. 『사학규범』 참고.

680 선성: 중국 안휘성(安徽省) 선성현(宣城縣)이다.

681 계리를 따라 과거에 응시: 원문의 '수계해(隨計偕)'는 계리(計吏)를 따라간다는 말로, 향시를 합격한 뒤에 상경하여 과거에 응시하는 것을 가리킨다. 계리는 본래 각 지방 관서에서 해마다 회계 장부를 조정에 가지고 와 업무를 보고하던 관리를 가리키는데, 지방 장관들이 그 지역에서 인재가 될 만한 사람들을 조사하여 뽑은 뒤, 도성에 가는 계리 편에 함께 올려보내 과거에 응시하도록 했던 데서 유래하였다.

수도 남경)의 관사에 묵을 때[682] 처자식과 함께 거친 밥을 먹으면서도 아침 저녁으로 아버지를 섬길 때에는 반드시 맛있는 음식을 갖추어 풍족한 모습만 보이며 아버지께 근심을 끼치고 싶어 하지 않았다. 이 소식을 들은 대신들이 녹봉을 모아 봉양하는 데 보태주었다. 아버지가 80세가 되었을 때 허유에게 이렇게 말씀하셨다.

"네가 과거에 급제하는 것을 본 뒤에 땅에 묻힌다면 여한이 없겠다."

송 진종 대중상부 7년(1014), 과연 허유는 과거에 급제하여 잠양 종사(涔陽從事)로 임명되었기에, 해릉(海陵)의 별장으로 아버지를 모시고 가 봉양하게 되었다. 그러나 가는 길이 오래 걸리자 아버지의 병이 위독해지니, 허유가 밤낮으로 곁에서 병간호하며 빨래까지도 반드시 직접 하였다. 어떤 사람이 그 이유를 물으니 허유가 말했다.

"빨래를 집안사람의 손에 맡기면 게을러질까 걱정되어서다."

아버지가 돌아가시자 너무 슬퍼하다 건강을 해쳐 거의 죽을 뻔하였다. 어느 날 아버지가 지나가셨던 곳을 가게 되자 온종일 울었다. 하루는 낭산(琅山)의 별원을 지나는데 말 위에서 갑자기 눈물을 흘렸다. 노복이 그 까닭을 여쭈니,

"우리 아버지께서 전에 이곳에 머무신 적이 있다."

라고 말하니, 사류들이 그의 효행에 탄복하였다.

許兪, 宣城人. 少喪母, 事父以孝謹聞. 供給甘旨, 晝夜不怠, 父之所欲, 無遠邇必致之. 嘗隨計偕, 安輿扶侍, 稅舍輦轂, 與妻子共食麤糲, 晨夕事

682 경성의 관사에 묵을 때: 원문의 '세사(稅舍)'는 관사(館舍)에 묵는다는 의미이며, '연곡(輦轂)'은 황제의 수레바퀴라는 뜻으로 전하여 경성을 가리키게 되었다.

父, 必盡珍異, 常示豐厚, 恐貽父憂. 公卿聞者, 多率俸以助其養. 父年垂八十, 謂兪曰: "覩汝登科之後, 没于地, 足矣." 宋眞宗大中祥符七年, 兪果登第, 授涔陽從事, 扶侍歸海陵別業. 卽路有日, 父疾沉篤, 兪晝夜供省, 以至澣濯必親. 或問其故, 兪曰: "澣濯於家人之手, 慮其厭怠也." 父喪摧毁, 幾至滅性. 或歷父經由之地, 涕泣者永日. 嘗過琅山別院, 馬上忽泣下. 僕御問其由, 曰: "我父曾寄此也." 士流伏其孝.

【논단】

세상에 자기 부모를 잘 섬기는 이는 항상 있다. 그러나 진실한 효심을 독실하게 하여 평생토록 해이해지지 않는 사람을 찾기란 참으로 어렵다. 허유는 어려서부터 효성과 공경으로 알려졌다. 아버지를 봉양함에 정성과 힘을 다해 맛있는 음식을 드리면서도 자신과 처자식은 거친 밥을 달게 먹었다. 또한 아버지께 근심을 끼치는 것을 염려하여 항상 풍족한 모습만 보였기에 대신들이 녹봉을 모아 도와주었다. 아버지가 연로해지자 과거에 급제하기를 바랐는데, 과연 온 마음을 다해[683] 학업에 힘써 그 소원대로 족히 아버지를 기쁘게 해드렸다. 아버지의 병이 위독해지자 곁에서 병간호하기를 게을리하지 않았으며 설령 빨래 같은 작은 일조차 집안 사람에게 맡기면 해이해질까 염려하여 반드시 직접 하였다. 그러니 그 마음가짐이 정성스럽고 돈독하였음을 더욱 잘 알 수 있다. 부친상을 치르면서 너무 슬퍼하다 건강을 해쳐 거의 죽을 뻔하였으며, 장례를 마친 뒤

683 온 마음을 다해: 원문의 '잠심(潛心)'은 '전심(專心)'과 같은 뜻이다.

에도 아버지를 그리워하는 마음을 오래도록 잊지 못하였다. 그래서 아버지가 지나거나 묵었던 곳을 지나갈 때마다 반드시 온종일 눈물을 흘리며 그리워하였으니, 날이 갈수록 (부모를) 잊어버리는 사람들과 비교한다면 그 얼마나 현격한 차이[684]가 있는가? 아! 허유는 부모를 섬기면서 시종일관 차이가 없다고 할 만하니, 그를 드러내어 부모를 섬기는 모범으로 삼는 것이 마땅하다.

善事其親者, 世恒有之. 求其純孝篤至, 終其身而不怠者, 誠難能也. 許愈, 自少以孝謹聞. 其養父也, 竭誠盡力, 以致珍異, 己與妻孥, 甘於麤糲. 又恐貽父憂, 而常示豐厚, 因得公卿率俸以助焉. 及父年老, 望其登科, 果能潛心力學, 以如其願, 有足以慰悅其親者. 父疾沉篤, 供侍不倦, 雖澣濯之事, 慮家人之厭怠, 而必親之. 則其存心誠篤, 尤可見矣. 迨其執親之喪, 毁瘠幾殆, 至喪制已終, 念親之心, 久而不忘. 每歷其父所經行止宿之地, 必涕泣思慕, 至於終日, 比他人日遠而日忘者, 奚啻逕庭哉? 噫! 愈之事親, 可謂終始無間者也, 宜表之以爲事親者之法. 詩曰:

【찬시】

가난해도 힘껏 진수성찬 마련해	家貧竭力致珍羞
풍족하게 대접하여 아버지 근심치 않게 하였네	常示贏餘免父憂

684 현격한 차이: 원문의 '경정(逕庭)'은 문밖의 길[逕]과 집 안의 뜰[庭]로, 그 거리가 멀거나 차이가 크다는 의미이다.

하물며 그 이름이 용호방에 올랐으니	況是名登龍虎榜[685]
부모님 마음 이미 흡족하신데 더 무엇을 바라리오	親心已足更何求

또

늙으신 아버지 병들어 끝내 돌아가셨는데	老親遘疾竟終天
애통해하다 건강을 해치니 실로 가련하도다	毁瘠哀傷實可憐
훗날 아버지 노닐던 곳을 지나니	他日親經遊歷處
평생토록 그리움에 눈물만 주룩주룩	終身思慕淚漣漣[686]

685 龍虎榜: 정원(貞元) 8년(792년) 당시 육지(陸贄)가 주관한 과거에 구양첨(歐陽詹), 한유(韓愈), 이강(李絳) 등 23인이 급제하였는데, 이들이 훗날 모두 뛰어난 인재가 되었기에, 이때의 과거 합격자 명단을 '용호방'이라고 불렀다. 전하여 과거 합격자 명단, 과거 급제를 범칭하게 되었다.

686 漣漣: '연연'은 흐르는 눈물이 그치지 않는 모양을 형용한 것이다. 『시경』 위풍(衛風) 「맹(氓)」에 "복관을 보지 못하여 눈물이 주룩주룩[不見復關, 泣涕漣漣.]"이라고 한 데서 유래하였다.

131. 이자가 부모를 편안케 하다[687]　　李諮安親(5b)

【본문】

이자(李諮, 982~1037)[688]는 자가 중순(仲詢)이며 신유(新喩)[689] 사람이다. 어려서부터 성품이 훌륭하였는데, 아버지 이문첩(李文捷)이 그의 어미를 내치려 하니 이자가 밤낮으로 통곡하며 음식을 입에 받아들이지 않았다. 아버지가 가련하게 여겨 어머니를 돌아오게 하니, 마침내 효자라고 이름났다. 진사에 급제하였는데, 송 진종이 좌우를 돌아보며 "이 사람은 자기 부모를 편안하게 하였도다."라고 하며 제3등으로 발탁하고 대리평사에 제수하였다. 여러 차례 승진하여 관직이 호부시랑에 이르렀다.

李諮, 字仲詢, 新喩人. 幼有至性, 父文捷出其母, 諮日夜號泣, 食飮不入口. 父憐之, 而還其母, 遂以孝聞. 擧進士, 宋眞宗顧左右曰: "是能安其親者." 擢第三人, 除大理評事. 累官至戶部侍郎.

---

687 이자가 부모를 편안케 하다: 『한』, 『언』, 『효』에 수록되지 않았다. 이 편은 『송사』 권292 「이자전(李諮傳)」에서 발췌 인용한 것이다. 비슷한 일화가 『속통지』에도 수록되어 있다.

688 이자: 북송의 정치인이다. 성정이 분명하고 업무에 밝아 일처리를 능숙하게 잘하고 간신들을 배척하여 조정에서 칭송받았다. 태자중윤(太子中允), 직집현원, 개봉부판관(開封府判官), 좌정언, 상서예부시랑, 추밀부사 등 조정 안팎의 요직을 두루 역임하였다. 부친상을 당한 뒤에는 다시 호부시랑, 지간원사(知諫院事) 등을 역임하였다. 사후에 우복야로 추증되었으며, 시호는 헌성(憲成)이다. 『송사』 참고.

689 신유: 중국 강서성 신여시(新余市) 일대의 지명이다.

【논단】

사람이 태어남에 누군들 부모로부터 비롯되지 않겠는가? 아버지께 의지하여 삶을 시작하고 어머니께 의지하여 성장을 이루는 것이니, 어루만지고 기르시며 자라게 해주시고, 오가며 돌아보고 살피시는 수고[690]가 너무나도 지극하다. 그 은덕의 위대함은 하늘과 땅처럼 끝이 없어 갚을 방법을 모르는데, 하물며 (부모 중) 어느 한쪽을 소홀히 할 수 있겠는가? 이자의 어머니는 남편에게서 쫓겨났으니, 그 사정은 알 수 없다. 그러나 모자지간은 참으로 끊을 수 없는 법이니 천지간에 어찌 어머니 없는 사람이 있겠는가? 이런 상황에서 이자도 어찌할 도리가 없었으니, 진실한 효애를 쌓아 그 아버지가 가련하게 여기기를 바랄 뿐이었다. 이것이 이자가 밤낮으로 통곡하며 음식마저 전폐한 이유이다. 너무나도 슬퍼하는 모습이 결국 아버지의 마음을 감동시켜 이미 쫓겨난 어머니를 돌아오게 하였으니, 그 독실한 효심을 알 만하다. 그러나 이자는 한창 어린 나이에도 효행이 이와 같았다. 맹자가 "어린아이 중에 자기 부모를 사랑할 줄 모르는 경우는 없다."[691]라고 한 것은 그 선한 본성이 자연스럽게 드러난다는 의미이다. 당시 조정에서 그의 훌륭함을 드러내어 높이 발탁한 것이 어찌 마땅하지 않겠는가?

人之生也, 孰不本於父母哉? 蓋資於父而始有其生, 資於母而後遂其生, 至於拊畜長育, 顧復出入, 其劬勞至矣. 恩德之大, 蓋如天地之無窮, 而

690 어루만지고……살피시는 수고: 원문의 '부축장육(拊畜長育)', '고복출입(顧復出入)은 모두 『시경』 소아 「육아」에서 따온 것이다. 모두 부모가 양육하는 것을 가리킨다.
691 어린아이 중에……경우는 없다: 『맹자』 「진심 상」 제15장에서 인용한 것이다.

莫知所以爲報, 而況可以偏廢乎? 李諮之母見出於其父也, 其事蓋不可知. 然母子固無之可絶之理, 天下豈有無母之人哉? 當此之時, 諮亦無可奈何, 積其孝愛之誠, 庶使其父可以哀憐而已. 此諮所以日夜號泣, 至於飮食俱廢也. 悲哀之極, 卒能感其父之心, 而還其母於旣出之之後, 其篤孝可知矣. 然諮方幼也, 而孝行如此. 孟子曰: "孩提之童, 無不知愛其親." 蓋其天性之善, 出於自然. 當時朝廷褒美而顯擢之, 豈不宜哉? 詩曰:

【찬시】

어머니와 생이별하는 것은 가장 괴로운 일이니 慈母生離最苦辛
밤낮으로 구슬피 통곡하는 그 마음 애통하도다 悲號日夜倍傷神
끝내 어머니를 돌아오게 하여 온전한 효를 이루었으니 終能歸母成全孝
이로부터 사람들이 이중순이라는 이름을 전하였다오 自此人傳李仲詢

또

두 소매 가득 뚝뚝 떨어진 눈물자국 雙袖盈盈淚點斑
마침내 아비를 감동시켜 어미를 다시 불러들였네 遂令父感母仍還
부모를 편안케 하고 자신은 당시의 총애를 받으니 安親已荷當時寵
군주께도 한마음으로 일편단심을 바쳤으리 報主心同一寸丹

132. 사도가 쏘가리를 잡다[692] 査道獲鱖(7a)

【본문】

사도(査道, 955~1018)[693]는 자가 담연(湛然)이며 흡주(歙州) 휴녕(休寧)[694] 사람이다. 아버지 사원방(査元方)은 활주 장서기(滑州掌書記)를 지냈다. 사도는 성품이 매우 효성스러웠는데, 활주[695]에 있을 때 어머니가 병에 걸려 오래도록 시름시름 앓았다.[696] 사도는 약재를 달이면서 열흘이 넘도록 자지 않았다. 어머니가 쏘가리를 먹고 싶어 하였는데, 구하려 해도 얻을 수 없었다.[697] 이에 사도가 황하강까지 가서 기도한 뒤 낚싯대를 던지니, 마침내 물고기를 잡아 가지고 돌아와 국을 끓여드렸다. 어머니가 그것을 드시고 병이 나으니, 훗날 그 소문을 들은 자들이 다투어 와서 낚시하였지만 끝내 아무도 잡지 못했다. 아버지를 여읜 뒤, 맛있는 음식[698]을 끊고 비록 한

---

692 사도가 쏘가리를 잡다: 『한』, 『언』, 『효』에 수록되지 않았다. 이 편은 『사학규범』 권9 행기 「사도(査道)」 편에서 인용한 것이다. 비슷한 일화가 『송사』 권256 「사도전(査道傳)」 및 『속통지』에도 수록되어 있다.

693 사도: 북송의 정치인이자 효자이다. 『사학규범』에는 그의 자가 '진지(眞之)'라고 되어 있다. 어려서부터 말수가 적고 농담하는 것을 좋아하지 않았다. 문장에 능하여 『책부원구』 편찬에도 참여하였다. 988년 진사에 높은 성적으로 급제한 뒤 저작랑, 사관, 형부원외랑 등 여러 관직을 두루 지냈다. 지방관을 역임할 때, 메뚜기 떼가 번성하여 백성들이 굶주리는 것을 보고 상부에 보고하지 않고 먼저 관아의 창고를 열어 구휼하는 등 관대한 정치로 명성이 높았다. 『송사』 참고.

694 휴녕: 중국 안휘성에 속한 지명이다.

695 활주: 중국 하남성 활현(滑縣) 일대의 지명이다.

696 오래도록 시름시름 앓았다: 원문의 '면철(緜惙)'은 병이 깊어 겨우겨우 살아 있는 모습을 형용한 것이다.

697 구하려 해도 얻을 수 없었다: 『송사』에는 당시 겨울이 한창이어서 저자에서 살 수 없었기에, 직접 꽁꽁 언 강을 파서 한 자가 넘는 쏘가리를 잡아 왔다고 되어 있다.

698 맛있는 음식: 『사학규범』에는 '술과 고기[酒肉]'라고 되어 있다.

겨울에 눈이 쌓여 있어도 항상 허름한 베옷에 맨발로 지내니 지팡이를 짚은 뒤에야 일어날 수 있었다. 복상을 마친 뒤 과거에 나아갔으며 공부원외랑, 충탁지부사(充度支副使) 등을 지냈다. 비록 녹봉이 풍부해도 모두 친족들에게 나누어 주었으며, 고아나 과부는 반드시 혼인시켜주었다.[699] 사람들과 교제함에 정분이 절실하여, 소외된 사람일수록 더욱 후대하여 대부분 구휼하였으니, 이 때문에 살면서 항상 궁핍하였지만 개의치 않았다.

查道, 字湛然, 歙州休寧人. 父元方, 爲滑州掌書記. 道性至孝, 在滑州, 母疾緜惙. 道調煎藥劑, 經旬不寐. 母思鱖魚, 求莫能得. 道詣黃河, 禱而釣焉, 因獲魚, 携以歸爲羹. 母食而疾愈, 後聞者, 争往釣之, 終無所獲. 親喪, 口絶甘美, 雖深冬積雪, 常布素徒跣, 杖而後起. 終制就擧, 歷官至工部員外郞, 充度支副使. 雖俸入豊厚, 皆分給宗族, 孤寡爲畢婚嫁. 與人交, 情分切至, 廢棄者待之愈厚, 多所周恤, 以是居嘗匱乏, 不以屑意.

【논단】

부모가 즐기거나 좋아하는 것이 있으면 자식으로서 힘써 구해 드리는 것이 당연히 해야 할 일이다. 그러나 간혹 그 지역에 맞지 않는 것을 바라실 때도 있으니, 진실로 정성스러운 마음가짐이 신명께 감통하지 않는다면, 역시 어떻게 그것을 얻을 수 있겠는가? 사도는 어머니가 병들자 곁에서 모시고 병간호하며 하지 않은 일이 없었으나 오래도록 낫지 않았

699 혼인시켜주었다: 『사학규범』에는 이때 사도가 10여 가를 성혼시켰다고 되어 있다.

다. 갑자기 쏘가리가 먹고 싶다고 하셨으나 활주에서 나는 것이 아니었기에, 사도가 구하려 해도 얻을 수 없었다. 그러한즉 황하가에 가서 기도하여 한 번의 낚시질로 잡아 마침내 어머니의 병을 낫게 할 수 있었다. 이후 다른 사람들이 잇따라 구하러 갔지만 끝내 잡을 수 없었으니, 이는 그의 진실한 효심에 하늘이 감동한 결과가 아니겠는가? 부친상을 당했을 때는 나물 같은 거친 음식과 물만 먹었고, 한겨울에도 허름한 베옷에 맨발로 지내는 것을 바꾸지 않았으니, 지팡이를 짚은 뒤에야 일어설 수 있었다. 사랑하고 그리워하는 마음이 어찌 살아 계실 때나 돌아가신 뒤에 차이가 있겠는가? 후에 높은 관직을 역임하며 녹봉이 넉넉해졌는데, 능히 사사로이 쓰지 않고 친족들에게 고루 나누어 주었으며 고아나 가난한 자들을 구휼하였으니, 참으로 인애로운 마음을 확대하여 다른 사람에게 미쳤다고 할 만하다. 『효경』에서 "효란 덕의 근본이다."[700]라고 하였다. 사도를 보면 평생의 도량이 넓고 크며, 순후하여 따지지 않았고, 절의를 깊이 사랑하며 공경히 예법을 지켰으니 참으로 훌륭하도다!

父母之所嗜好, 爲人子者, 力求以供奉之, 固職之當爲也. 然或非土地之宜, 苟非秉心誠慤, 感通於神明, 則亦豈能得哉? 查道母疾, 扶侍調護, 無所不至, 久而不瘳. 忽思鱖魚, 然非滑州所産, 道求之不得. 則禱于河濱, 一釣而得之, 遂能愈母之疾. 及他人踵而求之, 卒不能得, 此非孝誠感動於天之所致歟? 及居親喪, 蔬食水飮, 布素徒跣, 寒沍不變, 杖而後起. 其愛慕之情, 豈以生死而有異乎? 後歷顯宦, 俸入豊厚, 能不自私, 而均給宗族, 周恤孤貧, 可謂能推仁愛之心, 以及於人矣. 經云: "孝者, 德之本也." 觀

700 효란 덕의 근본이다: 『효경』 「개종명의장」에서 공자가 한 말을 인용한 것이다.

道, 平生度量宏偉, 純厚不校, 愛重節義, 恪守禮法, 良有以夫! 詩曰:

【찬시】

시름시름 병 앓는 어머니가 오래도록 낫지 않는데 母病纒綿久未瘳
쏘가리 드시고 싶어 하여도 너무나 구하기 어렵네 鱖魚思食苦難求
황하가에 이르러 간절한 마음으로 경건히 기도하니 河濱致禱心虔切
기쁘게도 물고기가 걸려 올라왔다오 喜有鮮鱗上釣鉤

또

사도의 인후함은 예로부터 비할 자 없으니 査生仁厚古無倫
재물도 아끼지 않고 빈곤한 자들을 구제하였네 不惜貲財濟困貧
모든 행실에 어그러짐 없음에 모두들 존경하니 百行無虧人共羡
타고난 본성의 진실한 효심 덕분이리라 只緣天稟孝心純

133. 조변이 여묘살이하다[701] 趙抃廬墓(8a)

【본문】

조변(趙抃, 1008~1084)[702]은 자가 열도(閱道)이며 구주(衢州) 서안(西安)[703] 사람이다. 어머니가 돌아가시자 3년간 여묘살이를 하였기에, 서안현에서 그의 마을을 '효자리(孝子里)'[704]라고 이름하였다. 처사 손모(孫侔, 1019~1084)[705]가 (그를 입전하여) 효자전을 지었으며, 관직은 참지정사에 이르렀다. 어느 날 꿈에 그의 아버지가 나타나 이렇게 말씀하셨다.

"너는 매우 효성스럽다. (『시경』에) '효자의 효행은 마를 날 없으니, 영원히 너희 동류에게 영향을 끼치리라.'라고 하였으니 하늘이 반드시 너를 도울 것이다."

그의 아들 조궤(趙屼)가 부친상을 치를 때 감로가 나무에 내렸으며,

---

701 조변이 여묘살이하다: 『한』, 『언』, 『효』에 수록되지 않았다. 이 편은 『송사』 권36 「조변전(趙抃傳)」에서 발췌 인용한 것이다. 조변의 전기 뒤에 아들 조궤의 전기가 부록되어 있다. 비슷한 일화가 『속통지』에도 수록되어 있다.

702 조변: 북송의 정치인이자 효자이다. 호는 지비자(知非子). 1034년에 진사에 급제하여 사주통판(泗州通判), 전중시어사, 참지정사 등을 역임하였다. 성품이 강직하여 권세가들을 탄핵하는 데에도 주저함이 없었기에 당시에 '철면어사(鐵面御史)'라고 불렸다. 지방관을 역임할 때에는 엄하지만 가혹하지 않은 정치를 하기로 이름났다. 특히 오월(吳越) 지역에 기근이 들어 역병으로 죽는 사람들이 많을 때 진력으로 구황하였다. 1079년, 태자소보(太子少保)로 치사하였다. 시호는 청헌(淸獻)이며, 문집으로 『청헌집』 10권이 있다. 소식이 남긴 그의 묘비명 「조청헌공변애직지비(趙淸獻公抃愛直之碑)」가 『동파집』에 전한다.

703 서안: 중국 절강성 구현(衢縣)에 속한 지명이다.

704 효자리: 『송사』 등에는 '효제(孝弟)'라고 되어 있다.

705 손모: 북송의 학자이다. 자는 소술(少述)이며, 왕안석(王安石), 증공(曾鞏) 등과 교유하였다. 모친상을 당한 이후에 벼슬을 하지 않기로 결심하고 강회(江淮) 지역을 떠돌며 살았다. 여러 차례 천거를 받았으나 나아가지 않았다. 『송사』 권458 은일열전(隱逸列傳) 「손모전(孫侔傳)」 참고.

조궤가 죽은 뒤 그의 아들 조운(趙雲) 또한 지나치게 슬퍼하다 건강을 해쳐 죽으니, 사람들이 그 집안의 대를 이은 효를 칭송하였다.

趙抃, 字閱道, 衢州西安人. 母卒, 廬墓三年, 縣榜其里曰孝子. 處士孫侔爲作孝子傳, 官至參知政事. 嘗夢其父, 曰: "汝至孝. '孝子不匱, 永錫爾類.' 天必相汝." 及子屼執父喪, 而甘露降木, 屼卒, 子雲又以哀毁死, 人稱其世孝.

【논단】

효란 순한 덕[706]으로 모든 사람들이 가지고 있는 것이지만, 그 도를 극진히 하는 자는 드물다. 조변을 보면, 그는 하늘처럼 끝없는 부모의 은혜를 생각하며 최선을 다해 효도하였다. 어머니가 돌아가시자 상을 치르면서 3년간 무덤 곁에 여막을 치고 사니 역시 남들과는 달랐다. 그러니 어찌 신명을 감동시켜 보답을 받지 않을 수 있겠는가? 이 때문에 여러 요직을 지내고 이름이 역사서에 드리웠으며 명예가 후세에까지 이어진 것이다. 그 뒤, 아들과 손자 역시 효행으로 이름이 드러나 세상에서 대대로 효를 행한 집안이라고 칭송하였으니, 오랫동안 덕을 쌓은 집안이 아니었다면 어찌 이처럼 무궁한 하늘의 보답을 받을 수 있었겠는가?

706 효란 순한 덕: 『논어집주대전』「학이」 제2장의 집주에 정자(程子)가 "효와 우애는 순한 덕이다.[孝弟, 順德也.]"라고 한 구절이 보인다.

夫孝, 順德也, 人莫不有, 然能盡其道者, 鮮矣. 觀趙抃, 念父母昊天罔極之恩, 竭盡其孝. 母卒守喪, 三年廬墓, 其亦異於常人矣. 安得不感神明而獲報效哉? 是以官居要顯, 名垂靑史, 譽延于後. 厥後, 子孫亦以孝行著聞, 而人稱其爲世孝, 非其積德之久, 豈能獲天之報於無窮哉? 詩曰:

【찬시】

평생의 효행을 세상사람이 모두 아니	一生行孝世皆知
3년간 여묘살이하며 그리운 효심 드러냈다오	廬墓三年表孝思
당시 손모가 지은 효자전 덕분만이 아니라	不藉孫侔當日傳
응당 청사에도 위대한 명성을 드리웠다오	也應靑史大名垂

또

한결같은 효심은 황천까지 통하고	孝心一念徹黃泉
그 정성은 하늘을 감격시켰으니	己有精誠感上天
꿈속에서 분명 동류에게 영향 끼치리라 하신 말씀	夢裏分明云錫類
자손의 대를 이은 효행에 모두들 훌륭하다 칭송한다오	子孫世孝總稱賢

134. 구양수가 기도하여 날이 개다[707] 歐陽禱晴(9a)

【본문】

구양수(歐陽脩, 1007~1072)[708]는 자가 영숙(永叔)이며 길주(吉州)[709] 사람이다. 송 인종(宋仁宗)[710] 때 남경유수(南京留守)를 지냈는데, 어머니[711]가 돌아가시자 영구를 모시고 길주의 영풍(永豐) 상강(瀧岡)[712]에 귀장하였다. 한창 묘역을 조성하는데, 갑자기 장맛비가 한 달이 넘게 내렸다. 구양수는 장사[713] 지내는 기일이 늦어질까 염려하여 아침저녁으로 근심하였다. 그러자 마을의 노인이 그에게 이렇게 말했다.

---

707 구양수가 기도하여 날이 개다: 『한』, 『언』, 『효』에 수록되지 않았다. 이 편은 송나라의 문인 증민행(曾敏行)이 편찬한 『독성잡지(獨醒雜志)』 권5에서 인용한 것으로 보인다.

708 구양수: 북송의 정치인이자 문인이다. 호는 취옹(醉翁), 육일거사(六一居士)이다. 당송팔대가 중 한 명으로 고문에 능하였다. 어려서 아버지를 여의어 가난하게 자랐지만 독학으로 학업에 힘쓰며 특히 한유의 문장을 애호하였다. 1030년 진사에 급제한 뒤 인종(仁宗)의 치세에 지간원(知諫院) 등을 맡아 충직하게 간언하였다. 관직은 추밀부사(樞密副使), 참지정사(參知政事) 등을 지냈다. 『신당서』 편찬 작업에 참여하였으며, 소순(蘇洵), 왕안석(王安石) 등을 등용하였다. 시호는 문충(文忠)이다. 저서로 『문충집(文忠集)』, 『집고록(集古錄)』 등이 전한다.

709 길주: 중국 강서성 길안(吉安)의 옛 이름이다.

710 송 인종: 북송의 제4대 황제 조정(趙禎, 1010~1063, 재위 1022~1063)이다. 13세의 나이로 즉위하여 섭정을 받았다. 서하(西夏)와의 전투가 지속되어 결국 강화를 맺었다. 여이간(呂夷簡), 구양수 등이 그의 치세에 활동하였다.

711 어머니: 구양수의 모친 정 씨(鄭氏)는 정덕의(鄭德儀)의 따님이다. 가난한 집안으로 시집와 검소함으로 가정을 다스리며, 구양수에게 구차하게 세상에 영합하지 말 것을 권유하였다. 구양수가 남경유수로 있을 때, 72세로 관사에서 병사하였다. 『문충집』 권25 「상강천표(瀧岡阡表)」 참고.

712 상강: 상강은 구양수의 고향인 강서성 영풍현(永豐縣) 남쪽에 있는 봉황산(鳳凰山)을 가리킨다. 구양수의 부친과 조부 등 묘소가 있는 선영이다. 훗날 부친을 안장한 지 60년 만인 1070년, 묘도에 묘포를 세우고 지은 「상강천표」가 널리 알려져 있다.

713 장사: 원문의 '양사(襄事)'는 장사를 치르는 것을 말한다. 『춘추좌씨전』 정공 15년 조에 "정공(定公)을 장사 지내는데 비가 내려서 장례를 마치지 못하였다.[葬定公, 雨不克襄事.]"라고 하였다.

"고을에 사산(沙山)의 신이 계시니, 바로 우리 군의 태수이셨던 분입니다. 이 사당에서 제사를 올리는데 고을에 홍수가 나거나 가뭄이 들었을 때 기도하면 반드시 응답하는데, 어찌하여 고하지 않습니까?"

구양수가 이에 글을 지어[714] 재계하고 (비를 멈춰달라) 아뢰니, 이튿날 비가 그치고 하늘이 활짝 개어 비로소 장례를 거행할 수 있었다. 사람들이 모두 그의 효성에 대한 감응의 소치[715]라고 여겼다.

歐陽脩, 字永叔, 吉州人也. 宋仁宗時, 爲南京留守, 母沒, 奉喪歸葬吉之永豊瀧岡. 將興役, 忽陰雨彌月. 脩念襄事愆期, 日夕憂懼. 里之老父告之曰: "鄕有沙山之神, 乃吾郡太守也. 廟祀於此, 里人遇水旱, 禱之必應, 盍以告焉?" 脩乃爲文齋潔而謁之, 翌日天雨開霽, 始克擧事. 人皆以爲孝感所致也.

714 글을 지어: 구양수가 지은 제문이 『문충집』 권70에 「사산태수께 날이 개기를 청하는 제문[祭沙山太守祈晴文]」이라는 제목으로 실려 있다. "구양수는 사산태수이신 신께 삼가 제사를 고합니다. 제가 모친상을 당하여 선영으로 모셔와 합장하려 하였는데, 대사를 치르는 날, 험한 비구름이 계속해서 일어났습니다. 저의 불효가 너무나도 심하나, 천지신명의 자비에 힘입어 사천리 긴 강을 건너면서도 풍랑의 두려움 없이 오늘의 일에 이르게 되었습니다. 다행히 신께서 너그러우시어 3일간 비를 멈추어 주신다면 시종 내려 준 은혜를 갚음에 어찌 끝이 있겠나이까? 흠향하소서.[修謹告祭於沙山太守之神. 修扶護母喪, 歸祔先域, 大事有日, 險雲屢興. 修不孝罪逆, 賴天地鬼神哀憐, 行四千里之江, 得無風波之恐, 今卽事矣. 幸神寬之, 假三日之不雨, 則始終之賜, 報德何窮? 尙饗.]"

715 감응의 소치: 구양수가 훗날 정부로 복귀하였는데 어느 날 저녁 꿈을 꾸었다. 관부에 앉아있는데 문밖에 각종 깃발이 도열해 있고 거기에 모두 '사산공(沙山公)'이라고 쓰여있었다. 꿈에서 깬 구양수가 이전의 일을 떠올리며 신이 백성들에게 은혜를 미친 일을 조정에 보고하였다. 『독성잡지』 참고.

【본문】

공자께서 증자에게 "입신출세하여 도를 행하고 후대에 명성을 드날려 부모를 드러나게 하는 것이 효도의 끝이다."라고 하셨는데, 구양수가 바로 이와 같이 하였도다! 구양수는 송나라의 대유이다. 그가 어머니를 섬긴 정성은 「상강천표」에 자세히 보인다. 그가 지은 글은 대도(大道)를 보위하고 인심을 지탱[716]하였다. 관직에 있을 때는 공무를 받듦에[717] 정도를 지켰으며 강직하고 과감하게 간언을 올렸다. 덕망이 조정에서 중히 여겨져 자신은 요직[政府]에 오르고 부모는 추증의 봉작을 받게 하였으니, 부모를 드러나게 하고 명성을 드날리는 데 더할 나위가 없다. 일찍이 어머니의 영구를 모시고 귀장하는데, 장맛비를 만나 장사를 지내지 못하였다. 근심하고 있을 때 부로의 말에 따라 글을 지어 신에게 기도하니, 과연 날이 개어 마침내 장례를 거행할 수 있었으니, 어쩌면 이리도 신이한가? 이는 다름이 아니다. 우부우부도 한결같이 효성을 다하면 능히 천지를 감격시킬 수 있는 법인데, 구양수는 평소의 행동이 이와 같으니 신명이 어찌 그를 돕지 않겠는가? 그러므로 도성에서 영구를 싣고 남쪽으로 돌아옴에 사천 리 물길에도 풍파가 일어나는 근심이 없었다. 기도하지 않았는데도 하늘의 뜻이 진실로 순리대로 하셨는데 하물며 정성을 다해 기도했을 때는 오죽하겠는가? 천도가 응답하신 것이 마땅하도다!

---

716 대도를 보위하고 인심을 지탱: 『송사』 권319 「구양수전」 말미에 달린 사평에서 인용한 것이다. "(구양수는) 백천(百川)의 퇴락한 파도를 만회하고 천고의 삿된 학설들을 종식시켜, 사문의 바른 기운으로써 대도를 보위하고 인심을 지탱하게 하였다.[挽百川之頹波, 息千古之邪說, 使斯文之正氣, 可以羽翼大道, 扶持人心.]"

717 공무를 받들고: 원문의 '봉공(奉公)'은 공무를 수행함에 사사로운 생각을 따르지 않는다는 의미이다.

孔子語曾子曰: “立身行道, 揚名於後世, 以顯父母, 孝之終也.” 若歐陽脩者, 其能若是歟! 脩宋之大儒也. 其事親之誠, 具見於瀧岡一表. 且其爲文也, 可以羽翼大道, 扶持人心. 其居官也, 奉公守正, 切直敢言. 德望爲朝廷倚重, 身登政府, 親受褒封, 其顯揚之道, 無以加矣. 嘗奉母喪歸葬, 値陰雨不能襄事. 憂懼之際, 因父老所言, 爲文致禱於神, 果獲開霽, 乃擧事焉. 何其神異若是哉? 此無他. 愚夫愚婦, 一念之誠, 猶能感格天地, 脩之素行如此, 神祇寧不佑之? 故自都載柩南還, 水行四千里, 無風波之恐. 是雖不禱而天意固已順矣, 矧竭誠以禱乎? 宜夫天道之應之也! 詩曰:

【찬시】

영숙은 당시에 곧은 행실을 닦아	永叔當時行誼脩
부모를 드러나게 하려는 큰 뜻을 실천하였다오	顯揚父母志能酬
상강에서 지은 묘표가 천고에 전하니	瀧岡一表傳千古
감격한 사람들은 눈물 콧물 흘리네	感激令人涕泗流[718]

또

영구를 싣고 고향으로 돌아와 장례 치름에	扶柩還鄕葬有程
괴롭게도 그치지 않는 장맛비를 어찌 감당하랴	那堪陰雨苦無晴

718 涕泗流: '체사(涕泗)'는 눈물과 콧물이다. 두보의 「등악양루(登岳陽樓)」에 “관산의 북쪽 중원 땅에는 아직도 전쟁이라, 난간에 기대서니 눈물이 흘러 내린다.[戎馬關山北, 憑軒涕泗流.]”라는 구절이 보인다.

글을 지어 기도 올려 다시 활짝 개니	爲文致禱旋開霽
선명한 하늘의 뜻은 그의 효성에 감격한 것이리라	天意昭然感孝誠

135. 이경이 밤중에 일어나다[719] 李瓊夜起(10b)

【본문】

이경(李瓊)[720]은 항주(杭州) 인화(仁和)[721] 사람으로, 중안교(衆安橋) 동쪽 어귀에 살았다. 어려서 아버지를 여의어 집이 매우 가난하였지만, 어머니께 지극히 효도하였다. 훗날 옷감[722] 파는 것을 업으로 삼아 형편이 다소 풍부해졌지만, 효심은 더욱 견고해졌다. 처자식은 어머니의 방과 달리 거하게 하고, (자신은) 밤마다 10여 차례 일어났다. 어머니는 그때마다 이렇게 타일렀다.

"너도 나이가 들어[723] 근력이 몹시 떨어졌을 텐데, 어찌 시녀를 구하여 나를 챙기게 하지 않는 것이냐? 그만 수고하거라."

---

719 이경이 밤중에 일어나다: 『한』, 『언』, 『효』에 수록되지 않았다. 이 편은 『사학규범』 권9 행기 「이경(李瓊)」 편에서 인용한 것이다. 비슷한 일화가 『송사』 권456 효의열전 「고흔전」에 부기된 「이경전(李瓊傳)」, 『속통지』에도 수록되어 있다.

720 이경: 생몰년 미상. 북송대의 효자이다. 정치인 이경과는 동명이인으로, 자세한 행적은 전하지 않는다.

721 인화: 중국 절강성 항주시(杭州市)에 속한 지명이다.

722 옷감: 원문의 '증(繒)'은 비단이나 명주 등의 직물이라는 뜻이다.

723 나이가 들어: 원문에는 '연래(年來)'라고 되어 있으나, 『사학규범』, 『송사』 등에는 모두 '연장(年長)'으로 되어 있다.

이경이

"어머니께서 하고 싶어 하시는 것을 직접 제 손으로 처리하지 않으면 무엇인가 허전합니다."

라고 하니, 어머니도 더는 강요하지 않았고 그로부터 집안사람들도 감히 게을러지지 않았다. 시장 사람들도 이경의 효심을 잘 알아 물건이 나오면 반드시 먼저 구하여[724] 이경에게 주었는데, 이경이 그것을 받으면 10배로 그 값을 쳐주었다. 어떤 사람이 그 이유를 묻자, 이경은

"맛있고 부드러운 음식을 받아다 어머니를 봉양하기를 바랄 뿐인데, 어찌 값을 논하겠는가?"

라고 하였다. 치주(淄州) 사람 장용(張用)이 그의 지극한 효심에 대해 듣고, 그와 이웃하여 살았다.

李瓊, 杭州仁和人, 居衆安橋東界. 幼失父, 家苦貧, 而至孝於母. 後以鬻繒爲業, 家稍豊厚, 孝心益堅. 娶妻有子, 而移居母之室, 夜常十餘起. 母每諭之曰: "汝年來, 筋力頗憊, 盍求婢以給侍我? 免汝之勞苦." 瓊曰: "凡母之所欲, 不親經手, 意如有失." 其母遂不之强, 以是家人無敢怠惰. 凡市人知瓊之孝者, 物之出, 必先求以奉瓊, 瓊得之, 十倍酬其價. 或問之, 瓊曰: "冀誘其甘滑以奉母, 豈議價焉?" 淄州人張用聞其至孝, 因與之卜隣而居.

724 반드시 먼저 구하여: 『사학규범』과 『송사』에는 이경의 어머니가 햇과일이나 햇곡식 등 그 계절에 새로 나온 것을 먹는 것을 좋아하여, 이경이 시장에 나가 백방으로 구하였고, 얻으면 반드시 10배로 값을 쳐주었다고 되어 있다.

【논단】

자식이 부모를 섬길 때 닭이 막 울면 의복을 갖추어 입고 부모의 처소로 간다. 드나드실 때 부축해 드리고, 편찮아 하시거나 가려워하시면 안마하고 긁어드리며, 드시고 싶은 것이 있는지 여쭈어 공손히 올리는 것[725]이 (부모의) 안부를 살피는 일반적인 방법이다. 그러나 능히 이렇게 하는 자가 드물다. 이경은 어머니께 독실히 함에 살피고 모시는 일을 잊지 않았으니, 어머니의 방으로 옮겨 거하면서 하룻밤에 10번이나 일어나기를 오랜 세월 동안 조금도 게을리하지 않았다. 그도 어찌 처자식과 함께 먹고 자는 즐거움을 바라지 않겠는가? 아주 조금이라도 감히 어머니를 잊지 못하므로 곁에서 시침하면서 잠시라도 떨어지지 않았던 것이니 설령 근력이 떨어졌어도 끝내 어머니를 섬기는 수고를 집안사람들의 손에 맡기지 않았다. 어머니의 구체(口體)를 즐겁게 해드릴 수 있는 것이라면 모든 방법을 다 써서 찾고 10배로 값을 치렀으니, 마침내 시장 사람들이 다투어 진미를 가지고 그를 찾아오게 하여 맛있고 부드러운 음식이 끊이지 않았다. 그와 같은 마음을 지닌 자가 그와 이웃하여 살며 그 모습을 보

---

725 자식이 부모를……공손히 올리는 것: 『소학』 명륜 「명부자지친」 제1장 및 『예기』 「내칙」에서 인용한 것이다. "자식이 부모를 섬기되, 닭이 막 울면 모두 세수하고 양치질하며, 머리를 빗고 머리를 싸매고 비녀를 꽂고 머리를 묶으며, 모(髦)의 먼지를 털고 관을 쓰고 갓끈을 매고서 남은 끝을 늘어뜨리며, 현단복(玄端服)을 입고 폐슬(蔽膝)을 차고 띠를 매고 홀을 꽂으며, 좌우에 소용품을 차고 행전(行纏)을 매고 신을 신고 신끈을 맨다. 며느리가 시부모를 섬기되 자기 부모처럼 하니, (…) 부모와 시부모의 처소로 간다. 처소에 이르면 목소리를 낮추고 소리를 부드럽게 하여 옷이 따뜻한지 추운지 여쭙고, 편찮아 하시거나 가려워하시면 안마하거나 긁어드리며, 드나드실 때 앞서기도 하고 뒤서기도 하며 공손히 부축해드린다. (…) 드시고 싶은 것이 있는지 여쭈어 공손히 올리되, 얼굴빛을 온순하게 하여 받들어서 부모와 시부모가 반드시 맛보신 뒤에 물러 나온다.[子事父母, 鷄初鳴, 咸盥漱. 櫛縰笄總. 拂髦冠緌纓. 端韠紳. 搢笏 左右佩用. 偪屨著綦. 婦事舅姑如事父母, (…) 以適父母舅故之所. 及所, 下氣怡聲, 問衣燠寒, 疾痛苛癢, 而敬抑搔之, 出入則或先或後, 而敬扶持之. (…) 問所欲而敬進之, 柔色以溫之, 父母舅姑, 必嘗之而後退.]"

고 효를 행하였으니, 어찌 감동하여 (효심이) 떨쳐 일어나는 자가 없겠는가?

子事父母, 鷄初鳴而衣服, 以適父母之所. 扶持其出入, 抑搔其疾痛苛癢, 問其所欲而敬進之, 此省候之常禮也. 然能此者, 鮮焉. 李瓊, 篤孝於母, 不忘省侍, 移居母室, 一夜十起, 歷歲旣久, 無或間怠. 夫豈不欲有室家寢處之樂哉? 爲跬步而不敢忘夫母, 故侍寢左右, 不違頃刻, 雖筋力疲憊, 終不以事母之勞經家人之手. 凡可以悅其母之口體者, 極力致之, 而十倍償直, 遂使市中之人, 争持珍異以歸己, 而甘旨滫瀡不至乏絶. 彼同有是心者, 卜隣與居, 相觀行孝, 夫豈不有所感奮而興起者乎? 詩曰:

【찬시】

어려서 아버지 여의어 너무도 가난하였기에	幼年失父苦家貧
장사로 살림 일구어 어머니 봉양하였네	販鬻經營養母親
밤마다 안부 살피려 열 번도 넘게 일어났지만	每夜問安頻十起
종신토록 그 수고를 그만두려 하지 않았다오	終身未肯廢辛勤

또

시장 사람들이 파는 물건에 값을 후히 치러주니	市人賣物多酬直
맛있는 음식이 풍성하여 절로 넉넉하였네	甘旨豐盈自有餘
장용이 멀리서 그의 돈독한 효행을 듣고	張用遠聞敦孝行
온 마음으로 흠모하여 이웃하여 살았다오	一心欣慕卜隣居

136. 서적이 독실히 효를 행하다[726] 徐積篤行(11b)

【본문】

서적(徐積, 1028~1103)[727]은 자가 중거(仲車)이며 초주(楚州) 산양(山陽)[728] 사람이다. 그의 효행은 타고난 천성에서 우러나온 것이었으니, 세 살 때 아버지가 돌아가시자 아침마다 아버지를 찾으며 매우 슬퍼하였다. 그래서 (어머니가) 『효경』을 읽게 하였는데, 읽을 때마다 눈물을 그치지 못했다. 어머니를 지극한 효성으로 섬겼는데, 아침저녁으로 관대를 갖추어 입고 안부를 살폈다. 호원(胡瑗, 993~1059)[729]을 찾아가 배웠는데, 방 한 칸에 기거하며 추위에도 한 벌의 갖옷을 기워 입고, 거친 죽을 먹고 맹물을 마실 정도로 가난했지만, 호원이 음식을 주어도 받지 않았다. 과거를 보러 도성에 갈 때, 차마 어머니를 두고 갈 수 없어 마침내 수레에 싣고 모셔갔

---

726 서적이 독실히 효를 행하다: 『한』, 『언』에 같은 제목으로 수록되어 있다. 『효』에는 수록되지 않았다. 이 편은 『송사』 권459 탁행열전(卓行列傳) 「서적전(徐積傳)」에서 인용한 것이다. 비슷한 일화가 『속통지』에도 수록되어 있다.

727 서적: 북송의 효자이다. 귀가 몹시 어두워 바닥에 글자를 써야만 의사소통이 되었다. 효심이 깊어 두문불출하였으면서도 천하의 일을 잘 알 정도로 지혜로웠다. 어렸을 때부터 늙어서까지 하루에 한 편씩 시를 지었으며, 특히 이백의 시를 애호하였다. 1065년, 진사시에서 장원급제하였으나, 귀가 잘 들리지 않는다는 이유로 출사하지 않았다. 고을에 소송이 잦았는데, 그때마다 사람들이 서적을 찾아가 판결을 요청하였다. 그의 저서 『절효집(節孝集)』 33권이 전한다. 또한 송나라의 문인 강단례(江端禮)가 편찬한 그의 어록 『절효어록(節孝語錄)』 1권이 전한다.

728 산양: 중국 강소성 회안현(淮安縣)에 속한 지명이다.

729 호원: 북송대의 학자이다. 자는 익지(翼之)이다. 안정(安定)에 세거하여 세상에서 그를 '호안정(胡安定)' 선생이라고 불렀다. 손복(孫復), 석개(石介)와 함께 북송을 대표하는 이학자(理學者)이다. 『소학』 선행 「실경신」 제74장에 서적이 호원에게 배웠는데, 전심으로 힘써 행하여 관직에 나아가지 않았다고 되어 있다. 또한 마음을 바르게 하라는 가르침에 따라 그 이후 사특한 생각을 갖지 않았다고 한다.

다. 진사에 급제하였는데, 장원급제한 허안국(許安國)이 동방 급제자들을 데리고 들어와 (어머니께) 인사하고 100금을 바치며 헌수(獻壽)하였지만 사양하며 받지 않았다. 아버지의 성함이 '서석(徐石)'이었기 때문에 평생토록 석기를 쓰지 않았으며, 길을 가다 돌을 보면 피하고 밟지 않았다. 어떤 사람이 그 까닭을 물으니, 서적이 이렇게 말했다.

"내가 그것을 대하면 서글퍼져 내 마음이 아프고, 나의 아버님이 그리워지오. 그러므로 차마 그 위에 발을 댈 수 없는 것이오."

어머니가 돌아가시자, 7일 동안 마실 것조차 받아들이지 못한 채, 피를 토할 정도로 슬피 통곡하였다. 3년간 여막에 살면서 거적자리를 깔고 흙덩이를 베개 삼았으며,[730] 상복[衰絰]을 벗지 않았다. 눈 내린 밤에도 무덤 곁에 엎드려 통곡하는 소리가 끊이지 않았는데, 한림학사 여진(呂溱)[731]이 묘역을 지나다 마침 그 소리를 듣고 눈물을 흘리면서,

"귀신이 이 사실을 알았다면 귀신도 눈물을 흘렸을 것이다."

라고 하였다. 감로가 해마다 묘역에 내렸으며, 살구나무 두 그루의 줄기가 하나로 합쳐졌다. 복상을 마친 뒤에도 궤연을 거두지 않고 기거를 살피며 음식을 바치기를 평소대로 하였다. 고을에서 그 효행을 보고하니, 조서를 내려 곡식과 비단을 하사하였다. 송 인종 황우(皇祐)[732] 초년(1049), 근신들이 한목소리로 서적같이 훌륭한 사람은 마땅히 드러내야 한다고

---

730 거적자리를……베개 삼았으며: 『예기』「문상」에서 인용한 것으로, 상주가 부모가 돌아가시어 흙에 묻혀계심을 슬퍼한다는 의미이다.

731 여진: 생몰년 미상. 북송대의 관원이다. 자는 제숙(濟叔)이다. 1038년 장원급제하여 박주통판(亳州通判), 직집현원(直集賢院), 지제고, 추밀원직학사 등을 역임하였다.

732 황우: 송 인종의 일곱 번째 연호로, 1049년부터 1054년까지 쓰였다.

말하였다.[733] 이에 양주사호참군(揚州司戶參軍)을 거쳐 초주교수(楚州敎授)[734]로 삼았다. 몇 년 뒤 사신들이 또 공동으로 천거[交薦]하니, 화주방어추관(和州防禦推官)으로 옮기고, 다시 선덕랑(宣德郞), 감중옥묘(監中嶽廟)에 고쳐 임명하였다. 76세로 죽었는데, 휘종(徽宗)[735] 정화(政和) 6년(1116),[736] '절효처사(節孝處士)'라는 시호를 하사하고, 첫째 아들을 관리로 등용하였다.

徐積, 字仲車,[737] 楚州山陽[738]人. 孝行出於天禀,[739] 三歲父死, 旦旦求之甚哀. 使讀孝經, 輒淚落不能止.[740] 事母至孝,[741] 朝夕冠帶定省. 從胡瑗學, 所居一室, 寒一衲裘, 啜粟飮水,[742] 瑗饋以食弗受. 應擧入都, 不忍捨其親, 徒載而西. 登進士[743]第, 擧首許安國率同年入拜, 且致百金爲壽, 謝而却之. 以父名石, 終身不用石器, 行遇石, 則避而不踐. 或問之, 積曰: "吾遇之, 則

733 근신들이 한목소리로……말하였다: 당시 신료들이 "서적은 부모를 효성으로 섬기고 청렴하게 살아간 것으로 이름났으며, 도의(道義)와 문학으로 동남쪽 지역에서 드러났습니다. 지금 50세가 넘었는데, 귀가 들리지 않아 출사할 수 없습니다. 조정에서 조서를 내려 서적과 같이 훌륭한 중외의 학관들을 천거하여 마땅히 드러내야 합니다.[積, 養親以孝著, 居鄕以廉稱, 道義文學, 顯於東南. 今年過五十, 以耳疾不能出仕. 朝廷方詔擧中外學官如積之賢, 宜在所表.]"라고 하였다. 『송사』 참고.

734 초주교수: 서적은 초주교수가 된 뒤 오직 학생들에게 힘써 노력하여 군자가 될 것을 권면하였으며, 선을 실천하고 선을 생각하면 군자가 될 수 있다고 독려하였다. 그의 가르침을 들은 사람들이 옷깃을 단정히 하며 경청하였다. 『송사』 참고.

735 휘종: 북송의 제8대 황제 조길(趙佶, 1082~1135, 재위 1100~1125)이다. 시화에 조예가 깊었으나 도교에 현혹되어 북송을 몰락의 길로 이끌었다. 금나라의 침공으로 개봉이 함락되어 금나라로 끌려가는 '정강(靖康)의 변'이 일어났다. 정화는 그의 세 번째 연호로, 1111년부터 1118년까지 쓰였다.

736 政和六年: 『한』, 『언』 없음.

737 字仲車: 『한』, 『언』 없음.

738 山陽: 『한』, 『언』 없음.

739 孝行出於天禀: 『한』, 『언』 없음.

740 使讀孝經, 輒淚落不能止: 『한』, 『언』 없음.

741 至孝: 『한』, 『언』 없음.

742 所居一室……啜粟飮水: 『한』, 『언』 없음.

743 進士: 『한』, 『언』 없음.

怵然傷吾心, 思吾親. 故不忍加足其上爾."[744] 母亡, 水漿不入口者七日,[745] 悲慟嘔血. 廬墓三年, 卧苫枕塊, 衰絰不去體.[746] 雪夜伏墓側, 哭不絶音, 翰林學士呂溱, 過其墓, 適聞之爲泣下,[747] 曰: "使鬼神有知, 亦垂涕也."[748] 甘露歲降兆域, 杏兩枝合幹. 旣終喪, 不徹筵几, 起居饋獻如平生. 州以行聞, 詔賜粟帛. 宋仁宗[749]皇祐初, 近臣合言積之賢, 宜在所表. 乃以揚州司戶參軍,[750] 爲楚州教授. 居數歲, 使者[751]又交薦之,[752] 轉和州防禦推官, 改宣德郎, 監中嶽廟. 卒時年七十六,[753] 徽宗政和六年,[754] 賜謚節孝處士, 官其一子.[755]

【논단】

사람에게는 지극한 효심의 본성이 있으니, 이는 하늘로부터 부여받은 것이다. 그러므로 자신을 수양하는 것은 한결같이 모두 마음속에서 저절로 우러나오는 것이기에 억지로 힘써 그렇게 할 수는 없는 것이다. 서적으로 말할 것 같으면, 그는 어린 나이에 아버지를 여읜 뒤 슬퍼하며 찾았고,

---

744 或問之……故不忍加足其上爾: 『한』, 『언』 없음.
745 水漿不入口者七日: 『한』, 『언』 없음.
746 卧苫枕塊, 衰絰不去體: 『한』, 『언』 없음.
747 適聞之爲泣下: 『한』, 『언』 聞之泣下.
748 曰使鬼神有知, 亦垂涕也: 『한』, 『언』 없음.
749 宋仁宗: 『한』, 『언』 없음.
750 近臣合言積之賢……乃以揚州司戶參軍: 『한』, 『언』 없음.
751 居數歲, 使者: 『한』, 『언』 없음.
752 交薦之: 『한』, 『언』 없음.
753 改宣德郎……卒時年七十六: 『한』, 『언』 없음.
754 政和六年: 『한』, 『언』 없음.
755 官其一子: 『한』, 『언』 없음.

『효경』을 읽을 때마다 눈물을 흘렸다. 아버지의 성함이 '서석'이었기에 평생 가슴 아파하며 차마 돌을 함부로 대하지 못했다. 어머니를 섬길 때는 아침저녁으로 예를 다하며 잠시도 떠나지 않았고, 과거를 보러 가는 날에도 반드시 수레에 어머니를 싣고 함께 갔으니, 지극한 효심이라고 할 만하다. 당시에 스승과 벗들이 음식이나 돈을 주어도 모두 사양하며 받지 않았으니, 그의 몸가짐은 참으로 칭송할 만한 점이 있다. 모친상을 치를 때에는 슬피 통곡하다 건강을 해쳤으며, 지나는 사람들도 애달파하였다. 심지어 감로가 내리고 상서로운 살구나무가 자랐으니, 천지신명께서 역시 함께 도와주신 것이다. 아! 서적은 당시의 이름난 유자로서 몸소 효행을 실천하여 조정에서 여러 번 포상의 은전을 받았고, 죽은 뒤에는 시호를 받고 추증의 은혜를 더하였니 역시 영광이라고 할 만하다. 세상의 유자들 중에 오직 장구(章句)를 짓는 일에만 몰두하고 덕행을 급선무로 해야 한다는 것은 모르는 자들이, 이 사람을 보면 어찌 부끄럽지 않겠는가?

人有至孝之性, 禀之自天. 故其行於己者, 一皆出於中情之自然, 有不可以勉强而爲之也. 若徐積於嬰孩之時, 喪父而哀求不已, 讀孝經, 則爲之墮淚. 以父名石, 終身有所感傷, 而不忍玩褻焉. 其事母也, 朝夕盡禮, 未嘗捨離, 赴擧之日, 必載母俱往, 可謂至孝矣. 當時師友, 饋食致金, 皆謝而不受, 其所操有足稱者. 及居母喪, 哭泣毁瘠, 哀感行路. 至於甘露降, 瑞杏生, 而天地神明, 亦爲之協相焉. 吁! 積爲時名儒, 躬服孝行, 屢被朝命褒賜, 歿復加謚推恩, 亦可謂榮也矣. 世之儒者, 專事章句而不知德行之爲務, 觀此寧不愧乎? 詩曰:

【찬시】

아기 때 아버지 여의고 날마다 슬피 찾으며	嬰孩亡父日哀求
마음속 간절함으로 눈물 콧물 쏟았네	感切中情涕泗流
어머니 섬길 때에는 몸소 효로 봉양하였으니	事母更能躬孝養
당시의 이름난 유자들 중에 그 누가 짝하리오	當時名士復誰儔

또

봉양할 때나 거상할 때나 모두 마음을 다하니	致養居喪總盡情
신명께서 은근히 도와 상서로써 드러내셨네	神明默贊顯祥禎
거듭 조정의 명령에 따라 영광스런 표창 받으니	重膺朝命榮褒寵
고금의 사람들이 절효라는 이름 전한다오	今古人傳節孝名

137. 주수창이 어머니를 찾다[756] 壽昌尋母(13b)

【본문】

주수창(朱壽昌, 1014~1083)[757]은 자가 당숙(唐叔)이며 양주(楊州) 천장(天長)[758] 사람이다. 그의 아버지 주손(朱巽)은 음직으로 관직이 낭주수(閬州守) 등에 이르렀다. 당초, 주수창이 일곱 살 때 옹주수(雍州守)였던 아버지가 그의 어미 유 씨를 내쫓으니, 민간으로 시집가서 모자가 서로 (생사를) 알지 못하고 지낸 것이 50년이었다.[759] 주수창은 사방을 다니며 어머니를 찾아 마지 않았고, 음식도 술과 고기는 거의 먹지 않았으며, 남들과 이야기할 때마다 번번이 눈물을 흘렸다.[760] 송 신종(宋神宗)[761] 희녕 초(1068), 관직

756 주수창이 어머니를 찾다: 『한』에 같은 제목으로 수록되어 있다. 『효』에는 「주수창이 관직을 버리다[壽昌棄官]」라는 제목으로 비슷한 일화가 수록되어 있다. 『언』에는 수록되지 않았다. 이 편은 『소학』 선행 「실명륜」 제17장에서 인용한 것이다. 비슷한 일화가 『송사』 권456 효의열전 「주수창전(朱壽昌傳)」, 『속통지』에도 수록되어 있다.

757 주수창: 북송대의 효자이다. 중국의 24효자 중 한 사람으로 꼽힌다. 『송사』, 『소학』 등에는 자가 '강숙(康叔)'으로 되어 있다. 경조윤(京兆尹)을 지낸 주손(朱巽)의 아들이다. 그의 어머니 유 씨(劉氏)는 첩이었는데, 아버지에 의해 쫓겨난 뒤 옹주 사람과 재혼하였다. 주수창은 아버지 슬하에서 장성하여 어머니와 50년 동안 헤어져 살았다. 훗날 벼슬을 하였는데, 신종(神宗) 초에 벼슬을 버리고 어머니가 계신 옹주(雍州)를 찾아가 수소문 끝에 어머니와 두 이복아우를 찾았다. 그의 효행에 대해 송나라의 문인 왕안석, 소식 등이 앞다투어 시를 지어 칭송했다고 전한다. 벼슬은 섬주통판(陝州通判), 광덕지군(廣德知軍) 등에 이르렀다. 『송사』 참고.

758 천장: 중국 안휘성 천장시(天長市)이다.

759 주수창이 일곱살 때……50년이었다: 이 부분은 『소학』과 『송사』의 기록이 다르다. 『송사』에 따르면 주손이 첩인 유 씨를 내쫓았을 때, 그녀는 임신 중이었다. 그래서 주수창은 태어난 지 몇 년 뒤에 비로소 아버지의 집으로 보내졌다. 그녀는 옹주 사람 당 씨(黨氏)와 재혼하여 자식을 더 낳았다.

760 번번이 눈물을 흘렸다: 『송사』에 따르면 이후, 주수창은 쑥을 태워 머리에 향을 두르고 피를 내어 불경을 쓰며 어머니를 찾기 위해 할 수 있는 모든 것을 하였다고 되어 있다.

761 송 신종: 북송의 제6대 황제 조욱(趙頊, 1048~1085, 재위 1067~1085)이다. 왕안석을 등용하여 사마광을 중심으로 한 구법파와의 당쟁이 잦았다. 희녕(熙寧)은 그의 첫 번째 연호로,

을 버리고 주주(秦州)[762]로 들어가면서 집안사람들과 결별하며 어머니를 뵙기 전까지는 돌아오지 않겠다고 맹세하였다. 길을 떠나 동주(同州)에 이르러 어머니를 찾으니, 당시 유 씨의 나이는 70여 세였다. 옹주수(雍州守) 전명일(錢明逸, 1015~1071)[763]이 이 사실을 보고하니, 조서를 내려 주수창을 관직에 복귀하게 하였으며 이로부터 천하 사람들이 모두 그의 효성을 알게 되었다. 주수창은 두 번 군수[764]가 되었는데, 이 때 어머니를 봉양하겠다는 이유로 하중부(河中府)의 통판[765]이 되어, 이복아우들을 맞이하여 돌아왔다. 몇 년 뒤, 어머니가 돌아가시니 눈물을 흘리다 거의 실명할 뻔하였다. 장례를 치른 뒤에 흰 까마귀가 무덤가에 둥지를 틀었다. 이복아우들을 보살피기를 더욱 돈독히 하였는데, 전답과 집을 사서 살게 하였다. 친족들에게도 더욱 최선을 다해 은정을 베풀었다. 위급한 처지에 있는 사람들을 구제하기를 좋아하여 고아가 된 이복형제의 두 딸을 시집보냈으며, 장례를 치르지 못한 10여 명의 초상을 치러주었으니, 그의 천성이 이와 같았다. 관직은 사농 소경(司農少卿)이었다가 조의대부로 바꾸고 다시 중산대부로 승진하였으며, 70세를 일기로 죽었다.

朱壽昌, 字唐叔,[766] 楊州天長[767]人. 以父巽蔭, 累官至閬州守. 初,[768] 壽

1068년부터 1077년까지 쓰였다.

762 주주: 옹주의 옛땅이다.

763 전명일: 북송대의 정치인으로, 자는 자비(子飛)이다. 한림학사, 지개봉부(知開封府) 등을 지냈으며, 시호는 수의(修懿)이다.

764 두 번 군수: 『소학집설』에 따르면 주수창은 낭주(閬州)와 광덕(廣德)의 군수가 되었다.

765 하중부의 통판: 『소학집설』에 따르면 하중부는 동주와 가까이에 있는 포주(蒲州)를 가리킨다. 통판은 군수보다 더 낮은 직책이다.

766 字唐叔: 『한』 없음.

767 天長: 『한』 없음.

768 以父巽蔭, 累官至調閬州守. 初: 『한』 없음.

昌[769]年七歲, 父守雍, 出其母劉氏, 嫁民間, 母子不相知者五十年. 壽昌行四方, 求之不已, 飮食罕御酒肉, 與人言, 輒流涕. 宋神宗[770]熙寧初, 棄官入秦, 與家人訣, 誓不見母, 不復還. 行次同州得焉, 劉氏時年七十餘矣. 雍守錢明逸, 以事聞, 詔壽昌還就官, 由是天下皆知其孝. 壽昌再爲郡守, 至是以母故, 通判河中府,[771] 迎其同母弟妹以歸. 居數歲, 母卒, 涕泣幾喪明. 旣葬, 有白烏巢墓上. 撫其弟妹益篤, 爲買田宅居之. 其於宗族, 尤盡恩意. 好周人之急,[772] 嫁兄弟之孤女二人, 葬其不能葬者十餘喪, 蓋其天性如此. 累官司農少卿, 易朝議大夫, 遷中散大夫, 卒年七十.[773]

【논단】

아! 자식은 부모가 낳아서 길러주신 은혜가 너무도 무거워 갚기 어렵다. 그 은혜를 갚고자 해도 하늘처럼 한량없지만, 주수창으로 말할 것 같으면 효성을 다했다고 할 만하다. 한창 어렸을 때 아버지가 그 어머니를 내쫓았기에, 자란 뒤 어머니를 섬기고 싶어도 그럴 수가 없었다. 이에 마음과 힘을 다해 사방으로 두루 찾아다녔으며, 음식조차 제대로 먹을 겨를이 없었다. 그 뒤 끝내 어머니를 찾아 돌아와 봉양을 완수하였으니, 조정에서는 다시 관직에 복귀하고 흰 까마귀가 무덤에 둥지를 튼 것과 같은 이적은 모두 효성이 그렇게 만든 것이다. (이복) 아우들을 보살피고 친

---

769 壽昌: 『한』 없음.
770 宋神宗: 『한』 없음.
771 由是天下皆知其孝……通判河中府: 『한』 없음.
772 好周人之急: 『한』 없음.
773 蓋其天性如此……卒年七十: 『한』 없음.

족들을 후대하였으며 고아를 시집보내고 위급한 사람을 구제한 일 역시 효덕을 확장한 결과가 아니겠는가? 그러나 요즘 세상의 자식된 자들을 살펴보면, 부모가 계셔도 효도할 줄 몰라 아침저녁으로 문안 인사 드리고 힘든 일을 대신하며 봉양하는 데에도 미진한 점이 있는데 또한 어찌 주수창처럼 할 수 있겠는가? 그러니 주수창의 효행은 비단 당시에 칭송받았을 뿐만 아니라, 실로 후대의 모범이라고도 할 수 있다.

嗟夫! 人子之於父母, 其鞠育之恩, 至重難報. 欲報之恩, 昊天罔極, 若朱壽昌, 可謂孝矣. 方其幼時, 父出其母, 比長, 欲事其母而不可得. 於是, 盡心竭力, 徧求四方, 雖飮食亦有所未暇. 厥後, 竟得母歸以遂其養, 而朝廷復其官, 白烏巢于墓者, 皆孝之使然也. 至於撫弟妹, 厚宗族, 嫁孤周急, 豈非孝德之所推歟? 視世之爲人子者, 有親而不知孝, 晨昏定省, 服勞奉養, 且未能盡, 又豈能如壽昌之所爲哉? 夫如壽昌之孝, 非但可以稱於當時, 而實可以爲後世之法也. 詩曰:

【찬시】

어려서 어머니와 떨어진 지 50년	少小[774]違親五十年
그리워도 뵐 수 없기에 날마다 눈물 흘렸네	思親不見日潸然[775]
관직도 버리고 집안사람들과 이별하며	棄官卽與家人訣

774 少小: 나이가 어림.
775 潸然: 눈물이 흐르는 모양.

어머니 얼굴 뵙기 전에는 돌아오지 않으리라 맹세하였네 不覲親顔誓不還

또

진실하고도 지극한 효심이 푸른 하늘에 닿으니	孝心誠至達蒼穹
그 누가 (하늘은) 높디높아 감통하지 않는다 하였던가	誰謂高高不感通
하늘도 끝내 모자를 가련히 여기사	天意終能憐母子
하루 아침에 동주에서 상봉하게 하셨네	同州一旦忽相逢

138. 지점이 감화를 일으키다[776] 支漸感化(15a)

【본문】

지점(支漸)[777]은 자주(資州) 자양(資陽)[778] 사람이다. 부모를 지극한 효성으로 섬겼는데, 70세에 모친상을 치르며 흙을 져 날라 무덤을 만들고 그 곁에 여막을 치고 살았다. 그리고는 봉두난발에 때가 가득 낀 얼굴로 하

776 지점이 감화를 일으키다: 『한』, 『언』, 『효』에 수록되지 않았다. 이 편은 『송사』 권456 효의열전 「지점전(支漸傳)」에서 인용한 것이다. 비슷한 일화가 『몽구』, 『속통지』에도 수록되어 있다.

777 지점: 생몰년 미상. 북송대의 효자이다. 희녕 연간에 어머니를 여의고 흰 뱀, 흰 여우, 흰 토끼, 각종 새 등 짐승들이 그의 효심에 감화된 것으로 여러 문헌에 전한다.

778 자양: 중국 사천성 자양시(資陽市)이다.

루 세 번 통곡하며 너무 슬퍼하다 건강을 해쳐 바짝 야위었다. 흰 토끼와 흰 살쾡이가 그 곁에 얌전히 길들었으며, 흰 참새와 흰 까마귀가 날마다 무덤가 숲에 모였다가 하늘을 날며 슬피 우니 마치 슬픔을 북돋는 것 같았다. 마을 사람 구문정(句文鼎)이 아내와 결혼한 뒤 아버지와 떨어져 살았는데, 지점의 효행을 보고는 깊이 후회하여 슬피 울며 모시고 돌아와 효성으로 봉양하며 마음을 극진히 하였다. 마을에서 (지점의 효행을) 보고 감화된 자들이 매우 많아졌다.

支漸, 資州資陽人. 事父母至孝, 年七十, 持母喪, 負土成墳, 廬於墓側. 蓬首垢面, 三時號泣, 哀毁瘠甚. 有白兎白貍, 馴擾其傍; 白雀白烏, 日集墓木, 回翔悲鳴, 若助哀者. 鄕人句文鼎, 自娶婦後, 與父離居, 覩漸孝行, 深自悔責, 號慟而歸, 孝養盡志. 鄕閭觀感而化者, 甚衆.

【논단】

효란 덕의 근본이니 신명에 통하고 천지를 감격시킨다. 그러므로 진실로 효를 극진히 한다면 반드시 자연스러운 감응이 있는 것이다. 지점은 부모를 효성으로 섬김에, 정성을 다 바치면서 시종일관 어기는 바가 없었으니 어찌 사물을 감동시키지 않겠는가? 그러므로 은미하여 사물에 감응하면 날짐승이나 길짐승 같은 이물들이 얌전히 길들거나 하늘을 날며 그 슬픔을 북돋고, 밝아서 사람에 감응하면[779] 부모를 저버리고 따로 사

779 은미하여 사물에……사람에 감응하면: 『서경집전』 권2 우서(禹書) 「익직(益稷)」 제9장에 대

는 자식이 그 모습을 보고 개과천선하여 아버지를 다시 모셔와 봉양하며 마을 사람들도 감화되는 것이다. 비록 효는 모든 사람의 마음에 동일하게 들어있는 것으로부터 나오는 것이지만, 지점처럼 효행에 돈독한 경우가 아니라면 역시 어떻게 감발시키고 흥기시킬 수 있겠는가? 옛날에 영고숙[780]이 자신의 어머니께 효도하고 그것을 미루어 장공(莊公)에게도 좋은 영향을 미쳐 군자들이 지극한 효자[純孝]라고 칭송하였는데, 지금 지점을 그렇게 말할 수 있도다.

夫孝者, 德之本, 通幽明而感上下者也. 故誠能盡孝, 則必有自然之應矣. 支漸於事親之孝, 行之極其誠, 始終無所違, 夫安有不能動物哉? 故微而感物, 則禽獸異類, 馴擾回翔, 助其悲哀; 明而感人, 則能使背親離居之子, 相觀爲善, 歸養其父, 鄕閭化之. 雖孝德出於人心之所同然, 然非支漸之篤於孝, 亦安能有所感發興起哉? 昔潁考叔, 孝其母, 而施及莊公, 君子以爲純孝, 今於支漸, 亦云. 詩曰:

【찬시】

평생의 효행은 천성으로부터 나온 것	平生孝行自天成
늙어서 상을 치름에 진심으로 애달파하였네	年老持喪慘至情

한 주석에 "소악(韶樂)을 연주함에 그윽하여 신령에 감응하면 조상들이 내려와 임하시고, 밝아서 사람에 감응하면 여러 제후들이 덕으로 양보하며, 은미하여 사물에 감응하면 봉황과 짐승이 춤춘다.[夫韶樂之奏, 幽而感神, 則祖考來格; 明而感人, 則群后德讓; 微而感物, 則鳳儀獸舞.]"라고 한 구절을 활용한 것이다.

780 영고숙이……칭송하였는데: 『효순사실』 권1 「6. 영고숙이 국을 남기다[考叔遺羹]」 참조.

들짐승이 길들어 날마다 찾아오고	野獸日來馴左右
새들도 울어대며 슬픔을 북돋는구나	更多禽鳥助悲鳴

또

아비를 저버리고 오래 떨어져 살던 마을 사람	鄕人背父久離居
그를 보고 감화되어 효도 못함을 깊이 뉘우쳤네	觀感深慚孝不如
이로부터 번연히 생각 바꾸어 아버지를 다시 모시니	從此幡然[781]歸養父
마침내 아름다운 그 이름 마을의 존경을 받았다오	遂令聲譽重鄕閭

139. 공민이 관에 눕다[782] 孔旼卧棺(16a)

【본문】

공민(孔旼, 994~1060)[783]은 자가 영극(寧極)이니, 공자의 46대손이다. 여주

781 幡然: 매우 변한 모양.

782 공민이 관에 눕다: 『한』, 『언』, 『효』에 수록되지 않았다. 이 편은 『송사』 권457 은일열전 「공민전(孔旼傳)」에서 발췌 인용한 것이다. 비슷한 일화가 『속통지』에도 수록되어 있다.

783 공민: 북송대의 은자이다. 진사시에 응시하려다 뉘우치고 여주 용흥산(龍興山)에 은거하였다. 기근이 들었을 때 식량을 흩어 이웃을 구제하니, 그가 사는 곳 100리 인근의 백성들로부터 존경받았다. 여주 사람 중에 소송이 공평하지 않다고 여기던 자들이 유사의 말은 듣지 않아도 공민의 판결에는 수긍하였다. 인종 대인 1047년, 군수가 그의 행실을 조정에 상주하여 1058년에 비서성 교서랑으로 천거되었다. 1059년에는 광록시승(光祿寺丞)을 지내다 은퇴하였다. 만년에 『주역』과 『노자』를 공부하는 것을 즐겼으며, 저서로 『역대연(易大衍)』이 있다. 사후, 태상승(太常丞)에 추증되었다. 왕안석이 쓴 「공처사묘지명(孔處士墓誌銘)」 및 『송사』 참고.

(汝州)에 은거하며 부모를 지극한 효성으로 섬겼다. 성품이 고결하고 독서를 좋아하였으며, 다른 사람의 훌륭한 점을 들으면 마치 자신에게서 나온 듯 여겼다. 반드시 예법에 의거하여 행동하니, 그가 거주하는 곳 주변 100리 사람들이 모두 그를 사랑하고 존경하여 길에서 공민을 만나면 옷깃을 공경히 여미면서 비켜주었다. 부친상을 치름에 3년간 무덤 곁에 여막을 치고 살았는데, 깨진 관 속에 누워 자며 하루에 쌀을 한 움큼만 먹으니 벽 사이에 붉은 지초 수십 송이가 피어났다. 고을에서 그의 의로운 행위를 보고하니 특별히 정려문을 하사[784]하였다.

孔旼, 字寧極, 孔子四十六代孫. 隱居汝州, 事親至孝. 性孤潔, 喜讀書, 聞人之善, 若出于已. 動止必依禮法, 環府居百里, 人皆愛慕之, 見旼于路, 輒斂袵以避. 葬其父, 廬墓三年, 卧破棺中, 日食米一溢, 壁間生紫芝數十本. 州以行義聞, 特賜旌表.

【논단】

아아! 여염의 백성들이 향당에서 스스로 입신하고자 할 때에도 그 행동 중에 종종 볼 만한 것들이 있는데, 하물며 사대부[785] 가문에 성현의 후예라면 그 탁월한 행의가 어찌 환히 증명하기에 충분하지 않겠는가?[786] 공

784 정려문을 하사: 『송사』에는 이와 함께 비단과 곡식을 하사하고, 그 가문의 조세와 부역을 면제[給復] 해주었다고 되어 있다.

785 사대부: 원문의 '의관(衣冠)'은 진신(縉紳), 사대부 등을 가리킨다.

786 여염의 백성들이……충분하지 않겠는가: 송나라의 관인이자 학자인 범조우(范祖禹)가 『당감(唐鑑)』에서 "필부가 향당에서 스스로 입신하고자 할 때에도 오히려 자중하지 않아서는 안 되

민은 공자의 후손이다. 평소 부모를 지극한 효성으로 섬긴 것으로 칭송받았고, 독서하고 실천함에 항상 넉넉하게 선을 좋아하는 마음이 있었다. 예로써 몸가짐을 단속하여 사람들이 모두 그를 예우하며 공경하였으니, 그 사람됨이 진실로 드높일 만하다. 부친상을 당했을 때 3년이나 무덤 곁에 여막을 치고 살았다. 저 깨진 관은 거처하기에 어려운 것임에도 항상 그 안에 누워 잤으며, 한 움큼 쌀은 지극히 적은 것임에도 날마다 그것만 먹는 것을 일상으로 삼았다. 진실로 정성스럽고 간절한 효성에서 우러나온 것이므로 설령 몇 년간 추위와 더위를 겪으면서도 초상을 치를 때와 비교하여 조금도 달라지지 않았던 것이다. 당시 지초가 벽에서 피어나고 조정에서 정려문을 하사한 것은 바로 신명에 통하고 인심을 감동시킨 결과이니, 그것이 어찌 우연히 그렇게 된 것이겠는가? 비록 그렇지만 옛날에 공자께서는 항상 효를 덕의 근본으로 여기시며, 부모를 섬기고 입신양명하는 것과 시종일관 관련되어 있다고 보았다. 지금 공민의 행의가 이와 같음을 보건대 그 선조의 가르침에 누를 끼치지 않았으니,[787] 이를 드러내어 전함으로써 사람들에게 보고 본받을 바를 알게 하노라.

嗟乎! 閭閻小民欲自立於鄕黨, 而所爲往往有可觀者, 況乎衣冠之族, 聖賢之後, 其行義之超異, 豈不灼然有足徵也哉? 孔旼, 孔子之後也. 平居事親以至孝見稱, 讀書立行, 常有休休樂善之心. 以禮檢身, 而人皆以禮敬之. 其爲人, 誠可尙矣. 及遭父喪, 廬墓至於三年. 彼破棺, 難處也, 而常卧

는데, 더구나 왕업을 도모하고 대사를 일으키고자 하면서 올바르지 못한 일로 계도해서야 되겠는가?[匹夫欲自立於鄕黨, 猶不可不自重也, 況欲圖王業, 擧大事, 而可以不正啓之乎?]"라고 한 구절을 활용한 것이다.

787 누를 끼치지 않았으니: 원문의 '무첨(無忝)'은 모욕하지 않다, 부끄럽지 않다 등의 의미이다.

其中; 一溢米, 至少也, 而日食有常. 良由孝忱懇切, 故雖屢歷寒暑, 而不少變其初焉. 當時芝產屋壁, 朝命旌異, 則所以通神明而感人心者, 豈偶然之故哉? 雖然, 昔孔子嘗以孝爲德之本, 而事親立身, 始終係焉. 今觀旼之行義若是, 可謂無忝於乃祖之訓, 是用表而傳之, 俾人知所觀法焉. 詩曰:

【찬시】

은거하며 지극히 효도하고 옛 책들을 읽으니　閑居盡孝讀遺書
넉넉히 선을 즐기며 예법에도 여유 있었네　樂善休休禮有餘
고을 주변의 백성들이 사랑하고 공경할 줄 아니　環府居人知愛敬
길에서 만나면 옷깃 여미고 비켜주었다오　相逢斂袵避街衢

또

3년간 묘역 지키며 깨진 관에 누워 자고　守墓三年臥破棺
하루에 쌀 한 움큼만으로 밥 지어 먹었네　日將一溢米爲餐
붉은 지초가 상서롭게 피어나 진실한 효성을 드러내니　紫芝瑞產旌純孝
선조가 남긴 유풍이 영원히 인멸되지 않으니　前烈流風永不刊

140. 하후흔이 꿈에 약을 받다[788] 夏侯夢藥(17a)

【본문】

하후흔(夏侯訢)[789]은 자가 장황(長況)이며 양국(梁國) 영릉(寧陵)[790] 사람이다. 어머니가 병들어 여러 차례 위독해지니, 하후흔은 2년간 허리띠도 풀지 못한 채 병간호하였다. 어머니가 그 고생을 가련하게 여겨 나가서 편하게 자라고 하였다. 하후흔이 얼핏 잠들었는데, 갑자기 꿈에 아버지가 나타나 이렇게 알려주었다.

"네 어미의 병은 너무 오래된 것이라 보통 약으로는 나을 수가 없다. 천제께서 너의 지극한 효심을 애처로워 하시며 선약을 하사하셨으니, 집 뒤곁 뽕나무 가지 위에 있을 것이다."

하후흔이 깜짝 놀라 일어나서 말한 곳에 가서 약을 찾아 드리니, 어머니의 병이 홀연 다 나았다.

夏侯訢, 字長況, 梁國寧陵人也. 母疾, 屢經危困, 訢衣不釋帶者二年. 母憐其辛苦, 令出便寢息. 訢方假寐, 忽夢其父告之曰: "汝母病深痼, 非凡藥可愈. 天帝矜汝至孝, 賜以仙藥, 在居後桑樹枝上." 訢忽驚起, 如所言得

788 하후흔이 꿈에 약을 받다: 『한』, 『언』, 『효』에 수록되지 않았다. 이 편은 『하남통지(河南通志)』 권64에서 인용한 것으로 보인다.
789 하후흔: 생몰년 및 왕조 미상.
790 영릉: 중국 하남성 상구시(商丘市) 일대의 지명이다.

藥, 進之, 母病頓瘥.

【논단】

부모가 병드시면 근심을 다 하는 것[791]이 효자의 마음이니, 신명이 감격하여 약물을 내려주어 부모의 병을 낫게 하는 일 같은 것은 한결같은 지극한 정성에 말미암는 것이다. 하후흔의 어머니는 병석에 누운 뒤 위태로워진 적이 많았다. 하후흔은 탕약 시중을 들며 어머니 주변을 떠난 적이 없었고, 무려 2년 동안 허리띠도 풀지 못한 채 병간호하였으니, 그 근심이 매우 깊었던 것이다. 어머니가 그의 고생을 보고 타이르며 나가서 편하게 자라고 하였으니, 그 마음이 가히 가련하지 않은가? 이윽고 꿈에 아버지가 나타나 약을 내려준 것은 매우 특이한 일이다. 약이란 뽕나무에서 나오는 것이 아니라 하늘에서 나온 것이니 아버지도 쉽게 이를 수 없는 곳이지만, 신명이 (아버지의 말을) 빌려 알려준 것이다. 이는 하후흔의 정성에 몰래 꿈을 통해 부응한 것이니, 약을 찾아 어머니에 복용하게 하여 마침내 몇 년 동안 앓던 고질병이 하루아침에 나은 것이 어찌 우연이겠는가? 아아! 하후흔의 효성에 대한 감응은 참으로 다른 사람들이 미칠 수 없는 경지로다!

親有疾而致其憂, 孝子之心也, 至於感格神明, 賜之以藥物, 而親疾得愈者, 由其一念之至誠焉. 夏侯訢母之寢疾也, 瀕於危殆者數矣. 訢侍湯藥,

---

791 부모가 병드시면 근심을 다하는 것: 『효경』「기효행(紀孝行)」에서 인용한 것이다.

未嘗輒離左右, 至於二年之久, 衣不解帶, 蓋其憂之之深也. 其母見其勤苦, 諭使出便寢息, 非其情之可矜歟? 旣而夢父語以賜藥之故, 其事甚異. 夫藥非從桑出也, 天也, 父不易格也, 神明假之以相告也. 此訢之精誠, 潛孚夢寐, 所以能得其藥, 與母服之, 卒使累歲痼疾, 一旦遂愈, 是豈偶然哉? 嗚呼! 若訢之孝感, 信非他人之可及也! 詩曰:

【찬시】

어머니가 몇 년이나 병석에 누워	慈母頻年病在床
숨이 끊어질 듯 위태로웠네	奄奄[792]氣息逼危亡
자식으로서 걱정되어 잠조차 잊은 채	子心憂懼常忘寢
어머니 곁에서 간절히 병간호하였다오	侍疾勤拳[793]在母傍

또

진실한 효심이 신명께 닿아	孝心誠懇達幽明
꿈에 아버지 나타나 지극한 효심 은근히 위로하셨네	夢父殷勤慰至情
묘약을 내려주신 것은 하늘의 뜻이니	妙藥賜來天有意
마침내 어머니 병 나아 건강해지게 하셨네	遂令母病底康寧

792 奄奄: 숨이 미약하여 끊어질 것 같은 상황을 형용한 것이다.
793 勤拳: '근권'은 간절하고 정성스럽다는 뜻이다.

141. 최희교에게 상서가 나타나다[794] 希喬致祥(18a)

【본문】

최희교(崔希喬)[795]는 청하(淸河)[796] 사람으로, 평소 효성과 우애로 칭송받았다. 포의에서 벗어난 뒤[797] 임청위(臨淸尉)에 임명되었는데, 모친상을 당하자 너무 슬퍼하다 건강을 해친 것이 남들보다 심하였다. 복상을 마친 뒤 정현위(鄭縣尉)에 보임되었는데, 청렴하고 강직하며 공명정대하여 정현승(鄭縣丞)으로 승진하였다. 그가 머무는 방에 지초가 자랐는데, 하룻밤 사이 한 자 남짓 되는 꽃을 피웠다. 고을에서 글로써 보고하니, 어사로 옮겼다가 병주병조(幷州兵曹), 풍익령(馮翊令) 등에 제수하였다. 백성과 아전들이 두려워하면서도 사랑하니 풍속이 크게 교화되고 평민[細民]들은 그의 인자함에 감화되었다. 하루는 구름이 관청을 뒤덮을 듯하더니, 잠깐 사이에 오색 빛이 찬란하여 성곽을 둘러싸기에 (사람들이) 이 사실을 보고하니, 사관(史館)에 선부(宣付)[798] 하였다. 병주에 있을 때, 관사 앞 갈대숲 속에 뱁새만 한 작은 새가 날아와 둥지를 틀었는데, 알을 품은 지 며칠 되지 않아

---

794 최희교에게 상서가 나타나다: 『한』, 『언』, 『효』에 수록되지 않았다. 이 편은 『태평어람』 권411 인사부 「효감(孝感)」에서 인용한 것이다.

795 최희교: 생몰년 미상. 『태평어람』, 『대당조령집(大唐詔令集)』 등에 당나라 사람으로 되어 있다. 자세한 행적은 전하지 않는다.

796 청하: 중국 하북성 형대시(邢臺市)에 속한 지명이다.

797 포의에서 벗어난 뒤: 원문의 '해갈(解褐)'은 포의에서 벗어나 관직에 임용된 것을 가리킨다.

798 선부: 송원대에 황제가 조정 바깥의 관료들에게 조령을 교부하는 것이다.

껍질이 깨지더니 새끼가 태어나자마자 어미를 떠났다.[799] 한 달쯤 지나자 오색 무늬에 거위같은 모습이 되었는데, 얌전히 길들어 한가롭게 다니며 사람을 보아도 놀라지 않았으며 날 줄 알게 된 뒤에 옛 둥지로 돌아가니, 사람들이 병조새[兵曹鳥]라고 불렀다. 당초, 그가 거상할 때 한번 곡림(哭臨)[800]하면 여러 새들이 전부 모여들어 담장을 에워싸고 숲을 뒤덮으며 들판을 맴도니, 마을 사람들이 감탄하며 기이하게 여겼다. 그가 머무는 곳에는 늘 제비가 둥지를 틀고 새끼를 키웠는데 반드시 열흘이 넘도록 (어미에게) 먹이를 물어다 준 뒤에야 날아가곤 하니, 모두 그의 효의에 감통한 결과라고 말하였다.

崔希喬, 淸河人也, 平居以孝悌稱. 解褐, 尉臨淸, 丁母憂, 哀毁過人. 服闋, 補鄭縣尉, 淸介公方, 轉鄭縣丞. 室有芝草生焉, 一夕葩, 蓋盈尺. 州以狀聞, 遷御史, 出授幷州兵曹, 轉馮翊令. 人吏畏愛, 風化大行, 細民感其仁恕. 一日有雲如蓋當其廳事, 須臾五彩煥爛, 周於城郭. 事聞, 宣付史館. 在幷州時, 居前叢葦中, 有小鳥來巢如鷦鷯, 孕卵纔數日, 㲉毁而誕, 卽離於母. 月餘五色成文, 狀如鵝, 馴擾閑暇, 無復驚畏, 暨能飛翔, 時歸舊所, 人稱爲兵曹鳥. 初居喪, 一哭臨, 群鳥畢集, 徧墻宇壓林木, 周於原野, 鄕閭嗟異之. 所居每巢燕乳鷇, 必返哺逾旬, 後乃分飛, 皆以爲孝義感通云.

799 어미를 떠났다: 『태평어람』에는 둥지가 있는 가지가 무게를 이기지 못하여 땅에 떨어졌다고 되어 있다.
800 곡림: 사람이 죽었을 때, 영전 앞에 여러 사람이 모여서 곡하며 제전을 올리는 것이다.

【논단】

아아! 효도의 위대함은 (위로는) 하늘까지 닿고 (아래로는) 땅속 깊이 서리며 신명과도 통하니,[801] 하물며 사람에게는 어떻겠으며, 짐승에 대해서는 어떻겠는가? 최희교는 힘써 배우고 힘써 행하여 평소 효제로 사람들에게 칭송을 들었다. 그가 당시에 쓰임을 받자 그가 머문 방에는 지초가 자라고, 그가 다스리는 고을에는 상서로운 오색구름[802]이 일어났다. 이는 천지의 조화를 불러들이고 신명의 은혜[803]를 받은 것이다.[804] 사람을 감동시킨 일에 이르러서는, 백성들이 그의 인자함을 그리워하고 아전들이 그의 위엄을 두려워하여 교화가 시행되고 풍속이 아름다워졌다. 짐승이 감격한 일로는 새가 둥지를 틀고 길들어 놀라지 않거나, 어미에게 먹이를 물어다 준 뒤에야 떠나간 일이 있었다. 거상 중에 슬피 통곡하자 집 주변에 날아들고 숲과 들을 가득 메운 것이 거의 헤아릴 수 없을 정도였으니, 상서가 나타나고 짐승을 불러들인 것이 어쩌면 그리도 성대한가? 어느 것 하나 효도에 감통한 묘리 아닌 것이 없다. 만일 효도에 미진한 부분이 있었다면 사람과 짐승도 감응시킬 수 없을 것인데, 하물며 그윽하고 아득한 천도는 오죽하겠는가? 이것이 최희교가 숭상받을 만한 이유이다.

801 하늘까지 닿고……신명과도 통하니: 『예기』「악기」에 "예악은 하늘에 도달하고 땅에 서린다.[及夫禮樂之極乎天而蟠乎地]."라고 한 표현을 활용한 것이다. 또한『효경』「감응(感應)」에 "효제를 지극하게 실천하면 신명과 통하고 사해에 빛나 통하지 않는 곳이 없다.[孝悌之至, 通於神明, 光于四海, 無所不通]."라고 한 표현이 보인다.

802 상서로운 오색구름: 원문의 '경운(卿雲)'은 채색구름으로 경사스럽고 상서로운 징조이다.

803 은혜: 원문의 '주(貺)'는 주다, 하사하다, 하사한 물건 등의 뜻이다.

804 천지의 조화를……받은 것이다: 명나라의 관각 문인 호한(胡翰)의『호중자집(胡仲子集)』권3, 「원지(原芝)」에 비슷한 글이 보인다. "효의 도는 그것을 세워 두면 하늘과 땅에 가득 차고, 펼쳐 두면 사방의 바다에 퍼지며, 후세에 전하면 아침저녁이 없게 될 것이다. 그러므로 설령 평범한 필부라도 천지의 조화를 감응시키고 신명의 은혜를 받는 것이다.[孝之道也, 置之而塞乎天地, 溥之而橫乎四海, 施諸後世而無朝夕. 故雖匹夫, 而可以感天地之和, 獲神明之貺.]"

嗚呼! 孝道之大, 極乎天而蟠乎地, 通乎神明, 況於人乎? 況於鳥獸乎? 崔希喬, 力學務脩, 素以孝悌見稱於人. 及其效用當世, 所居之室, 芝草生焉; 所涖之邑, 卿雲興焉. 是旣召天地之和, 獲神明之貺矣. 至其感人, 則民懷其仁, 吏畏其威, 而化行俗美. 物之格也, 鳥之巢者, 馴擾而不驚, 返哺而後去. 居喪哀臨, 爲之翔集庭宇, 充斥林野, 殆不可以一二數計, 致祥召物, 何其盛歟? 莫非一孝道感通之妙也. 使其孝有未至, 則人物且不得其感, 況天道之幽遠哉? 此希喬之所以爲足尙也. 詩曰:

【찬시】

포의 때 지극한 행실로 당대에 중용되니 布衣至行重當時
다스리는 고을 정원에 붉은 지초가 자라났네 佐邑階庭產紫芝
상서로운 구름이 오색 빛깔 이뤘을 뿐 아니라 不獨卿雲成五彩
제비 새끼는 먹이를 물어다 주며 어미에게 보은하였다오 燕鶵返哺報恩私

또

어찌 새가 길들어 조용히 놀라지도 않는가 那得馴禽靜不驚
통곡할 때마다 날아들어 슬픔 북돋으며 우네 臨時翔集重悲鳴
거상 중의 효자에 대한 감응이 능히 이와 같으니 居喪孝感能如此
응당 슬픔을 이기지 못한 것이리라 應是哀傷不自勝

142. 사마강이 『예기』를 따르다[805] 司馬循禮(19b)

【본문】

사마강(司馬康, 1050~1090)[806]은 자가 공휴(公休)이며 하현(夏縣)[807] 사람으로, 온국정공 사마광(司馬光, 1019~1086)[808]의 아들이다. 어려서부터 단정하고 신중하여 함부로 농담을 하지 않았으며, 학문에 힘쓰는 것이 남들보다 뛰어나 모든 서적을 두루 섭렵했다. 부모를 지극한 효성으로 섬겼으니, 모친상을 당하자 사흘 동안 물 한 모금조차 마시지 않았으며 너무 슬퍼하다 비쩍 말라 뼈가 앙상하게 드러났다. 사마광이 세상을 떠났을 때, 상례와 제례 모두 『예기』를 따르는 등 가법이 세속을 따르지 않으니 조문객들이 매우 흡족해했다.[809] 여막을 치고 살며 나물 같은 거친 음식만 먹고,

805 사마강이 『예기』를 따르다: 『한』, 『언』, 『효』에 수록되지 않았다. 이 편은 『송사』 권336 「사마광전(司馬光傳)」에 부기된 「아들 사마강전[子康傳]」에서 발췌 인용한 것이다. 비슷한 일화가 『속통지』에도 수록되어 있다.

806 사마강: 북송대의 학자이다. 1086년에 교서랑(校書郞), 수신종실록검토관(修神宗實錄檢討官) 등이 되었다. 범조우, 『범태사집』 권41 「직집현원제거 서경숭산숭복궁 사마군 묘지명(直集賢院提擧西京嵩山崇福宮司馬君墓誌銘」 참고.

807 하현: 중국 산시성 운성시(運城市)에 속한 지명이다.

808 사마광: 북송대의 학자이자 정치인이다. 자는 군실(君實)이며 호는 우수(迂叟)이다. 신종 연간에 왕안석의 신법(新法)에 반대하여 정계에서 물러났다가 철종 때에 재상을 복귀하였다. 『자치통감(資治通鑑)』, 『사마문정공집(司馬文正公集)』, 『계고록(稽古錄)』 등의 저술을 남겼다.

809 조문객들이 매우 흡족해했다: 등문공이 부친상을 당했을 때 맹자에게 거상하는 예를 묻고는 그가 조언한 대로 하자, 조문객들이 세자가 예를 잘 안다며 흡족해 했다는 데서 인용한 것이다. 『맹자』 「등문공 상」 제2장, "(세자가) 5개월 동안 여막에 살며 정령과 교령을 내리지 않았다. 이에 백관들과 종친들이 모두 "세자가 예를 안다."라고 하였다. 장례를 거행할 때가 되자 사방에서 와서 참관하였는데, 세자의 슬퍼하는 얼굴빛과 통곡하며 우는 모습에 조문객들이 매우 흡족해했다.[五月居廬, 未有命戒, 百官族人, 可謂曰知. 及至葬, 四方來觀之, 顔色之戚, 哭泣之哀, 弔者大悅.]"

땅에 누워 자며 지내다가 끝내 배에 병이 생겼다.[810] 복상을 마친 뒤, 저작좌랑 겸시강에 제수되었으나, 끝내 배에 생긴 병 때문에 죽었다. 공경과 사대부는 물론 시정의 사람들까지 애도하지 않은 사람이 없었으며, 우간의대부에 추증되었다.

司馬康, 字公休, 夏縣人, 溫國文正公光之子也. 幼端謹, 不妄言笑, 敏學過人, 博極群書. 事親至孝, 丁母憂, 勺飮不入口者三日, 哀毁骨立. 光薨, 喪祭皆用禮經, 家法不爲世俗事, 弔者大悅. 居廬蔬食, 寢於地, 遂得腹疾. 服除, 爲著作佐郎兼侍講, 竟以腹疾終. 公卿士大夫, 以至市井之人, 無不哀之, 贈右諫議大夫.

【논단】

자식으로서 부모가 살아 계실 때 잘 섬기고 돌아가신 뒤에 상제례 치름에 예로 일관하여 구차한 것이 없어야 부모에 대한 효도가 갖추어진 것이요 그 부모를 지극히 존경하는 것이 된다.[811] 사마강은 어려서부터 언행에 신중하고 학문에 힘썼으며, 평소에 부모를 섬김에 당시 효도를 다하였

810 배에 병이 생겼다: 범조우의 묘지명에 따르면 사마강의 건강을 걱정한 친척들이 억지로 고기를 먹여 기력을 보하려 하였지만 끝내 먹지 않았고, 그 이후 병을 치료해도 낫지 않았다고 한다.

811 자식으로서……존경하는 것이 된다: 『논어집주』「위정」 제5장에 대한 주희의 주석에 "부모가 살아 계실 때 (예로써) 잘 섬기고 돌아가신 뒤에 (예로써) 상제례 치르는 일은 부모를 섬기는 일의 처음과 끝을 갖춘 것이다. 예는 이치를 알맞게 갖춘 것이니, 사람이 부모를 섬기는 일을 처음부터 끝까지 예로 일관하여 구차한 것이 없어야 그 부모를 지극히 존경하는 것이다.[生事葬祭, 事親之始終具矣. 禮, 卽理之節文也. 人之事親, 自始至終, 一於禮而不苟, 其尊親也至矣.]"라고 한 구절을 인용한 것이다.

다고 칭송받았다. 모친상을 당했을 때, 음식을 바꾸는 것과 곡읍하는 절도[812]가 이미 예법에 맞았다. 부친상을 치를 때에도, 『예기』의 제도를 따를 뿐 세간의 풍속에 미혹되지 않아 쓸데없는 데 공을 들이지 않고, 말할 것도 못 되는 곳에 재물을 버리지 않았으니,[813] 말세의 폐단을 바로잡고 당시의 모범이 되기에 충분하였다. 이에 조문객들이 매우 흡족해했다. 이와 같은 것들은 비록 그 천성에서 비롯된 지극한 효심 때문이겠으나, 가정에서의 가르침과 학문의 공효 또한 어찌 적다고 하겠는가? 『예기』에 "가장 큰 효도는 부모를 높이는 것이요, 그 다음은 잘 봉양하는 것이며, 그 다음은 욕되게 하지 않는 것이다."[814]라고 하였으니, 사마강이 행한 것은 자신의 근본을 잘 봉양하고 욕되게 하지 않았다고 할 만하다. 그가 세상을 떠났을 때 귀천에 관계없이 모든 사람이 애도하는 마음을 금할 수 없었다. 효행이 사람을 족히 감동시키는 것이 이와 같으니, 세상에서 독실한 행실의 군자를 말할 때 사마강이 아니라면 누구를 들겠는가? 당시 그에게 높은 작위를 추증한 것이 당연하도다.

子之於親, 生事葬祭, 能一於禮而不苟, 則孝親之道備, 而其尊親也至

812 음식을 바꾸는 것과 곡읍하는 절도: 구양수의 「태상박사주군묘표(太常博士周君墓表)」에 "(요즘 사람들은) 상복의 수와 곡읍하는 절도, 거처의 분별, 음식을 바꾸는 것 모두 그에 따른 예가 있다는 것은 알지 못한다.[其衰麻之數, 哭泣之節, 居處之別, 飮食之變, 皆莫知夫有禮也.]"라고 한 구절을 활용한 것이다.

813 쓸데없는 데……버리지 않았으니: 『성리대전서(性理大全書)』 권20 가례(家禮)3 「상례(喪禮)」에서 세속의 상례 풍속에 대해 비판한 고항(高閌)의 주석에 "비록 부귀한 집에서도 옷과 이불이 다 갖추어졌어도 그것으로 모두 습렴을 하지 않고 또 삼가 보관할 수도 없어서, 서로 나누기도 하고, 심지어 함부로 값을 계산하여 팔아서 장례비용에 충당하기도 한다. 헛되이 쓸데없는 데 공을 들이고, 말할 것도 못 되는 곳에 재물을 없애버리면서, 그 몸에 붙이기 위한 것임은 헤아려 보지도 않는다.[雖富貴之家, 衣衾畢備, 皆不以襲斂, 又不能謹藏. 乃或相與分之, 甚至輒計直貿易, 以充喪費. 徒加功於無用, 擲財於無謂, 而所以附其身者, 曾不之慮.]"라고 한 구절을 활용한 것이다.

814 가장 큰 효도는……욕되게 하지 않는 것이다: 『예기』 「제의(祭義)」 중 증자가 효에 대해 언급한 내용에서 순서를 바꾸어 인용한 것이다. "曾子曰: '孝有三, 大孝尊親, 其次弗辱, 其下能養.'"

矣. 司馬康, 自幼愼言行, 力問學, 平居事親, 旣以孝稱於時. 至遭母憂, 而飮食之變, 哭泣之節, 旣已適夫禮. 及治父喪, 又持循禮制, 不惑流俗, 不加功於無用, 不損財於無謂, 足以矯末世之弊, 而爲當時之法. 於是, 弔者大悅. 凡若是者, 雖其至孝, 根於天性, 而家庭之訓, 問學之功, 又豈少哉? 禮謂: "大孝尊親, 其次能養, 其次不辱." 康之所爲, 可謂能養而不辱其所自出矣. 於其歿也, 人無貴賤, 相與哀之而不置. 孝行之足感人也, 如此, 世謂篤行之君子, 非康其誰哉? 當時贈之顯爵, 宜也. 詩曰:

【찬시】

학문에 힘쓰고 문장에 능하며 부모님께 효도하니	力學能文孝二親
빛나는 명예가 조정 대신에게 진동하였도다	赫然名譽動朝紳
거상함에 세간의 풍속을 따르지 않고	居喪更不隨流俗
홀로 우뚝 서서 옛 예법을 따랐다네	特立惟將古禮遵

또

상중에 풀 죽은 채 슬퍼하다 건강을 해치니	傫然[815]哀毁在喪居
독실한 행실은 분명 박덕한 자마저 격려하였네	篤行端能勵薄夫
위대한 현인에게 진정 뛰어난 후손 태어남을 비로소 알았으니	始信大賢眞有後

815 傫然: '누연(傫然)'은 풀이 죽은 모습을 형용한 것이다.

짐짓 역사서에 연달아 기재되도록 하였다오　　故教青史得聯書[816]

143. 소송이 어머니를 구하다[817]　　蘇頌救母(21a)

【본문】

소송(蘇頌, 1020~1101)[818]은 자가 자용(子容)이며 천주(泉州) 남안(南安)[819] 사람이다. 일찍이 지무주(知婺州)가 되어 한창 동려(桐廬)[820]로 거슬러 올라가는데, 강물의 물살이 갑자기 거세져 배가 거의 침몰하기 일보 직전이었다. 소송은 어머니가 배 안에 계셨기에 슬피 울부짖으며 물에 뛰어들어 배를 끄니, 배가 갑자기 저절로 안정되었다. 겨우 기슭에 이르러 어머니를 업고 먼저 올려드렸는데 배가 이윽고 침몰하니, 사람들이 모두 그의 진실한 효성 덕분이라고 여겼다. 그 뒤 소송은 관직이 우복야, 중서문하시랑에 이르렀고 조국공(趙國公)에 봉해졌으며, 어머니는 위국태부인(魏國太夫人)

---

816 聯書: 역사서에 부자, 형제 등 위대한 가족의 전기는 나란히 실려 있음을 의미한다.

817 소송이 어머니를 구하다: 『한』에 같은 제목으로 수록되어 있다. 『언』, 『효』에 수록되지 않았다. 이 편은 『송사』 권340 「소송전(蘇頌傳)」에서 발췌 인용한 것이다. 비슷한 일화가 『속통지』에도 수록되어 있다.

818 소송: 북송대의 관인이자 학자이다. 천문학, 의학 등에도 능통하여 『도경본초(圖經本草)』, 『신의상법요(新儀象法要)』 등을 편찬하는 일에도 참여하였다. 송 철종(宋哲宗) 때 집현전 교리, 탁지 판관, 우복야, 한림학사 승지, 중서문하시랑 등을 역임하였다. 주희가 동안현 주부로 있던 1155년, 동안현에 그의 사당을 세우고 화상(畫像)을 봉안하려 하였으며, 부필(富弼)은 그를 '고군자(古君子)'의 풍도가 있다고 칭송할 정도로 어진 재상으로 평가받는다. 『송사』 참고.

819 남안: 중국 복건성 하문시(廈門市)에 속한 지명이다.

820 동려: 중국 절강성 동려현이다. 이곳을 동강(桐江)이 흐르는데, 후한의 은자인 엄광(嚴光)이 이곳에 은둔하며 낚시로 소일하였다.

에 추증되었다.

蘇頌, 字子容,[821] 泉州南安[822]人. 嘗知婺州, 方泝桐廬, 江水暴迅, 舟幾覆溺. 頌以母在舟中, 哀號赴水挽舟, 舟忽自正. 甫及岸, 奉母先登, 舟乃覆, 衆以爲純孝所致. 其後, 頌官至右僕射, 中書門下侍郞, 封趙國公, 母贈魏國太夫人.

【논단】

부모가 자식에게 베푸는 은혜는 막대하니, 자식이 부모께 어찌 다 보답할 수 있겠는가? 만약 부모가 곤란한 상황을 만났다면, 설령 사나운 물살이나 맹렬한 화재라도 반드시 달려가고 뛰어들어야 하니, 어찌 감히 자기 목숨만 아끼겠는가? 소송을 보면 어머니를 모시고 지무주가 되어 배를 타고 동려를 거슬러 올라가는데 강물이 갑자기 불어나 거의 침몰하기 일보 직전이었다. 그러자 소송은 슬피 울부짖으며 물에 뛰어들어 어머니를 구하니 배가 갑자기 저절로 안정되었다가, 어머니가 겨우 기슭에 이르자 배가 결국 전복되었다. 아아! 소송은 참으로 자기 목숨을 버려 부모를 구한 자라고 할 수 있다! 그러나 이러한 때 만일 구차하게 자기 목숨만 아꼈다면 어머니는 틀림없이 사납고 거센 급류 속에서 돌아가셨을 것이니, 다시 어찌 자식이라는 이름으로 천지간에서 살아갈 수 있겠는

821 字子容: 『한』 없음.
822 南安: 『한』 없음.

가?[823] 오직 소송이 자기 목숨을 아끼지 않았기에 어머니가 위태로운 지경에서 벗어날 수 있었으니, 이는 참으로 효도했다고 할 수 있다. 그 뒤 자신은 재상의 지위에 올라 원우지치(元祐之治)[824]를 보좌하였고, 어머니는 천수를 누리시다 위국태부인에 추증되는 성총을 입으셨다. 하늘의 보답은 역시 밝고도 밝으니, 거울로 삼지 않을 수 있겠는가?

夫親之於子, 恩莫大焉, 而人子於親, 曷克以報之? 若其遇親之難, 雖水之暴火之烈, 必趍而赴之, 惡敢自愛其身哉? 觀蘇頌, 奉母知婺州, 舟泝桐廬, 江水暴至, 幾於覆溺. 頌乃哀號赴水救之, 舟忽自正, 母纔及岸, 而舟遂覆. 嗚呼! 頌可謂能捐軀以赴其親者也! 然當是時, 使苟自愛其生, 其母死於暴流奔湍之中必矣, 復何名爲人子而立於天地間乎? 惟頌不自愛其生, 故能脫母於危阨, 此誠可以爲孝也. 厥後, 身居相位, 輔成元祐之治, 母享高年, 寵有魏國之贈. 天之報施, 亦昭昭矣, 可不鑑乎? 詩曰:

【찬시】

어머니 모시고 임지인 무주로 가는데	奉母之官向婺州
큰 강 물살에 배가 침몰하기 직전이었네	舟幾覆溺大江流
슬피 울부짖으며 물에 뛰어드니 배가 안정되더니만	哀號赴水舟隨正

823 어찌 자식이라는……살아갈 수 있겠는가? 같은 표현이 『효순사실』 권3 「50. 가은이 관을 구해 내다[賈恩捄棺]」의 논단에 보인다.

824 원우지치. 원우는 송 철종의 연호로 1086년부터 1094년까지 사용하였다. 신종(神宗)이 승하하고 철종이 어린 나이로 제왕에 오르자, 선인태후(宣仁太后)가 섭정하였다. 이때 왕안석의 신법파를 몰아내고 사마광의 구법파를 다시 등용하여 8년간 안정된 정치를 하였다.

어머니 목숨 보전하고 난 뒤에 결국 뒤집혔다오　　母獲生全竟覆舟

또

배 안의 모자가 모두 안전하였으니　　舟中母子獲安全
효심은 예로부터 하늘도 감동시키는 법　　孝念由來感上天
자식은 현달하는 영예를 입고 어머니는 추증 받으니　　子被顯榮親有贈
이름이 역사서에 남아 지금까지 전해지네　　名留簡冊至今傳

144. 고등의 효성과 충성[825]　　高登孝忠(22a)

【본문】

고등(高登, ?~1148)[826]은 자가 언선(彦先)이며 장포(漳浦)[827] 사람이다. 어머니를 지극한 효성으로 섬겼는데, 배를 타고 봉주(封州)와 강주(康州) 사이

825 고등의 효성과 충성: 『한』, 『언』, 『효』에 수록되지 않았다. 이 편은 『송사』 권399 「고등전(高登傳)」에서 발췌 인용한 것이다. 비슷한 일화가 『속통지』에도 수록되어 있다.

826 고등: 북송대의 학자이자 정치인이다. 호는 동계(東溪)이다. 어려서부터 학문에 힘쓰고, 몸가짐에 법도가 있었다. 1132년에 진사에 급제한 뒤 조정 대신들의 잘못을 지적하는 강개한 의론으로 이름났다. 간신 진회(秦檜)의 모함을 받아 지정강부고현(知靜江府古縣)으로 좌천되었지만 끝내 권신들에게 아부하거나 굽히지 않는 기개를 보여주었다. 그가 죽은 지 50년 뒤, 주희가 글을 지어 그를 표창할 것을 건의하였으며, 승무랑(承務郎)에 추증되었다. 저술로 『동계집』이 전한다. 주희, 『회암집』 권79 「장주주학동계선생고공사기(漳州州學東溪先生高公祠記)」 및 『송사』 참고.

827 장포: 중국 복건성 창주시(漳州市)에 속한 지명이다.

를 지나던 중 아침 식사 거리로 올릴 것이 없어 고민하던 차에 갑자기 흰 물고기가 앞으로 튀어 올랐다. 어머니가 병이 나서 사슴고기를 먹고 싶어 하였는데, 갑자기 호랑이가 사슴 한 마리를 물어다 문 앞에 두고 가니 어머니가 그 고기를 먹고 마침내 병이 나았다.

송 휘종 선화(宣和)[828] 연간인 1207년, 금나라가 수도 변경(汴京)을 침범하였다. 태학생이었던 고등은 진동(陳東, 1086~1127)[829] 등과 함께 상소하여 여섯 간신[六賊][830]의 목을 벨 것을 청하였다. 조정의 신료들이 다시 (금나라와) 화의할 것을 건의하며 종사도(種師道, 1051~1126)[831]와 이강(李綱, 1083~1140)[832]의 병권을 박탈하니, 고등은 진동과 함께 다시 행재소[闕] 앞으로 나아가 상소를 올려 극력 간언하였다. 왕시옹(王時雍, ?~1127)[833]이 군대를 풀어 그들을 다 죽였는데 고등은 우뚝하게 서서 동요되지 않았다. 금나라 오랑캐가 이르자 국자감[六館][834]의 학생들이 모두 도망가려 하였는데, 고등은 불가하다면서 "임금께서 계신데, 도망가서야 되겠는가?"라고 하였다. 임매(林邁) 등과 함께 황제의 어가를 호위하기를 청하여 섭산

---

828 선화: 송 휘종의 여섯 번째 연호로, 1119년부터 1125년까지 사용하였다.

829 진동: 북송의 학자이다. 자는 소양(少陽)으로, 금나라의 침략에 대항하여 척화론을 주장하다 간신들의 참소로 인해 이강(李綱)이 파직되자 수많은 태학생과 함께 이강의 복직을 주청하는 상소를 올렸다. 고종이 금나라를 피해 남쪽으로 돌아간 뒤에 이강이 조정을 떠나자 다시 상소하여 유임을 요청하다가 결국 구양철(歐陽澈)과 함께 참수당했다. 3년 뒤, 승사랑(承事郞)에 추증되었다. 『송사』 권455 「진동전(陳東傳)」 참고.

830 여섯 간신: 신법을 주장하며 붕당을 결성하고 국가를 위태롭게 하고, 변방에 문제를 일으켜 국가를 위태롭게 만든 여섯 간신을 지칭한다. 채경(蔡京), 동관(童貫), 왕보(王黼), 이언(李彦), 양사성(梁師成), 주면(朱勔) 등이다.

831 종사도: 북송의 무장이다. 자 이숙(彝叔). 금나라와의 화의를 주장한 황잠선(黃潛善)과 왕백언(汪伯彦), 이방언(李邦彦)과 오민(吳敏) 등에 의해 쫓겨났다.

832 이강: 북송의 정치인이다. 자는 백기(伯紀), 호는 양계(梁溪)이다. 휘종에게 '십의상소(十議上疏)'를 올려 금나라와 절대 화친을 맺어서는 안 되며, 금나라의 군사들을 피해 동남쪽으로 수도를 옮겨서도 안 된다고 주장하였다. 시호는 충정(忠定)이다. 『송사』 권358 「이강전(李綱傳)」 참고.

833 왕시옹: 북송의 정치인이다. 정강의 변이 일어났을 때 개봉윤(開封尹)으로 있었다.

834 태학: 원문의 '육관(六館)'은 국자감을 가리킨다. 국자감이 국자학(國子學), 태학(太學), 사문(四門), 율학(律學), 서학(書學), 산학(算學) 등을 관장하기에 통칭하여 육관이라고 불렀다.

(聶山)의 장막에 배속되었다. 흠종(欽宗)[835]이 그를 발탁하여 부천주부(富川主簿), 정강부(靜江府) 고현령(古縣令) 등에 임명하였다.

高登, 字彦先, 漳浦人. 事母至孝, 舟行至封康間, 方念無以奉晨膳, 忽有白魚躍于前. 母病思鹿肉, 忽有虎啣一鹿, 置門而去, 母食肉, 病遂愈.[836] 宋徽宗宣和間, 金人犯京師. 登爲太學生, 與陳東等上書乞斬六賊. 群臣復建和議, 奪種宗道[837] 李綱兵柄, 登與東再詣闕, 上疏極諫. 王時雍縱兵殲之, 登屹立不動. 金虜至, 六館諸生將遁去, 登不可曰: "君在, 可去乎?" 與林邁等請扈車駕, 隸聶山帳中. 欽宗擢爲富川主簿, 靜江府古縣令.

【논단】

사람의 큰 윤리에 다섯 가지[838]가 있는데, 그 중 군주와 부모가 가장 중요하다. 부모께 효도하는 자 중에 군주께 충성하지 않는 자는 없다.[839] 부모를 효성으로 섬기기에 그것을 옮겨 군주께 충성할 수 있었던 사례를 고등에게서 찾아볼 수 있다. 고등은 어머니를 잘 섬기며 정성과 공경으로

835 흠종: 북송의 제9대 황제 조환(趙桓, 1100~1161, 재위 1125~1127)이다. 이강을 재등용하여 금나라를 막으려 하였지만, 끝내 영토 할양 등을 조건으로 금나라와 화친을 맺었다. 그러나 1128년, 부친인 휘종, 재상 진회 등과 함께 포로가 되어 끌려가는 정강의 변을 겪었다.

836 母病思鹿肉……病遂愈: 이 대목은 『송사』, 『속통지』 등에 없는 내용이다. 명나라 후기의 학자 주식(朱軾)이 편찬한 『사전삼편(史傳三編)』 권37 「고등」 편에는 해당 내용이 있어 다른 참고 문헌이 있었을 것으로 추정된다.

837 種宗道: 종사도(種師道)의 오기이다.

838 다섯 가지: 군신(君臣), 부자(父子), 부부(夫婦), 장유(長幼), 붕우(朋友)를 가리킨다.

839 부모께……없다: 왕직, 『억암문집』 후집 권5, 「충효당기(忠孝堂記)」에 비슷한 내용이 보인다. "부모께 효도하면서 군주께 충성하지 않는 경우는 없다. 이 때문에 군자는 반드시 이 두 가지 도에 모두 최선을 다하니, 마침내 덕을 완성했다고 말할 수 있다.[蓋能孝於親, 未有不忠於君. 是故, 君子必兼盡其道, 乃可謂德之成.]"라는 표현이 보인다.

일관하였으므로 그 지극한 효덕에 이물이 감통한 것이니, 물고기를 얻어 반찬을 올리고 사슴고기를 얻어 병을 낫게 한 일은 모두 우연히 일어난 것이 아니다. 고등이 한창 태학에서 독서할 적에 아직 낮은 벼슬[840]조차 받지 않았음에도 상소를 올려 간신들에게 맞섰고, 다시 충의를 수립하여 어려운 시국을 구제함에 생사와 화복을 개의치 않았다. (군주가) 어가를 타고 파천하였을 때도 남아 있다가 호위하기를 청하였으니, 국가가 다난한 때 차마 군주와 부모를 버릴 수 없었던 것이다. 만일 그에게 언로를 맡기고 국정을 잡게 하였다면 충의에 대한 감분(感奮)[841]이 어떠하였겠는가? 맹자는 "어진 사람치고 자기 부모를 버리는 자는 없고, 의로운 사람치고 자기 군주를 뒤로 밀어 놓는 자는 없다."[842]라고 하였다. 고등 같은 사람은 인의를 행하고 충효를 온전히 하였다고 할 만하다.

人之大倫五, 而君親爲最大. 孝於親者, 未有不忠於君者也. 事親孝, 故忠可移於君, 於高登見之矣. 登善事其母, 一於誠敬, 故孝德之至, 感通物類, 凡其得魚以供饌, 獲鹿以愈疾, 皆非偶然而至者. 登方讀書太學, 未沾一命, 已能上疏抗姦, 回植忠義, 匡濟時艱, 不介意於死生禍福之地. 及乘輿播遷, 復請留扈蹕, 不忍棄君父於多難之時. 使其當言路, 秉國鈞, 其忠義感奮何如耶? 孟子曰: "未有仁而遺其親者也, 未有義而後其君者也." 若高登者, 可謂行仁義而全忠孝矣. 詩曰:

---

840 낮은 벼슬: 원문의 '일명(一命)'은 구명(九命)까지의 관직 체계 중 가장 낮은 품계이다.
841 감분: 감격하여 분발하다.
842 어진 사람치고……놓는 자는 없다: 『맹자』「양혜왕 상」제1장에서 인용한 것이다.

【찬시】

평생의 효행이 사람들에 전해지니	平生孝行得人傳
정성을 쌓아 하늘을 감동시켰네	更積精誠感上天
어찌 흰 물고기만 밥상에 올랐을 뿐이랴	豈但白魚來入饌
호랑이도 사슴 물어다 문 앞에 두고 갔다오	虎啣一鹿置門前

또

나라 팔아먹는 간신이 전쟁을 끝내려 하니	賣國姦臣欲寢兵[843]
강직한 의론 올려 충직한 사람을 구원하였다오	毅然論列援忠貞
위급할 때 황제를 호위하며 수레를 따르니	時危扈蹕隨車駕
천년토록 사람들은 태학생을 칭송하네	千古人稱太學生

843 寢兵: 전쟁을 종식시키다. 화친을 주장하는 신료들을 가리킨다.

145. 이직의 효성과 충의[844] 李稙孝義(23a)

【본문】

이직(李稙)[845]은 자가 원직(元直)이며 사주(泗州) 임회(臨淮)[846] 사람으로, 부모를 효성으로 섬긴 것으로 칭송받았다. 송 흠종 정강(靖康)[847] 초년(1126), 고종(高宗)[848]이 강왕(康王)으로서 막부를 열고 군대를 거야(鉅野)[849]에 주둔시켰다. 호남의 상자인(向子諲, 1085~1152)[850]이 경기전운사(京畿轉運使)를 맡고 있었는데, 당시 보급로가 끊어져[851] 좌우를 둘러보니 파견할 만한 사람이 없었다. 어떤 사람이 이직을 추천하니 마침내 적공랑(迪功郎)에 임

---

844 이직의 효성과 충의: 『한』, 『언』, 『효』에 수록되지 않았다. 이 편은 『송사』 권379 「이직전(李稙傳)」에서 발췌 인용한 것이다. 『송사』에는 이름이 이식(李植)으로 되어 있다. 비슷한 일화가 『속통지』에도 수록되어 있다.

845 이직: 생몰년 미상. 남송대의 정치인이다. 어렸을 때부터 명민하여 학업에 힘썼는데, 조무구(晁無咎)가 국사(國士)라고 칭찬하였다. 보문각학사로 치사하였다가 76세를 일기로 졸하였으며, 시호는 충양(忠襄)이다. 저서로 『임회집(臨淮集)』이 있다.

846 임회: 중국 강소성 사홍현(泗洪縣)에 속한 지명이다.

847 정강: 송 흠종의 연호로, 1126년부터 1127년까지 사용하였다.

848 고종: 남송의 초대 황제인 조구(趙構, 1107~1187, 재위 1127~1162)이다. 자는 덕기(德基)이며, 흠종의 아우이다. 강왕(康王)에 책봉되었는데, 금나라가 개봉을 함락시키자 강남으로 도주한 뒤 남송을 건국하였다. 북송과 달리 국운의 부흥을 위해 강병(强兵)에 치중하였다.

849 거야: 중국 산동성 하택시(菏澤市)에 속한 지명이다.

850 상자인: 남송대의 정치인으로, 자는 백공(伯恭)이며 호는 향림거사(薌林居士)이다. 문학에도 능하였다. 승봉랑(承奉郞), 지개봉부함평현(知開封府咸平縣), 회남전운판관(淮南轉運判官), 직비각(直秘閣) 등을 역임하였다. 성품이 강직하고 원칙에 입각하여 일을 잘 처리하였다. 강왕을 돕기 위해 자기 지역의 각종 금백(金帛)과 전곡 등을 보내어 군비로 충당하도록 도왔다. 주희가 그의 우뚝한 절개를 장량(張良), 도잠(陶潛)보다 나은 것으로 평가하였다. 호부시랑 등을 역임하였다. 『송사』 권317 「상자인전(向子諲傳)」 참고.

851 보급로가 끊어져: 『송사』에 따르면 당시 군도들이 사방에서 봉기하여 군량미 수송이 어려운 상황이었다.

시로 보임[852]하여 조운선 수백 척을 감독하게 하니, 그가 의병 2만여 명을 모집하여 이리저리 전투하며 임무를 완수하였다. 고종은 동남쪽에서 웬 포의가 의병을 통솔하여 이르러 사기가 열 배나 올랐다는 소식을 듣고는, 그를 보고 크게 기뻐하며 승직랑에 제수하고 막부에 머물게 하였다. 이직이 (고종에게) 세 차례 표문을 올려 황위에 오를 것을 권하며,[853] 제위[大寶]를 빨리 바로잡아 민심을 안정시키고 하늘의 뜻에 응하기를 바란다고 하였다. 고종이 즉위한 뒤 누차 승진하여 조봉대부(朝奉大夫), 통판형남부(通判荆南府) 등에 이르렀다가 상서호부원외랑(尙書戶部員外郞)에 제수되었다. 당시 진회(秦檜, 1090~1155)[854]가 정권을 장악하고 있었는데, 막부에 있던 옛 동료들을 대부분 축출시켜버렸다. 이직은 즉시 부모를 봉양해야 한다는 이유로 사록(祠祿)을 청하고[855] 장사(長沙)의 예릉(醴陵)에 우거하며 19년 동안 두문불출한 채 정성껏 맛있는 음식을 올리며 자식의 직분을 공경히 수행하고 부모를 기쁘게 해드리는 데 힘썼다.

진회가 죽은 뒤 황제가 상자인과 함께 과거의 일을 이야기하다 비로

852 임시로 보임: 원문의 '차보(借補)'는 결원이 생긴 인원에 대해 명의를 수여하여 보충하는 방식을 말한다.

853 황위에 오를 것을 권하며: 원문의 '권진(勸進)'은 격려하고 고무시킨다는 뜻이다. 구체적으로는 제위에 나아갈 것을 권한다는 뜻이다. 신료들이 국가의 혼란을 극복하기 위해 유력한 인물에게 권진표(勸進表)를 올린다. 『송사』에 따르면 이직이 막부에서 세 차례 권진표를 올리자 고종도 세 번 손수 쓴 어찰을 내리며 격려하니, 이직이 지우(知遇)를 입은 것에 감격하였다고 되어 있다.

854 진회: 송나라의 권신이다. 자는 회지(會之)이다. 고종을 제위에 앉히는 데 동의하였으며, 흠종과 함께 금나라로 끌려갔다가 1130년 배를 빼앗아 남송으로 돌아온 뒤, 금나라 사람들을 많이 죽이고 돌아왔다고 자칭하여 재상이 되었다. 북송 말부터 남송 초까지 28년간 권력을 장악하였다. 그러나 이후 금나라에 복수할 뜻을 버리고 화친을 주장하다 이를 반대한 악비(岳飛) 등 충신을 모함하여 죽음으로 이끌었다. 고종이 그의 말을 듣고 충신들을 귀양 보내거나 사형시켰으며, 결국 송나라는 금나라와 굴욕적인 화친을 맺었다. 『송사』 권473 간신열전 「진회전(秦檜傳)」 참고.

855 사록을 청하고: 원문의 '걸사(乞祠)'는 '사록(祠祿)'이라는 관직을 요청하는 것이다. 사록은 송나라 제도에 직위가 높은 대신이 늙거나 병들었을 때, 도교(道敎)의 궁관(宮觀)을 관리하도록 해 녹봉을 지급하며 예우하는 뜻을 표한 것이다. 전하여 퇴직을 청하는 것을 가리키기도 한다.

소 이직의 성명을 알게 되어 그를 불러다 만나며 "짐의 친구로다."라고 하고 크게 기용할 뜻을 보였지만, 어머니가 늙었다는 이유로 고사하며 (가까운 곳에서) 편안하게 모시고 싶다고 하니 지계양군(知桂陽軍)에 제수하였다. 모친상을 당하자 고향으로 귀장한 뒤 너무 슬퍼하다 건강을 해치고도 무덤 곁에 여막을 치고 사니, 백로(白鷺)가 찾아오고 붉은 지초가 돋아나는 상서가 있었다. 유기(劉錡, 1098~1162)[856]가 그에게 서신을 보내 "충신이자 효자이니, 원직[이직의 자]은 그것을 겸비하였도다."라고 하였다.

李稙, 字元直, 泗州臨淮人, 事親以孝稱. 宋欽宗靖康初, 高宗以康王開府, 駐師鉅野. 湖南向子諲轉運京畿, 時餉道阨絶, 環視左右, 無足遣者. 有以稙薦, 遂借補迪功郎, 使督數百艘, 招募忠義二萬餘衆, 轉戰以達. 高宗聞東南一布衣統衆而至, 士氣十倍, 旣見大悅, 承制授承直郎, 留之幕府. 稙三上表勸進, 願早正大寶, 以定人心, 以應天意. 高宗旣卽位, 累官朝奉大夫, 通判荊南府, 除尙書戶部員外郎. 時秦檜當國, 凡帥府舊僚, 率皆屛黜. 稙卽丐祠奉親, 寓居長沙之醴陵, 十有九年, 杜門不仕, 竭力以奉甘旨, 恪恭子職, 務得親心之歡. 檜死, 帝與子諲語舊事, 識稙姓名, 召見, 帝曰: "朕故人也." 方有意大用, 以母老固辭, 願便養, 除知桂陽軍. 丁母憂歸葬, 哀毁廬墓, 有白鷺朱草之祥. 劉錡遺之書曰: "忠臣孝子, 元直兼之矣."

856 유기: 자는 신숙(信叔)이며, 북송대의 무인이다. 『송사』에는 이름이 '유진(劉鎭)'으로 되어 있다.

【논단】

충효는 신하이자 자식이 지녀야 할 큰 절개이며, 모든 사람의 마음에 본래부터 있는 것이다. 그러나 이 둘은 서로 의지하지 않은 적이 없으니, 부모께 효도할 수 있는 자는 반드시 군주께 충성할 수 있는 것이다. 이직은 평소에 부모를 효성으로 섬겼다. 북송대에 낮은 벼슬의 녹봉조차 받지 않는 처지였다. 금나라 군대가 남침하여 변경(汴京)이 함락되었을 때 고종은 산동에 막부를 열었는데, 상자인이 사신을 파견하여 군량을 보급하고 지원군을 보내주고자 하였다. 그러나 녹봉을 받으며 일하는 자들이 모두 어려운 상황을 두려워하며 감히 앞으로 가지 못하였다. 이에 이직을 임시로 한 계급 승진시키고 그에게 군량선을 감독하게 하니, 이직은 의연히 사양하지 않으며 험한 곳에서 이리저리 전투하며 온갖 계책을 내어 임무를 완수하였다. 만일 그가 충의로운 마음가짐으로 떨쳐 일어나 자기 목숨을 돌아보지 않은 자가 아니었다면 가능한 일이겠는가? 이후 세 번 권진표를 올려 조 씨(趙氏: 송나라 황실을 지칭)의 종사가 다시 이어지게 하는데 많은 힘이 되었다. 그러나 진회가 국정을 장악하여 옛 신료들을 배척하니, 이직은 즉시 부모를 봉양해야 한다는 이유로 사록을 청하고 두문불출하며 효양하려는 마음을 완수할 수 있었다. 진회가 죽은 뒤 고종이 그를 불러 친구로 예우하며 장차 크게 기용하려 하였으나, 그는 어머니가 늙었다는 이유로 고사하며 낮은 관직도 감수하고 가까이에서 편안하게 봉양하였다. 그러니 그의 독실한 품행을 어찌 다른 사람들이 능히 따라올 수 있겠는가? 어머니가 돌아가시자 너무 슬퍼하다 건강을 해쳐서 상을 치르는 것이 예법에 정한 것보다 지나칠 정도였기에 그 진실한 효심에 대한 감통이 일어났다. 백로와 붉은 지초 같은 상서는 사람의 힘으로는 이룰 수 없는 일인데 여막 곁에 드러났으니, 천심의 감응이 이와 같았던 것이다. 당시 사람들이 그를 충신이자 효자라고 언급한 것은 진실로 과장된 칭송이 아니었도다.

忠孝, 臣子之大節, 人心之所固有也. 然二者未嘗不相須, 能孝於親者, 必能忠於君矣. 李稙, 平居事親以孝. 其在宋也, 初未嘗沾一命之祿. 値金兵南侵, 汴京失守, 高宗開府山東, 向子諲欲遣使, 致餉犒師. 食祿以從事者, 皆畏難而不敢前. 於是借稙一階, 使之督餉, 稙毅然不辭, 間關轉戰, 百計以達. 非其秉心忠義, 奮不顧身者, 能然乎? 後三上表以勸進, 使趙氏之宗祀復延者, 稙與有力焉. 以秦檜秉政, 踈斥舊臣, 稙卽丐祠奉親, 杜門不仕, 得以遂其孝養之心. 秦檜旣死, 高宗召見, 待以故人, 方將大用, 遽以母老堅辭, 甘受卑秩, 以便侍養. 其操行之篤, 豈他人所能及哉? 母亡, 哀毁踰禮, 誠孝感通, 白鷺朱草, 人所不能致者, 而見於廬側, 天心之感應如此. 時人以忠臣孝子目之, 誠非過情之譽也. 詩曰:

【찬시】

평소의 효행으로 이미 이름이 났는데	平居孝行已知名
국난에 임하여 충성을 바친 일은 더욱 칭송받을 만하네	臨難輸忠更可稱
병사를 모아 군량을 수송하고 권진표까지 올렸으니	募卒轉輸仍勸進
송나라의 국운을 부지하여 중흥하기를 바란 것이라오	願扶宋祚復中興

또

19년간 어머니를 효로써 받드니	孝奉親庭十九年
영예를 사양하고 가까이에서 봉양하려는 의지 굳세도다	辭榮便養志彌堅
어머니 여의고 여묘살이하며 더욱 간절히 슬퍼하니	親亡廬墓哀尤切
감동한 하늘께서 이물로써 상서를 나타내셨네	異類呈祥感上天

146. 양정이 오랑캐를 막다[857] 楊政禦虜(25a)

【본문】

양정(楊政, 1098~1157)[858]은 자가 직부(直夫)이며 원주(原州) 임경(臨涇)[859] 사람이다. 송 휘종 숭녕(崇寧)[860] 3년(1104), 서하(西夏)[861]가 전군을 동원하여 침략했을 때 그의 아버지 양충(楊忠)이 전사하였다. 양정은 겨우 일곱 살이었으나 서글피 울부짖는 것이 마치 어른 같았으니, 그 어머니가 기특하게

857 양정이 오랑캐를 막다: 『한』, 『언』, 『효』에 수록되지 않았다. 이 편은 『송사』 권367 「양정전(楊政傳)」에서 발췌 인용한 것이다. 비슷한 일화가 『속통지』에도 수록되어 있다.

858 양정: 남송대의 명장(名將)이다. 송나라가 금나라와 화친한 이후 맹서를 이행하지 않고 배신하자, 분노한 금나라가 재차 송나라를 침공하였다. 이때 전투에 참여하였으며 1126년에는 서하(西夏)의 침공을 방비하면서 이름이 알려졌다. 장군 오개(吳玠)의 휘하에서 일당백의 기세로 많은 전공을 쌓았다. 군수품을 미리 비축하여 재차 쳐들어오는 외적들을 방비하였다. 공주자사(恭州刺史), 농주단련사(隴州團練使), 지방산원(知方山原), 명주관찰사(明州觀察使) 등을 역임하였다. 시호는 양의(襄毅)이다. 『송사』 참고.

859 임경: 중국 감숙성 진원현(鎭原縣)에 속한 지명이다.

860 숭녕: 휘종의 두 번째 연호로, 1102년부터 1106년까지 사용하였다.

861 서하: 북송 중기인 1038년, 북위(北魏) 선비족(鮮卑族) 탁발씨(拓跋氏)의 후손 이원호(李元昊)가 내몽골과 감숙성 서북부에 세운 나라이다. 이원호는 북송 때 조 씨 성을 하사받아 조원호라고 하였다. 1041년, 북송을 침공하여 크게 패퇴시킨 이후 지속적으로 북송을 침략하였다.

여겨 이렇게 말했다.

"부모께 효도할 줄 아는 자는 반드시 군주께도 충성하는 법이니, 이 아이는 장차 우리 가문을 크게 일으킬 것이로다!"

선화(宣和) 말(1125), 모병에 응해 궁전수(弓箭手)가 되어 서하를 막았다. 고종 건염(建炎)[862] 연간 이래로 금나라와 싸우며 거듭 승진하여 관직이 환경로경략(環慶路經略), 안무사(安撫使) 등에 이르렀다. 당시 어머니가 적지에 남아 계시어 사람을 보내 안부를 살폈는데, 어머니는 오직 충의를 권할 뿐이었다. 양정은 그 명을 받들어 신중하게 행동하였으며, 화의가 이루어진 뒤에야 비로소 어머니를 맞아 돌아왔다. 그리고 (가까운 곳에서 어머니를) 편안하게 모시고 싶다는 이유로 사록을 청하였으나 (고종은) 허락하지 않고, 조서를 내려 그의 어머니를 감의부인(感義夫人)에 봉하였다. 어머니가 돌아가시자 상을 치름에 예를 다하였고, 복상을 마친 뒤에는 군대를 통솔하여 금나라를 막음에 떨쳐 일어나 자기 목숨을 돌아보지 않으니, 그가 세운 공적이 뚜렷하게 드러났으며 관직은 태위에 이르렀다.

楊政, 字直夫, 原州臨涇人. 宋徽宗崇寧三年, 夏人擧國入寇, 父忠戰歿. 政甫七歲, 哀號如成人, 其母奇之曰: "孝於親者, 必忠於君, 此兒其大吾門乎!" 宣和末, 應募爲弓箭手, 拒夏人. 高宗建炎以來, 與金人戰, 積官至環慶路經略, 安撫使. 時母留敵境, 遣人省視, 母唯勉以忠義. 政奉命唯謹, 和議成, 始迎母歸. 乞祠以便養, 不許, 詔封其母爲感義夫人. 母卒, 居喪盡禮, 起復, 將兵拒金人. 奮不顧身, 功效顯著, 官至太尉.

862 건염: 고종의 첫 번째 연호로, 1127년에서 1130년까지 사용하였다.

【논단】

사람 중에 충효의 뜻을 가진 자는 아주 어릴 때부터 이미 뭇 아이들보다 뛰어나니, 강성한 나이에 이르렀을 때 그가 섬기는 일에 마음을 다하여 충을 수립하고 효를 행할 것임은 이를 통해 잘 알 수 있다. 양정의 아버지가 나라의 일로 인해 전사하였을 때, 양정은 겨우 일곱 살이었을 뿐이다. 그런데도 서글피 울부짖는 것이 어른과 같았으니, 참으로 여염의 평범한 아이들과 같은 무리가 아니었다. 훗날 그가 세운 충의와 큰 절개는 보통 사람들이 헤아릴 수 없는 것인데 그의 어머니는 이미 예상하였다. 그 뒤, 군대[戎行]의 모병에 응하여 서하를 막고 금나라 오랑캐를 좌절케 하는 데 과연 능히 떨쳐 일어나 나라에 보답하여 누차 공훈을 세웠으며, 지위는 높은 관직에 이르렀으니, 그의 충성이 지극하도다! 어머니가 비록 잠시 떨어져 있었지만 소식이 끊어진 적이 없었는데, 충의의 가르침을 들을 때마다 더욱 힘써 노력하여 끝내 어머니를 맞아 돌아와 봉양하고 추증의 은혜와 봉작을 받았다. 살아 계실 때는 녹봉으로 봉양하는 영광을 다하고, 돌아가신 뒤에는 상장례에 최선을 다하였으니, 그가 부모의 이름을 빛내고 입신양명한 것이 어쩌면 그리도 성대한가? 아아! 송나라가 남경으로 천도하던 날, 만일 신하된 자들이 모두 양정과 같은 마음이었다면 중원을 다시 회복할 수 있었을 것이다. 비록 그렇지만, 양정의 충성과 효성은 본래 타고난 바탕의 훌륭함에서 비롯된 것이요, 어머니의 가르침 역시 속일 수는 없는 것이다. 옛날에 왕릉(王陵)의 어머니는 아들에게 한나라 고조를 잘 섬길 것을 권면하였고,[863] 양정의 어머니는 오직 충의로

---

863 왕릉의 어머니는……권면하였고: 왕릉은 서한(西漢)의 명신이다. 진(秦) 말기에 왕릉이 같은

써 아들에게 권면하였으니, 어찌 시대는 다르지만 부절을 맞춘 것처럼 똑같다고 하지 않겠는가? 왕릉이 보좌하여 한나라의 공업을 이룩하고, 양정이 마침내 송나라에서 현달한 것이 마땅하도다. 신하와 자식된 자들이 이들을 본받을 것을 생각하지 않아서야 되겠는가?

人有忠孝之志者, 在孩提固已不群, 比其當强盛之年, 能盡心於所事, 而立忠行孝, 從可知矣. 楊政父死王事, 政時年七歲耳. 而哀號有如成人, 信非閭閻孩童之比. 若夫他日之忠義大節, 在衆人有不及知, 而其母固已預期之矣. 厥後, 應募戎行, 拒夏人, 挫金虜, 果能奮身報國, 屢立功勳, 位至通顯, 其忠至矣! 母雖一時離隔, 而音問未嘗有間, 每聞忠義之訓, 則益加勉力, 卒能迎母歸養, 得以推恩受封. 生致祿養之榮, 死盡喪葬之禮, 其顯親揚名, 何其盛哉? 嗚呼! 宋室南遷之日, 使爲臣者, 皆如政之用心, 則中原可復矣. 雖然, 政之忠孝, 固本於生質之美, 而母氏之訓, 亦不可誣也. 昔王陵之母, 勸子善事漢祖, 而政之母勉子, 唯以忠義, 豈不異世而同符哉? 陵輔成漢業, 而政卒顯于宋, 宜矣. 爲臣子者, 可不思所以取法歟? 詩曰:

【찬시】

아버지가 강융(羌戎)에게 죽으니 통한이 깊어 父殁羌戎痛恨深

고향 출신인 유방(劉邦)을 따라 항우를 공격하였는데, 항우가 그의 모친을 인질로 잡고 그를 유인하였다. 그러자 왕릉의 어머니는 한나라 반드시 천하를 차지할 것을 알고 몰래 사신을 보내어 "한왕은 덕망 있는 사람이니, 나 때문에 두 마음을 지니지 말라."라고 전하고는 칼 위에 엎드려 자결하여 왕릉을 권면하였다. 『한서』 권40 「왕릉전」 및 『통감절요』 권16 「동한기(東漢紀)」 참고.

어린 나이에 통곡하며 눈물로 옷깃을 적시네	孩提哭泣淚沾襟
당시에 힘써 싸워 강한 오랑캐를 꺾으니	當年力戰摧强虜
효성을 옮겨 충성을 다할 생각만 마음에 품었도다	移孝爲忠在此心

또

어린 나이에 지극한 행실로 (이미) 뭇 아이들과 달랐는데	幼齡至行異群童
장성한 뒤 오랑캐를 물리친 공을 거두었다네	壯歲能收破虜功
충효를 모두 이루어 자신은 현달했으며	忠孝兩全身顯貴
어머니께서는 추증과 봉작의 표창을 받으셨다오	推恩母氏被褒封

『효순사실』 해제

구슬아(계명대학교 국어국문학과 조교수)

1. 효자들의 이야기, 조선으로 전래되다

『효순사실』은 1420년(영락 18년, 세종 2), 명나라의 제3대 황제 성조(成祖, 영락제)의 명으로 편찬된 10권 5책의 권선서이다. 『사서오경대전(四書五經大全)』, 『위선음즐(爲善陰騭)』 등과 함께 15세기를 대표하는 관찬서이며, 특히 1434년에 반포된 『삼강행실도』 효자도의 편찬에 큰 영향을 미쳤다.

이 책은 다양한 신분·연령의 효자 총 207명이 펼친 효행과 그에 따른 보상을 내용으로 한다. 부모를 살리거나 조정에 이름이 알려져 세금을 감면 받고 벼슬에 나아가게 되는 일상적인 일을 비롯해 짐승들이 길들거나 한겨울에 죽순이 자라는 일, 죽은 부모가 되살아나는 일, 이인이 부모를 살릴 처방을 알려주고 사라지는 일과 같은 신이한 사건도 포함되어 있다. 권1에서 권9까지는 삼대(三代)~명나라 초의 효자를 왕조별로 순차 배열하고, 효녀의 행적은 권10에 별도로 모았다. 각각의 일화는 '네 자의 제목-주인공의 효행을 담은 본문-성조가 직접 지은 논단-두 편의 7언절구 찬시'의 체제로 제시되어 있다. 권두에는 성조가 직접 붙인 「황제가 친히 지은 『효순사실』 서문[御製孝順事實序]」이 수록되어 있으며, 발문은 없다.

권1 「虞舜大孝」-「黃香扇枕」 등 22개 고사
권2 「周磐祿養」-「卞昣赴難」 등 21개 고사
권3 「何琦息火」-「崇傣行服」 등 21개 고사
권4 「曇恭饋瓜」-「悉達報仇」 등 21개 고사
권5 「楊引追服」-「志寬不妄」 등 21개 고사
권6 「少玄漬骨」-「郭琮祈壽」 등 20개 고사
권7 「顧忻祈天」-「楊政禦虜」 등 20개 고사
권8 「岳飛忠孝」-「王薦益壽」 등 22개 고사
권9 「從義高墳」-「仲禮去蝗」 등 22개 고사
권10 「叔先沉江」-「劉氏孝姑」 등 17개 고사

이 책의 편찬 경위와 간행 의도는 서문에 잘 드러나 있다.

> 하늘과 땅의 떳떳하고 바른 도리 가운데 부모보다 존귀한 것이 없고, 하늘이 내려 준 떳떳한 성품 중에 효보다 앞서는 것이 없다. 그러므로 효란 수많은 행실의 뿌리요 모든 선행의 근원이다.

인용한 글은 1420년 5월 11일에 성조가 직접 지은 서문으로, 『효순사실』의 내용적 특징과 지향점을 잘 보여준다. 성조는 사람이 사람다울 수 있게 된 것은 부모가 낳아 길러 주신 덕분이니, 자식이 그에 보답하는 것은 사람의 도리상 당연한 일이라고 보았다. 남녀노소, 신분, 직업 등에 관계없이 사람의 본성은 누구나 같고 세상 모든 존재는 부모로부터 신체를 받았으므로, 각자 타고난 천성을 발현하여 효를 수행하는 일이야말로 가장 사람다운 면모라는 것이다. 서문의 다른 부분에서는 개개인이 효행을 실천해 나가면 잔인하고 흉포한 도적, 심지어 감정이 없는 동식물조차도 감화시키는 불가능한 일이 가능해지듯, 온 나라의 풍속이 아름다워질 것이라고 말하였다. 즉 『효순사실』은 백성들이 가정에서는 부모에게 효도하고 밖에서는 그것을 확장하여 군주에게 충성하는 것, 즉 '이효위충(移孝爲忠)'을 통한 통치체제의 안정을 염두에 둔 서적임을 명확히 알 수 있다.

'이효위충'은 백성들이 각자의 가정에서 도덕적으로 성장하면 그로 인해 국가가 이익을 얻을 수 있다는 믿음을 전제로 한다. 백성들이 명나라와 조선이라는 공동체가 추구하는 도덕적 가치-부모님께 온화함, 자기 마음에 진실함, 위기의 상황에서 용기를 냄 등-를 습득·습관화하고 이를 실천한다면, 그러한 존재들의 결합과 협력으로 이루어지는 공동체의 삶이 더 나아질 수 있다는 것이다.

특히 이번 제2권 번역서에 수록된 일화들을 살펴보면, 『효순사실』이 이효위충의 이념을 견지하고 실천할 사람들을 특별히 독려하고 있음을 알 수 있다. 시대적으로는 남북조(南北朝) 시대부터 남송 초에 이르기까지 국가적 체제가 정비되고 안정됨과 동시에, 잦은 내우외환을 겪었던 시기를 배경으로 하고 있다. 나라에 충성을 다 바칠 어질고 유능한 인재들이 절대적으로 필요하였기에 국가가 원하는 인재상과 인품, 그들의 행동 준거와 그에 대한 사회적 평가 및 영향력, 역사적 의의 등을 선명하게 드러냄으로써 독자들의 의지를 고무시키려 한 것이다.

> 충효는 신하이자 자식이 지녀야 할 큰 절개이며, 모든 사람의 마음에 본래부터 있는 것이다. 그러나 이 둘은 서로 의지하지 않은 적이 없으니, 부모께 효도할 수 있는 자는

반드시 군주께 충성할 수 있는 것이다.

-권7 「145. 이직의 효성과 충의[李稙孝義]」의 논단 중 일부

즉, 권4 이후부터는 사대부들의 효행을 향한 결연한 의지와 감행(敢行)을 반복 제시하고 논단에서 '그것을 확장하면 나라를 위해서도 목숨을 바칠 줄 알 것'이라는 정치적 의도를 노골적으로 드러내기 시작한다. 효행에 대한 감응이나 보상의 기필성보다는, 효자의 순수한 진심을 강조하는 것 역시 이런 정치적 의도와 관련되어 있다. 그런 면에서 『효순사실』은 명나라 초기의 독특한 정치적 교화의 방법론과 결부된 서적으로 이해할 필요가 있다.

이 책에 수록된 일화들은 『논어』·『맹자』와 같은 경전에서부터 『진서(晉書)』·『한서(漢書)』 등 역사서, 『책부원구(冊府元龜)』·『태평광기(太平廣記)』 등 거질의 유서(類書)를 두루 조사하여 선별한 것들이다. 본문의 길이는 짧지만 각 인물의 효행을 가장 선명하게 보여주는 부분을 발췌하였는데, 특히 대화체나 행동 묘사 등을 통해 주인공의 감정을 생생하게 전달함으로써 독자들의 몰입감과 의지를 고취시킨다. 또, 매 편마다 성조가 직접 논평을 달아 해당 일화를 통해 독자들이 생각해볼 화두를 제시하는 것은 『효순사실』이 『소학』 등 다른 인륜 학습서와 차별화된 지점이다.

맹자께서 이미 부모의 뜻을 봉양하였다는 말로 그를 칭송하고 또 증자같이 하는 것이 옳다고 말한 것은, 효도란 자식들이 증자처럼 진심을 다해야 한다는 뜻이지 반드시 증자처럼 해야만 최상의 경지가 될 수 있다는 말이 아니다.

-권1「7. 증삼이 아버지의 뜻을 받들다[曾參養志]」의
논단 중 일부

『효순사실』에는 기존에 널리 조명된 인물도 있지만 그렇지 않은 인물의 효행도 꽤 많다. 그중에는 목숨을 버리며 효심을 드러내는 극단적인 사례도 있지만, 그보다는 일상생활에서의 언행과 진심 어린 마음가짐이 더 중요함을 강조하고 있다. 위에 인용한 논단에서도 그러한 점이 잘 드러난다. 성조는 이 책에 담긴 효자들의 행동을 모방하기만 하는 것은 참된 효가 아니고, 행동의 이면에 담긴 효자들의 '진심' 및 복잡한 현실 속에서도 계속해서 진심을 지켜나가며 효를 실천하려는 '의지'에 더 주목해야 한다고 말한다. 현실의 맥락은 너무나 다양하기에 무엇이 옳은 효인지는 상황에 비추어 판단하되 그 기준은 오로지 한결같은 진심에 있다는 것이다. 따라서 『효순사실』은 효행의 결과에 대한 모방적 학습 대신, 실천 과정에 작동하는 의지와 상황 판단의 문제를 반복적으로 강화 훈련해 나가는 데 방점을 둔 책이라고 할 수 있다. 독자로 하여금 '나도 충분히 효자가 될 수 있음'을 생각하게 하고 용기 내어 실천하게 만드는 것이야말로 『효순사실』이 지닌 가치가 아닌가 한다.

2. 한국과 중국에서 모두 잊힌 서적, 『효순사실』의 자료적 가치

성조는 『효순사실』을 중국 내 제후뿐 아니라 조선, 베트남 등으로 널리 배포하게 하였다. 『효순사실』이 정확히 언제 조선에 반사(頒賜) 되었는지 알 수 없지만, 1420년 5월 편찬이 완료되고 얼마 지나지 않은 시점인

1420년 말~1421년경일 것으로 추정된다.

조선에 반사된 『효순사실』은 1434년에 금속활자인 갑인자(甲寅字)의 자본(字本)으로 활용되는 한편, 같은 해에 편찬된 한문본 『삼강행실도』 효자도 편찬의 주요 전거로 활용되었기에 일찍 주목받았다.[01] 1428년 가을, 자식이 아버지를 살해하는 사건이 일어나자, 세종은 집현전 학사들에게 백성들의 경각심을 일깨우고 효도하는 풍속을 돈독히 해 나갈 자료를 만들라고 명하였는데,[02] 이때 중국의 효행은 대부분 『효순사실』에서 인용한 것이다. 또 논단은 제외하는 대신 한자를 모르는 백성들이 보다 쉽게 내용을 알 수 있도록 그림을 그려 붙인 것이 특징이다.

국내에 소장된 『효순사실』은 계명대학교 동산도서관 벽오고문헌실에 있는 것이 유일본이다. 계명대학교 소장본은 사주쌍변, 10행19자, 상하내향흑어미, 대흑구, 본문에 판각된 표점 등 15세기 명나라 내부간본(內府刊本)의 서지적 특징을 그대로 보여주는 중국본으로서, 그 가치가 뛰어난 것으로 평가된다(옥영정(2009), 39; 최경훈(2017), 160). 지질이나 판상태 등으로 미루어 1420년에 편찬된 초간본의 후쇄본으로 추정된다. 10권 5책의 완질이기는 하지만, 권1 일부에 파손이 있어 해당 부분은 보사(補寫)되어 있다. 그 점을 제외하면, 계명대학교 소장본은 초간본 계열 가운데 판상태가 가장 깨끗하여 판독에 매우 유리하다.

또한 권두의 '朝鮮慶州李氏友紘書樓想白堂藏', '客燕所得'이라는 장서인을 통해 전 서울대학교 교수 이상백(1904~1966)이 중국에서 구입하고, 그것이 이인재 선생을 거쳐 계명대학교로 입수된 것임을 알 수 있다(박철상

01 효자도는 중국 사례 88편, 한국 사례 22편 등 총 110편으로 구성되어 있는데, 그 중 70편이 효순사실 에서 인용한 것이다.

02 세종실록 권42, 1428년 10월 3일 기사.

(2008), 224).

그런데 『사서오경대전』이 반사 직후부터 조선 내에서 여러 차례 번각(飜刻)되어 널리 인쇄·반포된 것에 비해, 『효순사실』은 선택적 수용 양상이 매우 뚜렷하다는 점에서 한중 문화 교류의 새로운 면모를 보여주는 주목할 만한 자료이다. 조선 유입 이후 8년이 채 되지 않아 『삼강행실도』로 대체되었기 때문이다. 실록이나 문인들의 문집에서도 『효순사실』과 관련된 기록을 쉽게 찾아볼 수 없는데, 이와 같은 정황은 『삼강행실도』 편찬 전후로 『효순사실』의 자료적 위상이 대폭 달라졌음을 짐작하게 한다.

15세기에 명나라로부터 각종 윤리서와 성리서가 유입되자 조선의 지식인들은 고금 학자들의 다양한 해석이 포함된 주해서(註解書)를 함께 수입하여 학습하였는데, 이는 조선과 명나라 간의 오랜 문화적·언어적 차이를 극복하고 정밀한 독해를 이뤄내고자 하는 진지한 지적 열망의 발로였다. 조선의 지식인들은 주석서 학습에 그치지 않고 집현전을 중심으로 구결현토·언해 등 집단 지성의 결과물을 편찬함으로써 해당 서적에 대한 조선식 이해 양상을 기록으로 남기고, 유교 문명국가의 일원으로서의 자부심을 선명히 과시하였다. 『효순사실』 역시 조선에 수용되는 과정에서 일화의 취사선택이나 축약 및 수정을 비롯해, 독자 설정, 전달하고자 하는 의도 등의 측면에서 적극적인 분석과 재해석이 이루어졌다. 그 결과, 『삼강행실도』로 탈바꿈한 것이다.

그러나 『효순사실』은 한국과 중국 양측에서 연구사적으로 상당히 소외된 자료이다. 자료적 특징과 내용적 중요성에 비해 관련 연구가 더욱 활발하게 파생되지 못한 까닭은, 이 책이 중국 내에도 현전하는 것이 적은 희소본이기 때문이다. 중국에는 국가 도서관 및 일부 대학 도서관에 몇 부가 소장되어 있으며, 일본에는 국립공문서관에 청나라 대의 중간본

1질이 소장되어 있다. 초간본 『효순사실』은 『북경도서관고적진본총간(北京圖書館古籍珍本叢刊)』으로 영인(간기: '據明永樂十八年內府刻本影印原書版')되기는 하였지만, 15세기의 다른 자료들에 비해 원문 접근성이 현저하게 떨어지는 것이 사실이다.

『효순사실』에 대한 대표적 연구는 효행 고사의 차원에서 『효순사실』의 존재와 개략적 특징, 계명대학교 소장본의 서지 사항을 소개한 연구(장춘석(2002))를 필두로, 『삼강행실도』·『이십사효도』·『효행록』 간 공통 일화를 표로 일목요연하게 정리함으로써 선택적 수용 양상을 밝힌 연구(송일기·이태호(2003); 이상민(2016)), 언해본 『삼강행실도』의 구체적 성립 과정과 특징을 면밀하게 파악하기 위해 '인용 방법'의 측면에서 효자도와 『효순사실』을 축자 비교한 연구(오민석·김유범·이규범(2020)) 등을 들 수 있다. 이를 통해 『삼강행실도』와 겹치는 일화 중 특기할 만한 『효순사실』의 원문 일부와 인용 양상이 가시화된 점은 주목할 만하다. 그렇지만 15세기 조선 지성의 관심사 및 중국과 다른 조선의 독자적 문명 의식 등을 명확하게 규명하기 위해서는 『삼강행실도』와 겹치는 일화에 한정하는 것이 아니라 『효순사실』 전체 원문, 거기에 활용된 인용 전고, 논단 등 핵심 내용에 대한 정밀한 주해와 정확한 현대어 역이 필요하다. 『효순사실』은 15세기 조선 지성사 및 서적 교류사의 새로운 면모를 확인하기 위해 반드시 전면 재조명할 가치가 있다.

3. 결어

『효순사실』은 자식의 생명이나 일상생활을 담보로 한 극단적인 효행,

혹은 지극히 선한 성품을 가진 누군가만이 수행할 수 있는 어려운 효행을 모범적으로 제시하는 책이 아니다. 대신, 일상을 살아가는 가운데 마주하는 크고 작은 효의 순간들을 독자들에게 파노라마처럼 제시한다. 그것은 때로는 망설임, 이기심, 주저함과 같은 부정적인 측면과 맞닿아 있기도 하다. 이는 비단 오래전의 독자들에게만 적용되는 이야기는 아닐 것이다. 우리는 오늘날 각자의 삶을 꾸려가느라 여념이 없어, 우리가 나온 곳[所自出]인 부모를 자기 자신보다 더 우선시하지는 못하는 것이 사실이다. 바쁜 현대 사회의 독자들에게 늙고 병든 부모를 대하는 것은 시간적·경제적 희생이라는 부담감으로 다가오는 순간도 분명 있을 것이다. '긴 병에 효자 없다'는 말은 아직도 유효하지 않은가.

그럴 때마다 『효순사실』의 편찬자는 효에 있어 가장 중요한 것은 무엇을 수행하는가가 아닌, 사랑하고 감사하고 미안해하고 그리워하는 것, 즉, 부모를 향한 진심 어린 마음이라고 말한다. 진심 어린 마음으로 부모와 대화하고 마주한다면, 비록 소박한 나물 반찬을 드리는 것에 그쳐도 부모를 감동시킬 수 있다는 것이다. 반면, 진심 어린 마음이 없이 인위적으로 수행하는 효는 오래 가지 못한다는 것을 '신이한 감응', '정부의 보상' 등의 결과를 빌려와 강조한다.

요컨대, 『효순사실』은 '효'라는 단어로 표상되는 진심을 계속해서 닦고 길러 나가다 보면 자기도 모르게 그것이 몸에 배어 일상생활은 물론, 각종 변고와 같은 비일상적인 순간에도 고민의 간격이 줄어들 수 있다고 말한다. 효의 형식보다는 그 내면이 더 중요하다는 것은 어쩌면 부모를 '제대로 호강시켜 드리지 못한다'는 죄책감을 가지고 있는 독자들에게 큰 위안이 될지 모른다. 그렇지만 그러한 경지는 저절로 얻어질 수는 없기에, 일종의 마음 수련을 통해 자기 내면을 들여다 볼 것을 권하는 것이다. 그렇게 단단해진 마음을 갖게 된다면, 독자들은 누구나 자기 부모를 대하는 순간뿐 아니라 그 어떤 자리에서도 굳건한 사람이 될 수 있음을 시사한다. 물론 효도하는 마음을 미루어 황제에게도 진심으로 충성하기를 바란 영락제의 정치적 의도 역시 그 이면에 담겨 있기는 하지만, 『효순사실』의 내용적 가치와 화두는 위와 같은 측면에서 충분히 시의성이 있으리라 기대한다.

이번 총서를 통해 계명대학교 소장본 『효순사실』을 순차적으로 완역(完譯)하고 주해함으로써 연구자들의 자료 접근성을 높이고, 학계에 새로운 연구의 토대를 제공하고자 한다. 또한 이제는 고루한 단어가 되어 가는 효의 진정한 의미와 가치를 독자들과 함께 현대적으로 되새기는 계기가 되기를 희망한다.

참고 문헌

『孝順事實』(계명대학교 동산도서관 벽오고문헌실 소장, 청구기호: 이귀 172.7 성조ㅎ)

『孝順事實』(北京圖書館古籍珍本叢刊 수록 영인본)

『孝順事實』(日本 國立公文書館 소장본, 重刊本, 청구기호: 子008-0002)

『三綱行實孝子圖』(한문본, 고려대학교 중앙도서관 만송문고본, 청구기호: 만송 貴 296B)

『三綱行實孝子圖』(언해본, 세종한글고전DB본)

『三綱行實孝子圖』(언해본, 1730년본, 계명대학교 동산도서관 벽오고문헌실 소장, 청구기호: (고준) 178.1 설순삼)

민병찬 역, 『역주 일본판 삼강행실도』, 시간의 물레, 2017.

송철의, 이현희, 장윤희, 황문환, 『역주 오륜행실도』, 서울대학교출판부, 2006.

윤호진 역, 『효행록』, 지식을만드는지식, 2017.

■국내논저

구슬아, 「『孝順事實』과 『三綱行實孝子圖』 간의 거리-15세기 朝·明이 구상한 '유교적 인간다움'의 공유 방식 고찰-」, 『동방한문학』99, 동방한문학회, 2024.

김가람, 「조선 전기 유교식 효행의 정착 과정 연구」, 서강대학교 박사학위논문, 2022.

김덕균, 「효자전, 경전과 관행의 사이-조선 초 왕조실록의 효행 통계를 중심으로-」, 『양명학』61, 한국양명학회, 2021.

김정신, 「朝鮮前期 勳舊·士林의 政治思想 比較」, 연세대학교 박사학위논문, 2008.

박철상, 「계명대학교 동산도서관 소장 中國本 古書의 가치」, 『한국학논집』37, 계명대학교 한국학연구원, 2008.

송일기, 이태호, 「初編本 '三綱行實孝子圖' 編纂過程 및 版畫樣式에 관한 연구」, 『서지학연구』25, 서지학회, 2003.

심경호, 「조선전기의 註解本 간행과 문헌 가공에 대하여」, 『대동한문학』20, 대동한문학회, 2004.

오민석, 김유범, 이규범, 「언해본 『삼강행실도』《효자도》의 원전(原典)과 텍스트 성립 과정에 대하여」, 『국어사 연구』30, 국어사학회, 2020.

옥영정, 「『효경간오』, 『효경대의』, 『효경언해』의 간행본과 그 계통 연구」, 『정신문화연구』35-1, 한국학중앙연구원, 2012.

이상민, 「조선초 勅撰勸戒書의 수용과 『삼강행실도』 편찬」, 연세대학교 석사학위논문, 2016.

장춘석, 「중국 孝子故事集 연구」, 『중국소설논총』15, 한국중국소설학회, 2002.

장춘석, 『中·韓 孝行集의 研究』, 신성출판사, 2004.

주영하, 옥영정, 전경목, 윤진영, 이정원, 『조선시대 책의 문화사』, 휴머니스트, 2009.

최경훈, 「계명대학교 동산도서관 소장 고문헌의 현황과 주요 자료」, 『국어사 연구』25, 국어사학회, 2017.

■국외논저

肖瑶楚, 『《孝順事實》硏究』, 華東師範大學 석사학위논문, 2015.

朱冶, 「明初教化性勅撰書在朝鮮半島的傳衍」, 『歷史研究』48-3, 西南大學學報(社會科學版), 2022.

■DB

세종한글고전(http://db.sejongkorea.org)

한국고전번역원(https://db.itkc.or.kr)

문연각 사고전서

중국기본고적고

찾아보기

ㄱ

ㄴ

ㄷ

ㄹ

ㅁ

ㅂ

ㅇ

ㅈ

ㅊ

ㅌ

ㅍ

ㅎ

옮긴이 소개

구슬아

계명대학교 인문국제학대학 국어국문학과 조교수. 서울대학교 국어국문학과에서 점필재(佔畢齋) 김종직(金宗直)에 대한 연구로 박사학위를 받았다. 15세기 조선의 한문학 및 문명사에 관심을 두고 있다. 역서로 『유촌선생문집(柳村先生文集)』(2023, 성심) 및 『『효순사실』 역주 및 연구』 1(2024, 계명대학교 출판부)가 있다. 『효순사실』 관련 논문 및 역주서 1권이 2025년 교육부 학술연구지원사업 우수성과 50선에 선정되었다.

계명대학교 동산도서관 소개

계명대학교 동산도서관은 『용비어천가』 등 24종 98책의 국가 지정 문화유산(보물)과 『대구읍지』 등 9종 20책의 대구광역시 유형 문화유산을 포함하여 80,000여 점의 고문헌을 소장한 우리나라의 대표적인 고문헌 소장 기관으로, 전시회 개최, 목록과 해제집, 번역서 발간 등을 통하여 전통문화 유산의 체계적 관리와 한국학 연구의 증진에 기여하고 있다.